Le Pré carré

DU MÊME AUTEUR

Lucien Febvre, 1878-1956, catalogue d'exposition à la Bibliothèque nationale, 8-22 novembre 1978, Paris, Fondation de la Maison des Sciences de l'homme et École des hautes études en sciences sociales, 1976, in-4°, 40 p.

Léopold Sédar Senghor, catalogue d'exposition à la Bibliothèque nationale, novembre 1978-février 1979, Paris, Bibliothèque nationale, 1978, in-4°, XV-145 p. (en collaboration avec Michèle Dorsemaine).

La société de géographie (1821-1946), Genève, Librairie Droz, Paris, H. Champion, 1983, in-8°, 345 p. (thèse de 3e cycle) (Hautes études médiévales et modernes, 52).

Inventaire des manuscrits de la Société de géographie, Paris, Bibliothèque nationale, 1984, in-4°, 307 p.

Collection *Pluriel* fondée par Georges Liébert
et dirigée par Pierre Vallaud

ALFRED FIERRO-DOMENECH

Le Pré carré

Géographie historique de la France

ÉDITIONS ROBERT LAFFONT

Alfred Fierro-Domenech est né en 1941 à Périgueux. Diplômé de l'École des Chartes, Docteur en histoire, il est depuis 1965 conservateur à la Bibliothèque Nationale.

INTRODUCTION

Lorsqu'on m'a proposé d'écrire une géographie historique de la France, je me suis précipité sur les ouvrages déjà existants afin de prendre modèle. J'ai trouvé une poignée de livres datant du XIXᵉ siècle, se terminant en général à la Révolution française, exaltant après 1870 l'idée de revanche des Gaulois sur les Germains, faisant du traité de Verdun de 843 une catastrophe en relation plus ou moins directe avec le désastre de Sedan d'août 1870, exhalant un positivisme absolument irrespirable pour les esprits nourris de doute du XXᵉ siècle finissant. En les lisant, j'ai vu se développer deux thèmes obsessionnels : l'ennemi unique né « à toutes les époques de l'histoire dans les lieux humides et sablonneux de l'autre côté du Rhin », ainsi que l'écrivait François Combes, professeur d'histoire à la faculté des lettres de Bordeaux ; la nature providentielle qui aurait doté le pays de frontières naturelles le délimitant dès l'origine. Cette double certitude rassurante se complétait d'un patriotisme cocardier faisant de la France la première des nations et de ses habitants des héros de tragédie ayant une malheureuse tendance à s'entre-déchirer et subissant les coups en traître de voisins malintentionnés.

Alors que, de nos jours, les connaissances scientifiques sont bouleversées en permanence, que le progrès technique périme en quelques années les objets usuels qui nous environnent, du moulin à café à l'automobile et aux satellites de la NASA, que l'émergence parfois douloureuse de nouvelles nations transforme l'équilibre politique sinon économique de la planète, que les Français ont les moyens de se rendre en quelques heures à l'autre bout du monde, de passer leurs vacances à Bangkok, Rio de Janeiro ou Nairobi, qu'ils ont l'occasion au cours de ces voyages de constater combien le reste du monde diffère de leur patrie, combien cette dernière, sa langue, ses mœurs, sa culture sont peu connues dans certaines parties du monde, il est difficile, bien difficile de croire aux dogmes du XIXe siècle triomphant.

Peut-être allais-je trouver dans les écrits récents le modèle que je cherchais. Le grand Auguste Longnon avait, durant vingt ans, occupé la chaire de géographie historique de la France au Collège de France. Son enseignement se trouvait consigné dans un *Atlas historique de la France* ne dépassant pas l'année 1380 et dans la *Formation de l'unité française*, publiée en 1922, où je trouvai effectivement une étude approfondie de la constitution progressive, difficile de l'espace français au cours des siècles. Sous une forme plus moderne, plus scolaire aussi, Léon Mirot, continué et complété par Albert Mirot, avait fait paraître un *Manuel de géographie historique de la France* dont le second volume était consacré aux divisions administratives et religieuses de la France. La première édition datait de 1929 et la plus récente de 1950. Quant à l'œuvre de l'abbé Jarry, d'une conception plus large, la mort de son auteur l'avait aussi arrêtée en 1950.

Mais la géographie historique n'est-elle que l'aboutissement des mariages et des guerres, des traités ayant contribué à l'agrandissement, à l'amputation ou à l'unification du territoire national ? Se limite-t-elle aux efforts des Capétiens et de leurs successeurs pour s'approprier ce « pré carré » qu'aurait délimité la nature ? Voilà bien une vision marquée encore par l'esprit du XIXe siècle, une époque où le monde rural imprégnait très largement les mentalités. C'est la conception que pouvait se faire un paysan tout occupé lui-même à réunir ses parcelles et à accroître l'étendue de ses champs.

Ce n'est qu'avec Roger Dion que j'ai trouvé une conception plus large, plus moderne, plus « actuelle » de la géographie historique. Il est le premier géographe à s'y être consacré, tous ses prédécesseurs ayant été des historiens. Auteur d'une thèse remarquable sur le Val de Loire, successeur de Longnon au Collège de France, il s'est efforcé de sortir la géographie historique du tracé des limites et du récit de l'expansion ou de la régression du territoire pour l'étendre à « l'étude de la vie économique et sociale des populations qu'encadraient ou séparaient ces limites [1] ». Avec lui, la géographie historique est devenue une « géographie humaine rétrospective » abordant tout ce qui a trait à l'empreinte de l'homme sur la terre : transformations dues au paysan, mais aussi au citadin, au commerçant, à l'industriel, au marin, des origines à nos

1. R. Dion, *La géographie historique*, dans *La géographie française au milieu du XXe siècle*, Paris, 1957, p. 183.

jours. Ayant constaté dans le Val de Loire la profondeur et l'importance du travail humain et de l'altération subie par le milieu, Roger Dion s'est efforcé d'interpréter le paysage humanisé qu'il voyait en se reportant à l'action des générations disparues qui l'avaient modelé. Il a publié un ouvrage sur les *Frontières de la France*, reprenant une fois de plus, sous une forme renouvelée, le thème des limites, un *Essai sur la formation du paysage rural français*, une *Histoire de la vigne et du vin en France*, divers articles, mais il n'a pas donné à la géographie historique, dont il avait si bien su montrer l'utilité et élargir le champ, la synthèse qui eût mis en valeur tous ses aspects et la richesse de ses virtualités.

Passé des historiens aux géographes, le flambeau de la géographie historique n'a plus été qu'un tison fumant à la mort de Roger Dion. Le système universitaire français en est largement responsable. Très longtemps la géographie est restée liée et subordonnée à l'histoire. Jusqu'en 1942, les futurs professeurs devaient subir les épreuves d'une agrégation commune d'histoire et de géographie. On aurait pu penser que l'union de ces deux disciplines aurait favorisé la géographie historique. Il n'en a rien été et les deux grands noms dans ce domaine, ceux de Longnon et de Dion, sont associés à celui du Collège de France et non à celui de l'Université.

Imprégnés dès l'école d'interdisciplinarité, historiens comme géographes ont employé constamment dans leurs travaux les méthodes et les acquis de la géographie historique. Les historiens ont utilisé leur savoir géographique pour circonscrire dans l'espace les phénomènes historiques qu'ils étudiaient. Quant aux géographes, jusqu'à une date récente, la majorité de leurs travaux de géographie humaine avaient une assise historique, notamment les études de géographie régionale. Mais l'explosion de la géographie dans toutes les directions, sa spécialisation croissante, les transformations accélérées d'une économie de plus en plus coupée de ses racines agraires, la part dominante de structures urbaines et industrielles au passé beaucoup plus récent ont détourné les jeunes générations du contexte historique.

En outre, et c'est un géographe, M. Xavier de Planhol, qui l'écrit, « de leurs liens originels avec l'histoire, qui les a longtemps cantonnés dans une position subordonnée, les géographes français semblent avoir conservé à l'égard de celle-ci un certain complexe d'infériorité, associé à une certaine rancœur, qui se traduit de plus en plus par une propension malheureuse à considérer que la géographie ne peut s'affirmer que face à l'histoire et non en liaison avec elle [2] ». Toute une école, par ailleurs brillante, de géographes français estime que la géographie doit se tourner vers l'économie contemporaine et s'orienter vers une analyse prospective. « Le souci de l'efficacité au service de la cité chez des cœurs généreux, l'illusion de l'influence chez des esprits ambitieux, se conjuguent pour conduire à traiter la géographie historique avec le mépris que l'on doit aux choses surannées [3]. »

Quant aux historiens, fascinés par la « nouvelle histoire » des *Annales*, adeptes de l'axiome de Lucien Febvre affirmant le primat et l'autonomie de l'action humaine sur la nature, ils ont pour la plupart manifesté leur hostilité à tout concept de déterminisme géographique. Ce sont les ethnologues qui ont pris le relais, constatant dans les sociétés qu'ils étudiaient, en France et dans le reste du monde, une indéniable relation de l'homme et de son milieu naturel.

« Alors que les géographes britanniques, allemands ou scandinaves n'éprouvent pas plus de complexes à dater des terroirs ou des maisons que nous n'en éprouvons à dater des pénéplaines, l'analyse rétrospective est pour les géographes français strictement cantonnée dans son rôle d'auxiliaire de la description du présent, tandis que la géographie n'est pour les historiens qu'un élément d'appréciation parmi d'autres, qu'ils ne font pas bénéficier d'un intérêt particulier. On peut se demander si la géographie historique française échappera à cet engrenage dont la responsabilité incombe en fin de compte, nous semble-t-il, aux étapes et aux conditions du développement de la géographie française comme discipline universitaire. Le mariage de convenances entre l'histoire et la géographie aboutit de plus en plus à une séparation de corps [4]. »

Il serait regrettable qu'un tel divorce s'accomplisse. Si la géographie française a servi de modèle au monde entier dans la première moitié de ce siècle, c'est grâce à son intrication avec l'histoire qui contribua à l'originalité et au renom des travaux des Vidal de La Blache, Demangeon, Dion, Meynier. Si l'école française d'histoire a connu également la célébrité, elle le doit à la même interdisciplinarité que l'on trouve dans les ouvrages de Marc Bloch, Duby, Le Roy Ladurie, sans oublier le R.P. de Dainville, qui consacra son existence à la géographie historique en même temps qu'à l'histoire de la géographie.

---

2. X. de Planhol, *Structures universitaires et problématique scientifique : la géographie historique française*, dans *La pensée géographique française contemporaine. Mélanges offerts à André Meynier*, Saint-Brieuc, 1974, p. 157.
3. X. de Planhol, *ibid.*, p. 158.
4. X. de Planhol, *op. cit.*, p. 165.

Ce livre n'a pas la prétention de provoquer une révolution, d'ouvrir des voies nouvelles, d'offrir des solutions miraculeuses. Il se veut simplement une approche accessible au grand public, une synthèse de la géographie historique de la France. Il s'agit de montrer comment la France s'est constituée, comment elle continue à s'élaborer sous nos yeux, d'analyser au cours du temps, dans un « continuum » historique, son ossature, sa terre, son sol, ses limites, mais aussi sa chair, ses hommes, leurs mœurs, leurs activités. Je serais heureux si j'avais pu montrer la richesse humaine de la géographie historique, l'énorme diversité d'approches historiques ou géographiques des phénomènes humains qu'elle offre aux chercheurs, si j'avais pu susciter un regain d'intérêt pour cette discipline si riche de virtualités.

L'espace occupé par la France, sa constitution, ses fluctuations, fait l'objet d'une première partie qui comprend aussi l'étude des divisions de cet espace selon les contraintes historiques et géographiques et les besoins de l'administration ou de l'économie. Les occupants du territoire font l'objet de la partie suivante : leur nombre, leur aspect physique, leurs mœurs, leur langage, leur culture, leur religion, leur évolution politique. Ils sont ensuite étudiés dans leurs activités, essentiellement rurales d'abord, puis dans le cadre des villes et de la civilisation industrielle. L'expansion des Français et de la culture française hors de France est traitée dans un dernier chapitre. Une bibliographie assez développée est à la disposition de ceux qui souhaiteraient aller plus loin afin de satisfaire une curiosité que ce livre voudrait avoir éveillée.

N. B. J'ai conscience que le lecteur aura très souvent besoin d'un atlas pour éclairer le texte et situer sur une carte les faits évoqués. J'ai dressé un petit nombre de cartes pour faciliter la compréhension de certains. Mais il est évident que le texte de cette géographie historique de la France devrait être accompagné d'un Atlas historique de la France. Longnon a publié en 1907 le seul qui existe et qui ne dépasse pas l'année 1380. Il me paraît donc hautement souhaitable d'en faire paraître un nouveau et complet.

LIVRE 1

LE PRÉ CARRÉ

Géographie et histoire contribuent de façon inégale selon les pays à la constitution des nations et des Etats. Certains historiens et géographes ont insisté sur les déterminismes de l'espace et cru discerner dans la Nature des formes dans lesquelles se seraient moulées des nations ; d'autres ont, au contraire, nié toute fatalité géographique et fait de l'homme un démiurge capable de s'affranchir des contraintes physiques. Un mythe s'est forgé pour la France, d'après lequel ce pays aurait été doté par la Providence d'un cadre naturel particulièrement bien délimité et propice à la naissance et au développement d'une nation au destin exceptionnel. Des historiens comme Albert Sorel, des géographes comme Albert Demangeon n'ont pas craint de soutenir la thèse des frontières naturelles de la France, dont la conquête aurait été une des idées directrices de la politique française au cours des siècles.

Voyons d'abord à l'échelle européenne s'il existe effectivement des frontières naturelles et si celles-ci favorisent la formation des nations. Les limites de la France correspondent-elles à des frontières naturelles ? telle est la seconde question à poser. Si tel n'est pas le cas, il convient alors de se demander quand et comment s'est élaboré ce mythe, puis de retracer l'histoire de la constitution du territoire français avec ses fluctuations des origines à nos jours.

1.

L'ŒUVRE DE LA PROVIDENCE ?

États et frontières naturelles en Europe

S'il existe en Europe une unité bien délimitée par la Nature, c'est assurément le groupe d'îles situé au nord de la Manche. La plus étendue, la Grande-Bretagne, comprend les pays historiques d'Angleterre, du Pays de Galles et d'Écosse. Elle est flanquée à l'ouest par l'Irlande. Cet ensemble d'une cohésion géographique indéniable n'a pourtant officiellement vécu que deux siècles, de 1707 à 1927, réuni sous l'appellation de Royaume-Uni de Grande-Bretagne et d'Irlande. Il a été déchiré au haut Moyen Age par les invasions et les affrontements ethniques, alors que les Angles et les Saxons refoulaient les Celtes vers l'ouest et jusqu'en Bretagne. Le bas Moyen Age a été marqué par l'hostilité entre Écosse et Angleterre et par les tentatives de création d'une entité anglo-française. Du XVIe au XVIIIe siècle, l'Angleterre dut réprimer les révoltes irlandaises et écossaises. A partir du XIXe siècle, la « question » irlandaise devint un des problèmes cruciaux de la Grande-Bretagne. Les différences ethniques, linguistiques, religieuses font des îles britanniques un puzzle dominé par l'hégémonie économique et politique du bassin de Londres. Seule l'autorité d'un pouvoir central tôt établi a pu diminuer les antagonismes et imposer au moins le triomphe de la langue anglaise. Ce monde insulaire à l'unité brisée par l'accession à l'indépendance de la république d'Irlande subit encore aujourd'hui les soubresauts de l'agitation en Irlande du Nord ou Ulster, dont les habitants, aux deux tiers protestants, refusent le rattachement à la république irlandaise réclamé par la minorité catholique qui use du terrorisme pour tenter d'imposer sa volonté.

A l'opposé des îles britanniques, où se mêlent intimement terre et mer, se situe le massif quadrilatère ibérique. Là encore, l'unité naturelle est évidente : sur trois côtés l'Atlantique ou la Méditerranée, au nord la barrière des Pyrénées, l'ensemble portant la marque d'un relief accentué. Pourtant l'unité historique de cet ensemble a été entravée par le cours des événements. La lutte contre l'envahisseur musulman, la *Reconquista*, a occupé près de huit siècles. Quand elle s'achève avec la chute de Grenade, en janvier 1492, à la veille de la découverte de l'Amérique, l'Ibérie est divisée en trois bandes nord-sud, dans l'axe de la Reconquête : au centre le royaume de Castille, de part et d'autre Portugal et Aragon. Le mariage de Ferdinand d'Aragon et d'Isabelle de Castille en 1469 est à l'origine de l'Espagne, mais le Portugal est exclu de ce processus tardif et artificiel d'unification. Aujourd'hui, la péninsule ibérique porte trace de ses divisions anciennes. Il y a deux Etats souverains, Portugal et Espagne, et, à l'intérieur du second, des tendances à l'autonomie ou au séparatisme fortement affirmées principalement chez les Catalans de l'ex-royaume d'Aragon et chez les Basques à l'originalité linguistique et culturelle affirmée, sans oublier les particularités de la Galice, apparentée linguistiquement au Portugal, et de l'Andalousie marquée par une longue présence musulmane et les conséquences socio-économiques de la Reconquête. Malgré la création de toutes pièces d'une capitale en son centre, Madrid, les efforts de centralisation du pouvoir, une unité religieuse très forte, la péninsule Ibérique est tout aussi diverse et divisée que les îles britanniques.

Proche de ces dernières par ses dimensions et sa découpure complexe, baignée presque partout par la Méditerranée, la péninsule italienne se situe sous les mêmes latitudes que l'Ibérie et est liée à elle par la culture latine et le catholicisme. Là encore, l'unité géographique est patente : l'Italie est enserrée entre l'arc alpin et la Méditerranée. Pourtant, depuis la chute de l'Empire romain et jusqu'en 1860, ce pays est resté morcelé en nombreux petits Etats et a subi fréquemment le joug étranger : interventions de l'Empereur allemand au haut Moyen Age, présences angevine et aragonaise au bas Moyen Age, influences antagonistes de la France et de l'Espagne, puis de l'Autriche, à partir du XVIe siècle. L'unité partielle n'a pu se faire qu'en 1859 avec l'appui militaire de la France et par l'éviction des Autrichiens. Il a fallu un concours de circonstances pour que le royaume d'Italie puisse s'approprier l'ensemble de la péninsule : l'intégration de la Vénétie s'est faite grâce à la guerre austro-prussienne et à la défaite autrichienne en 1866, celle des Etats de l'Eglise et de la capitale, Rome, grâce à la défaite de Napoléon III, défenseur des droits du pape, en 1870. La frontière sur le Brenner n'a été acquise qu'en 1919, avec la cession par l'Autriche du Trentin et du haut Adige, autrement nommé Tyrol du Sud. Aujourd'hui, le cadre géographique de l'Italie ne correspond toujours pas totalement à l'Etat italien : le Tessin fait partie de la Confédération helvétique et la Corse de la France [1]. La péninsule italienne, réalité géographique et humaine évidente, mis à part quelques minorités linguistiques et culturelles française, germanique, et frioulane, n'est devenue que très récemment une réalité politique, par le bénéfice de conflits qui ne la concernaient pas ou la dépassaient.

On pourrait continuer l'inventaire des unités géographiques qui composent l'Europe. On découvrirait ainsi un quadrilatère de Bohême, véritable citadelle géographique, purement tchèque depuis 1945 seulement, grâce à l'expulsion des millions d'Allemands qui vivaient sur ses marges et dans sa capitale, n'ayant connu que vingt années d'indépendance, entre 1919 et 1938 ; une Slovaquie, une Ruthénie subcarpatique et une Transylvanie unies géographiquement à la grande plaine pannonienne et qui, pourtant, tournent le dos à la Hongrie, pour des raisons politiques et ethniques. On trouverait aussi des nations vivaces, allemande ou polonaise, dans le cadre de la grande plaine d'Europe du Nord, des nations dont les frontières ont subi d'énormes variations au cours des siècles et qui n'en ont pas moins subsisté.

Il existe donc des unités géographiques bien déterminées au sein desquelles se sont élaborés des Etats plutôt hétérogènes ainsi que des nations homogènes sans limites naturelles précises qui ont bâti des Etats aux frontières mouvantes. Les aléas de l'histoire ont, dans tous les cas, joué un rôle infiniment plus important que les contingences géographiques. Le rôle de l'homme a toujours été déterminant et celui de la Nature secondaire. Qu'en est-il de la France ?

La France dans le moule de la Providence ?

C'est à Jules César que l'on doit la première délimitation de la Gaule, voilà plus de deux millénaires. Le texte de ses *Commentaires*, repris et développé un demi-siècle plus tard par Strabon dans le tome IV de sa *Géographie*, borne ainsi la Gaule : à l'ouest la mer du Nord, la Manche et l'Atlantique, au nord et à l'est le Rhin de sa source à son embouchure, les Alpes et le cours du Var, enfin la Méditerranée et les Pyrénées au sud. Et Strabon d'ajouter :

1. La Corse est située à 80 km de la côte toscane. Bastia se trouve à 120 km à vol d'oiseau de Livourne, 190 de Florence, 260 de Rome, contre 210 de Nice, 340 de Marseille et près de 900 de Paris. Même si, de par la volonté de ses habitants, elle est française, elle fait indiscutablement partie de l'Italie au strict point de vue de la géographie physique et même humaine.

« Ce pays se trouve ainsi tout entier arrosé par des cours d'eau qui descendent soit des Alpes, soit des monts Cemmène et Pyréné et qui se jettent les uns dans l'Océan, les autres dans notre mer... Les cours d'eau sont si heureusement distribués les uns par rapport aux autres qu'ils assurent dans les deux sens les transports d'une mer à l'autre... Aussi doit-on penser que de telles circonstances portent témoignage de l'action de la providence, manifestée dans le fait que ces lieux ont été ainsi disposés non pas par l'effet du hasard, mais selon un plan en quelque sorte logique [2]. »

Ainsi la Gaule, préfiguration de la France, apparaît-elle à Strabon comme l'œuvre de la Providence. Et Vidal de La Blache, dans le tableau géographique par quoi débute l'*Histoire de France* de Lavisse, souligne le témoignage de la science grecque et estime significatif « que déjà quelques-uns des mots les plus justes et les plus fortement frappés aient été dits sur notre pays ». Ainsi que le note fort justement l'abbé Jarry, « toute collectivité a ses mythes, et l'histoire légendaire les fournit en abondance. Chez nous, le mythe c'est la continuité qui unit la France et l'ancienne Gaule. Les frontières de la vieille Gaule ne sont-elles pas les frontières destinées à la France sa fille ? Des frontières qui sont son héritage naturel [3] ? »

Prenons maintenant un atlas pour vérifier sur une carte si la géographie physique assigne bien des limites naturelles à la France [4]. Ce qui apparaît en premier à l'œil, c'est le relief. On discerne très bien la barrière presque rectiligne des Pyrénées et l'arc alpin. Le Massif central est perçu plus confusément avec le bombement du Morvan au nord. Le Jura se confond plus ou moins avec la masse alpine. Les Vosges se présentent sous une forme modeste mais assez bien individualisée. Plus au nord, on distingue un ensemble confus, Hunsrück, Eifel, Ardennes que seul le sillon du Rhin sépare de hauteurs comparables, Taunus ou Westerwald.

L'on peut donc, à la vue du seul relief, qualifier les frontières actuelles de la France avec l'Espagne et l'Italie de naturelles [5]. Mais où poser les bornes de la France au nord du Mont-Blanc ? La « logique » du relief voudrait qu'elles soient dressées sur les plus hauts sommets alpins, sur les Alpes pennines et lépontines, sur le Mont-Rose, aux cols du Simplon et du Saint-Gothard. Mais à quoi appuyer la frontière du

2. Strabon, *Géographie*, éd. Fr. Lasserre, livre IV, p. 123 et 144.
3. E. Jarry, *Provinces et pays de France*, I, p. 2.
4. Voir la carte n° 1.
5. Sur des cartes à grande échelle on s'apercevrait de mille anomalies dans le tracé de ces limites dites naturelles. Mais il faut reconnaître que les Alpes et les Pyrénées constituent de sérieux obstacles sur lesquels on peut établir des frontières stables.

Saint-Gothard à la mer du Nord ? En dehors des Vosges, aucun relief ne s'individualise suffisamment pour définir une limite précise.

Les bassins fluviaux, dont Strabon avait noté la complémentarité, permettent-ils de trouver une solution ? La France élargie au Valais, comme on vient de la définir, englobe les bassins de la Garonne, du Rhône, de la Loire, de la Seine. Mais les bassins du Rhin, de la Meuse, de l'Escaut ? Ils couvrent, si l'on se limite à la rive gauche du Rhin, la quasi-totalité de la Suisse, à l'exception du Valais et des bords du Léman, l'Alsace, la Lorraine, le nord du département des Ardennes, ceux du Nord et du Pas-de-Calais et, bien sûr, la Belgique et des portions des territoires néerlandais et allemands.

En combinant les critères du relief et de l'hydrographie, on obtient deux frontières naturelles possibles. La première, hypothèse maximale, suit les crêtes alpines délimitant au sud le bassin du Rhin, puis le cours de ce dernier au-delà du Rätikon, à partir de Sargans et du Liechtenstein, jusqu'à son embouchure dans la mer du Nord. C'est la plus grande France, la Gaule de César ou à peu près, un territoire de 640 000 km² environ.

La seconde frontière, hypothèse minimale, enlève à la Suisse le Valais et Genève, conserve à peu près l'actuelle frontière du Jura, passe par le seuil de Belfort, les monts Faucilles et le plateau de Langres, court entre Meuse et Marne vers le nord jusqu'aux hauteurs de l'Argonne, puis coupe à travers la plaine, des derniers contreforts des Ardennes à la Manche, séparant les bassins de la Seine et de l'Escaut, s'appuyant éventuellement sur la haute vallée de l'Oise et le cours de la Somme. C'est une France amputée de la plupart de ses conquêtes à l'est et au nord depuis Louis XIV, Artois et Flandre, Lorraine et Alsace, une France [6] d'environ 500 000 km².

C'est entre ces deux frontières — fort peu naturelles, si on les compare à celles des îles britanniques, de l'Ibérie ou de l'Italie — qu'oscille la France du Nord depuis le partage de Verdun de 843. C'est entre elles qu'a fluctué et que passe la limite entre les langues française et germaniques. C'est cette zone intermédiaire, entre Escaut, Meuse et Rhin, qui a fait l'objet des revendications opposées de la France et de l'Allemagne depuis que la Renaissance et la civilisation moderne, créant la carte et y portant des limites, ont inventé la « frontière linéaire », depuis que s'est éveillé, vers la même époque, le sentiment national.

6. C'est cette France minimale qu'établit l'occupant nazi en 1940 : le Nord et le Pas-de-Calais rattachés au commandement allemand à Bruxelles, le nord des départements de l'Aisne et de la Somme, au nord du fleuve, transformés en Zone interdite, l'Alsace-Lorraine en Zone annexée comme en 1871, une Zone réservée couvrant les Ardennes, les trois départements lorrains restants et l'essentiel de la Franche-Comté, pour permettre le contrôle de la frontière suisse.

CARTE 1 A

LES LIMITES ENTRE LES MONDES ROMAN ET GERMANIQUE

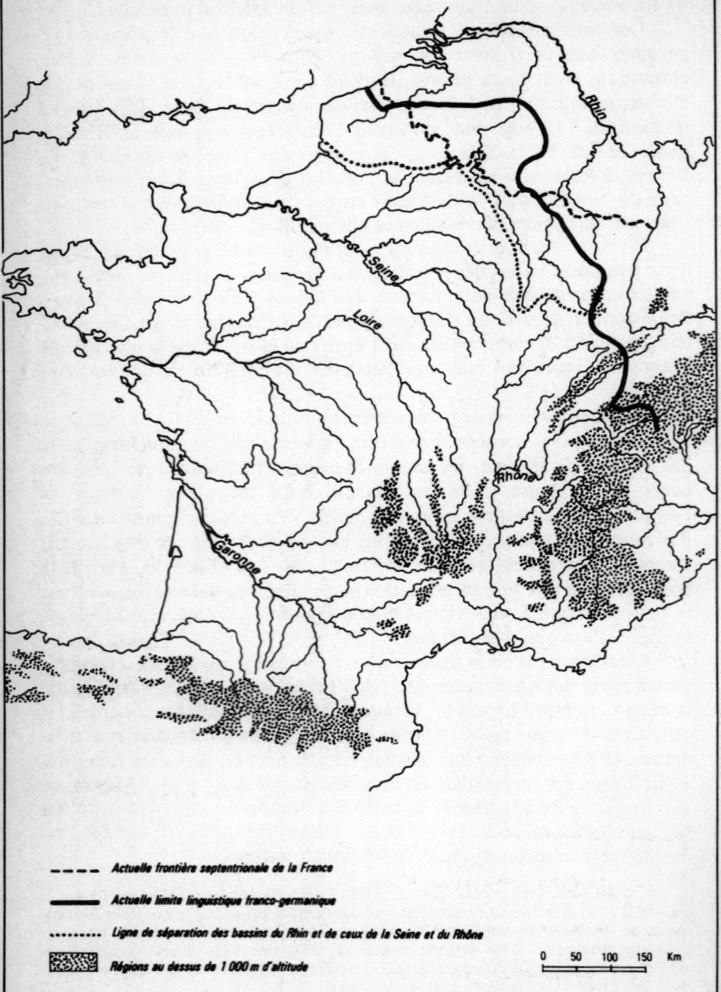

CARTE 1B

L'AIRE DE CONFRONTATION FRANCO-GERMANIQUE :
Les bassins de l'Escaut, de la Meuse et de la Moselle

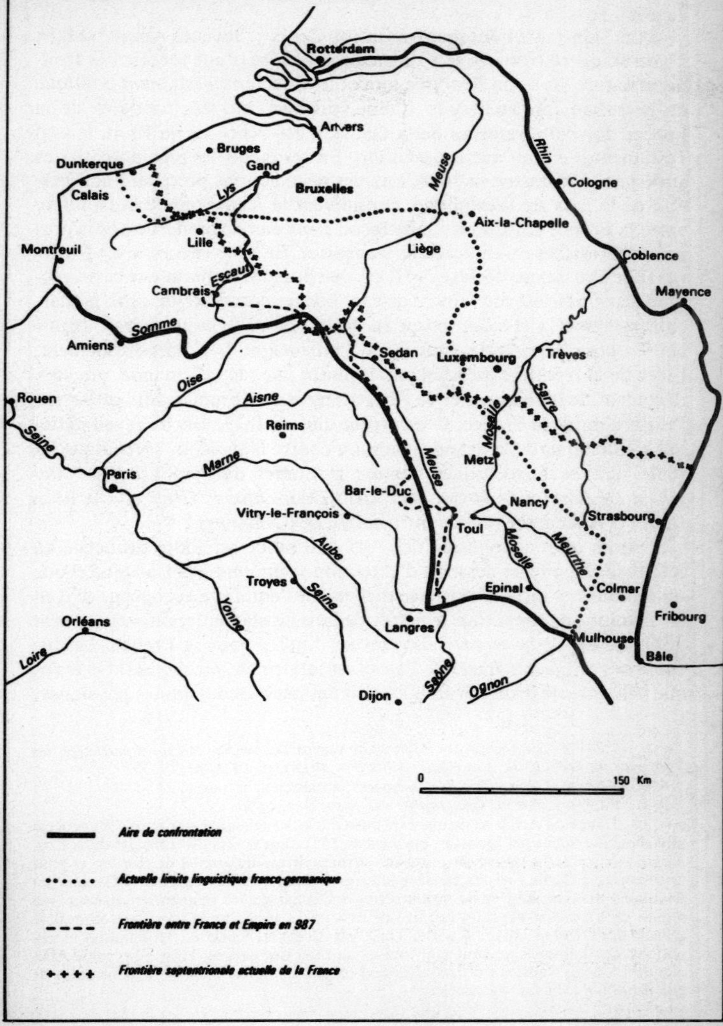

La théorie des frontières naturelles

Car, ainsi que l'ont montré Gaston Zeller [7], Jacques Ancel [8] et bien d'autres, on ne trouve guère de mention précise d'une théorie des frontières naturelles avant l'époque moderne. Si le faux *Testament politique* de Richelieu, dû au jésuite Labbé, prétend que les frontières de la France doivent être celles de la Gaule, c'est-à-dire sur le Rhin, le vrai Testament n'en fait aucune mention. En revanche, les plénipotentiaires impériaux à Münster en 1648, lors des négociations précédant la signature de la paix de Westphalie, considèrent le Rhin comme la frontière entre la France et l'Empire, une façon pour eux de limiter, au sens propre du terme, les revendications françaises. En 1746 encore, c'est Frédéric II de Prusse qui déclare : « Il est que prendre en main une carte géographique pour se convaincre que les bornes naturelles de cette monarchie semblent s'étendre jusqu'au Rhin, dont le cours paraît formé exprès pour séparer la France de l'Allemagne [9]. » Paradoxalement, l'idée de la frontière du Rhin paraît plutôt une idée allemande, une idée découlant de la faiblesse et de l'émiettement de l'Empire, afin de borner l'expansion de la France. C'est Arndt qui, en 1813, lors du réveil national allemand et de la grande coalition contre Napoléon, revendique les seules limites linguistiques comme frontières dans sa brochure *Der Rhein Deutschlands Strom aber nicht Deutschlands Grenze*, « le Rhin fleuve d'Allemagne mais non frontière de l'Allemagne [10] ».

Alors que la politique des rois de France est toute prudence au XVIIIe siècle, que les desseins d'extension se limitent à la Lorraine et que les diplomates recherchent essentiellement l'équilibre européen, ce sont les révolutionnaires, tout pénétrés de latinité classique, qui ressuscitent la Gaule de César et revendiquent ses limites pour la France. Le discours des dirigeants français d'alors est totalement incohérent. On invoque pêle-mêle le droit naturel, le droit des peuples, les limites physiques,

---

7. G. Zeller, *La France et l'Allemagne depuis dix siècles*, et *La monarchie et les frontières naturelles*, dans la *Revue d'histoire moderne*, 1933, p. 306-333.

8. J. Ancel, *Géographie des frontières*, notamment p. 66-71, 147-150.

9. D'après J. Ancel, *Géographie des frontières*, p. 69.

10. L'idée de Arndt se trouve exprimée dès la Renaissance par le célèbre géographe allemand Sébastien Münster, qui écrit en 1552 dans la version française de sa *Cosmographie* : « Jadis les régions estoyent bornées de montaignes et de fleuves, et pour cette cause, la Gaule a eu son étendue jusques au Rhein, lequel séparoit les Gaulois des Germains ou Alemans, mais aujourd'huy les languages et seigneuries divisent une région de l'autre et autant s'estend une chacune région que la language du peuple d'icelle dure. Par ce moyen Alsatie, Vuestrich, Brabant, Gueldres, Hollande et autres nations Teuthoniques ne sont point mises au rang des nations Françoises mais Allemandes. » Mais l'absence d'Etat allemand empêche la prise en compte de ce point de vue jusqu'à l'aube du XIXe siècle.

la défense de l'intégrité nationale. Merlin de Douai, tirant un trait sur les traités passés, signés par des « despotes », proclame, le 28 octobre 1790 : « Le peuple alsacien est uni au peuple français parce qu'il l'a voulu ; sa volonté seule a consommé ou légitimé l'union. » Un petit groupe de révolutionnaires savoyards proclame-t-il devant la Convention : « Esclaves avec les Italiens, nous serons libres avec les Français », l'abbé Grégoire en tire argument pour justifier l'incorporation de la Savoie à la France par la volonté qu'aurait librement exprimée le peuple de Savoie. Et, bien peu assuré en son for intérieur de la représentativité de ces exilés, il fait appel dans son rapport au droit de la Nature, aux frontières dites naturelles : « Vainement on a voulu au Piémont lier la Savoie. Sans cesse les Alpes repoussent celle-ci dans les domaines de la France et l'ordre de la Nature serait contrarié si leur gouvernement n'était pas identique [11]. »

Témoignant un mépris total du droit et de la logique, les révolutionnaires proclament d'une part que « la liberté n'a pas de frontière », donc que les frontières de la République française doivent être établies conformément au vœu des populations, d'autre part, avec Danton, que « c'est en vain qu'on veut nous faire craindre de donner trop d'étendue à la République. Ses limites sont marquées par la Nature. Nous les atteindrons toutes, des quatre coins de l'horizon, du côté du Rhin, du côté de l'Océan, du côté des Pyrénées, du côté des Alpes. Là sont les bornes de la France ; nulle puissance humaine ne pourra nous empêcher de les atteindre ; aucun pouvoir ne pourra nous engager à les franchir [12]. » Mais seule la force permet d'atteindre ce but, ce qui est en contradiction avec la liberté de choix des peuples telle que l'a posée l'abbé Grégoire.

Le XIXe siècle voit s'affirmer le principe des nationalités, contraire à celui des frontières naturelles. Napoléon III cependant n'hésite pas à se faire attribuer la Savoie au nom du premier et Nice au nom du second. La perte de l'Alsace et d'une partie de la Lorraine en 1871 consacre l'effondrement du principe des frontières naturelles, mais aussi du droit des peuples à disposer d'eux-mêmes. Fustel de Coulanges a réfuté dès octobre 1870 la thèse allemande des nationalités, exposée par le grand historien et juriste Mommsen :

> « Ce n'est ni la race, ni la langue qui fait la nationalité... Les convenances géographiques, les intérêts politiques ou commerciaux, sont ce qui a groupé les populations et fondé les Etats. Chaque

---

11. D'après E. Jarry, *Provinces et pays de France*, I, p. 46.
12. *Id., ibid.*, p. 2.

nation s'est ainsi peu à peu formée, chaque patrie s'est dessinée... La patrie, c'est ce qu'on aime... Par le cœur et par l'esprit, l'Alsace est une de nos provinces les plus françaises [13]. »

Tandis qu'en France est exaltée l'idée de la Revanche et repris le thème jacobin des frontières naturelles, le gouvernement allemand, « comme s'il avait entendu la leçon de Fustel, travaille à multiplier les liens économiques et culturels entre le *Reich* et le *Reichsland*. Il vise à donner au Rhin une vie allemande, à rendre les Rhénans " fiers de leur Rhin magnifique " et solidaires de la prospérité qu'il leur apporte à tous [14] ». Ainsi se dégage à la fin du XIXe siècle une nouvelle conception de l'Etat, fondée sur des données économiques et culturelles, faisant fi des limites imposées par la Nature.

Aussi peut-on, en définitive, affirmer — en accord avec ce que la géographie laissait déjà deviner — qu'il n'existe pas pour la France de frontières naturelles, mais que sa forme actuelle est le résultat d'une évolution historique étalée sur deux millénaires, évolution qu'il s'agit maintenant de survoler et d'expliquer.

---

13. N. D. Fustel de Coulanges, *L'Alsace est-elle allemande ou française*, dans *Questions contemporaines*, p. 95-98.
14. E. Jarry, *Provinces et pays de France*, I, p. 51.

2.

LA FRANCE AVANT SA NAISSANCE

La préhistoire

L'abondance des vestiges de la préhistoire retrouvés sur son sol fait de la France un des lieux privilégiés de la recherche sur les origines de l'humanité. Des méthodes spécifiques ont été mises au point pour tenter de préciser l'origine, le nombre, le mode de vie, voire les divers aspects de la vie intellectuelle et religieuse des hommes avant l'invention de l'écriture. On a fait appel à la dendrochronologie et à la palynologie pour connaître le climat, le couvert végétal, les cultures, les milieux dans lesquels vivaient les hommes du quaternaire. L'archéologie, aidée par la photographie aérienne, la linguistique, grâce notamment à l'étude des noms de lieux, l'anthropologie physique et culturelle s'appuyant sur les résultats des fouilles nous permettent d'avoir aujourd'hui une idée assez précise des habitants primitifs du territoire de la France actuelle. Négligeons les hypothétiques descendants des hommes du paléolithique pour passer directement à nos ancêtres du néolithique.

Les régions méditerranéennes ont constitué un refuge pour l'homme durant les périodes glaciaires, refuge d'où il a progressivement défriché et mis en culture la forêt claire de ces contrées. C'est là qu'ont débuté l'élevage des moutons et des chèvres et la culture des céréales. Mais celle-ci s'est heurtée à un environnement médiocre, en raison de la sécheresse et de la place privilégiée réservée à l'élevage. Les zones contiguës de l'Aquitaine, des Pyrénées, du Massif central ont profité de ces progrès et l'on estime que le Massif armoricain fut défriché par des éleveurs vers 4500-3500 avant notre ère. Certains établissent même un rapport entre ce mouvement et l'expansion de la culture mégalithique, qui s'étend en France du sud du Massif central à la Bretagne. La côte atlantique pourrait très bien avoir servi de route pour des peuples partant d'Ibérie et de la France du Sud et se dirigeant vers le nord, puisque, à l'inverse, les Celtes, fuyant les Angles et les Saxons, ont quitté massivement la Grande-Bretagne entre les IVe et VIe siècles à destination de la Bretagne et de la Galice.

Les terrasses fertiles et la vallée du Danube ont vu aussi se succéder du Ve au IIIe millénaire avant notre ère toute une série de cultures néolithiques, utilisant notamment une « céramique rubanée » très caractéristique. Les porteurs de cette culture ont associé l'exploitation des ressources de la forêt (chasse, cueillette, bois), l'élevage bovin et porcin, la culture des céréales. Migrant lentement vers l'ouest sous la pression démographique ou en quête de meilleures terres, ces populations apparaissent dans le Bassin parisien au cours des IVe et IIIe millénaires. Il est vraisemblable que les nouveaux arrivants se sont, le plus souvent, paisiblement mélangés aux premiers occupants, donnant naissance à des populations mixtes, tandis qu'un processus lent mais continu d'assimilation, s'étalant sur des siècles, a abouti à une celtisation linguistique et culturelle [15].

Dès l'époque de La Tène, à partir de 500 avant J.-C., s'individualisent plusieurs grandes régions : outre l'aire économique et culturelle propre à la Méditerranée et la vaste région celtique couvrant le Bassin parisien et l'est de la France déjà signalées, on voit s'établir une complémentarité agro-pastorale entre les Pyrénées et l'Aquitaine au sud de la Garonne, tandis que le climat et les différences dans l'origine du peuplement entraînent un contraste croissant entre les parties nord-nord-est et sud-sud-ouest du Massif central. C'est alors que se met en place la division du territoire entre les tribus gauloises, séparées par les zones-tampons laissées volontairement en friche. Roger Dion a pu ainsi retrouver sur la carte d'état-major de la fin du XIXe siècle les vestiges de la forêt-frontière entre Carnutes (Chartres) et Sénons (Sens), Bituriges (Bourges) et Lémovices (Limoges) [16].

La Gaule indépendante

Le demi-millénaire précédant l'ère chrétienne correspond donc à l'établissement définitif, à l'enracinement des Gaulois dans le pays auquel s'attache désormais leur nom. Mais l'absence de sources fait qu'il n'est possible de dresser un tableau de la Gaule indépendante

15. La question des origines biologiques des Français est abordée dans la troisième partie de cet ouvrage.

16. R. Dion, *Les frontières de la France*, p. 14-15 et 36-37.

qu'au moment où elle passe sous l'autorité de Rome, après une guerre qui dure de 58 à 51 avant J.-C. C'est en effet le vainqueur, Jules César, qui nous en donne le premier une description détaillée dans sa *Guerre des Gaules*. Il divise la Gaule libre en trois parties, différant selon lui par la langue, les coutumes et les lois.

La Gaule belgique est bornée par le Rhin au nord et à l'est, elle englobe les bassins de la Meuse et de la Moselle, s'arrêtant au plateau de Langres et, dans le corridor alsacien, au niveau de Brisach, le bassin de l'Ill inférieure et de la Fecht étant belge, la limite méridionale suivant ensuite approximativement les cours de la Marne et de la Seine jusqu'à son estuaire.

La Gaule celtique couvre la majeure partie de la France et de la Suisse actuelles. Dans cette dernière, seules les hautes vallées du Rhône et du Rhin ainsi que les environs du lac de Constance sont exclus de la Celtique. Au sud-ouest, la Celtique est limitrophe de l'Aquitaine, cantonnée entre l'Atlantique, la Garonne et les Pyrénées.

Il existe enfin une quatrième Gaule volontairement omise par César, car elle est depuis 121 avant J.-C. intégrée à l'Empire romain : c'est la *Provincia*, la Province romaine, dont le nom reste aujourd'hui à la Provence. Zone de passage entre l'Italie et l'Espagne, elle jouxte la Celtique sur le Rhône entre le lac Léman et le confluent avec la Saône, occupe au-delà le bassin du Rhône et de ses affluents, toute la côte méditerranéenne et s'étend dans le bassin de la Garonne jusqu'au confluent de cette dernière avec le Tarn. La frontière avec l'Espagne est sur les Pyrénées, avec l'Italie, c'est l'embouchure du Var. Les hautes vallées alpines sont encore insoumises.

L'imprécision relative de ces limites n'est pas seulement due à celle du texte de César et des autres auteurs de l'Antiquité, Polybe, Posidonius, Diodore ou Strabon. Elle reflète une réalité ethnique complexe : le noyau celtique établi en Gaule depuis cinq siècles n'a pas réussi à assimiler complètement les peuples de la frange méridionale. Sur la rive gauche de la Garonne, les Gaulois sont mêlés à un grand nombre d'Ibères, ce qui fait l'originalité de l'Aquitaine, mais l'influence ibère remonte assez loin au nord, jusqu'à la Loire, et la région entre Garonne et Loire constitue une zone intermédiaire. La présence ligure, la colonisation grecque [17] ont de même individualisé la bordure méditerranéenne, lui donnant une spécificité qui s'étend en se diluant progressivement dans la vallée du Rhône, jusqu'à Lyon.

Enfin, l'originalité des Belges s'explique très bien par leur arrivée

---

17. Celtes, Ibères, Ligures, Grecs font l'objet d'un développement dans la troisième partie de cet ouvrage, lorsqu'on étudie les composantes de la « race » française.

tardive, entre 250 et 150 avant J.-C., et par l'importance de leurs contacts avec leurs voisins germains : ainsi Ferdinand Lot réunit-il les *Eburones*, les *Aduatici*, les *Caeroesi*, les *Condrusi*, les *Faemanni*, installés entre la Meuse et le Rhin, sous le nom de *Germani*, tout en leur attribuant cependant une origine celte [18].

Quand César intervient en Gaule, les peuples qui l'occupent ont une importance et un degré de cohésion fort variables. Alors que les nations belges sont encore en pleine croissance, que les populations de la Province romaine ne « sont que des peuplades flottantes, incapables d'entente sérieuse et de discipline politique [...] entre la Seine, le Rhône et les dernières pentes occidentales du plateau central, la petite tribu indépendante et resserrée a presque partout disparu avant le premier siècle : il n'y a plus dans cette région que des cités puissantes, ambitieuses, homogènes, compactes, étendant leur nom sur de larges territoires : Arvernes, Eduens, Pictons, Santons, Rutènes, Lémoviques, Bituriges, Carnutes, Sénons, Lingons, à eux dix, ces peuples font la moitié de la France ; l'attache qui unit leurs tribus est presque indéchirable, leur domaine d'alliance fixe et immuable ; et les quelques tribus qui n'ont pas réussi ou consenti à s'incorporer à ces ligues ou à ces cités végètent dans leur indépendance [19]. »

En outre, les nations gauloises n'ont quelquefois pas de réelle homogénéité. Certaines se sont décomposées : les *Eburovices*, les *Diablintes*, les *Cenomanni*, les *Andes*, les *Brannovices* sont des Aulerques, mais les *Andes* font bande à part et les *Brannovices* se sont agrégées aux Eduens. D'autres semblent s'être constituées par synoecisme, par regroupement, tels les *Petrocorii* — dont le nom signifie « les Quatre Armées » — les *Tricorii*, les *Tricasses*... Aussi est-il difficile de dresser un tableau des peuples de la Gaule à la veille de la conquête romaine, mais l'entreprise valait d'être tentée, car on voit apparaître les grands noms de la toponymie française actuelle [20].

La Gaule romaine

C'est ce cadre des nations gauloises que Rome laisse subsister sous le nom de *civitates*, de cités. Mais elle leur ajoute un cœur urbain, l'enceinte fortifiée gauloise, l'*oppidum* celtique se transformant en une ville au nom le plus souvent latin ou latinisé, installée dans la plaine et

18. F. Lot, *La Gaule*, p. 53-54.

19. C. Jullian, *Histoire de la Gaule*, II, p. 21-22.

20. Le tableau 1, en annexe, a été établi à partir des travaux suivants : E. Jarry, *Provinces et pays de France*, I, p. 73-82 ; et F. Lot, *La Gaule*, p. 38-63.

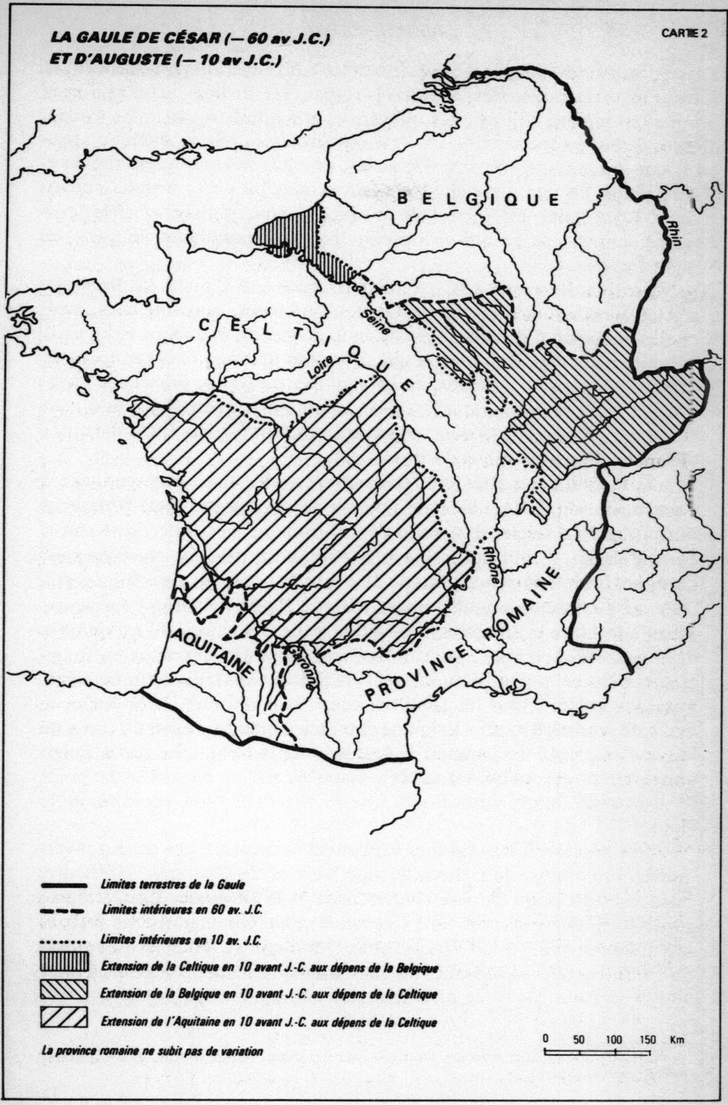
LA GAULE DE CÉSAR (— 60 av J.C.)
ET D'AUGUSTE (— 10 av J.C.)
CARTE 2
BELGIQUE
Rhin
CELTIQUE
Seine
Loire
Rhône
AQUITAINE
Garonne
PROVINCE ROMAINE
Limites terrestres de la Gaule
Limites intérieures en 60 av. J.C.
Limites intérieures en 10 av. J.C.
Extension de la Celtique en 10 avant J.-C. aux dépens de la Belgique
Extension de la Belgique en 10 avant J.-C. aux dépens de la Celtique
Extension de l'Aquitaine en 10 avant J.-C. aux dépens de la Celtique
La province romaine ne subit pas de variation
0 50 100 150 Km

non plus sur les hauteurs. Supprimant les liens fédératifs qui faisaient la force de certains peuples, le pouvoir romain les dissocie ou les regroupe pour des raisons stratégiques, politiques et administratives : les *Vellavi* et les *Gabales* sont séparés des *Arverni*, les *Segusiavi* des *Aedui*... , tandis que *Aduatici, Condrusi, Eburones*, proches de la frontière rhénane, sont réunis en une seule cité, que la trentaine de petits peuples constituant l'Aquitaine est regroupée en quatre, cinq, puis neuf cités, première ébauche de ce qui va devenir la Novempopulanie, le pays des Neuf Peuples.

En l'an 10 avant J.-C., quand est consacré l'Autel de Rome et d'Auguste à Lyon, capitale des Gaules, on compte soixante cités, auxquelles il convient d'ajouter les dix-huit cités de la *Provincia* et les trois colonies romaines de Lyon, Augst (non loin de Bâle) et Nyon (près de Genève). Des modifications, en général des créations, portent le nombre des cités de la Gaule à la fin de la période impériale jusqu'à cent treize selon la *Notitia provinciarum et civitatum Galliae* [21] établie après 375, sans doute au début du Ve siècle.

Si le cadre des cités est relativement stable avec une tendance à l'augmentation, l'étendue et le nombre des provinces varie fortement durant les cinq siècles d'administration romaine en Gaule. Sans entrer dans le détail, il faut noter que si la *Provincia*, devenue Narbonnaise, garde ses limites anciennes en l'an 10 avant J.-C., la Gaule celtique est à cette même époque singulièrement réduite. Rome a étendu l'Aquitaine jusqu'à la Loire et annexé à la Belgique toute la Celtique à l'est du pays des Tricasses (Troyes) et du Morvan, soit l'essentiel des actuelles Bourgogne et Franche-Comté et, bien sûr, la Suisse. La Gaule celtique, devenue Lyonnaise, réunit les peuples situés entre la Loire, la Saône et la Seine, la frontière avec la Belgique étant légèrement au nord du cours de la Seine. Le pays de Caux est le seul gain de la Lyonnaise sur la Belgique. La capitale, Lyon, est située — ce n'est pas un hasard — au point de rencontre approximatif des quatre provinces qui constituent la Gaule.

Les nécessités stratégiques expliquent la création des deux gouvernements militaires de Germanie supérieure et de Germanie inférieure, rattachées au point de vue civil et fiscal à la Belgique. La Germanie supérieure, devenue plus tard Germanie première, englobe les régions orientales enlevées à la Celtique et la rive ouest du Rhin jusqu'au-delà du confluent avec la Moselle. La Germanie inférieure ou seconde a pour limites le Rhin, la forêt d'Ardenne et une ligne sud-nord à peu près

21. Le tableau 2, en annexe, donne la liste des cités selon la *Notitia provinciarum et civitatum Galliae*.

équidistante de la Meuse et de l'Escaut, rejoignant ce dernier vers son embouchure. La soumission des populations des hautes vallées alpestres aboutit, en l'an 8 avant J.-C., à la création de petites provinces : Alpes maritimes, cottiennes, graies et pennines, à cheval sur les deux versants des Alpes.

La lourdeur et les difficultés croissantes de l'administration de l'Empire romain amènent le dédoublement de la plupart des provinces à la fin du IIIe siècle, lors des réformes de Dioclétien. Cette tendance au morcellement se maintient au siècle suivant et la *Notitia provinciarum et civitatum Galliae* attribue dix-sept provinces à la Gaule du début du Ve siècle. Il y a d'abord les deux Germanies, dont les capitales sont Mayence et Cologne, deux Belgiques avec Trèves et Reims, la Séquanaise — capitale Besançon — qui reprend la vieille frontière séparant Belgique et Celtique dans la plaine d'Alsace — Ill inférieure et bassin de la Fetch en Belgique — ainsi que la ligne approximative de séparation des eaux entre bassins de la Meuse et de la Moselle, d'une part, de la Saône, d'autre part, l'ensemble correspondant à peu près à ce qui avait été enlevé à la Celtique juste avant le début de l'ère chrétienne. La Lyonnaise se décompose en quatre provinces ayant pour capitales Lyon, Rouen, Tours et Sens. Elle récupère la cité des Lingons, la région de Langres sur la Belgique. Les Alpes graies et pennines, soit Tarentaise et Valais, constituent la dixième des provinces de ce diocèse des Gaules, dont la capitale est au contact du péril germanique, à Trèves où réside un préfet.

Sept autres provinces forment le diocèse de Viennoise. La Novempopulanie correspond à peu près à l'Aquitaine pré-romaine, tandis que le terme d'Aquitaine s'applique désormais à deux provinces entre Garonne et Loire : la première a pour chef-lieu Bourges et couvre l'essentiel du Massif central, dont le Limousin, et le Berri ; la seconde réunit les pays de la façade atlantique : Bordelais, Agenais, Périgord, Angoumois, Saintonge, Poitou, et est dirigée de Bordeaux. Les deux Narbonnaises ont pour sièges Narbonne et Aix, l'une couvrant le Roussillon et le Languedoc, l'autre la Provence intérieure. Entre elles vient s'insérer la Viennoise, axée sur les vallées du Rhône et de l'Isère, qui s'étend de Genève à Toulon. Les Alpes maritimes enfin, gouvernées depuis Embrun, correspondent à la haute Provence orientale et à la région de Nice. Le diocèse de Viennoise, comme l'indique son nom, est administré de Vienne par un vicaire.

Tout cet édifice est mis à bas moins d'un siècle après l'établissement de la *Notitia*, sous le choc des invasions germaniques. Le péril barbare ne doit pas être perçu comme une brutale invasion, comme une catastrophe telle que la rupture d'une digue. Plutôt que du déferlement d'une vague de fond, il s'agit d'une lente, d'une très lente infiltration, étalée sur six siècles : Marius n'a-t-il pas écrasé Cimbres et Teutons en 102/101 avant notre ère et César n'est-il pas intervenu en Gaule pour mettre un terme aux entreprises du chef suève Arioviste ? Le *limes* établi le long du Rhin assure certes une certaine sécurité à la Gaule, mais il s'entrouvre parfois pour laisser passer des groupes de Germains autorisés à s'installer dans l'Empire comme colons agricoles ou auxiliaires militaires. Dès la fin du IVe siècle, l'armée romaine est largement germanisée. La majorité des Barbares est composée d'agriculteurs en quête de nouvelles terres, chassés des leurs par d'autres Germains ou des Slaves, poussés eux-mêmes par les remous des peuples asiatiques. L'arrivée des Huns, vers 375, provoque un ébranlement décisif.

Les Wisigoths franchissent le Danube, envahissent les Balkans puis l'Italie. La barrière du Rhin est emportée en 406 et les Alains, les Suèves, les Vandales se répandent à travers la Gaule, allant jusqu'en Espagne et en Afrique du Nord. Maîtres de Rome en 410, les Wisigoths se font attribuer le Sud de la Gaule. Ils occupent d'abord la Novempopulanie, puis les deux Aquitaines, le littoral méditerranéen, enlèvent l'Espagne moins une partie de sa façade atlantique aux Suèves. Le royaume wisigoth atteint son apogée sous le règne d'Alaric II (484-507). Il a pour limites en Gaule la Loire et la Durance et couvre à peu près 40 % du territoire de la France d'aujourd'hui, soit au total, en comprenant l'Espagne, environ 700 000 km².

Venus d'outre-Rhin, les Burgondes n'ont pas eu la réussite des Wisigoths. Installés autour de Worms, ils sont écrasés par les Huns vers 436 [22]. Aetius, détenteur en Gaule des vestiges du pouvoir romain, établit les survivants vers 443 dans une région nommée *Sapaudia* (à l'origine du nom de la Savoie), dans les cités de Genève et de Grenoble. De là, ils étendent leur pouvoir jusqu'à la Durance vers le sud, jusqu'au plateau de Langres et aux portes de Troyes vers le nord, incorporant dans leur Etat la majeure partie de la Viennoise, la Séquanaise, moins l'Alsace du Sud et la région de Bâle, la première Lyonnaise jusqu'à la Loire et à Auxerre.

Les Alamans sont installés de part et d'autre du Rhin entre Bâle et Worms et poussent à l'Ouest jusqu'à la vallée de la Moselle. Venus par la mer, les Saxons ravagent les côtes et s'établissent çà et là, en Bretagne insulaire, à l'embouchure de la Loire, dans le Boulonnais, aux environs de Bayeux. Chassés par les Angles et les Saxons, les Celtes de Grande-Bretagne franchissent la Manche et fondent vers la fin du VIe siècle quatre royaumes en Armorique, devenue Bretagne : Cornouailles, Léon,

22. Cette défaite constitue la base historique de la légende des Nibelungen.

CARTE 3

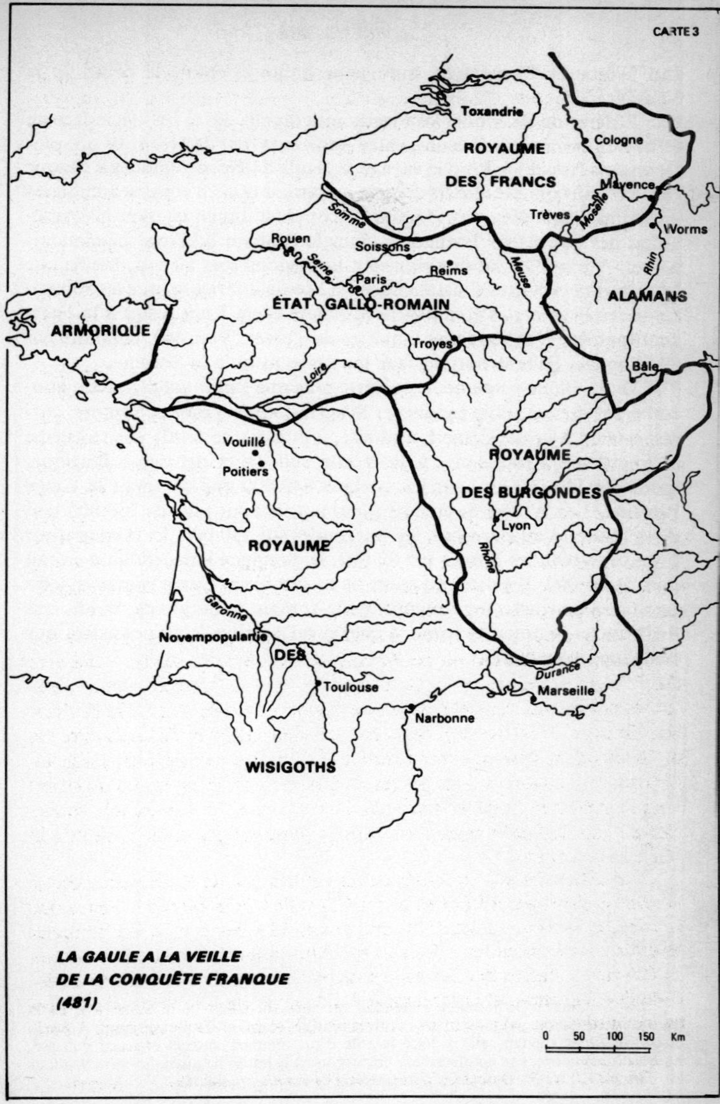

LA GAULE A LA VEILLE DE LA CONQUÊTE FRANQUE (481)

Bro Wéroc et Domnonée, avec pour limite orientale le cours de la Vilaine.

Fédération de tribus, les Francs sont établis dès le IIIe siècle face au *limes* de Germanie inférieure, entre Bonn et la mer du Nord. Ils ont plusieurs fois franchi le Rhin et ravagé la Gaule du Nord. Vaincus à chaque fois, certains ont été établis comme colons ou utilisés comme auxiliaires militaires. Au milieu du IVe siècle, l'empereur Julien consent à l'installation des Saliens en Toxandrie, dans le Brabant du Nord néerlandais actuel. A partir de là, ils colonisent les régions plus au sud, tandis que leurs parents Chattes s'installent sur la Meuse inférieure, que les Ripuaires et les Bructères s'étendent de Cologne et du Rhin jusqu'à la Forêt charbonnière [23] et se rendent maîtres de Trèves. Vers 440, conduits par Clodion, les Saliens portent leur territoire jusqu'à la Somme.

De la Gaule romaine ne subsiste plus que l'Etat gallo-romain gouverné par Aetius, puis Egidius et Syagrius, entre Loire et Somme, correspondant à la deuxième Lyonnaise, à la majeure partie des troisième et quatrième Lyonnaises, à la moitié sud de la deuxième Belgique, moins de 150 000 km^2 sur les quelque 640 000 que comptait la Gaule romaine. Les Wisigoths étendent leur autorité sur plus de 200 000 km^2 de la France d'aujourd'hui, les Burgondes sur 150 000, les Alamans sur près de 40 000, les Francs sur 80 000, la Bretagne indépendante en fait plus de 20 000. Il existe, au cœur de ce qui fut la Gaule romaine, trois royaumes concurrents, wisigoth, gallo-romain et burgonde, tandis que deux autres, alaman et franc, à cheval sur le Rhin, n'en possèdent que des zones marginales.

---

23. La Forêt charbonnière s'étendait au nord du sillon de la Sambre et de la Meuse sur des terres pauvres où affleurait la houille, ce qui lui a valu son nom. Après la chute du *limes* rhénan, elle a joué le rôle d'un rempart naturel efficace puisque, aujourd'hui encore, son emplacement correspond à la limite linguistique entre Wallons et Flamands. Lire R. Dion, *Les frontières de la France*, p. 64-70.

3.

LES FRANCS : MÉROVINGIENS ET CAROLINGIENS

Le pouvoir mérovingien

Ce sont pourtant les Francs qui réunifient la Gaule éclatée, sous la conduite de leur chef, Clovis (481-511). Ses premières années de règne sont consacrées à l'incorporation des vestiges de l'Etat gallo-romain. Ayant porté le pouvoir franc jusqu'à la Loire, adhéré à l'orthodoxie catholique, Clovis bénéficie du soutien politique de l'épiscopat de toute la Gaule, face aux rois burgondes et wisigoths, plus romanisés que lui mais adeptes de l'arianisme [24]. S'étant assuré l'appui ou la soumission des autres rois francs, les Alamans battus et refoulés à l'est des Vosges, n'ayant plus d'adversaire à redouter au nord et à l'est, Clovis défait les Burgondes vers 500 [25], vainc et tue le roi wisigoth Alaric II à Vouillé en 507. Les conquêtes franques s'étendent jusqu'aux Pyrénées, mais l'intervention du roi ostrogoth d'Italie empêche l'accès des Francs à la Méditerranée : la Provence échoit aux Ostrogoths, le littoral languedocien reste wisigoth. La victoire franque est consacrée par l'empereur Anastase qui, de Constantinople, décerne à Clovis les titres de consul et de patrice.

Mais les rois mérovingiens ne se comportent nullement en successeurs de l'Etat romain. Traitant leur royaume de la même façon qu'un

24. Voir P. Chaunu, *La France* (Ed. R. Laffont), chapitre 6, p. 86-99. Le baptême de Clovis à Reims est, dans la mémoire collective des Français, le « premier mythe populaire du commencement de la France » (p. 96). Et P. Chaunu d'ajouter : « Le *Regnum Francorum* est fondé sur un fait d'armes, mais un fait d'armes inversé. Les Francs ne sont plus des envahisseurs ; en adoptant la foi du peuple, leur pouvoir de protecteur est devenu pacificateur ; l'acte fondateur est un acte pacificateur politique de caractère religieux, il va permettre l'accomplissement de la mission unificatrice » (p. 99).

25. Le royaume burgonde subsiste, très affaibli, et ne disparaît qu'en 534.

domaine, ils le partagent à chaque succession. L'unité du *Regnum Francorum* ne se rétablit que rarement, presque par accident, sous Clotaire II et Dagobert. Les partages entre les fils de Clovis, puis leurs descendants se font sans tenir compte des critères ethniques, géographiques, administratifs, la seule règle étant que les lots soient de valeur identique.

Cependant, le territoire des rois mérovingiens ne cesse de s'étendre jusque vers la fin du VIe siècle. La Gaule mérovingienne déborde alors à l'est du Rhin, surtout dans sa partie moyenne, englobant le territoire de la Hesse, de la Thuringe, de la Franconie (« Pays des Francs ») actuelles. En revanche lui échappent l'Alsace et une partie sans cesse croissante de la Suisse septentrionale et orientale, qui relèvent des Alamans, lesquels, comme les Bavarois, reconnaissent cependant une certaine suzeraineté franque, ainsi que la Bretagne à l'ouest de la Vilaine, la majeure partie de la région située au sud de la Garonne, envahie par les Vascons ou Basques, la côte méditerranéenne à l'ouest du Rhône, dénommée Septimanie ou Gothie, restée aux Wisigoths d'Espagne.

Dans la confusion des nombreux partages se détachent toutefois plusieurs groupes de territoires aux limites par ailleurs assez floues, dominés par une aristocratie locale plus ou moins solidaire des délégués du pouvoir royal, les maires du palais. L'Austrasie, domaine des Francs orientaux, couvre les bassins du Rhin et de la Meuse, s'étend jusqu'à Reims à l'ouest, avec la Lorraine et Metz pour centre. La Neustrie, dont les cités principales sont Soissons et Paris, correspond à la Gaule du Nord-Ouest. Les dirigeants d'Austrasie et de Neustrie s'opposent fréquemment pour le contrôle du *Regnum Francorum*. L'ex-royaume des Burgondes, devenu Bourgogne, recréé par Gontran, fils de Clotaire Ier, comprend les anciennes possessions burgondes accrues de la Provence et des diocèses de Chartres, Orléans et Sens. Cela représente tout le bassin du Rhône, avec la majeure partie de la Suisse, rognée peu à peu par les Alamans, la haute vallée de la Seine, celle de l'Yonne, le Morvan, la rive droite de la Loire à peu près jusqu'à Gien.

Entre la Loire et les Pyrénées s'étend l'Aquitaine. Dépourvue de maire du palais, elle est régulièrement démembrée à chaque nouveau partage. Son originalité est profonde vis-à-vis de la Neustrie, de l'Austrasie et de la Bourgogne. Comme l'a noté Camille Jullian, « si l'Aquitaine fit partie du royaume des Francs, elle ne vit point se former une civilisation franque. L'apport des Germains dans les traditions et l'esprit du Sud-Ouest se réduit à rien. Combien peu de Francs s'établirent au sud de la Loire ! Ce n'est pas une poignée de barbares qui pouvaient changer le cours de la vie, si foncièrement latine depuis des siècles[26] ». Pour faire face à la menace des Vascons, qui se sont pratiquement assuré la possession des territoires au sud de la Garonne, de la Novempopulanie devenue Gascogne, Dagobert érige l'Aquitaine en une sorte de marche militaire qu'il confie en 628 à son frère Caribert. Ce dernier obtient un tribut des Vascons vaincus mais meurt en 632. Le pays est alors uni à nouveau au royaume franc, mais cette union est sans doute plus nominale que réelle, car on voit apparaître, au début du VIIIe siècle, des ducs d'Aquitaine agissant de façon indépendante.

Ainsi que le note Pierre Chaunu, le royaume franc, quelque 850 000 km², se compose de deux parties. Il y a un « protectorat flou » sur l'Aquitaine et l'axe rhodanien, l'ex-royaume burgonde, au sud, sur la Germanie à l'est, et un noyau dur de 250 000 km², constitué en deux temps : l'ancien royaume franc du Rhin à la Somme, occupé entre 360 et 480, l'ex-royaume gallo-romain de Syagrius, entre Somme, Loire et Vosges, conquis entre 480 et 510. Ce noyau dense est à cheval sur les domaines linguistiques roman (les deux tiers) et germanique (un tiers).

> « Peu de périodes sont aussi obscures que celle qui vit disparaître l'Empire romain en Occident et s'édifier sur ses ruines une série de royaumes fondés sur des peuples germaniques. Et pourtant, peu dans notre passé national furent aussi décisives. Nous lui devons, avec le nom même de notre pays, quelques-uns des traits les plus durables de sa physionomie politique, comme la fixation de son centre de gravité vers le milieu du bassin de Paris et le rattachement du Midi à des foyers de décision situés au nord de la Loire. Le semis de nos villages ruraux, prenant la place des *villae* gallo-romaines, et la formation de ces circonscriptions régionales si fortement ancrées dans la conscience populaire, comme l'Alsace ou la Bourgogne, remontent aussi, pour l'essentiel, à cette période clé[27]. »

Charlemagne et la première tentative d'unification de l'Europe de l'Ouest

C'est de ce cœur dense du royaume franc que jaillit la nouvelle dynastie. Les maires d'Austrasie, les Pépin l'Ancien, de Landen, d'Herstal, originaires de la basse Meuse, sur la frange germanique, sup-

26. C. Jullian, *Histoire de Bordeaux*, p. 78.
27. L. Musset, dans G. Duby, *Histoire de France*, I, p. 147. La constitution des divisions territoriales et du maillage des villages de France est abordée dans le livre 2 de cet ouvrage.

plantent les derniers Mérovingiens. La mairie d'Austrasie contrôle aussi la Neustrie et la Bourgogne. Le duc Eudes d'Aquitaine ayant été vaincu par les musulmans d'Espagne, le fils de Pépin d'Herstal, Charles Martel, accourt et écrase les Sarrasins à Poitiers, en 732. Au bout d'un demi-siècle de guerres contre les ducs, son fils, Pépin le Bref, soumet définitivement l'Aquitaine. La Septimanie wisigothe puis musulmane est conquise depuis 759. Quant aux territoires d'outre-Rhin, dont les liens avec le royaume franc s'étaient peu à peu distendus, ils sont contraints de se soumettre à la nouvelle dynastie. Frisons, Alamans, Bavarois, Saxons reconnaissent son autorité, entre deux révoltes.

A l'instar des Mérovingiens, les nouveaux maîtres du *Regnum Francorum* divisent le royaume entre leurs fils. Mais le hasard veut à chaque fois qu'assez rapidement l'unité soit reconstituée au profit d'un seul. A la mort de Pépin le Bref, en 768, Carloman et Charlemagne se partagent le pouvoir, mais Carloman disparaît dès 771. Charlemagne évince ses neveux et reste seul.

Renforçant la soumission de l'Aquitaine, de la Frise, de l'Alémanie, il étend son autorité jusqu'à l'Ebre et constitue la marche d'Espagne, avec la Navarre et le comté de Barcelone. Se portant au secours du pape, il dépose Didier, roi des Lombards, se proclame roi à sa place, impose son protectorat aux duchés de Spolète et de Bénévent, établissant ainsi la domination franque sur la plus grande partie de l'Italie. En Germanie, la Bavière et la Saxe sont soumises définitivement et incorporées au royaume. Les Avars, les Tchèques, les Danois sont arrêtés dans leur expansion.

Lorsqu'est proclamée à Rome, le 25 décembre 800, la reconstitution de l'Empire romain d'Occident, Charlemagne contrôle un territoire qui s'arrête à l'est sur l'Elbe et la Saale, la Forêt de Bohême *(Böhmerwald)*, dont la frontière nord-sud coupe le Danube à peu près au niveau de Vienne pour aboutir à l'Istrie, sur l'Adriatique. L'Italie presque entière, sauf son extrémité méridionale et la Sicile, lui appartient ou lui est soumise. En Espagne, l'Ebre marque la limite méridionale. Bretagne et Gascogne demeurent à demi indépendantes. Des peuples tributaires, Obodrites, Wilzes, Sorabes, Tchèques, Moraves, Slovaques, Avars, Croates constituent une série de marches orientales qui vont jusqu'à l'Oder, la Morava, la Tisza, la Save, la Narenta.

Le *Regnum Francorum* de Charlemagne correspond au territoire des Etats actuels suivants : Pays-Bas, Belgique, Luxembourg, République fédérale d'Allemagne, Autriche, Suisse, Italie à peu près entière, France, frange septentrionale de l'Espagne. C'est un peu plus que l'Europe des six constituée en 1950.

C'est, en tout cas, à l'exception de l'Ibérie sous le joug musulman et des îles britanniques, l'essentiel de la chrétienté latine, la base d'un nouvel empire chrétien d'Occident. Quelle que soit l'interprétation donnée au sacre de Noël 800, il est l'aboutissement du rêve d'une élite de clercs, nourrie de culture latine, qui a remis l'écrit en honneur comme moyen d'administration, mais « flotte sur un tissu social décomposé, sans routes, presque sans monnaie, sans villes, sans autre moyen qu'une *familia* de nourris et que des bandes de guerriers vaquant de domaine en domaine, sans autre moyen de gouvernement que l'attachement personnel, le compagnonnage d'armes, l'échange des femmes et la distribution de domaines [28] ».

« L'empire de Charlemagne est un mirage, une coquille vide, une construction de l'esprit [29] », mais cette construction de l'esprit est destinée à durer en tant que telle de 800 à 1806, jusqu'à la disparition du Saint Empire romain germanique.

Le partage de Verdun

Pas plus que les Mérovingiens, les Carolingiens n'ont le sens de l'Etat. Ils continuent à se partager le royaume comme un simple domaine. C'est par hasard que Louis le Pieux est le seul fils survivant à Charlemagne et donc le seul héritier. A sa mort, en 840, la guerre éclate entre ses fils. Le traité de Verdun qui y met fin en 843 consacre la dislocation de l'empire carolingien.

A Louis le Germanique échoit la partie orientale, purement germanique : Saxe, Thuringe, Hesse, Franconie, Alémanie, Bavière, avec pour seule possession à l'ouest du Rhin la région de Spire, Worms et Mayence, futur Palatinat. Lothaire hérite du titre impérial, de l'Italie, de la Provence et du bassin du Rhône, d'une bande de territoires large en moyenne de 200 km allant jusqu'à l'embouchure du Rhin et bornée approximativement à l'ouest par les cours de la Saône, de la Meuse jusqu'à l'Ardenne, puis par une ligne est-ouest allant jusqu'à Cambrai et de là jusqu'à la mer du Nord par le cours de l'Escaut. Charles le Chauve possède tout ce qui est à l'ouest de la part de Lothaire, délimitée très grossièrement par ce qu'on a appellé plus tard les « quatre fleuves » : Escaut, Meuse, Saône, Rhône.

Fruit d'un équilibre précaire entre des ambitions opposées, le partage de Verdun est vite remis en question et il serait fastidieux de décrire tous les partages, toutes les variations de frontières qui ont lieu sous les

28. P. Chaunu, *La France*, p. 106.
29. *Id., ibid.*, p. 107.

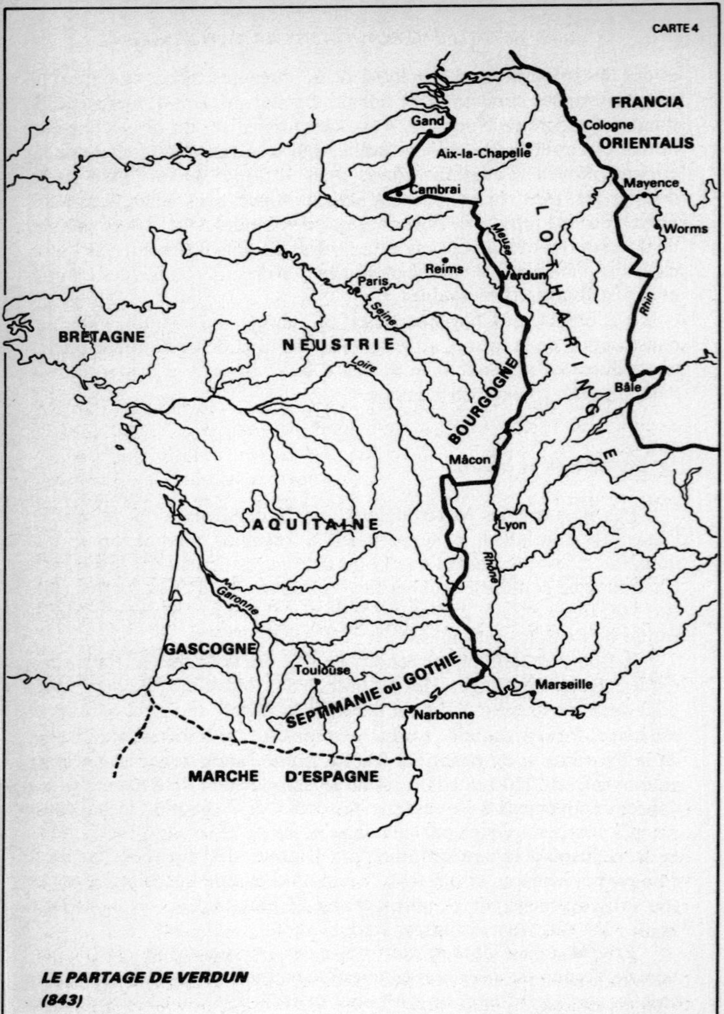

LE PARTAGE DE VERDUN
(843)

Carolingiens. Son importance tient au fait que, malgré les efforts de ses rois, la frontière établie en 843 pour la *Francia occidentalis* existe toujours à l'avènement de Hugues Capet en 987, tandis que la *Francia orientalis* de Louis le Germanique absorbe, sous le nom de Lotharingie, toute la partie du domaine de Lothaire se trouvant au nord de la ligne de séparation entre le bassin du Rhône et ceux du Rhin et de la Meuse, grossièrement l'ancienne Austrasie. Les descendants de Louis le Germanique s'approprient le titre impérial et l'Empire romain d'Occident deviendra le Saint Empire romain germanique.

Un royaume de Bourgogne s'est reconstitué en 879 avec les possessions de Lothaire situées entre l'axe Saône-Rhône et les Alpes. Il passe à l'empereur Conrad II en 1032 et reste dans la mouvance impériale jusqu'au XIVe siècle.

Le royaume de Charles le Chauve comprend une partie de l'ancien royaume des Francs saliens — celle qui se trouve entre l'Escaut et la Somme —, la Neustrie, la Bourgogne à l'ouest de la Saône, l'Aquitaine, la Gascogne, la Gothie ou Septimanie, la marche d'Espagne, théoriquement la Bretagne. Tel va être le cadre de la France jusqu'au XIVe siècle.

Si le traité de Verdun a définitivement séparé les territoires qui constitueront la France et l'Allemagne, il n'était en son temps qu'un des partages traditionnels dans la royauté franque. La *Francia orientalis*, qui ne comptait que des Germains, ne les englobait pas tous. La *Francia occidentalis*, surtout romane, comprenait la Flandre germanique. Quant à la *Francia media* de Lothaire, c'était un mélange de populations germaniques, gallo-romanes et italo-romanes.

La véritable rupture se produit plus tard, quand s'affaiblit et disparaît la dynastie carolingienne. Dans la *Francia occidentalis*, le phénomène s'accomplit en deux temps, avec d'abord l'élection royale d'Eudes, comte de Paris, en 888, puis celle qui implante la dynastie, celle de Hugues Capet en 987. Dans la *Francia orientalis*, c'est en 911 que le Franconien Conrad Ier remplace le dernier Carolingien. C'est en 919 qu'apparaît pour la première fois l'expression *Regnum Teutonicorum*, « royaume des Allemands », pour désigner la partie orientale de l'empire d'Occident. Une autre date capitale consacre le divorce. En 962, après une vacance officielle de trente-huit années, en fait depuis bien plus longtemps en raison de la faiblesse des pâles épigones de Charlemagne, Othon Ier, couronné à Rome par le pape, proclame la renaissance de l'Empire romain d'Occident. De cet Empire, la *Francia occidentalis* ne fait pas partie. Tandis que l'amalgame de l'Empire et de l'Allemagne crée un ensemble énorme et ingouvernable de près de

1 000 000 km², l'espace du roi de France en représente à peu près 400 000. « L'Ouest joue la concentration contre la dispersion [30]. »

Les principautés territoriales

Les conflits opposant entre eux les Carolingiens pour la succession du titre impérial et l'accroissement de leur domaine contribuent à l'affaiblissement du pouvoir royal, à la pérennité des fiefs et des titulatures dans les mêmes familles [31], à la constitution de principautés territoriales au profit de familles ambitieuses et entreprenantes. C'est alors que s'individualisent certaines régions.

La plus septentrionale est la Flandre, comté qui apparaît pour la première fois en 862, érigé par Charles le Chauve en faveur de son gendre, Baudouin Bras de Fer, commandement militaire constitué pour lutter contre les raids vikings. Le comté de Flandre correspond à la partie occidentale de l'ancien domaine des Francs saliens et couvre la région située entre l'Escaut, la Somme et la mer.

A l'est se constitue entre 925 et 943 un vaste ensemble de territoires contrôlés par Herbert II, comte de Vermandois. Il a installé son fils, âgé de cinq ans, sur le siège archiépiscopal de Reims, s'est emparé des comtés d'Amiens et du Vexin, de Laon, a fait entrer dans sa vassalité les comtes de Montreuil, de Montdidier, peut-être ceux de Beauvais et de Châlons. Il est maître de la plus grande partie de l'actuelle Champagne, de l'Auxerrois, du Tonnerrois, du Barrois. Mais à sa mort, en 943, ses héritiers se partagent le domaine.

Au sud de la Flandre, Robert le Fort défend contre les invasions scandinaves les vallées de la Seine et de la Loire. Ses fils Eudes et Robert Ier disputent la couronne de *Francia occidentalis* aux Carolingiens et règnent respectivement de 888 à 898 et en 922-923. De 923 à 936, c'est le gendre de Robert Ier, Raoul de Bourgogne, qui prend la couronne. Cette dynastie, dite des Robertiens, connaît ensuite une éclipse et ne ressaisit la couronne, définitivement cette fois, qu'en 987, avec Hugues Capet.

Elle domine de 891 à 921 tous les pays entre Seine et Loire jusqu'à

---

30. P. Chaunu, *La France*, p. 120.

31. Il n'est pas question d'aborder ici l'étude même sommaire de la constitution et du rôle de la féodalité. La nature de ce régime social et politique rend illusoire toute tentative de cartographie précise des possessions territoriales. Cette réserve est valable, avec cependant une précision qui s'améliore au fur et à mesure que l'on approche de l'époque contemporaine, jusqu'à la fin de l'Ancien Régime. C'est pourquoi le nombre des cartes politiques a été réduit au minimum nécessaire à la compréhension des principaux faits historiques.

la Bourgogne, c'est-à-dire l'ancienne Neustrie, le *ducatus Francorum* ou *Franciae*, le duché des Francs ou de France. L'axe de la principauté robertienne quitte progressivement la Loire pour la Seine : Robert le Fort est mort en 866 en affrontant les Normands à Brissarthe près d'Angers, son fils Eudes défend Paris assiégé par les Scandinaves vingt ans plus tard. Il a délégué le soin de défendre la Loire à des vicomtes, dont certains, ceux d'Anjou et de Blois notamment, deviennent rapidement de puissants seigneurs et prennent le titre comtal.

Malgré les efforts des Robertiens, les Scandinaves prennent le dessus et arrachent en 911 à Charles le Simple le traité de Saint-Clair-sur-Epte, qui leur accorde la Normandie, d'abord limitée au Talou, au Roumois, au pays de Caux, au Vexin à l'ouest de l'Epte, au Lieuvin et à l'Evrecin, la Haute-Normandie actuelle. La Basse-Normandie est concédée plus tard, les cités de Sées et de Bayeux en 924, celles de Coutances et d'Avranches en 936. Ainsi s'individualise une nouvelle région correspondant à peu près à la deuxième Lyonnaise de la Gaule du Bas-Empire.

A l'ouest de la Saône, dans ce qui reste de la Bourgogne franque, Richard de Bourgogne rameute les énergies pour lutter contre les Vikings et les bat à Argenteuil près de Tonnerre en 898. Le groupe de comtés qu'il contrôle directement ou indirectement constitue le duché de Bourgogne, entre Saône et Loire, Auxerrois et plateau de Langres.

Le particularisme de l'Aquitaine a bénéficié durant un siècle d'un taitement spécial. En 778, Charlemagne l'a érigée en royaume confié à son fils, Louis le Pieux. La tradition de nommer un fils de l'empereur puis du roi de la *Francia occidentalis* comme roi d'Aquitaine est abandonnée en 877. De 864 à 877, Charles le Chauve s'est vainement efforcé de rétablir son autorité directe sur le pays. Finalement, quelques grandes familles y détiennent l'essentiel du pouvoir.

Installé à Clermont, le comte d'Auvergne, Bernard Plantevelue, constitue en vingt ans un immense domaine et lègue à sa mort, en 888, à son fils, Guillaume le Pieux, le Berri, peut-être aussi le Nivernais voisin, le Mâconnais, le Lyonnais, le Limousin, le Rouergue, Toulouse et le marquisat de Gothie. Maître du centre et du sud-ouest de la France, portant le titre de duc d'Aquitaine, Guillaume meurt en 918 sans héritier direct et ses domaines sont dispersés.

Les comtes de Poitiers s'approprient Auvergne, Limousin et Velay ainsi que le titre de duc d'Aquitaine. Guillaume Fierabras s'intitule *Dux totius monarchiae Aquitanorum*, « duc de tout le royaume d'Aquitaine », et outre le Poitou, l'Auvergne, le Velay, le Limousin, contrôle le bas Berri, la Marche, le Périgord, l'Angoumois, la Saintonge et peut-être le Gévaudan. Ses successeurs, les Guillaume IV (994-1030), Guillaume VIII (1058-1088), Guillaume IX (1088-1121), sont des princes opulents dont le rayonnement éclipse celui des rois de France.

Les comtes de Toulouse, qui portent en général le nom de Raymond, gouvernent les comtés de Quercy, d'Albi, de Foix, d'Uzès, de Viviers, de Carcassonne, de Nîmes, de Béziers, l'ancien marquisat de Gothie, soit à peu près tout ce qui s'étend de la bordure sud du Massif central à la Méditerranée, aux Pyrénées et à la Garonne, rivalisant de splendeur avec les comtes de Poitiers.

La région située au sud de la Garonne, duché de Gascogne depuis 768, fait toujours bande à part. Elle s'est élargie au Bordelais et à l'Agenais. On ignore presque tout sur elle à cette époque.

La marche d'Espagne, quoique restant dans la mouvance des rois de *Francia occidentalis*, a sa vie propre et consacre l'essentiel de ses forces à repousser les Maures. Elle s'est divisée en deux : comté de Barcelone et royaume de Navarre. Détaché du marquisat de Gothie, le Roussillon est pris entre les comtes de Toulouse et de Barcelone. La Navarre, à cheval sur les Pyrénées, s'étend de la région de Saint-Jean-Pied-de-Port au haut Ebre.

La Bretagne, théoriquement soumise par Pépin le Bref, connaît des révoltes constantes. Une marche de Bretagne, dont un des préfets sera le Roland de la légende, est constituée en 755 pour les contenir, formée des régions à l'est de la Vilaine et du pays nantais. Nominoë est reconnu duc de Bretagne par Louis le Pieux en 826. Les Bretons s'avancent jusqu'à Nantes et Vendôme. Ils conquièrent et gardent quelques années les pays de Tiffauges, d'Herbauge, des Mauges, au sud de la Loire. Ils prennent le Cotentin en 867, mais les Normands le leur enlèvent en 936. Le développement de la féodalité empêche l'émergence d'un chef unique et les comtes de Rennes et de Nantes se disputent l'hégémonie, tout en ayant bien des difficultés avec leurs vassaux.

Hors du royaume de *Francia occidentalis*, sur le territoire de l'éphémère Lotharingie, se sont édifiées quelques grandes principautés. Le duché de Lorraine s'étend des confins de la Frise à la ligne de séparation des bassins de la Meuse et du Rhin et de celui de la Saône. Après la mort de Lothaire (869), il connaît une longue période de troubles. L'empereur Othon Ier en confie l'administration à son frère Bruno, archevêque de Cologne, en 953. Ce dernier, jugeant le territoire trop étendu et trop difficile à gérer, partage en 959 la Lorraine en deux duchés de Haute et de Basse-Lorraine. La Haute-Lorraine correspond à peu près au bassin de la Moselle et à celui de la Meuse jusqu'à son entrée dans le massif ardennais, soit à la province ecclésiastique de Trèves et à l'est de celle de Reims. La Basse-Lorraine commence au nord

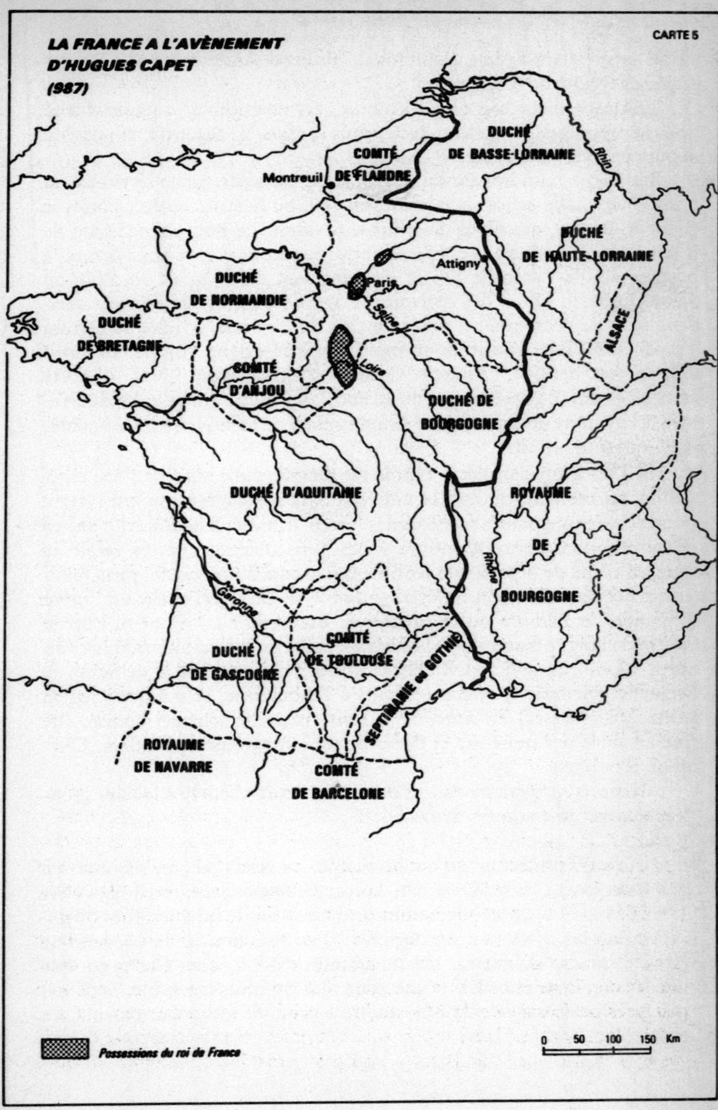

LA FRANCE A L'AVÈNEMENT D'HUGUES CAPET (987)
CARTE 5
DUCHÉ DE BASSE-LORRAINE
Rhin
COMTÉ DE FLANDRE
Montreuil
DUCHÉ DE HAUTE-LORRAINE
Attigny
Paris
DUCHÉ DE NORMANDIE
Seine
ALSACE
DUCHÉ DE BRETAGNE
COMTÉ D'ANJOU
Loire
DUCHÉ DE BOURGOGNE
DUCHÉ D'AQUITAINE
ROYAUME DE BOURGOGNE
Rhône
Garonne
COMTÉ DE TOULOUSE
DUCHÉ DE GASCOGNE
SEPTIMANIE ou GOTHIE
ROYAUME DE NAVARRE
COMTÉ DE BARCELONE
Possessions du roi de France
0 50 100 150 Km

d'une ligne reliant Sedan, Echternach, Prüm et Andernach, soit l'ouest de l'archevêché de Cologne.

L'Alsace, détachée de l'Alémanie, est mentionnée comme duché pour la première fois au VIIe siècle, sous le règne de Sigebert, et possède depuis une vie autonome.

La partie méridionale du domaine de Lothaire sur le territoire de l'ancienne Gaule échoit à sa mort, en 869, au beau-frère de Charles le Chauve, Boson, qui règne ainsi sur le royaume de Bourgogne allant de la source de la Saône à la côte méditerranéenne, couvrant aussi la moitié occidentale de l'actuelle Suisse du confluent de l'Aar et du Rhin au Saint-Gothard. Objet des convoitises opposées du roi de *Francia occidentalis* et de l'empereur jusqu'au milieu du Xe siècle, scindée un certain temps entre une Haute-Bourgogne ou Bourgogne jurane au nord (Suisse occidentale, Franche-Comté, Haute-Savoie, Val d'Aoste actuels) et une Basse-Bourgogne au sud, qui va de l'Ain à la Méditerranée, le royaume de Bourgogne, simple vassal de l'Empire en 973 encore, y est rattaché en 1033.

Si l'on a pu dégager à l'aube du second millénaire de l'ère chrétienne, au moment où naît la nouvelle dynastie capétienne, un certain nombre de principautés territoriales bien affirmées, il ne faudrait pas en déduire que cela correspondrait à des particularismes, et ce serait un anachronisme de « parler de sentiment national à propos des principautés qui occupent le territoire du royaume [32] ». En effet, quelle est l'unité du comté de Flandre ou du duché de Bretagne ? Ils n'ont ni l'un ni l'autre de langue commune : la Flandre parle un dialecte germanique au nord, roman au sud ; la Bretagne occidentale emploie le celtique, la Bretagne orientale le roman. Quant à l'Aquitaine, si marquée par la latinité par rapport au nord de la Loire partiellement germanisé, elle fluctue entre des pouvoirs et des capitales antagonistes, Poitiers, Clermont, Toulouse.

Ce qui s'affirme en fait, c'est une série de clientèles locales groupées autour de quelques dynasties.

> « Nous constatons qu'en Aquitaine, en Bretagne, en Flandre, en Bourgogne, ailleurs encore, le rassemblement des territoires s'est fait suivant le potentiel militaire et le réseau de fidélités dont disposaient les dynasties " princières ", en fonction de la capacité de résistance des voisins. Les possibilités d'action sont à cette époque très limitées ; au-delà d'une zone plus ou moins étendue, mais qui ne dépasse pas la valeur de quatre ou cinq de nos départements, un

32. E. Jarry, *Provinces et pays de France*, I, p. 125.

chef n'a plus de prises solides. Les querelles entre dynasties franques ont eu chacune leur sort, et c'est du sort de ces querelles et des hasards successoraux qu'a dépendu finalement l'extension des " principautés " [33]. »

33. *Id., ibid.*, I, p. 127.

4.

L'ŒUVRE DES CAPÉTIENS

L'extension du domaine royal

C'est en vain qu'on tenterait d'établir une carte précise du domaine royal et de tout fief en général à l'avènement de Hugues Capet [34] et même durant tout le Moyen Age. Les droits sur les hommes, les droits sur la terre, les notions d'autorité publique sont inextricablement mêlés. Un seigneur peut posséder les droits sur certaines terres mais non sur les hommes qui les cultivent, et inversement il peut exercer les droits de ban et de justice sur les hommes sans percevoir les redevances sur la terre qu'ils habitent et exploitent. Chaque village ou presque est divisé entre plusieurs maîtres. A l'échelon supérieur des duchés ou comtés, l'instabilité est aussi la règle, par le jeu des successions, mouvement permanent de désagrégation et de concentration.

Il revient aux premiers Capétiens d'avoir su restaurer la royauté héréditaire en associant au trône de leur vivant leur fils aîné et d'avoir assuré la croissance continue du domaine royal en abolissant le partage systématique de ce dernier entre ses enfants à la mort du roi.

Comme l'a écrit F. Lot à propos du domaine royal, « il est plus facile de savoir où le domaine territorial n'est pas que de dire où il est. Il saute aux yeux qu'il est limité par les territoires où règnent, si l'on peut dire, les comtes de Flandre, de Vermandois, de Troyes et Meaux, le duc de Bourgogne, le duc d'Aquitaine, le comte de Tours-Blois-Chartres, le duc de Normandie. Il est nécessairement à l'intérieur de l'espace ainsi

---

34. La carte de la France à l'avènement de Hugues Capet n'a qu'une valeur indicative. Toutes les cartes de cet ouvrage n'ont d'ailleurs qu'un caractère approximatif, car, à cette échelle, il est impossible d'obtenir un tracé précis. Je rappelle ici ce que j'écrivais déjà à la fin de l'introduction, l'utilité qu'aurait un Atlas de géographie historique de la France que ce travail ne saurait en aucun cas remplacer.

circonscrit [35] ». Ce territoire couvre approximativement la majeure partie des départements du Loiret, de la Seine et de la Seine-et-Oise, des fragments de l'Eure-et-Loir, de la Seine-et-Marne (comtés d'Orléans et d'Etampes, châtellenie de Poissy), de l'Oise (comté de Senlis), de l'Aisne (châtellenie d'Attigny), de la Somme (régions d'Abbeville et de Doullens), la région de Montreuil-sur-Mer dans le Pas-de-Calais. L'ensemble représente selon A. Longnon [36] et J. Bancal [37] à peine 6 800 km^2.

Mais le pouvoir du roi ne se limite pas à ce domaine. Par la suzeraineté qu'il exerce sur des seigneurs à l'intérieur des grands fiefs, il affaiblit le pouvoir des feudataires. Et cela est encore plus vrai quand, un peu plus tard, la royauté délègue dans ces grands fiefs des baillis pour s'occuper des établissements ecclésiastiques, des vassaux directs et des domaines du roi. Ces hommes du roi font un travail de termites, détruisant de l'intérieur le pouvoir des grands feudataires. Dans le domaine ecclésiastique, le roi est souvent suzerain direct, perçoit les revenus durant la vacance des sièges, nomme évêques et abbés [38].

Durant deux siècles, les rois capétiens étendent leurs possessions dans le Bassin parisien : comtés de Dreux et de Melun sous Robert le Pieux, comté de Sens sous Henri Ier, une partie du Gâtinais, Corbie, le Vexin français, le vicomté de Bourges sous Philippe Ier. Quant à Louis VI, il a le mérite de venir à bout des petits seigneurs qui menaçaient les communications entre Paris et Orléans, Paris et le Vexin, annexant les châtellenies de Montlhéry, Châteaufort et Chevreuse, le comté de Corbeil, achevant l'acquisition du Gâtinais. Ainsi Paris, Melun, Sens, Gâtinais, Etampois, Orléanais forment désormais un bloc compact entre Seine et Loire.

Avec Louis VII (1137-1180) commence une politique plus ambitieuse mais vouée à l'échec. Ayant épousé Aliénor d'Aquitaine, le roi de France est appelé à administrer, au nom de sa femme, le comté de Poitiers, les duchés d'Aquitaine et de Gascogne, dix-neuf de nos actuels départements, ce qui porte le pouvoir direct du roi jusqu'aux Pyrénées. Mais, ayant fait casser son mariage au concile de Beaugency (1152), il perd cet immense domaine au profit d'Henri Plantagenêt qu'épouse six semaines plus tard Aliénor. A la fin de ce même règne (1180), le concile de Tarragone décide que les actes rédigés en Catalogne et en Roussillon

---

35. F. Lot, *Naissance de la France*, p. 825.

36. A. Longnon, *La formation de l'unité française*, p. 39.

37. J. Bancal, *Origines et avenir des circonscriptions administratives en France*, p. 63.

38. F. Lot, *Etudes sur le règne de Hugues Capet*, p. 222-223 et 226-232, estime à 26 le nombre des évêchés royaux et à plus de 30 les monastères relevant du roi.

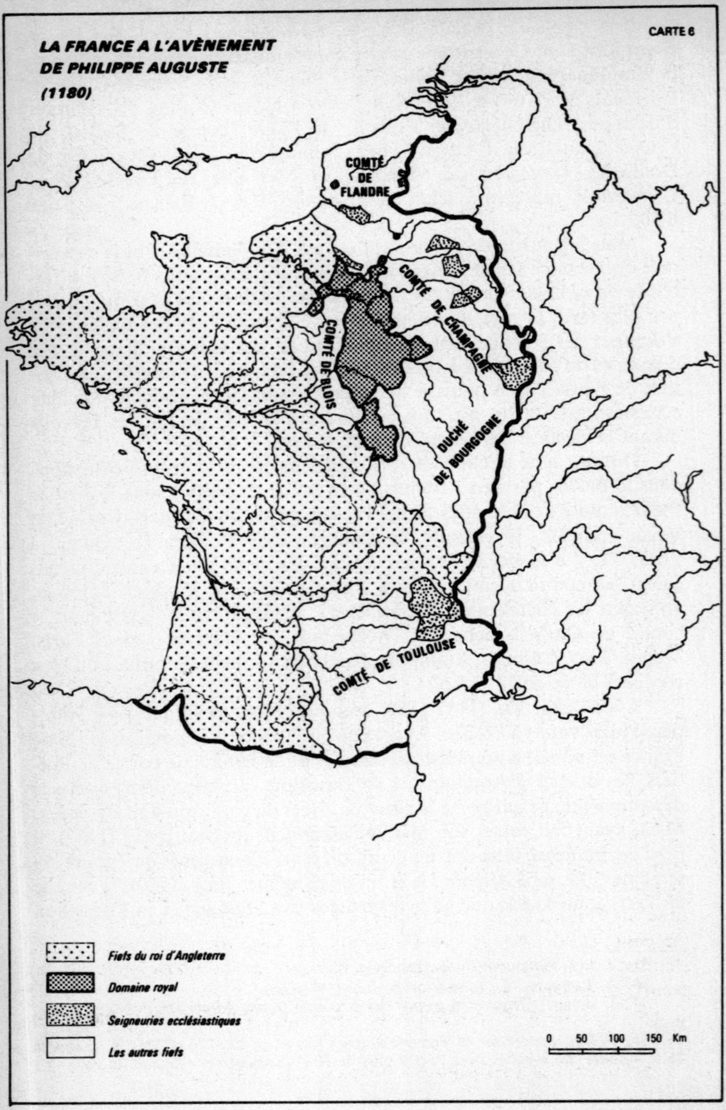
CARTE 6
LA FRANCE A L'AVÈNEMENT
DE PHILIPPE AUGUSTE
(1180)
COMTÉ
DE
FLANDRE
COMTÉ DE CHAMPAGNE
COMTÉ DE BLOIS
DUCHÉ
DE BOURGOGNE
COMTÉ DE TOULOUSE
Fiefs du roi d'Angleterre
Domaine royal
Seigneuries ecclésiastiques
Les autres fiefs
0 50 100 150 Km

ne porteront plus le nom du roi de France. Cet échec et ce recul dans le Sud-Ouest et au sud sont compensés par l'extension de l'influence royale au sud-est : le comté de Forez entre dans la mouvance française, les comtés du Puy et du Gévaudan passent sous l'autorité épiscopale et, par le biais des évêques de Mende et du Puy, sous la suzeraineté directe du roi. Enfin, Charlieu — au nord de Roanne — et Saint-Pierre-le-Moutier — entre Moulins et Nevers — sont annexés au domaine.

C'est Philippe Auguste (1180-1223) qui donne aux possessions royales leur première grande expansion. Démantelant l'immense agglomérat des possessions anglo-angevines [39], il incorpore au domaine la Normandie, le Maine, l'Anjou, la Touraine, la plus grande partie du Poitou, la Saintonge.

Les ambitions du roi de France se portent aussi au nord. Profitant de querelles de succession, il obtient les comtés d'Amiens et de Montdidier, les châtellenies de Roye et de Thourotte, la majeure partie de l'Artois, le Vermandois et le Valois. Ayant entre ses mains les vallées de l'Oise, de l'Aisne, de la Somme, couvrant Paris jusqu'à l'Artois, la royauté complète ses acquisitions par les comtés de Clermont-en-Beauvaisis et de Beaumont-sur-Oise.

A côté de ces deux grands axes d'expansion, les autres gains territoriaux peuvent paraître insignifiants. Ils auraient pourtant paru énormes sous les règnes précédents : Montargis et Gien complétant les possessions royales du Gâtinais, les comtés de Meulan et d'Alençon, les seigneuries de Nogent-le-Roi et d'Issoudun, la Terre d'Auvergne autour de Riom.

A sa mort, Philippe Auguste laisse un domaine royal dont il a quadruplé l'étendue. Il a également empiété à l'est sur la Terre d'Empire : les seigneurs de Tournon et de Montlaur-en-Vivarais, le comte de Valentinois lui font hommage et reconnaissent la suzeraineté du roi de France.

Durant son court règne, Louis VIII (1223-1226) parachève la politique de son père. Il termine la conquête de l'Aunis et de la Saintonge sur les Anglais, mais surtout il règle la question toulousaine. Pour la croisade contre les Albigeois, le pape Innocent III avait investi Simon de Montfort du comté de Toulouse. Après la mort de Simon, son fils a cédé ses droits à Louis VIII et, en 1226, au concile de Bourges, le légat du pape a substitué le roi à Amaury de Montfort. L'armée royale s'empare des immenses domaines du comte de Toulouse mais le roi meurt sur la route du retour.

Sous la régence de Blanche de Castille, la conquête et la pacifica-

39. Voir la quatrième partie de ce chapitre : « le péril anglais ».

tion du Languedoc se poursuivent et Raymond VII de Toulouse doit s'engager à marier sa fille Jeanne à un frère de Louis IX, Alphonse. Le Saint-Siège reçoit les possessions à l'est du Rhône, essentiellement le Comtat Venaissin, la partie orientale du comté, le Bas-Languedoc, revient directement au roi, tandis que le reste est promis à Jeanne de Toulouse et à son époux.

Le principal souci du règne de saint Louis a été de régler définitivement le contentieux franco-anglais. Le traité de Paris de 1258 restitue à Henri III Limousin, Périgord et Quercy [40]. Cette générosité a été parfois critiquée, mais saint Louis entendait mettre un terme au conflit dans un esprit de justice et en suivant les règles de la société féodale, déclarant à propos du roi d'Angleterre : « Il n'était pas mon homme et il entre dans mon hommage. »

A peine sur le trône, Philippe III doit régler la succession d'Alphonse de Poitiers et de Jeanne de Toulouse morts tous deux en 1271 sans descendance. Il réunit à la couronne l'apanage d'Alphonse et les domaines de sa femme, annexant ce qui subsistait du comté de Toulouse, sauf l'Agenais, qu'il doit, en application du traité de Paris, rendre au roi d'Angleterre avec la partie de la Saintonge située au sud de la Charente.

Outre l'entrée dans le domaine royal de l'équivalent de quelque sept départements dans le sud-ouest de la France, le règne de Philippe III est marqué par la préparation de l'annexion du comté de Champagne et du royaume de Navarre grâce au mariage de l'héritière unique, Jeanne, avec le fils aîné du roi, Philippe, ainsi que par des empiétements sur la Terre d'Empire : saisie du temporel de l'évêque de Viviers (Vivarais), réunion de Lyon, traité de pariage avec l'abbaye de Montfaucon en Argonne, tandis que la ville de Toul est placée avec l'accord de l'empereur sous la sauvegarde royale.

Roi de France en 1285, Philippe IV le Bel, époux depuis un an de Jeanne de Champagne, conserve l'administration du comté de Champagne et s'intitule roi de France et de Navarre. Le comté de Champagne s'étend de l'Oise à la Meuse, du Luxembourg à l'Armançon. Il porte le domaine royal au contact direct de l'Empire. En outre, le comte de Champagne possède la suzeraineté de nombreuses seigneuries en Barrois et en Lorraine, c'est-à-dire en Terre d'Empire, jusqu'à Neufchâteau et à Vaucouleurs au pied des Vosges.

Sous le règne de Philippe le Bel et de ses successeurs se développe en France un Etat qui sous-tend efficacement le pouvoir royal et présente déjà des aspects modernes. Le rattachement à la couronne des

40. Voir la quatrième partie de ce chapitre : « le péril anglais ».

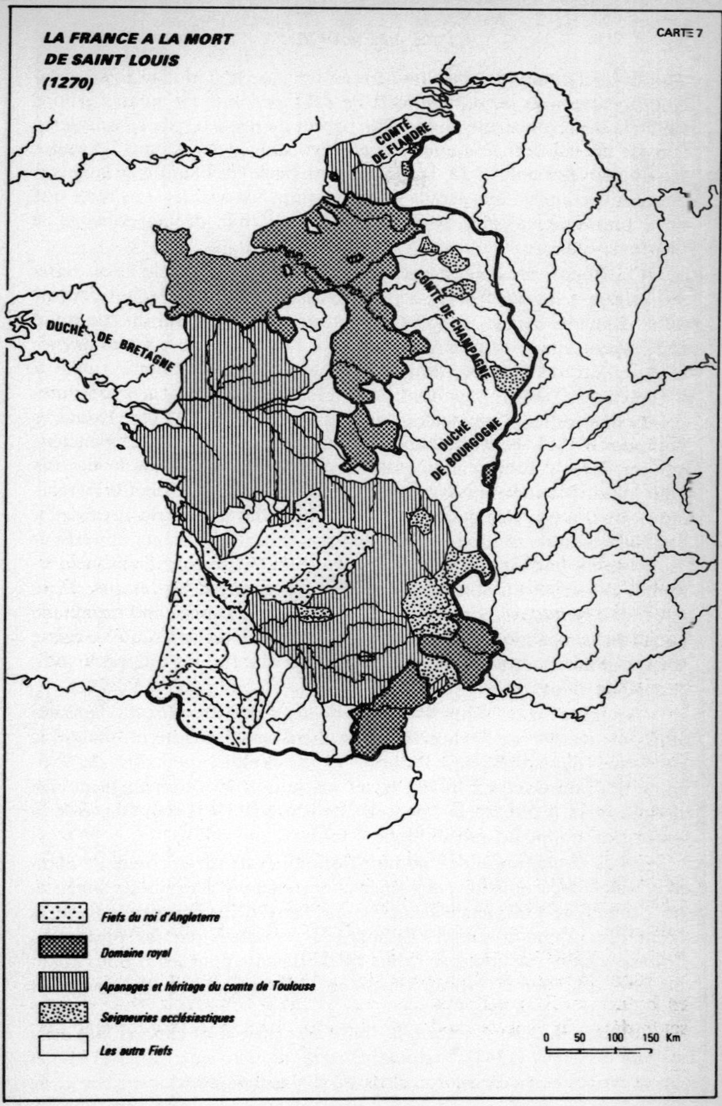
LA FRANCE A LA MORT
DE SAINT LOUIS
(1270)
CARTE 7
COMTÉ DE FLANDRE
DUCHÉ DE BRETAGNE
COMTÉ DE CHAMPAGNE
DUCHÉ DE BOURGOGNE
Fiefs du roi d'Angleterre
Domaine royal
Apanages et héritage du comte de Toulouse
Seigneuries ecclésiastiques
Les autre Fiefs
0 50 100 150 Km

comtés de Toulouse et de Champagne fait que le domaine royal coïncide presque avec le royaume. Il ne subsiste plus que quatre grands fiefs : la Bourgogne aux mains d'un parent du roi, à tel point considérée comme liée au domaine que ses paroisses sont incluses dans l'état des feux du royaume de 1328, la Guyenne anglaise, la Flandre et la Bretagne. La Bretagne étant depuis très longtemps marginale, il ne reste que deux puissants vassaux, le roi d'Angleterre, duc de Guyenne, et le comte de Flandre.

Or, Philippe le Bel n'a pas accepté le généreux traité de Paris. Sous des prétextes divers, il tente à plusieurs reprises de confisquer l'Aquitaine. Dans ce conflit, le roi d'Angleterre trouve l'appui du comte de Bar, exposé aux appétits capétiens depuis l'annexion de la Champagne, et du comte de Flandre, dont le pays est très lié économiquement à l'Angleterre. Durant près d'un demi-siècle se produisent des affrontements intermittents aux succès divers. Le roi arrache Lille, Douai et Béthune en 1312, confisque la châtellenie de Tournai, place Valenciennes, en Terre d'Empire, sous sa suzeraineté, de même que le Barrois pour la partie sise sur la rive gauche de la Meuse, qui devient le Barrois mouvant. La poussée du pouvoir royal hors des limites du royaume a lieu également au sud-est : la ville de Lyon est définitivement annexée et rattachée au bailliage de Mâcon, l'évêque de Viviers reconnaît la suzeraineté du roi et lui abandonne en 1307 la moitié de ses droits sur le Vivarais ; Aimar V, comte de Valentinois et de Diois, rend hommage au roi de France ; le comté de Bourgogne — la Franche-Comté — passe sous administration royale par le mariage du futur Philippe V avec Jeanne de Bourgogne.

Au moment où s'éteint la branche des Capétiens directs, la situation du royaume de France est particulièrement brillante et, malgré le problème de succession, Philippe VI de Valois, petit-fils de Philippe III, couronné en 1328, reçoit en juin 1329 l'hommage du roi d'Angleterre, Edouard III, petit-fils de Philippe IV le Bel, évincé de la succession de même que Philippe d'Evreux.

Mais la mainmise de l'administration royale sur le comté de Flandre, l'ingérence constante des sénéchaux français en Aquitaine anglaise, les progrès de l'influence française en Terre d'Empire provoquent la formation d'une coalition. Edouard III, soutenu par les Flamands, nommé vicaire impérial par Louis IV de Bavière pour les régions allant du Rhin à la mer du Nord, déclare en 1337 la guerre à Philippe VI et prend le titre de roi de France.

Malgré la destruction de la flotte française à l'Ecluse (1340) et la défaite de Crécy (1346), le domaine royal ne perd que Calais (1347) et quelques terres en Périgord, alors qu'il s'accroît de Montpellier et de

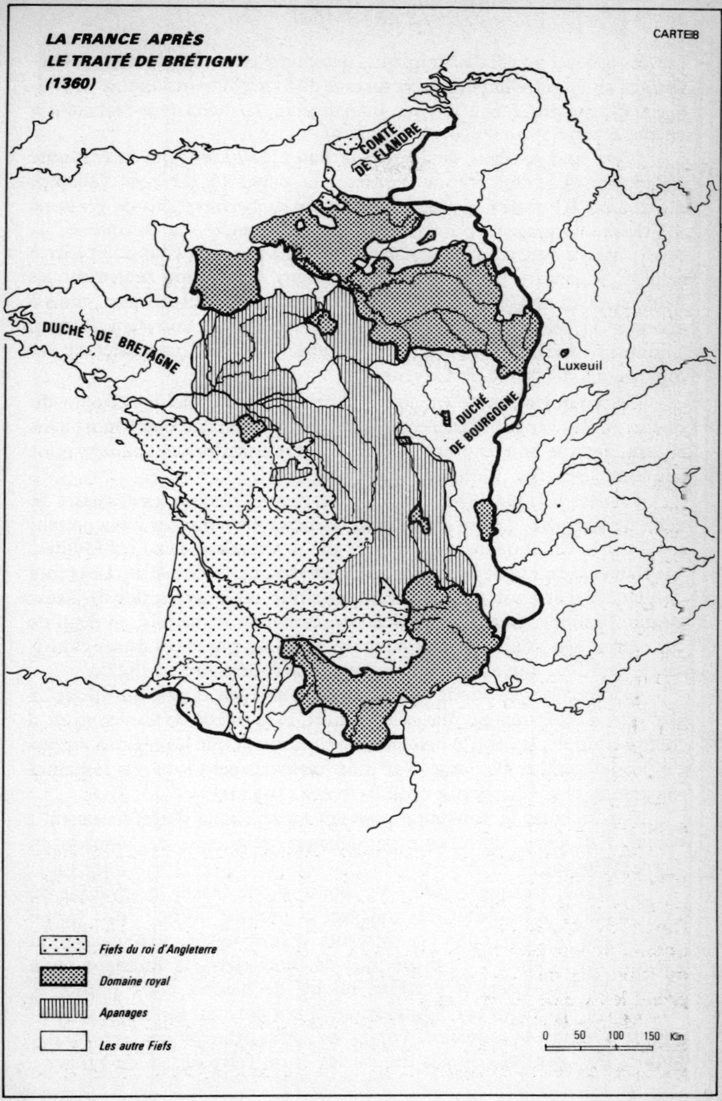
LA FRANCE APRÈS
LE TRAITÉ DE BRÉTIGNY
(1360)
CARTE 8
COMTÉ DE FLANDRE
DUCHÉ DE BRETAGNE
DUCHÉ DE BOURGOGNE
Luxeuil
Fiefs du roi d'Angleterre
Domaine royal
Apanages
Les autre Fiefs
0 50 100 150 Km

Lattes, achetés au roi de Majorque, des châtellenies d'Arleux et de Crèvecœur en Flandre impériale, et surtout du Dauphiné. A la mort de Philippe VI, malgré le conflit avec l'Angleterre, la monarchie française a encore étendu son emprise territoriale.

C'est sous le règne de Jean II le Bon (1350-1364) que le royaume s'effondre. Le désastre de Poitiers, la captivité du roi, l'alliance d'Edouard III et de Charles d'Evreux, roi de Navarre, fils de Philippe d'Evreux, largement possessionné en Normandie, la Jacquerie, la révolte parisienne d'Etienne Marcel obligent le roi de France à céder à celui d'Angleterre par le traité de Brétigny (1360) non seulement les deux enclaves de Calais et du Ponthieu avec Montreuil-sur-Mer, mais à accepter la reconstitution de la grande Aquitaine, couvrant Poitou, Limousin, Périgord, Quercy, Rouergue, Agenais, quadruplant les dimensions du duché de Guyenne.

Cette énorme perte est loin d'être compensée par la réunion du duché de Bourgogne l'année suivante. Le dernier duc étant mort sans enfant, Jean le Bon en prend possession et le constitue en apanage pour son quatrième fils, Philippe.

Charles V (1364-1380) consacre son règne à réparer les désastres de celui de son père. Le roi de Navarre vaincu doit renoncer à ses prétentions sur la Champagne et la Bourgogne et abandonner au roi Mantes, Meulan et le comté de Longueville en échange de Montpellier. Le comte de Flandre marie son unique enfant, une fille, au nouveau duc de Bourgogne, Philippe, frère du roi. Son consentement est acquis, en dépit de ses sympathies anglaises, moyennant l'abandon par le roi de ses châtellenies de Lille, Douai et Orchies (substitué à Béthune en 1322).

Contre l'Angleterre la guerre reprend en 1369. Les acquisitions de Brétigny sont toutes perdues sauf Calais, et le duché de Guyenne est à moitié conquis, le roi d'Angleterre ne conservant que les régions autour de Bordeaux et de Bayonne. Son allié navarrais perd tous ses domaines normands sauf Cherbourg qu'il livre aux Anglais.

Par ailleurs, la couronne poursuit sa politique d'accroissement : comté d'Auxerre, châtellenie de Limoges, seigneurie de Mouzon en Terre d'Empire...

En 1380, lorsque Charles VI monte sur le trône, le royaume de France paraît à nouveau très puissant et presque unifié : sous forme d'apanage, la Bourgogne est rattachée à la dynastie, par mariage la Flandre est promise à ce même duc de Bourgogne, la Bretagne seule garde son autonomie et pratique un jeu de bascule entre France et Angleterre, quant au roi d'Angleterre, il n'a plus qu'une assise territoriale très réduite et morcelée. Toutes les autres principautés territoriales importantes sont aux mains des oncles et du frère du roi de France :

Louis d'Anjou, Jean de Berry, Philippe de Bourgogne, Louis de Valois puis d'Orléans. Les autres grands seigneurs, à l'exception du comte de Foix, appartiennent à diverses branches capétiennes : Louis Ier de Bourbon, sire de Beaujeu, Pierre II d'Alençon, Louis d'Evreux, Jean de Bourbon, comte de la Marche.

Jamais la puissance française n'a semblé porter aussi loin. Adopté par Jeanne de Naples, Louis d'Anjou doit hériter de ce royaume et du comté de Provence. Philippe de Bourgogne, par son mariage, doit hériter de la Flandre et asseoir l'influence française par-delà les frontières du royaume sur tous les Pays-Bas. Louis d'Orléans, marié à Valentine Visconti, règne aussi sur le comté d'Asti. Gênes se place en 1396 sous la suzeraineté du roi de France. Pise, Livourne, Lucques sont temporairement ou théoriquement dans la même situation. Louis d'Orléans s'assure aussi quelque temps la maîtrise du Luxembourg. De partout la monarchie française déborde de ses limites.

Ce royaume qui domine tout l'Occident chrétien est brutalement victime de la folie du roi et des ambitions antagonistes des princes qui l'entourent : l'assassinat de Louis d'Orléans (1407) puis du commanditaire du crime, Jean de Bourgogne (1419), la guerre civile entre les factions des Armagnacs et des Bourguignons, la victoire anglaise d'Azincourt démolissent en moins de vingt ans ce splendide édifice. Le traité de Troyes de 1420 consacre le désastre : Catherine, fille de Charles VI, épouse Henri V d'Angleterre à qui est promise la couronne de France à la mort du roi, le dauphin Charles étant déshérité.

La mort d'Henri V et de Charles VI en août et octobre 1422 place sur le trône le jeune Henri VI, la régence étant assurée par son oncle, Jean, duc de Bedford.

Seuls demeurent fidèles au dauphin devenu Charles VII les territoires situés *grosso modo* au sud et à l'ouest de la Loire. Parmi les grands vassaux, certains le soutiennent, tels le duc de Bourbon, le comte de la Marche, le duc d'Orléans et le comte d'Angoulême, tous deux prisonniers en Angleterre, Louis et René d'Anjou, les comtes d'Armagnac et de Foix, le sire d'Albret ; d'autres sont favorables au parti anglo-bourguignon : les ducs de Lorraine et de Bretagne et, bien sûr, Philippe de Bourgogne.

L'apparition de Jeanne d'Arc, le sursaut du pouvoir royal, le compromis avec la Bourgogne au traité d'Arras (1435) permettent de retourner la situation et de triompher progressivement des Anglais. Charles VII entre dans Paris en 1436, ses troupes soumettent la Normandie de 1439 à 1450, conquièrent la Guyenne, prennent Bordeaux. En 1453, les Anglais sont pratiquement boutés hors de France et ne conservent que Calais et ses abords.

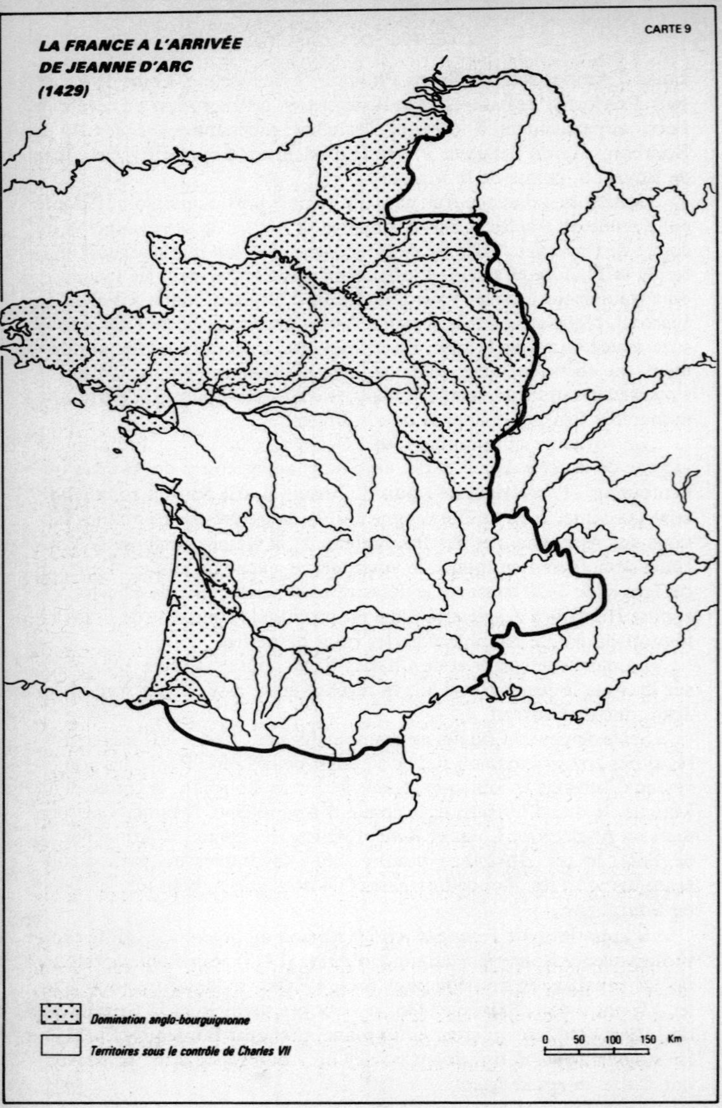
CARTE 9
LA FRANCE A L'ARRIVÉE
DE JEANNE D'ARC
(1429)
Domination anglo-bourguignonne
Territoires sous le contrôle de Charles VII
0 50 100 150 Km

Mais une telle victoire n'a pu être acquise qu'au prix de nombreux et coûteux ralliements. Au début de son règne, Charles VII a cédé à ses partisans les comtés d'Etampes, de Mantes, de Parthenay, Domfront et Mortain, le duché de Touraine, le comté de Bigorre, la vicomté de Lautrec, le comté de Gaure... Au traité d'Arras, il a abandonné au duc de Bourgogne les comtés de Mâcon et d'Auxerre, les châtellenies de Bar-sur-Seine, Roye, Montdidier, Péronne, les villes de la Somme, le Ponthieu, Doullens, Saint-Riquier, le comté de Boulogne, l'Artois, ne gardant dans le nord que Saint-Amand et Tournai. Il a ainsi livré à Philippe le Bon presque tous les territoires de la couronne entre la Somme et l'Escaut, renforçant considérablement la puissance bourguignonne au nord et à l'est du royaume.

Quelques compensations ont accru le domaine : réunion des comtés de Diois et de Valentinois, du comté de Comminges, du duché d'Alençon, du comté du Perche et de la vicomté de Beaumont, confiscation des biens du comte d'Armagnac, réunion du Dauphiné à la couronne à la suite des intrigues du dauphin Louis, futur Louis XI, qui ne conserve que le titre.

Malgré les difficultés intérieures, la politique d'expansion hors du royaume a été continuée et René d'Anjou a été soutenu dans ses tentatives pour devenir duc de Lorraine. Gênes est redevenu français de 1443 à 1459 et le duc d'Orléans a été appuyé dans ses tentatives pour s'emparer de Milan.

A Louis XI (1461-1483) revient la tâche d'abattre les puissances féodales qui avaient profité de la crise pour accroître leurs domaines. Il montre au début de la mansuétude en restituant au duc d'Alençon, aux comtes d'Armagnac et de Dammartin leurs biens confisqués. Mais cela n'empêche pas la constitution d'une Ligue du Bien Public réunissant autour de Charles, frère de Louis XI, les ducs de Bretagne, de Bourbon, de Lorraine, les comtes du Maine, d'Armagnac, le sire d'Albret. Le roi les désarme par des concessions territoriales. La mort de son frère en 1472 prive les féodaux d'un prince du sang à leur tête. L'ambition démesurée de Charles le Téméraire sert aussi le roi dans la mesure où il parvient à unir autour de lui tous ses ennemis : les villes d'Alsace, les cantons suisses, le duc de Lorraine. Le Téméraire périt devant Nancy le 5 janvier 1477.

Louis XI annexe aussitôt les villes de la Somme, l'Artois, la Flandre, le Hainaut, les duché et comté de Bourgogne. Mais le mariage en août 1477 de la fille du Téméraire, Marie de Bourgogne, avec Maximilien d'Autriche bouleverse les projets du roi de France. Après une guerre indécise et la mort de Marie de Bourgogne est signé le traité d'Arras (1482) : le dauphin Charles épousera Marguerite de Bourgogne, née en 1480, fille de Marie et de Maximilien. Elle sera élevée à la cour de France et apportera en dot les comtés de Flandre, d'Artois, de Bourgogne, de Mâcon et d'Auxerre, la châtellenie de Bar-sur-Seine et la seigneurie de Salins, placés jusqu'au mariage sous administration royale. Louis XI garde le duché de Bourgogne et les villes de la Somme, considérés comme biens apanagés. Plus de la moitié des possessions de Charles le Téméraire se trouve ainsi aux mains du roi de France.

Les autres conspirateurs sont durement frappés. Le duc d'Alençon est condamné à la prison perpétuelle, ses biens sont rendus à son fils mais il doit accepter des garnisons royales dans ses châteaux. Les domaines du comte d'Armagnac sont confisqués et son cousin, duc de Nemours et comte de la Marche, est décapité, ses terres également confisquées : le duché de Nemours va à son fils et le comté de la Marche à Pierre de Beaujeu, gendre du roi. Les domaines de la maison d'Anjou passent aussi au roi : à la mort de René, l'Anjou est réuni à la couronne en tant qu'apanage ; quant à Charles II, comte du Maine, sans descendance, il institue le roi son légataire universel. A sa mort, en 1481, Louis XI accroît le domaine des comtés du Maine, de Mortain, de Provence, des droits de la maison d'Anjou sur le royaume de Naples et la Sicile. Le duc de Bretagne n'ayant que des filles, Louis XI rachète les droits éventuels sur la succession aux Blois-Penthièvre. Ainsi, à la fin de son règne, le roi a-t-il éliminé les plus grands feudataires.

Il a aussi obtenu la fin des revendications anglaises sur la couronne de France par le traité de Picquigny (1475). S'immisçant dans les affaires d'Aragon, il s'est emparé de la Cerdagne et du Roussillon. Il exerce une influence importante à la cour de Savoie, à Milan durant la minorité de Jean-Galèas Sforza, à Florence où il soutient Laurent de Médicis.

A la mort de Louis XI (1483), l'épisode féodal de l'histoire de France est presque achevé et à peu près tout le pays soumis directement à l'administration royale. Le destin des derniers fiefs est scellé peu à peu. Le mariage d'Anne de Bretagne avec Charles VIII (1491) puis Louis XII amorce l'intégration du duché au domaine royal. Charles III, duc de Bourbon et connétable, est dépossédé de ses terres en 1522. Une seule maison féodale subsiste, réunissant depuis le mariage de Jeanne d'Albret avec Antoine de Bourbon-Vendôme les domaines des maisons d'Albret, d'Armagnac, de Foix et de Bourbon. L'accession du fils issu de cette union, Henri de Navarre, au trône de France sous le nom d'Henri IV en 1589 fait disparaître la dernière puissance féodale française.

La disparition des grands fiefs

Il n'entre pas dans le sujet de ce travail de montrer comment le roi a progressivement rogné le pouvoir des grands feudataires en accroissant l'autorité royale à l'intérieur des grands fiefs. Cela relève d'une histoire des institutions monarchiques. Il faut, par contre, montrer comment les rois de France ont résorbé les principautés territoriales en usant des ressources de la diplomatie et des alliances matrimoniales.

L'étude des grands fiefs pourrait faire l'objet d'un livre particulier. Aussi se bornera-t-on ici à un survol de l'histoire des principaux d'entre eux. On trouvera des indications sur les autres, les maisons de Champagne, d'Evreux, d'Anjou, d'Alençon, d'Armagnac..., dans la précédente partie de ce chapitre [41].

Disputée entre les maisons d'Auvergne, de Toulouse et de Poitiers, l'Aquitaine échoit finalement à la dynastie poitevine. Les ducs d'Aquitaine étendent leur pouvoir de la Loire à la Garonne [42]. Leur puissance et leur richesse sont très supérieures à celle du roi de France. Aussi le mariage, en 1137, d'Aliénor, fille et héritière du dernier duc, Guillaume X, avec l'héritier du royaume, le futur Louis VII, aurait-il permis l'intégration au domaine royal du plus grand des fiefs. Mais la rupture de cette union et le remariage immédiat d'Aliénor avec Henri II Plantagenêt en 1152 le fait entrer dans l'orbite anglo-angevine et devenir un objet supplémentaire de litige entre les couronnes de France et d'Angleterre. A partir de cette union, l'histoire de l'Aquitaine se confond avec celle du conflit franco-anglais [43].

Aussi prospère et brillante que celle des ducs d'Aquitaine, la cour des comtes de Toulouse est le centre d'un des plus importants fiefs. Le comte de Toulouse étend son autorité sur les comtés de Quercy, d'Albi, d'Uzès, de Viviers, de Nîmes, de Béziers, de Carcassonne, de Foix. En 1125, il déborde sur la rive orientale du Rhône, étendant son pouvoir sur le marquisat de Provence, le territoire au nord de la Durance, *grosso modo* le Comtat Venaissin, puis, à la fin du siècle, sur l'Agenais et le Gévaudan.

Cet État à la civilisation originale, qui couvre tout le sud de la France entre le coude de la Garonne et le Rhône, le sud du Massif central et les Pyrénées, soit une douzaine de nos actuels départements, est détruit par la croisade des Albigeois. Investi au titre de comte de Tou-

41. Au vassal anglais est consacrée la quatrième partie de ce chapitre.
42. Voir la dernière partie du chapitre précédent : « les principautés territoriales ».
43. Voir la quatrième partie de ce chapitre : « le péril anglais ».

louse par le légat du pape en 1212, le chef de la croisade, Simon de Montfort, meurt en 1218. Son fils cède ses droits au roi de France. En 1229, le traité dit tantôt de Paris tantôt de Meaux scelle le destin du comté. Le comte Raymond VII ne garde que le Toulousain, l'Agenais, le Quercy, le Rouergue et une partie de l'Albigeois. Le Saint-Siège obtient les possessions à l'est du Rhône et le roi de France s'octroie tout le Bas-Languedoc, la plaine entre Méditerranée et Massif central. Jeanne, fille et héritière du comte, épouse Alphonse de Poitiers, frère de Louis IX. A la mort d'Alphonse et de Jeanne, en 1271, comme ils n'avaient pas d'enfants, ce qui subsistait du comté de Toulouse est incorporé au domaine royal, sauf l'Agenais qui revient au roi d'Angleterre.

Profondément différent de la France du Nord, le comté de Toulouse a été ravagé par la croisade et y a perdu son indépendance politique. Le roi de France a su, tout en évitant d'assumer les dépenses et désagréments de la guerre et de subir les ressentiments liés à une répression féroce, recueillir les fruits de cette guerre en s'appropriant les domaines du comté de Toulouse par traité et par mariage.

Le duché de Bourgogne a eu une évolution des plus contradictoires. Il fut le premier des grands fiefs à entrer dans l'orbite des Capétiens et celui qui leur causa les plus graves ennuis en constituant l'amorce d'une nouvelle Lotharingie.

Dès le milieu du Xe siècle, le duché est gouverné par Henri le Grand, frère du futur roi de France, Hugues Capet. Les ducs de Bourgogne demeurent de fidèles alliés de la royauté jusqu'à l'extinction de leur branche, en 1361. Elle est remplacée par une nouvelle dynastie également issue de la famille royale, le duché étant donné en 1364 en apanage à Philippe le Hardi, quatrième fils du roi Jean le Bon. L'histoire des « grands ducs d'Occident » est bien connue : elle s'étend sur un siècle (1364-1477) et quatre règnes et se termine devant Nancy avec la mort de Charles le Téméraire. L'état bourguignon démembré, le duché de Bourgogne est intégré au domaine, mais la succession du Téméraire est lourde de conflits. Elle est à l'origine de l'affrontement des maisons de France et d'Autriche.

Les rapports entre le roi de France et le comte de Flandre sont complexes et tumultueux. D'abord protecteur du jeune souverain à qui il fait épouser sa nièce, le comte de Flandre, Philippe d'Alsace, se heurte bien vite à Philippe Auguste pour la succession d'Isabelle de Vermandois : Valois, Vermandois, Picardie, Artois sont en litige. Le comte de Flandre, malgré son alliance avec le roi d'Angleterre, est évincé de tous ces territoires. Le XIIIe siècle est une époque troublée pour le comté. Partisan de l'empereur, le comte Ferrand est capturé à Bouvines (1212) et exhibé enchaîné, mais le roi ne va pas jusqu'à la confiscation du comté. La comtesse Marguerite, ayant épousé successivement Bouchard d'Avesnes et Guillaume de Dampierre, est à l'origine d'un sanglant conflit pour sa succession. L'arbitrage du pape affaiblit le comté en attribuant la Flandre aux Dampierre et le Hainaut aux d'Avesnes.

Au XIVe siècle s'affrontent dans les villes partis populaire et patricien. Le roi de France soutenant ce dernier, l'oligarchie est qualifiée de « leliaerts », de gens du lis. L'adhésion de la Flandre à la cause du roi de France dans le conflit franco-anglais lèse gravement ses intérêts économiques liés à l'Angleterre qui lui fournit la laine qu'elle transforme en tissu. Les Artevelde soulèvent la population de Gand contre le roi de France à plusieurs reprises. Soucieux de s'assurer le contrôle de cette région riche mais hostile, Charles V restitue au comte Louis de Maele les châtellenies de Lille, Douai et Orchies, la Flandre de langue française, cédées au roi de France par le « Transport de Flandre » de 1312, moyennant la promesse du comte de marier sa fille unique à Philippe de Bourgogne, frère du roi. A la mort du comte en 1384, la Flandre suit le destin de la Bourgogne et de ses « grands ducs d'Occident ».

Ayant vécu en marge du royaume depuis l'arrivée des Bretons à partir de la fin du Ve siècle, la Bretagne fait l'objet des visées opposées des rois de France et d'Angleterre. Henri II Plantagenêt marie son fils Geoffroy à Constance, héritière du duché. Geoffroy II règne de 1170 à 1186. Son fils Arthur est assassiné sur l'ordre de son oncle, Jean sans Terre. Philippe Auguste réussit alors à marier à son tour la demi-sœur d'Arthur, Alix, à Pierre de Dreux. De 1213 à 1341, cette branche des Capétiens règne sur la Bretagne, y faisant pénétrer la langue et l'influence françaises. A l'extinction de la dynastie, une guerre de succession oppose Penthièvre et Montfort. Soutenu par l'Angleterre, Jean de Montfort l'emporte. Durant tout le XVe siècle, les ducs se comportent de façon très indépendante. Mais, François II n'ayant que des filles, Louis XI rachète les droits à la succession des Penthièvre. Compromis dans la Guerre folle, vaincu par l'armée royale à Saint-Aubin-du-Cormier (1488), François II doit s'engager à ne pas marier ses filles sans le consentement du roi de France. En 1491, Charles VIII épouse Anne de Bretagne. Veuve en 1498, elle doit se remarier avec le nouveau roi, Louis XII, qui fait annuler un premier mariage pour ne pas perdre le duché. La réunion de la Bretagne, avec le maintien de ses droits et privilèges, est prononcée en 1532.

Ces quelques pages consacrées à cinq grands fiefs mettent en évidence la méthode utilisée par les rois de France pour s'en assurer le contrôle. Dès qu'un grand feudataire n'a plus que des filles pour sa succession, le roi emploie tous les moyens, y compris la coercition, pour l'obliger à marier l'héritière à un de ses frères ou de ses fils afin que la couronne comtale ou ducale échoie à un membre de la famille royale. Le seul échec, lourd de conséquences, est le divorce d'Aliénor d'Aquitaine, aggravé par son remariage avec Henri II Plantagenêt. Le système des apanages confiés au futur marié joue vraisemblablement un rôle non négligeable en équilibrant la dot de la mariée et en assurant à l'ensemble de ces territoires une administration indirecte transitoire avant une inéluctable intégration dans le domaine royal.

Les apanages

Même s'ils ont abandonné l'usage de partager le domaine à chaque succession, les rois capétiens continuent à éprouver la nécessité de doter leurs fils cadets. Philippe Ier constitue en apanage pour son second fils, Philippe, Mantes et Meulan. Louis VII cède à son frère puîné, Robert, le comté de Dreux.

Mais c'est surtout Louis VIII qui développe cette pratique en attribuant par son testament de juin 1225 le comté d'Artois à son fils Robert, les comtés d'Anjou et du Maine à Jean, ceux de Poitiers et d'Auvergne à Alphonse. Saint Louis exécute les volontés de son père en mettant, dès leur majorité, ses frères en possession de leurs apanages, Jean, décédé, ayant été remplacé par le dernier né, Charles.

Pour ses propres enfants, saint Louis en constitue d'autres : Jean Tristan reçoit le comté de Valois, Pierre ceux d'Alençon et du Perche, Robert celui de Clermont-en-Beauvaisis. Jean Tristan étant mort sans héritier, le comté de Valois est attribué en 1284 par Philippe III à son fils cadet Charles, tandis que Louis reçoit Etampes, Aubigny, Gien et le comté de Beaumont-sur-Oise. Philippe IV accroît les apanages de ses frères : celui de Charles des comtés de Chartres, Alençon et du Perche, celui de Louis du comté d'Evreux, des seigneuries de Beaumont-le-Roger, Meulan, Dourdan, La Ferté-Alais, tandis que son fils cadet, Philippe, reçoit ce qui reste du comté de Poitiers et le benjamin, Charles, le comté de la Marche. L'accession au trône des trois fils de Philippe le Bel successivement entre 1314 et 1328 annule ces aliénations. Eux-mêmes n'ayant eu que des filles, aucune constitution d'apanage n'a lieu durant leur règne.

Philippe VI, fils de Charles de Valois, petit-fils de Philippe III, leur succède, et son apanage fait retour à la couronne. Il constitue pour son fils cadet, Philippe, un duché d'Orléans formé de dix châtellenies en Orléanais. Jean le Bon attribue au second de ses fils, Louis, le comté d'Anjou érigé en duché-pairie et celui du Maine. Au troisième, Jean, revient le comté de Poitou et celui de Mâcon, puis, le roi d'Angleterre ayant obtenu le Poitou au traité de Brétigny, il reçoit en dédommagement le Berri et l'Auvergne. Le quatrième, Philippe, reçoit la Touraine qu'il restitue en 1363 en échange du duché de Bourgogne. Charles V confirme et augmente les possessions de ses frères : Louis ajoute à l'Anjou la Touraine, Jean de Berri récupère le Poitou repris aux Anglais. Pour son fils cadet, Louis, le roi se borne à la cession du comté de Valois.

Sous Charles VI, roi sujet à des crises de démence, les oncles et le frère cadet apanagés exercent la réalité d'un pouvoir disputé, le frère cadet, Louis, ayant obtenu d'ajouter au Valois la Touraine et le duché d'Orléans. Son assassinat sur l'ordre de son oncle, Jean de Bourgogne, donne le signal d'une guerre intestine opposant les partisans du duc d'Orléans, nommés bientôt Armagnacs, aux Bourguignons.

Charles VII, unique survivant des six fils de Charles VI, doit, à la mort de son père, disputer la couronne au roi d'Angleterre et affronter en même temps le conflit interne à la famille royale. Cette querelle et la guerre contre l'Angleterre terminées, Louis XI voit renaître la discorde dans la famille royale avec la révolte de son frère cadet, Charles, apanagé du Berri, puis successivement de la Normandie et de la Guyenne.

Cette politique d'apanages pour les fils cadets de la maison de France se poursuit jusqu'à la chute de la monarchie mais n'a plus guère qu'une valeur symbolique à partir du XVIe et surtout du XVIIe siècle. Tant que la société féodale a fonctionné sans trop d'altérations, les apanages ont été une manière d'assurer des ressources financières autonomes aux cadets de la famille royale tout en les rendant encore plus profondément solidaires de leur parent et souverain par la prestation de l'hommage. Le prestige lié à l'importance de leurs apanages leur a permis de contracter de riches mariages devant déboucher sur l'annexion indirecte au domaine des dots de leurs épouses. Le système des apanages a perdu de son utilité avec la dégradation du système féodal et la folie du roi au début du XVe siècle. Il a dès lors constitué davantage une gêne qu'un avantage, lorsque l'ambition et la révolte des fils et des frères ont supplanté la solidarité familiale et le respect des serments dus au détenteur de la couronne. Les apanages étaient désormais condamnés.

Le péril anglais : trois siècles de conflits

Parallèlement à l'expansion capétienne se construit un domaine concurrent. Il a pour origine la conquête de l'Angleterre par Guillaume le Bâtard, duc de Normandie, après la victoire de Hastings (1066), qui crée un lien durable entre la France et l'Angleterre : maître outre-Manche, le roi d'Angleterre doit l'hommage au roi de France pour son duché de Normandie. A la dynastie normande succède celle des Plantagenêt après le mariage de l'héritière du trône d'Angleterre, Mathilde, avec Geoffroy IV Plantagenêt, comte d'Anjou. Leur fils, Henri II, roi d'Angleterre en 1154, duc de Normandie, comte d'Anjou, de Maine et de Touraine, acquiert par son mariage avec Aliénor d'Aquitaine presque tout le territoire situé entre la Loire et les Pyrénées. Avec le duché de Bretagne entraîné dans sa mouvance par le mariage de l'héritière du comte de Nantes avec le troisième fils de Henri II, la façade atlantique et la côte de la Manche jusqu'à l'embouchure de la Somme se trouvent contrôlées par la monarchie anglo-angevine, soit plus de la moitié du territoire du royaume de France. Cet ensemble s'étend du 43e au 55e degré, sur plus de 1 300 kilomètres du sud au nord, couvrant 130 000 km^2 au nord de la Manche et 220 000 sur le continent.

C'est à sa destruction que s'attelle Philippe Auguste. Profitant de la révolte des fils d'Henri II contre leur père, puis de leur désunion, il arrache à Richard Cœur de Lion et à Jean sans Terre la Normandie, le Poitou, l'Anjou, le Maine, la Touraine et la Saintonge. Ne restent au roi d'Angleterre que les îles dites depuis anglo-normandes (Jersey, Guernesey, Aurigny, Sercq), les îles de Ré et d'Oléron, La Rochelle et le duché de Guyenne qui s'étend du Bordelais au Béarn et comprend aussi les comtés de Bigorre et de Comminges. Il ne demeure pratiquement rien du royaume anglo-angevin au nord de la Gironde. Louis VIII prend La Rochelle et achève la conquête de l'Aunis et de la Saintonge.

Saint Louis s'attache à régler le contentieux franco-anglais. Par le traité de Paris (1258), Henri III renonce à tous ses droits sur la Normandie, l'Anjou, le Maine, la Touraine. Il prête hommage lige au roi de France pour l'Aquitaine. En échange, Louis IX lui restitue ses possessions dans les diocèses de Limoges, Cahors et Périgueux et s'engage, au cas où son frère Alphonse de Poitiers mourrait sans descendance, à lui rendre la Saintonge au sud de la Charente, l'Agenais et le Quercy toulousain. C'est ce qui advient et le traité d'Amiens de 1279 rend aux Anglais l'Agenais et la Saintonge méridionale. Quant au Quercy toulousain, Edouard Ier y renonce moyennant une rente de trois mille livres tournois. Armagnac et Astarac sont aussi reconnus de la mouvance anglaise. Ainsi disparaît la grande Aquitaine, dont le nord et l'est, Poitou et Auvergne, sont désormais du domaine royal, tandis que le roi d'Angleterre garde la partie sud-ouest, désormais dénommée Aquitaine ou plus souvent Guyenne, qui s'étend de la Charente à l'Adour.

Mais les successeurs de saint Louis n'ont pas l'intention de laisser le roi d'Angleterre jouir en paix de ses terres d'Aquitaine. Sans cesse, les empiétements des officiers royaux suscitent des conflits. De confiscation en paix boiteuse, la situation de l'Aquitaine évolue dangereusement. Cette pénétration ouverte ou insidieuse du pouvoir royal amène la coalition de ceux qui se sentent menacés et, en 1337, Edouard III, soutenu par les Flamands et l'empereur, déclare la guerre à Philippe VI et se proclame roi de France, opposant ses droits de petit-fils de Philippe IV le Bel à ceux du petit-fils de Philippe III le Hardi.

La disproportion des forces est telle que, malgré le désastre naval de l'Ecluse (1340) et la défaite de Crécy (1346), le roi d'Angleterre ne parvient à s'emparer que de Calais en 1347 et à récupérer que quelques territoires en Périgord. Il faut un nouveau désastre militaire à Poitiers en 1356 et la capture du roi de France, la Jacquerie et la révolte de Paris, pour que la victoire anglaise se traduise enfin par des concessions françaises, énormes, il est vrai, à la mesure du désarroi du pays et de ses dirigeants. Par le traité de Brétigny (1360), Edouard III renonce à la couronne de France et à certaines de ses prétentions territoriales, mais il se voit reconnaître la possession de Calais et du comté de Guines, de Montreuil-sur-Mer et du comté de Ponthieu, de la Saintonge, du Poitou, de l'Angoumois, de l'Aunis, du Limousin, du Périgord, du Rouergue, de l'Agenais, de la Guyenne et de la Gascogne ainsi que de la Bigorre. Ainsi se crée, à deux siècles d'intervalle, une deuxième puissance territoriale anglaise sur le continent, deux fois moins importante que la précédente, environ 110 000 km^2, constituée de deux enclaves dans le nord de la Manche et le Pas-de-Calais, excellentes bases pour un débarquement, et d'un groupe massif de territoires rayonnant sur plus de 200 km autour de Bordeaux.

Plus rapidement encore que Philippe Auguste dans son entreprise de destruction du domaine anglo-angevin, Charles V récupère entre 1369 et 1377 tous les territoires perdus à Brétigny, à l'exception de Calais, conquiert une partie du duché de Guyenne et le coupe en deux, le roi d'Angleterre n'étendant plus son autorité qu'autour de Bordeaux et de Bayonne. En même temps, comme deux siècles auparavant, l'Angleterre est déchirée par un conflit de succession. Cette fois-ci, c'est Richard II qui s'oppose à ses oncles et au Parlement. Sa mort amène la maison de Lancastre sur le trône.

La situation se renverse brutalement lorsque éclate la guerre civile entre Armagnacs et Bourguignons. La victoire de Henri V à Azincourt, son alliance avec les Bourguignons aboutissent au traité de Troyes (1420) : Henri V épouse Catherine, fille de Charles VI qui déshérite le dauphin et promet la couronne de France à l'Anglais au lendemain de son décès. Il semble que désormais les deux couronnes de France et d'Angleterre doivent être portées par une même tête. La mort, à trois mois d'intervalle, d'Henri V et de Charles VI, en 1422, ne remet pas l'accord en cause et le jeune Henri VI est proclamé roi tandis que son oncle Bedford assume la régence.

Les possessions anglo-bourguignonnes dessinent alors sur la carte une troisième figure fort éloignée des deux premières. A l'apparition de Jeanne d'Arc, en 1429, au pire moment pour le dauphin, Anglais et Bourguignons contrôlent à peu près tous les territoires situés à l'est et au nord de la Loire et le duché de Guyenne entre Charente et Adour, soit plus de 200 000 km^2 et près de 40 de nos actuels départements.

Mais, comme les précédents, cet ensemble s'effondre aussi vite qu'il a été bâti. Quelques succès militaires de Charles VII et sa réconciliation avec le duc de Bourgogne au traité d'Arras (1435) permettent la reconquête du royaume. La Normandie est reprise entre 1439 et 1450, la Guyenne achève de tomber en 1453. Le roi d'Angleterre ne règne plus alors que sur Calais et ses alentours.

Déchirée par la guerre des Deux Roses, l'Angleterre n'a plus ni le temps ni les moyens d'intervenir sur le continent. Par le traité de Picquigny (1475), le roi d'Angleterre renonce, contre une pension, à ses revendications sur la couronne de France. Sa dernière possession, Calais, est récupérée par la France en 1558 après une courte campagne de François de Guise. De quatre siècles de relations féodales franco-anglaises et de trois ébauches de royaumes franco-anglais ne subsiste aujourd'hui qu'un témoin au statut anachronique, le groupe des îles dites anglo-normandes, Jersey, Guernesey, Aurigny, Sercq...

Obnubilés par la durée et l'intensité des conflits entre les rois de France et d'Angleterre, les historiens ont eu trop souvent tendance à insister sur les conflits entre royaumes, oubliant parfois que les affrontements avaient eu lieu au sein de sociétés féodales et non dans un cadre étatique moderne. Il convient aussi de rappeler qu'il n'y a pas eu un seul mais plusieurs conflits séparés par de longues époques de paix. Enfin, on n'a pas assez souligné que les trois royaumes anglo-français étaient géographiquement très différents, qu'ils se sont constitués rapidement et effondrés tout aussi vite. Il y a une double explication à cela. Le roi de France et celui d'Angleterre étaient à la tête de royaumes prématurément unifiés par rapport au reste de l'Europe féodale, ils disposaient donc de moyens humains et financiers considérables pour l'époque, leur permettant une action forte, efficace et durable. Ainsi peuvent se comprendre les conquêtes rapides des rois anglais. Mais l'importance démographique et la richesse des deux royaumes étaient disproportionnées. L'Angleterre étant approximativement quatre fois moins peuplée et moins riche que la France, les souverains anglais ne pouvaient tenir longtemps face à des adversaires français unis et résolus.

Il convient donc de ramener le péril anglais à de justes proportions. Protégés par une muraille liquide de toute agression française, à la tête d'un royaume précocement unifié, les souverains anglais ne pouvaient qu'être tentés de faire valoir leurs droits, de trouver un prolongement, de riches dépendances au-delà de la Manche. Leur insularité leur permettait de frapper quand et où ils voulaient, mais leur infériorité numérique et financière leur interdisait de réaliser durablement leur ambition.

5.

TROIS SIÈCLES D'EXPANSION (1483-1789)

Les équipées italiennes

Les débuts du règne de Charles VIII (1483-1498), sous la régence de sa sœur, Anne de Beaujeu, sont consacrés à l'élimination d'une dernière révolte féodale, la Guerre folle, et à la préparation de l'union de la Bretagne à la France par le mariage de son héritière, Anne, avec le roi, en 1491.

Mais ce mariage contrevient aux dispositions du traité d'Arras qui prévoyaient que le roi épouserait Marguerite de Bourgogne. Après une courte guerre, le traité de Senlis (1493) oblige le roi à restituer à Philippe le Beau, fils de Maximilien, l'Artois, la Franche-Comté et le Charolais. Alliés de Maximilien, Henri VIII d'Angleterre reçoit un dédommagement en or, Ferdinand d'Aragon et Isabelle de Castille récupèrent le Roussillon et la Cerdagne pris par Louis XI en 1475. Le gain virtuel de la Bretagne se traduit par la perte de l'Artois et de la Franche-Comté.

Le souci de Charles VIII de conclure la paix s'explique par son désir de mener une politique extérieure nouvelle. Les frontières de la France sont verrouillées au nord et à l'est par les possessions de Maximilien, au sud par une Espagne débarrassée des Maures et en plein essor. Il ne reste qu'une voie d'expansion possible, vers le sud-est. Cette voie a déjà été explorée par les ducs d'Anjou, Charles, frère de saint Louis, et Louis, frère de Charles V, qui ont fondé le royaume angevin de Naples. L'expédition d'Italie a pour but de faire valoir leurs droits. Elle aboutit à la conquête de Naples (1494-1495) qui doit être évacué devant la coalition des princes italiens.

Le nouveau roi, Louis XII (1498-1515), ajoute aux droits de ses prédécesseurs sur Naples ceux qu'il tient de sa bisaïeule Valentine Visconti sur le comté d'Asti et le duché de Milan. De nouvelles expéditions en Italie amènent la conquête du Milanais, de l'Astesan, de Gênes, du royaume de Naples, conquêtes tout aussi éphémères que les précédentes et perdues lorsque se constitue la Sainte Ligue.

Avec François Ier (1515-1547), le conflit s'élargit. Le roi d'Espagne oppose ses prétentions à celles du roi de France en Italie tandis que François Ier présente sa candidature à la couronne impériale contre Charles Ier d'Espagne qui l'emporte et devient l'empereur Charles Quint. Ce dernier revendique l'héritage bourguignon cependant que François Ier soutient le roi de Navarre, dépouillé par le roi de Castille. La défaite de Pavie (1525) et la captivité du roi de France amènent la signature du désastreux traité de Madrid (1526) dont les conditions sont adoucies à la paix de Cambrai : le roi de France renonce à l'Italie, abandonne le Tournaisis et la châtellenie de Hesdin, sa souveraineté sur la Flandre et l'Artois, mais garde le duché de Bourgogne et les villes de la Somme.

La guerre reprend avec des fortunes diverses jusqu'à la mort de Henri II (1559). Après trois quarts de siècle de conflits, les progrès territoriaux de la France se limitent à l'établissement du roi comme vicaire impérial des évêchés de Metz, Toul et Verdun (1552) et à la récupération de Calais (1558).

Pendant quarante années, les guerres de religion empêchent toute expansion française vers l'extérieur. Ayant mis un terme à celles-ci, Henri IV récupère au traité de Vervins (1598) tout ce que les ennemis du royaume avaient pu occuper durant ces années d'anarchie et reprend la politique d'expansion.

La paix de Vervins avait laissé à l'arbitrage du pape la question de Saluces, possession du roi de France sur le versant oriental des Alpes, aux mains du duc de Savoie depuis 1588. Le pape s'étant finalement récusé, les troupes du roi envahissent la Savoie en 1600. Le traité de Lyon de 1601 laisse le marquisat de Saluces au duc, mais en échange il cède à la France la Bresse, le Bugey, le Valromey, le pays de Gex et Château-Dauphin.

La frontière de l'est et du nord

Henri IV meurt assassiné (1610) à la veille de rouvrir les hostilités contre la maison de Habsbourg qui enserre le royaume de France entre ses possessions des Pays-Bas, du Luxembourg, de Franche-Comté, d'Italie et d'Espagne, sans compter ses biens d'Alsace, d'Autriche, de Bohême, de Moravie, de Silésie, de Hongrie...

La mort de Henri IV et la minorité de Louis XIII (1610-1643) retardent jusqu'en 1635 l'intervention française. La guerre de Trente Ans, qui se livre sur les Pyrénées, en Italie, mais surtout en Allemagne, s'achève par les traités de Westphalie (1648). L'empereur reconnaît au roi de France une autorité déjà presque séculaire sur les trois évêchés de Metz, Toul et Verdun, la possession du landgraviat de Haute et Basse-Alsace, le Sundgau (extrémité méridionale de l'Alsace), la préfecture des dix villes impériales (du nord au sud : Landau, Wissembourg, Haguenau, Rosheim, Obernai, Sélestat, Colmar, Kaisersberg, Türkheim, Münster) et, sur la rive droite du Rhin, Brisach et Philippsbourg. La participation du duc de Bouillon à la conspiration de Cinq-Mars a permis en 1642 la confiscation des principautés de Sedan et de Raucourt, sur la Meuse.

Le traité des Pyrénées (1659) règle le conflit avec la branche espagnole des Habsbourg. Louis XIV garde ses conquêtes : Roussillon et partie de la Cerdagne — laissant au roi d'Espagne l'enclave de Llivia —, l'Artois sauf les châtellenies d'Aire et de Saint-Omer, le Quartier de Terre Franche, soit Bourbourg, Gravelines, Saint-Venant, Thérouanne, en Flandre, le Quesnoy et Landrecies en Hainaut, Avesnes, Marienbourg et Philippeville entre Sambre et Meuse, Chauvency, Damvillers, Ivoi, Marville, Montmédy, Thionville entre Lorraine et Luxembourg. Le duc de Lorraine récupère son duché amputé au profit de la France du duché de Bar, de Dun-sur-Meuse, Jametz, Moyenvic, Stenay et du comté de Clermont-en-Argonne. Ayant refusé d'accepter ces conditions, le duc est obligé d'en subir de plus dures un peu plus tard, perdant en 1661 Phalsbourg et Sarrebourg, Marsal en 1663. Ainsi s'amorce la désagrégation de la Lorraine, morcelée et encerclée de toutes parts par des territoires français.

Louis XIV poursuit sa poussée à la paix d'Aix-la-Chapelle (1668) et annexe Courtrai, Armentières, Lille, Bergues, Furnes, Douai, Fort de Scarpe, Tournai, Audenarde en Flandre, Charleroi, Binche et Ath en Hainaut. Le traité de Nimègue (1678) donne à la France la Franche-Comté, Aire et Saint-Omer en Artois, Ypres, Wervick, Warneton, Bailleul, Cassel, Poperinghe en Flandre, Cambrai, Bouchain, Valenciennes, Condé-sur-l'Escaut, Maubeuge sur la Sambre, mais Ath, Audenarde, Binche, Charleroi, Courtrai sont restitués, Charlemont est échangé contre Dinant, Philippsbourg contre Fribourg en Brisgau.

Le roi confie à des chambres de réunion la tâche de prononcer l'annexion de tous les fiefs ayant quelque raison de dépendre de la couronne. En Lorraine, Luxembourg, Alsace, Franche-Comté des dizaines de fiefs sont ainsi « réunis » et placés sous l'autorité royale. Contre les ambitions françaises se forme la Ligue d'Augsbourg (1686). La guerre dure jusqu'à la paix de Ryswick (1697) qui contraint le roi de France à

CARTE 10 A

QUATRE SIÈCLES DE POUSSÉE VERS L'EST LES FRONTIÈRES DE LA FRANCE DE 1460 A 1860

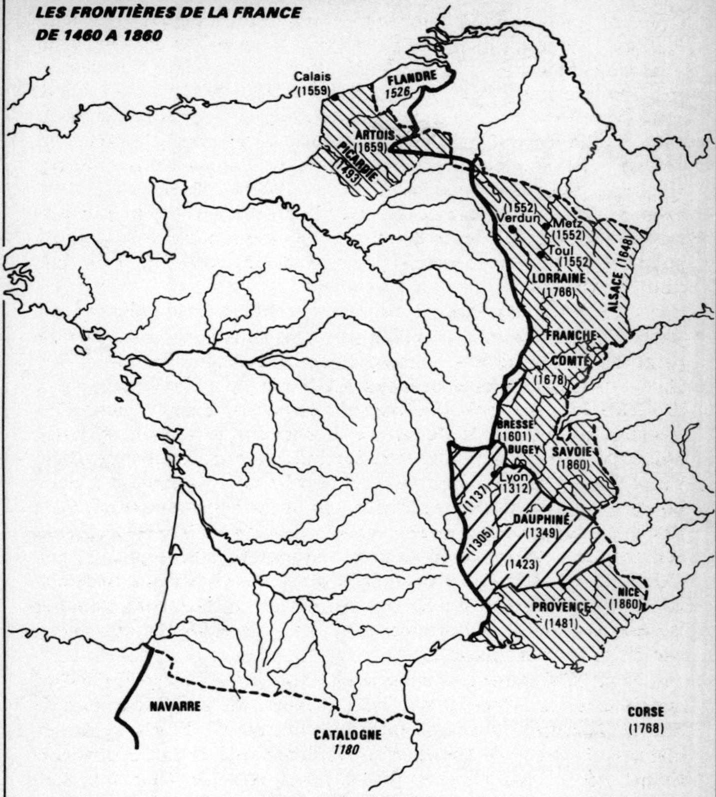

Limites du royaume de France en 987

Frontières de la France en 1860 (et en 1985)

1180 Territoires perdus avec la date de leur perte définitive (Ex: Catalogne)

(1349) Territoires acquis avec la date de leur acquisition définitive (Ex: Dauphiné)

Territoires acquis avant 1460

Territoires acquis entre 1460 et 1860

0 50 100 150 Km

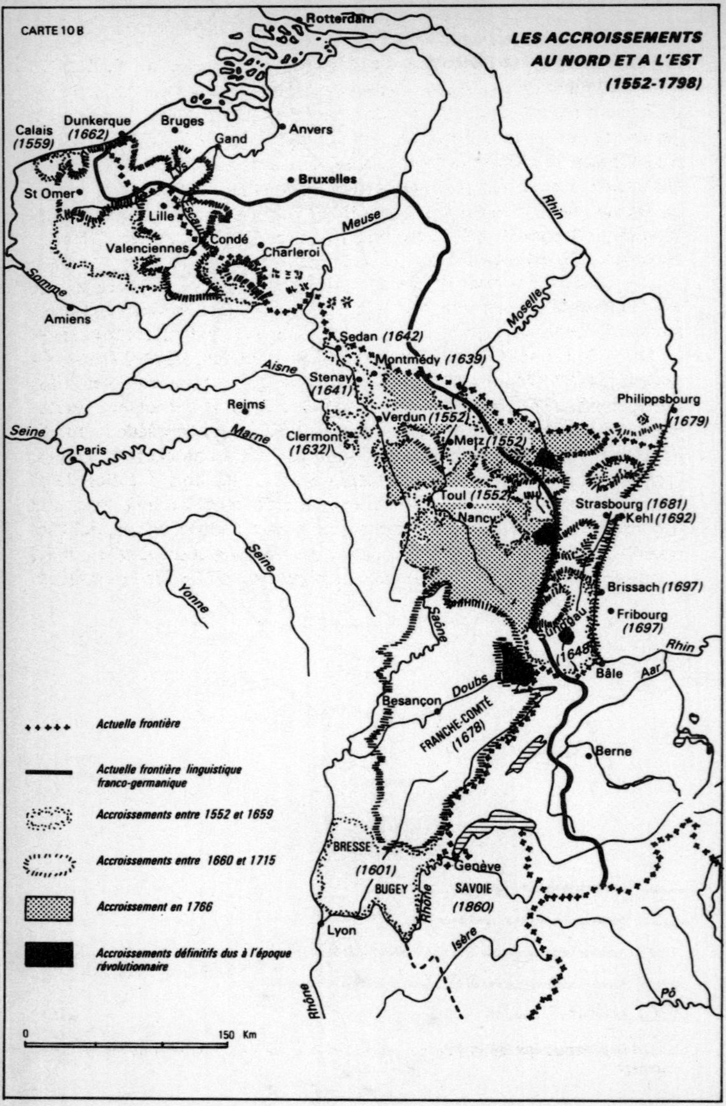

CARTE 10 B
LES ACCROISSEMENTS AU NORD ET A L'EST (1552-1798)
Rotterdam
Calais (1559)
Dunkerque (1662)
Bruges
Gand
Anvers
Bruxelles
St Omer
Lille
Escaut
Condé
Valenciennes
Charleroi
Meuse
Somme
Amiens
Rhin
Moselle
Sedan (1642)
Montmédy (1639)
Aisne
Stenay (1641)
Reims
Verdun (1552)
Philippsbourg (1679)
Seine
Marne
Clermont (1632)
Metz (1552)
Paris
Toul (1552)
Nancy
Strasbourg (1681)
Kehl (1692)
Seine
Yonne
Brissach (1697)
Fribourg (1697)
Saône
Sundgau (1648)
Rhin
Bâle
Aar
Doubs
Besançon
FRANCHE-COMTÉ (1678)
Berne
BRESSE
(1601)
BUGEY
Genève
SAVOIE (1860)
Rhône
Lyon
Isère
Rhône
Pô
Actuelle frontière
Actuelle frontière linguistique franco-germanique
Accroissements entre 1552 et 1659
Accroissements entre 1660 et 1715
Accroissement en 1766
Accroissements définitifs dus à l'époque révolutionnaire
0
150 Km

restituer toutes ses conquêtes depuis 1678. La guerre de Succession d'Espagne débute en 1701 et s'achève par les traités d'Utrecht (1713) et de Rastadt (1714) et par un nouveau recul du roi de France : il renonce à ses droits sur Menin, Tournai, Ypres, Dixmude, Poperinghe, Warneton, Furnes. Il restitue Fribourg, Kehl, Brisach, mais garde Strasbourg et Landau. Le versant piémontais des Alpes est entièrement livré au duc de Savoie qui cède en échange la vallée de Barcelonnette. La principauté d'Arches-Charleville a été réunie au royaume en 1708 et celle d'Orange au traité d'Utrecht de même que le comté de Charolais.

A Louis XV revient l'annexion de la Lorraine, grâce à son mariage avec la fille du dernier duc, Stanislas Leczinski, mort en 1766. Deux ans plus tard, Gênes cède ses droits de souveraineté sur la Corse à la France. Le règne de Louis XVI n'amène ni perte ni annexion. Après la suppression des droits féodaux, dans la nuit du 4 août 1789, ne subsistent plus que trois enclaves étrangères : Avignon et le Comtat Venaïssin appartenant à la Papauté, la principauté de Montbéliard que possède le duc de Wurtemberg, et la république de Mulhouse alliée aux cantons suisses. Quant aux frontières, elles correspondent à peu près à celles de la France actuelle moins la Savoie et le comté de Nice. En huit siècles, la monarchie a fait le territoire français [44], environ 530 000 km^2, dont les 60 000 derniers, les franges flamandes, lorraines et comtoises n'ont été acquises qu'au prix de longues et dures guerres contre les Habsbourg.

44. L'expansion de la France outre-mer fait l'objet de la dernière partie de cet ouvrage.

6.

SUR LA DÉFENSIVE (1789-?)

Les conquêtes éphémères (1789-1815) et la deuxième tentative d'unification de l'Europe

L'expansion révolutionnaire commence raisonnablement par la réunion à la France du Comtat Venaissin (1791), de la Savoie (1792), de Nice et de Monaco, de Montbéliard, de l'évêché de Bâle (1793). Les Pays-Bas autrichiens (la Belgique), la rive gauche du Rhin sont annexés en 1795, Mulhouse et Genève en 1798, tandis que des « républiques-sœurs », des « satellites », dirions-nous aujourd'hui, sont créées : batave (1796), ligurienne (1797), cisalpine (1797), helvétique (1798), romaine (1798), parthénopéenne (1799).

Napoléon taille à sa volonté dix ans durant, dans toute l'Europe, des royaumes et des principautés pour ses frères et sœurs : Joseph, Louis, Jérôme sont rois de Naples puis d'Espagne, de Hollande, de Westphalie, Elisa, Pauline et Caroline, grande-duchesse de Toscane, duchesse de Guastalla, grande-duchesse de Berg puis reine de Naples. Pour mieux s'assurer de l'exécution du blocus continental, l'empereur annexe les régions côtières, les Pays-Bas néerlandais, les côtes allemandes de la mer du Nord jusqu'à Lübeck sur la Baltique, les côtes italiennes jusqu'au sud de Rome, dotant la France de deux bras monstrueux au nord-est et sud-est.

L'effondrement de l'Empire et l'abdication de Fontainebleau aboutissent au premier traité de Paris qui ramène à peu près la France à ses frontières de 1789, avec en supplément le Comtat Venaissin, Montbéliard, Mulhouse, la partie occidentale de la Savoie. Les Cent-Jours, Waterloo, le second traité de Paris aggravent les pertes territoriales : entre Quiévrain et Bouillon, les places fortes de Chimay, Marienbourg, Philippeville sont enlevées à la France, laissant subsister le « doigt » indéfendable de la Meuse entre Fumay et Givet. Plus à l'est, la vallée de la Sarre en aval de Sarreguemines est également perdue, avec Sarrebruck et Sarrelouis. Tout le pays alsacien au nord de la Lauter, avec notamment Landau, cesse d'appartenir à la France. Versoix, Grand-Sacconex, Prégny, sur le lac Léman, à l'ouest de Genève, sont annexés au canton de même que quelques communes à l'est de cette ville, désenclavant la cité de Calvin. Quant aux concessions en Savoie, il n'en est plus question.

L'appât belge, profits et pertes

Il faut attendre le Second Empire pour que le territoire français subisse quelques changements. Napoléon III ayant aidé le roi de Sardaigne contre l'Autriche en 1859, ce dernier, devenu roi d'Italie, cède en 1860 à la France, après plébiscite, la Savoie et le comté de Nice.

Ayant favorisé l'unité italienne, Napoléon III entend agir de même pour l'Allemagne en soutenant la politique prussienne contre l'Autriche et en faisant payer ses services de la cession, cette fois-ci, de la Belgique et du Luxembourg. Les habiles atermoiements du chancelier Bismarck et la soudaineté de la victoire prussienne à Sadowa (1866) anéantissent ces projets.

Profitant de l'imprudence de l'empereur et des tendances bellicistes des généraux et de la cour de France, Bismarck, grâce à la provocation de la dépêche d'Ems, obtient que ce soit la France qui déclare la guerre à la Prusse. En position apparente d'agresseur, à la tête d'une armée mal équipée et aux chefs incapables, Napoléon III est écrasé à Sedan et capitule. La République doit traiter avec la Prusse victorieuse et le traité de Francfort, en mai 1871, consacre la double victoire de Bismarck : d'une part, l'unité allemande, forgée « par le feu et par le fer », a été scellée dans la galerie des glaces de Versailles par la proclamation de Guillaume Ier comme « empereur allemand », d'autre part, retournant au détriment de la France le principe des nationalités, l'Allemagne annexe l'essentiel de l'Alsace et le nord de la Lorraine, les actuels départements du Haut-Rhin, du Bas-Rhin, de la Moselle, peuplés en très grande majorité de populations de langue allemande. Ne subsiste de l'Alsace française depuis deux siècles que la région de Belfort érigée en territoire.

Les frontières sont désormais fixées en Europe occidentale pour près d'un demi-siècle. Les ambitions de ses États se reportent sur les conquêtes coloniales [45]. Les conflits ouverts se limitent à la péninsule

45. Voir la dernière partie de ce livre.

balkanique agitée par les nationalismes serbe, croate, roumain, bulgare, grec, et par les ambitions opposées de l'Autriche-Hongrie et de la Russie au détriment de l'empire ottoman moribond. C'est de cette région, de Sarajevo, le 28 juin 1914, que jaillit l'étincelle qui met le feu à toute l'Europe.

Après quelque quatre ans et demi de guerre, le bilan est catastrophique : plus de huit millions de morts, vingt millions de blessés, des régions entières dévastées, une Europe meurtrie et affaiblie, incapable d'organiser une paix durable. Au nom du principe des nationalités et du droit des peuples à disposer d'eux-mêmes sont créées dans l'Europe danubienne et balkanique des nations nouvelles, faibles, hétérogènes, marquées dès leur naissance par des oppositions irréductibles. L'empire austro-hongrois émietté, la Turquie rejetée en Asie et sauvée du démembrement total par Atatürk, cette région devient le « ventre mou » de l'Europe.

La troisième tentative d'unification européenne : le Troisième Reich

C'est un Autrichien, hanté par les tensions raciales et ethniques qui troublaient les derniers jours de l'Autriche-Hongrie, un adepte des théories racistes qui y fleurissaient alors, qui prend en 1931 la tête d'une Allemagne déstabilisée par la ruine de sa classe moyenne à la suite de la grande dépression économique de 1929. Ayant profité du pacifisme des démocraties occidentales pour annexer l'Autriche et la Tchécoslovaquie et réarmer militairement et moralement une Allemagne soumise à un totalitarisme alliant les idéologies socialiste et nationaliste, Hitler déclenche la Seconde Guerre mondiale en septembre 1939 avec l'attaque de la Pologne.

Alors que la guerre de 1914-1918 fut essentiellement un conflit entre Européens, engageant accessoirement des régions et des populations coloniales ou extra-européennes, marquée seulement par l'intervention américaine à partir de 1917, décisive économiquement mais militairement très secondaire par rapport aux forces engagées de part et d'autre, la guerre entre 1939 et 1945 s'étend au monde à peu près entier. En dehors de l'Amérique latine et de l'Afrique noire, pratiquement toutes les autres régions du monde sont impliquées : le Japon envahit toute la zone du Pacifique, le Troisième Reich porte la guerre jusqu'au Caucase et aux portes du Caire.

L'Allemagne nazie et ses alliés occupent toute l'Europe continentale à l'exception de la Suisse et de la Suède neutres, de l'Espagne et du

Portugal qui leur sont plutôt favorables. Les armées allemandes échouent devant Moscou. Le Troisième Reich a, brièvement certes, couvert une étendue plus grande que l'Empire napoléonien.

A la fin de la guerre, en 1945, le conflit a fait environ quarante millions de victimes dont près de trente en Europe. Ce continent est ruiné bien plus profondément qu'en 1918. Il a perdu toute importance politique et seules la Grande-Bretagne et la France peuvent prétendre encore à un rôle mineur. En revanche, Etats-Unis et Union soviétique occupent militairement l'Europe. La Russie soviétique annexe plus de 400 000 km² de territoires européens, occupe et « satellise » Pologne, Tchécoslovaquie, Hongrie, Roumanie, Yougoslavie, Bulgarie, Albanie et une partie de l'Allemagne, soit près de 1 300 000 km², l'Armée Rouge s'installe sur l'Elbe.

La France dans l'Europe occidentale

L'Europe libre se trouve presque réduite aux dimensions de l'empire de Charlemagne, grossi des pays scandinaves, des îles britanniques et de la péninsule Ibérique, il est vrai. Sa frontière continentale orientale coïncide d'ailleurs avec celle de l'empire carolingien.

Cet ensemble de 3 700 000 km², peuplé de trois cent cinquante millions d'habitants, ne possède pas les immenses étendues désertiques et les ressources minérales et énergétiques des sous-continents nord-américain et soviétique, mais il a une population et des potentialités agricoles et industrielles comparables.

La position de la France dans cette Europe est capitale. Elle en est le centre, le point de rencontre obligé entre Italie et Grande-Bretagne Allemagne et Espagne, les cinq puissances dominantes. Entre 48e et 54e degré de longitude Nord, 3e degré de latitude Ouest et 13e degré de latitude Est, sur 500 000 km² environ, dans un rayon d'environ 500 km autour de Bruxelles, sont rassemblés à peu près cent cinquante millions d'Européens, trois cents habitants au kilomètre carré, le cœur économique et politique de l'Europe avec l'essentiel de l'Angleterre, le Bassin parisien, le Benelux, la presque totalité de l'Allemagne fédérale.

Puissance politique nucléaire, participant des mondes atlantique et méditerranéen, disposant d'une industrie, d'une recherche scientifique et d'une agriculture qui en font ùn des meneurs de l'Europe occidentale, la France a encore les moyens d'un avenir brillant si elle en a la volonté. Mais aujourd'hui les guerres ne se gagnent plus sur les champs de bataille. L'ennemi est à l'intérieur des frontières qui, par une propagande habile, détruit les valeurs culturelles et prône l'affrontement intérieur, la guerre civile, au nom de la dernière-née des religions, le marxisme, dont la Rome, La Mecque rouge se trouve à Moscou. L'Eurasia du *1984* d'Orwell, s'étendant de Brest à Vladivostok, est peut-être pour demain. La lutte pour la survie se joue maintenant dans les esprits, contre le mensonge, la désinformation, la déculturation, le pacifisme qui proclame qu'il vaut mieux être rouge que mort (*Lieber rot als tot* est le slogan des « Verts » allemands), que la nation, la patrie sont des concepts périmés et nuisibles.

A l'ère des médias, ce sont eux qui sont devenus le terrain où se gagnera ou se perdra le combat pour la survie de la langue, de la culture françaises et des valeurs de liberté qu'elles véhiculent. Tocqueville a génialement décrit en 1835 ce qui menace notre monde un siècle et demi plus tard :

> « Je veux imaginer sous quels traits nouveaux le despotisme pourrait se produire dans le monde : je vois une foule innombrable d'hommes semblables et égaux qui tournent sans repos sur eux-mêmes pour se procurer de petits et vulgaires plaisirs, dont ils emplissent leur âme. Chacun d'eux, retiré à l'écart, est comme étranger à la destinée de tous les autres : ses enfants et ses amis particuliers forment pour lui toute l'espèce humaine ; quant au demeurant de ses concitoyens, il est à côté d'eux, mais il ne les voit pas ; il les touche et ne les sent point ; il n'existe qu'en lui-même et pour lui seul, et, s'il lui reste encore une famille, on peut dire du moins qu'il n'a plus de patrie [46]. »

Et, dénonçant l'omniprésence de l'Etat, il ajoute, quelques lignes plus loin :

> « Après avoir pris ainsi tour à tour dans ses puissantes mains chaque individu, et l'avoir pétri à sa guise, le souverain étend ses bras sur la société tout entière, il en couvre la surface d'un réseau de petites règles compliquées, minutieuses et uniformes, à travers lesquelles les esprits les plus originaux et les âmes les plus vigoureuses ne sauraient se faire jour pour dépasser la foule ; il ne brise pas les volontés, mais il les amollit, les plie et les dirige ; il force rarement d'agir, mais il s'oppose sans cesse à ce qu'on agisse ; il ne détruit point, il empêche de naître ; il ne tyrannise point, il gêne, il comprime, il énerve, il éteint, il hébète, et il réduit enfin chaque nation à n'être plus qu'un troupeau d'animaux timides et industrieux dont le gouvernement est le berger. J'ai toujours cru que cette sorte de servitude, réglée, douce et paisible, dont je viens de faire le

tableau, pourrait se combiner mieux qu'on ne l'imagine avec quelques-unes des formes extérieures de la liberté, et qu'il ne lui serait pas impossible de s'établir à l'ombre même de la souveraineté du peuple [47]. »

---

46. et 47. Tocqueville, *De la démocratie en Amérique*, éd. 10/18, p. 361 et 362.

LIVRE 2

LES DIVISIONS TERRITORIALES

Dans la première partie de ce travail, on a tenté d'esquisser l'histoire de la formation du « pré carré », du territoire de la France des origines à nos jours. Le livre deux est un survol des divisions de ce territoire. Pour emprunter une image approximative à la biologie, disons qu'après avoir décrit la constitution du « corps » français, on va aborder ici l'étude sommaire de ses différentes parties, de la cellule fondamentale aux différents membres.

Au moment de sa conquête par les Romains, la Gaule est divisée en une centaine de peuples indépendants les uns des autres ou reliés par des liens fédératifs plus ou moins étroits. César désigne le territoire que chacun occupe sous le nom de *civitas* [1], reprenant pour une civilisation exclusivement rurale un terme qui s'applique à la « cité », à l'agglomération urbaine contrôlant un arrière-pays rural qui lui est soumis, base du système politique, social et économique du monde gréco-romain antique. Ce terme de *civitas*, bien impropre pour les sociétés paysannes gauloises, devrait être traduit par Etat avant la conquête, par circonscription après l'instauration du pouvoir de Rome. Ces petits Etats sont eux-mêmes divisés en *pagi* [2] correspondant vraisemblablement à des subdivisions ethniques, à des tribus.

L'autorité romaine a remanié plusieurs fois les *civitates*, accroissant leur nombre de 50 % tout en les regroupant au sein de provinces. Dioclétien, procédant à une réorganisation complète de l'administration territoriale de l'Empire en 284, réunit les provinces en deux diocèses, le diocèse des Gaules, commandé de Trèves par le préfet du pré-

1. Voir la liste de ces peuples dans le tableau 1.
2. Le *pagus* est à l'origine du mot « pays ».

toire, et le diocèse de Vienne, administré par un vicaire subordonné au préfet.

La situation administrative de la Gaule à la veille de l'effondrement de l'Empire romain nous est connue par la *Notitia provinciarum et civitatum Galliae* [3]. Cette structure n'a été conservée que par l'Eglise chrétienne [4].

3. Voir le tableau 2.
4. Voir plus loin, les divisions ecclésiastiques.

1.

LA COMMUNAUTÉ DE BASE : VILLAGE, PAROISSE, COMMUNE

C'est aussi l'Eglise chrétienne qui est à l'origine de la cellule fondamentale de la société française : le village devenu paroisse puis commune.

Si l'on ignore presque tout de ce que pouvait être l'organisation d'un village gaulois à la veille de la conquête romaine, on sait assez bien comment était constituée la *villa* gallo-romaine, exploitation agricole pouvant vivre à peu près en autarcie et appartenant à un maître *(dominus)* ou à l'Etat. Cette structure survit largement à l'effondrement du système politique, social et administratif romain. Les villes créées durant la *Pax Romana*, brûlées et pillées par les envahisseurs, se dégradent et se rétractent à l'intérieur de murailles hâtivement édifiées. Les agglomérations rurales, les *vici*, autour desquelles s'organisait la vie des petites régions — l'équivalent de nos chefs-lieux de canton —, où se tenaient les marchés, se confondent avec les *villae*, les villages domaniaux. Sans insister sur le problème d'origine et de constitution du village [5], il faut retenir que la structure qui se maintient au moment où dégénèrent les villes et où disparaît le pouvoir central, c'est l'ensemble formé par des hommes et des terres réunis autour de ceux qui les protègent matériellement et spirituellement, le maître ou seigneur d'une part, le curé d'autre part. Mais si le seigneur peut étendre son autorité sur plusieurs villages, la paroisse et son curé correspondent à une unité fondamentale.

Au sein de la paroisse se développe une autorité collective, le

5. On a beaucoup discuté de l'origine du village français. Voir dans la bibliographie les travaux notamment de M. Bloch, A. Deléage, R. Dion, G. Lizerand, C.-E. Perrin, G. Roupnel, H. Sée... Le village est loin d'être toujours le prolongement historique de la *villa* gallo-romaine.

« général de la paroisse » qui gère les intérêts du village, répartit les impôts et les tâches diverses, assistance aux pauvres, gestion des biens communaux, corvées, voire levées de troupes... Alors qu'au haut Moyen Age, les structures administratives, sociales, économiques léguées par Rome se désagrègent, l'unité religieuse, la paroisse, s'organise, se renforce. La paroisse « devient l'unité religieuse, elle sera bientôt l'unité sociale par excellence. A mesure que la société se dissout, seule elle reste compacte et une. C'est dans son enceinte que les hommes naissent, grandissent et meurent. C'est l'église qui est le centre de leurs croyances et de leurs intérêts. C'est près de l'autel que les hommes se réfugient, c'est à ses pieds qu'ils s'agenouillent dans les troubles et les désordres des temps. Ses biens sont le patrimoine commun de tous. La paroisse prend ainsi conscience d'elle-même. Elle est l'assemblée légale, ordinaire, le *legitimus conventus* de la population chrétienne. C'est sur de telles assises que reposera au Moyen Age tout l'édifice social et religieux [6]. »

Ce maillage paroissial est d'une extraodinaire stabilité en France. Sur les 32 500 paroisses denombrées par Ferdinand Lot en 1328, 900 seulement ont disparu quelque cinq siècles plus tard, moins de 3 %, en général des unités très peu peuplées, et ces disparitions ont été largement compensées par des créations [7], alors que l'Allemagne ravagée par les guerres, l'Angleterre transformée par une révolution agraire ont eu leur habitat rural bouleversé, que l'Espagne et l'Italie, héritières du système urbain romain, ont un nombre de communes quatre à cinq fois moindre pour une superficie ou une population comparables. Stabilité et incomparable densité sont les caractéristiques du réseau des paroisses françaises transformées en communes à la Révolution.

---

6. Imbart de la Tour, *Les paroisses rurales du IVe au XIe siècle*, p. 72-73.
7. Lire J.-M. Pesez et E. Le Roy Ladurie, *Les villages désertés en France : vue d'ensemble*, dans *Annales E.S.C.*, 1965, p. 257-290.

2.

LES DIVISIONS ECCLÉSIASTIQUES

L'Eglise chrétienne s'est moulée fidèlement dans le cadre administratif romain et les provinces ecclésiastiques n'ont pratiquement pas changé de limites de l'époque carolingienne à 1789. Titulatures et chefs-lieux sont d'ailleurs identiques : Première Lyonnaise (avec Lyon pour métropole), Deuxième Lyonnaise (Rouen), Troisième Lyonnaise (Tours), Quatrième Lyonnaise (Sens), Première Aquitaine (Bourges), Deuxième Aquitaine (Bordeaux), Novempopulanie (Eauze, Auch à partir de 663), Première Narbonnaise (Narbonne), Deuxième Narbonnaise (Arles et Aix), Alpes Maritimes (Embrun), Alpes Graies et Pennines (Moutiers en Tarentaise), Viennoise (Vienne), Séquanaise (Besançon), Première Belgique (Trèves), Deuxième Belgique (Reims), Première Germanie (Mayence), Deuxième Germanie (Cologne), soit 17 provinces ecclésiastiques comme dans la *Notitia provinciarum*.

De nombreux évêchés ont été créés au fur et à mesure des progrès de l'implantation de l'Eglise au haut Moyen Age. Mais la modification la plus importante de cette époque est la création par Jean XXII, en 1317-1318, de 16 évêchés [8] dans le Sud-Ouest afin de mieux contrôler les populations et de combattre plus efficacement l'hérésie albigeoise. A cette occasion, la Première Narbonnaise est scindée en deux provinces et Toulouse est érigé en archevêché avec Lavaur, Lombez, Mirepoix, Montauban, Pamiers, Rieux, Saint-Papoul pour suffragants, tous ces évêchés sauf Pamiers érigés en 1317.

La seule autre modification digne de mention est, à la fin du Moyen Age, la constitution de la province d'Avignon en 1475 par

---

8. Ce sont les évêchés de Castres, Saint-Flour, Tulle, Vabres, Condom, Luçon, Maillezais, Sarlat, Alet, Lavaur, Lombez, Mirepoix, Montauban, Rieux, Saint-Papoul, Saint-Pons-de-Thomières.

Sixte IV en faveur de son neveu, Julien Della Rovere, futur Jules II, comprenant les évêchés de Carpentras, de Cavaillon et de Vaison dans le Comtat Venaissin.

Au XVIe siècle, pour tenir compte de la défaite française, le traité de Cateau-Cambrésis (1559) détache la Flandre et l'Artois du royaume de France, et les territoires désormais espagnols sont soustraits à l'obédience de Reims. Cambrai est érigé en archevêché, son diocèse divisé en trois avec les nouveaux évêchés d'Anvers et de Malines. Le diocèse de Tournai sert aussi à former les nouveaux évêchés de Bruges et de Gand. A la même époque, l'ancienne ville épiscopale de Térouanne ayant été détruite par les armées impériales en 1553, son territoire est réparti entre les diocèses nouvellement créés de Boulogne, Saint-Omer et Ypres. Cette multiplication d'évêchés dans cette région est aussi à mettre en relation avec la lutte contre la montée du protestantisme aux Pays-Bas.

De même, pour lutter contre les protestants des Cévennes, le diocèse d'Alès est créé en 1694 à partir d'une fraction du territoire de Nîmes. En 1697, c'est Blois qui devient un évêché aux dépens de Chartres, sur la demande du duc d'Orléans. Dijon devient un évêché en 1731, Saint-Claude en 1742, Nancy et Saint-Dié en 1777 sont détachés de Toul. Paris a obtenu en 1622 d'être détaché de Sens et de devenir le siège d'une nouvelle province ecclésiastique comprenant Chartres, Meaux et Orléans. Albi a eu le même privilège en 1678 au détriment de Bourges.

En 1789, à la suite de ces modifications mineures, la France compte 17 provinces et 18 archevêchés, le même nombre qu'un millénaire auparavant [9], et 117 évêchés. Les évêchés de Strasbourg, Metz, Toul, Verdun, Nancy, Saint-Dié dépendent, le premier de Mayence, les autres de Trèves, les cinq évêchés de Corse relèvent de Pise et de Gênes. L'évêché du Puy dépend directement du Saint-Siège de même que l'évêché *in partibus* de Bethléem à Clamecy. La province d'Avignon est, bien sûr, hors du royaume.

Le Comité ecclésiastique de l'Assemblée constituante fait table rase des anciens évêchés et la Constitution civile du clergé établit en 1790 un évêché par département, soit 83, dont 10 dirigés par un archevêque. Ainsi disparaissent 60 sièges épiscopaux tandis que 9 autres sont créés.

Cette organisation dure à peine dix ans et une nouvelle distribution des diocèses est adoptée avec le Concordat de 1801. La France, dont les limites sont maintenant sur le Rhin, compte alors 153 diocèses dont le

9. Des 17 provinces et 18 archevêchés de l'époque carolingienne (la Deuxième Narbonnaise a deux archevêques à Aix et à Arles), Trèves, Mayence, Cologne, Moutiers en Tarentaise ne font plus partie du royaume, mais Toulouse, Cambrai, Paris et Albi les ont numériquement remplacés.

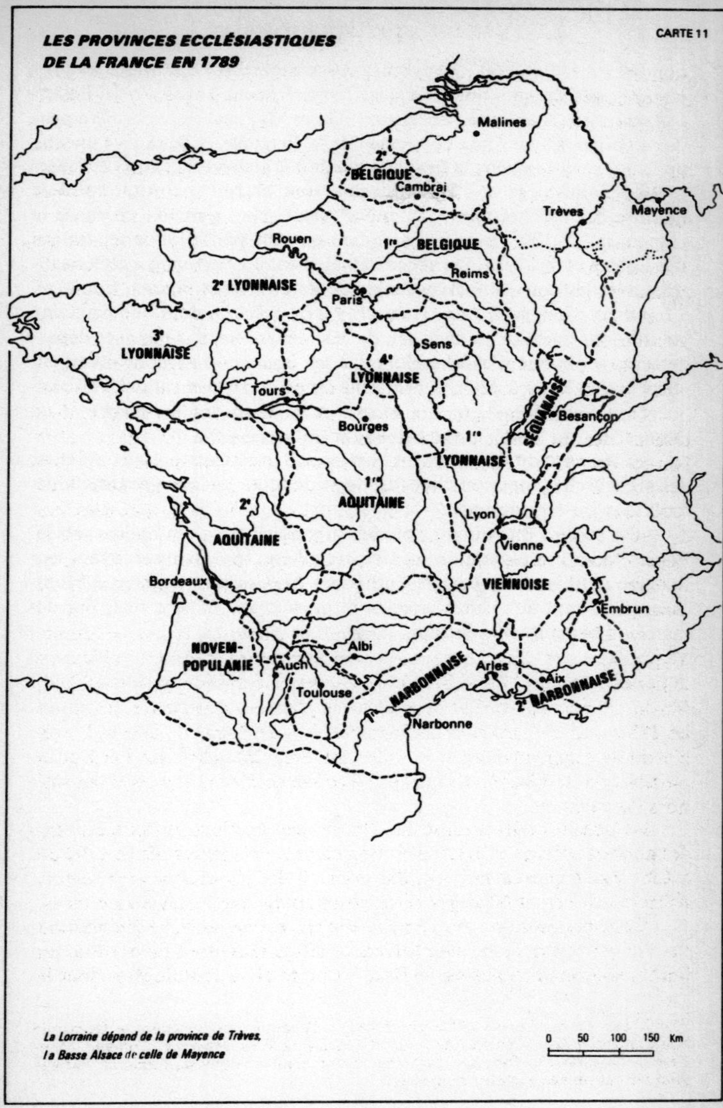
LES PROVINCES ECCLÉSIASTIQUES
DE LA FRANCE EN 1789
CARTE 11
Malines
2e
BELGIQUE
Cambrai
Trèves
Mayence
Rouen
1re BELGIQUE
Reims
2e LYONNAISE
Paris
3e
LYONNAISE
Sens
4e
LYONNAISE
Tours
SÉQUANAISE
Besançon
Bourges
1re
LYONNAISE
1re
AQUITAINE
2e
AQUITAINE
Lyon
Vienne
Bordeaux
VIENNOISE
Embrun
NOVEM-
POPULANIE
Albi
Auch
Toulouse
1re NARBONNAISE
Arles
Aix
2e NARBONNAISE
Narbonne
La Lorraine dépend de la province de Trèves,
la Basse Alsace de celle de Mayence
0 50 100 150 Km

nombre est réduit à 60 : 50 évêchés, 10 archevêchés. Les nouvelles provinces ecclésiastiques ont pour siège Lyon, Rouen, Tours, Paris, Besançon, Bourges, Toulouse, Bordeaux, Aix et Malines, cette dernière province correspondant aux conquêtes de la Belgique et de la rive gauche du Rhin, ce qui ramène la France actuelle à 9 archevêchés et 43 évêchés.

Le Saint-Siège et l'Etat français vont accroître constamment le nombre des évêchés aux XIXe et XXe siècles sans remettre en cause le Concordat de 1801, puis en l'annulant en 1905 par la loi de séparation des Eglises et de l'Etat. On aboutit finalement à 17 provinces ecclésiastiques avec les nouveaux archevêchés de Rennes, Sens, Reims, Cambrai, Chambéry, Avignon, Albi, Auch. Il y a 69 évêchés, dont une vingtaine ne sont pas installés au chef-lieu de leur département. Quelques départements n'ont pas d'évêché alors que les Bouches-du-Rhône comptent deux archevêchés à Aix et à Marseille (érigé en 1948 et rattaché directement au Saint-Siège), que la Marne et le Nord ont un évêché et un archevêché, la Savoie deux évêchés et un archevêché.

Si le cadre du département correspond grossièrement aux évêchés, les archevêchés sont constitués en dépit de toute logique géographique, politique ou économique.

On peut en dire autant pour les circonscriptions des Eglises protestantes, dont l'implantation est très irrégulière, les calvinistes ayant leur bastion dans les Cévennes, les luthériens en Alsace-Lorraine et à Montbéliard. Quant aux cultes israélite et musulman, ils sont régis par des associations cultuelles locales.

3.

LES DIVISIONS FÉODALES

Sur des dizaines de milliers de cellules rurales se construit sous les Mérovingiens et les Carolingiens une nouvelle division de l'espace. Les *civitates* romaines, dans la mesure où elles subsistent, prennent le nom de *pagi* — un mot qui s'appliquait auparavant aux subdivisions de la *civitas* — et les rois francs placent à leur tête un fonctionnaire nommé *comes*. A la tête de plusieurs *pagi* et au-dessus de leurs *comites*, en général dans les régions frontières, sur les « marches » du royaume, se trouvent des *duces*. Sous les Carolingiens, le terme de *pagus* est remplacé par celui de *comitatus* et comtes et ducs [10], à l'origine fonctionnaires temporaires et révocables, profitent de l'affaiblissement du pouvoir central pour se transformer en autorités inamovibles puis viagères et finalement héréditaires, contribuant ainsi à la mise en place du régime féodal. Jean Bancal [11] évalue le nombre des comtés à 258 sous le règne de Charlemagne, à 214 au milieu du Xe siècle. Il y a quatre ducs de Normandie, de Bourgogne, d'Aquitaine, de Gascogne [12] et un marquis de Gothie.

Les grands fiefs se décomposent en vicomtés et sergenteries en Normandie, en baylies et vigueries au sud de la Loire, en mandements en Dauphiné, en jugeries en Haut-Languedoc, en mairies en Bourgogne et Champagne, en châtellenies et prévôtés un peu partout. Chaque fief a son propre système administratif, sa propre titulature, et lors du rattachement au domaine royal cette diversité dans les institutions et la terminologie a été conservée, ce qui donne un aspect quelque peu anarchique à la titulature des circonscriptions du royaume à la fin de l'Ancien Régime.

---

10. Les *duces* portent sous Charlemagne le titre de *comites marchae*, de « comtes de la marche », devenu marquis.

11. J. Bancal, *Les circonscriptions administratives de la France*, p. 34-57.

12. La Bretagne est érigée en duché-pairie en 1297.

4.

L'ADMINISTRATION ROYALE

Les prévôtés

Les Capétiens constituent leur propre cadre de fonctionnaires territoriaux, les prévôts dont les premiers apparaissent dans des textes du XIe siècle, sous le règne de Robert le Pieux. Ils sont 40 en 1180, 68 en 1202, 123 à la fin du XIIIe siècle. Dans son inventaire, Gravier [13] a dressé la liste de 260 prévôtés ayant existé entre le XIe siècle et la fin du XIVe, dont plus de la moitié situées en Ile-de-France, Orléanais et Champagne.

Les bailliages et sénéchaussées

Pour éviter que les prévôts s'érigent en pouvoir autonome et échappent à l'autorité directe du roi apparaissent vers le milieu du XIIe siècle les baillis. D'abord chargés d'inspecter les prévôts, ils sont, en raison de l'accroissement du domaine royal et de la multiplication du nombre des prévôts, transformés en échelon intermédiaire, chaque bailliage regroupant plusieurs prévôtés. Ils assument une quadruple fonction : représentants du pouvoir central — tels les préfets ou commissaires de la République aujourd'hui —, ils assurent l'administration générale de leur circonscription ; magistrats, ils jugent en appel les cas évoqués devant le prévôt ; fonctionnaires des finances, ils contrôlent les impôts perçus par les prévôts et les versent au trésor royal ; chefs militaires, ils lèvent le ban et l'arrière-ban et le conduisent à l'armée du roi. A la différence des prévôts devenus inamovibles et héréditaires, les baillis ont

13. Gravier, *Essai sur les prévôts royaux*.

des pouvoirs limités dans le temps et ne passent, en principe, pas plus de trois années de suite à la tête d'un même bailliage. Dans l'Ouest et le Midi, le titre de sénéchal est l'équivalent de celui de bailli. Seule exception à la règle, la ville de Paris reste sous l'autorité d'un prévôt qui exerce les pouvoirs d'un bailli puisqu'il a juridiction, à la fin du XIIIe siècle, sur Paris et cinq autres prévôtés : Poissy, Saint-Germain-en-Laye, Gonesse, Corbeil et Châteaufort.

Le nombre des bailliages et sénéchaussées croît avec l'extension du domaine royal : 23 vers 1300, en y incluant les apanages, 44 en 1460, une centaine en 1614, 421 à la veille de la Révolution [14], avec la création de nouvelles circonscriptions par division des plus étendues. En effet, bailliages et sénéchaussées varient fréquemment dans leurs limites : le plus grand en 1305, le bailliage de Tours, couvre la Bretagne et la plus grande partie de l'Ouest, plus de dix de nos départements, le bailliage de Caux, le plus petit, est limité à la Seine-Maritime moins l'arrondissement de Rouen. Circonscriptions judiciaires et électorales par excellence, les bailliages et sénéchaussées perdent leurs fonctions militaire et financière avec la création, à la fin du Moyen Age, de nouvelles structures administratives.

Les gouvernements

Le gouvernement apparaît progressivement au XIVe siècle et se généralise au XVIe siècle. Il réunit plusieurs bailliages et le gouverneur placé à sa tête, en général un prince de sang ou un grand seigneur, a surtout des fonctions militaires. Il y a 8 gouvernements sous Louis XI : Normandie, Picardie, Champagne et Brie, Bourgogne, Languedoc, Guyenne, Provence, Dauphiné, tous aux frontières du royaume. L'institution s'étend ensuite à tout le royaume et, pendant les guerres de religion, les gouverneurs se transforment en véritables petits souverains, accaparant l'administration financière et judiciaire. Ayant compris le danger, Richelieu limite cette fonction à un rôle purement honorifique, interdisant même aux gouverneurs de se rendre dans leur circonscription et en confiant l'administration à un nouveau corps de fonctionnaires, celui des intendants. A la veille de la Révolution, on compte 33 grands gouvernements ou gouvernements généraux et 7 petits gouvernements : Ile-de-France, Champagne et Brie, Normandie, Picardie, Bretagne, Orléanais, Maine avec Perche et comté de Laval, Anjou,

14. On trouve la liste de ces 421 circonscriptions dans A. Brette, *Les limites et les divisions territoriales de la France en 1789*.

Touraine, Poitou, La Rochelle et l'Aunis, Berri, Nivernais, duché de Bourgogne, Lyonnais avec Forez et Beaujolais, Bourbonnais, Auvergne, Marche, Saintonge et Angoumois, Limousin, Guyenne et Gascogne, Haute et Basse Navarre ainsi que Béarn, Languedoc, Foix et Donnezan, Dauphiné, Provence, Roussillon, comté de Bourgogne ou Franche-Comté, Alsace, Flandre et Hainaut, Artois, Lorraine et Barrois, Corse ; les petits gouvernements étant la ville et prévôté de Paris, Metz et Verdun, Toul, la principauté de Sedan, le Boulonnais, Le Havre, Saumur et le Saumurois.

Les généralités

Une autre subdivision administrative est apparue au XIVe siècle, lors des Etats généraux de 1355, la généralité, cadre de la perception de l'impôt, dirigée par un superintendant ou général des finances. Il n'y en a que trois à la fin du XIVe siècle pour les pays de langue d'oïl, les pays de langue d'oc et les pays d'outre-Seine et Yonne. Au XVe siècle en est créée une quatrième pour la Normandie reconquise. En 1523, il y en a six nouvelles : Bourgogne, Bretagne, Dauphiné, Guyenne, Picardie, Provence. Elles sont au nombre de 21 à la fin du XVIe siècle, de 35 à la chute de l'Ancien Régime, dirigées, depuis la réforme de Richelieu, par des intendants à qui on a confié ce cadre territorial distinct du gouvernement, tout en ayant l'intention de leur faire supplanter les gouverneurs, une façon comme une autre de ménager les susceptibilités des grands seigneurs en leur conservant leurs titres de gouverneurs tout en confiant leurs fonctions à d'autres sous un titre et dans des circonscriptions apparemment totalement différents.

La taille et la population de ces généralités varient fortement. La plus grande en 1789 est celle de Montpellier qui couvre 34 252 km² avec 1 700 000 habitants, suivie par celle de Rennes, 28 392 km², qui est la plus peuplée avec 2 276 000 habitants ; la plus petite est celle de Valenciennes, avec 4 116 km² et 265 000 habitants.

Entre ces 35 généralités et les 33 grands gouvernements existent de nombreuses correspondances : 12 de ces circonscriptions coïncident et se recouvrent à peu près parfaitement, dans de nombreux cas deux ou trois généralités constituent un gouvernement ou inversement deux ou trois gouvernements correspondent à une généralité. Seuls 11 gouvernements et 9 généralités, situés dans le Nord et le Centre, présentent des configurations divergentes.

Les parlements

Le domaine royal dépend au point de vue judiciaire de la « Cour le Roi » qui traite à l'origine des questions politiques et financières aussi bien que judiciaires [15]. L'organisation se précise au XIIIe siècle et aboutit sous le règne de Philippe le Bel à une structure définitive. Le parlement de Paris a un ressort immense et couvre, du nord au sud, la Picardie, l'Ile-de-France, la Champagne et la Brie, l'Orléanais, le Perche, le Maine, la Touraine, l'Anjou, le Poitou, l'Augoumois, l'Aunis, le Berri, la Marche, le Nivernais, l'Auxerrois, le Bourbonnais, le Mâconnais, le Beaujolais, le Lyonnais, le Forez, l'Auvergne, soit les bassins de la Loire et de la Seine presque en entier, 36 de nos départements, environ 160 000 km².

Le parlement de Toulouse, créé en 1303 mais confirmé en 1443 seulement, a juridiction sur les anciennes possessions des comtes de Toulouse et les régions avoisinantes, environ 14 départements entre Gers et Rhône, 75 000 km². Le conseil delphinal, établi en 1335 par Humbert II, est érigé en parlement en 1453 pour 20 000 km², l'équivalent de trois départements. Les parlements créés ensuite sont la simple reconnaissance de cours antérieures. Celui de Bordeaux, œuvre des Anglais, couvre Aquitaine et Limousin, environ 60 000 km² et 9 départements. Celui de Dijon a été créé en 1477 par Charles le Téméraire pour la Bourgogne. Celui de Rouen succède à l'ancien échiquier des ducs de Normandie en 1499 et devient cour souveraine en 1515. Le parlement d'Aix, créé en 1501, couvre la Provence, celui de Rennes, institué en 1554, la Bretagne. Le parlement des Dombes, établi en 1523 lors de la confiscation des biens du connétable de Bourbon, dont le siège est à Lyon puis à Trévoux, a un ressort limité aux bailliages de Gex et de Trévoux. Au XVIIe siècle sont créés les parlements de Pau, avec une juridiction restreinte à la Basse Navarre et au Béarn, de Metz pour les parties françaises de la Lorraine, de Douai pour la Flandre et le Hainaut français, de Besançon pour la Franche-Comté annexée. Le quatorzième et dernier parlement est établi à Nancy après le rattachement de la Lorraine à la France.

Il faut ajouter à cette liste les quatre conseils souverains d'Artois, de Roussillon, d'Alsace et de Corse. La disproportion entre les différents ressorts est énorme et la prééminence territoriale du parlement de Paris écrasante.

15. Les affaires mineures sont évoquées auprès des cours prévôtales.

Quelles provinces ?

Les principales circonscriptions administratives de la France d'Ancien Régime passées en revue, on peut légitimement se demander que pouvaient être ces « provinces » dont les manuels scolaires d'histoire annoncent la suppression et le remplacement par des départements au début de la Révolution française.

Il est évident qu'aucune circonscription administrative de la monarchie n'a porté le nom de « province ». Pourtant, à la fin du XVe siècle, ce terme apparaît pour désigner certaines parties du royaume de France et son emploi devient de plus en plus fréquent si bien que les ordonnances royales entre 1778 et 1788 évoquent des « assemblées provinciales » et que les lettres patentes du 4 mars 1790 ordonnent la division des provinces en départements. Dupont-Ferrier [16] explique la résurrection de ce mot au XVe siècle par le regain d'intérêt pour le monde antique, la mode du vocabulaire romain qui conduit par exemple à utiliser le terme de « légion » pour l'organisation militaire ou celui de « sénat » pour les parlements. Il note qu'au XVe siècle les expressions « duché de Bretagne », « comté de Champagne » sont supplantées par les mots « province de Bretagne », « province de Champagne », ajoutant : « aux anciennes expressions féodales se substitue un langage monarchique. L'unification du royaume a fait un progrès décisif. A ce point de vue, le nouveau mot correspond à la nouveauté de la chose. La centralisation, l'absolutisme de la dynastie capétienne achèvent leur conquête sur l'organisation seigneuriale. Le roi n'a plus devant lui que des sujets. Les fiefs de jadis ne sont plus, désormais, que des provinces soumises [17]. » Et Bancal précise : « Lorsque des circonscriptions furent tracées à l'intention des gouverneurs, les rois évitèrent autant que possible de démembrer les anciens fiefs, mais ils furent souvent dans l'obligation d'en réunir plusieurs dans un même gouvernement et c'est ainsi qu'une certaine confusion s'établit entre la province, nom donné aux plus étendus des anciens fiefs, et le gouvernement [18]. »

Mais il est bien difficile d'établir la liste de ces provinces. Doisy, dans son ouvrage paru en 1753, *Le royaume de France et les Etats de Lorraine disposés en forme de dictionnaire contenant les noms de toutes les provinces*, en énumère 58. Ricci Zanoni, dans l'*Atlas* qu'il fait

16. G. Dupont-Ferrier, *Sur l'emploi du mot « Province », notamment dans le langage administratif de l'ancienne France*, dans la *Revue historique*, 160 (1929), p. 241-267, et *De quelques synonymes du terme « Province », ibidem*, 161 (1929), p. 278-303.

17. G. Dupont-Ferrier, *Sur l'emploi du mot « Province »...*, dans la *Revue historique*, 160 (1929), p. 257.

18. J. Bancal, *Les circonscriptions administratives de la France*, p. 130.

paraître dix ans plus tard, publie une carte du royaume comportant aussi 58 provinces qui ne coïncident pas avec celles de Doïsy. Les députés du Comité de division de l'Assemblée constituante chargés du découpage du royaume en départements sont invités à « s'assembler entre eux par provinces » afin de nommer des commissaires, et le « tableau des provinces invitées à nommer des commissaires » porte 52 noms. Les lettres patentes du roi du 4 mars 1790 « sur décrets de l'Assemblée nationale des 15 janvier, 16 et 26 février 1790, qui ordonnent la division de la France en quatre-vingt-trois départements », en énumèrent 87.

Cette dernière liste, jugée fondamentale par le vicomte de Romanet, qui en fait la base de son étude sur *Les provinces de France*, est pourtant complètement remaniée par lui. Il en retranche 23 noms, en rajoute 6 et en modifie 2, aboutissant à sa propre liste de 70 territoires ayant selon lui le caractère de provinces [19].

Si l'on veut tenter de discerner quelles régions de France possédaient une importance et une originalité suffisantes pour être considérées comme des provinces, il faut, en suivant les auteurs du XVIIIe siècle, les rapprocher des gouvernements.

On constate la coïncidence parfaite ou presque de 15 généralités et gouvernements, correspondant à 14 provinces dont les contours sont donc bien établis : Alsace, Auvergne, Béarn et Navarre, Bourgogne, Bretagne, Corse, Dauphiné, Franche-Comté, Languedoc, Lorraine — incluant les petits gouvernements de Metz, Toul et Verdun —, Lyonnais, Orléanais, Poitou, Provence. Si l'on considère ensuite les gouvernements divisés en plusieurs généralités, on ajoute à la liste la Normandie (généralités de Rouen, Alençon et Caen, encore que le Perche fasse partie de la généralité d'Alençon et du gouvernement du Maine) et la Guyenne-Gascogne (généralités de Bordeaux, Auch et Montauban). A l'inverse sont regroupés au sein de la généralité de Tours les gouvernements de Touraine, d'Anjou et du Maine, de la généralité de Perpignan les gouvernements de Foix et du Roussillon. On obtient ainsi 21 provinces avec des limites assez bien établies correspondant à des gouvernements et généralités.

Restent 12 gouvernements présentant de fortes divergences avec les généralités : Flandre et Hainaut, Artois, Picardie, Champagne et Brie, Ile-de-France, Berri, Nivernais, Bourbonnais, Marche, Limousin, Saintonge et Augoumois, Aunis et La Rochelle. Ces anomalies peuvent s'expliquer par des différences dans la conception des territoires en fonction des nécessités stratégiques ou fiscales dans les zones frontaliè-

19. Voir le tableau 4 qui reproduit ces quatres listes.

res du Nord, Artois, Flandre, Hainaut. Le Bassin parisien est découpé entre les gouvernements du Boulonnais, de Picardie, Champagne et Ile-de-France, et l'ensemble est recouvert avec un découpage différent par les généralités d'Amiens, de Soissons, de Châlons et Paris. Seule la ceinture des territoires du Centre, au contact des anciennes langues d'oïl et d'oc, connaît de très importantes différences entre gouvernements et généralités.

Si l'on prend maintenant pour critère la superficie des gouvernements, on peut distinguer un certain nombre de provinces héritières des principautés territoriales — grands fiefs et apanages — du Moyen Age et couvrant de 16 000 à 30 000 km². Elles sont au nombre de 11 : Auvergne, Berri, Bourgogne, Bretagne, Champagne, Dauphiné, Franche-Comté, Lorraine, Normandie, Poitou, Provence. Il faut y joindre, malgré leur taille plus réduite, les plus récentes acquisitions de la France, Alsace, Corse, Savoie. Le Sud-Ouest est presque entièrement occupé par deux énormes gouvernements, le Languedoc (plus de 40 000 km²) et la Guyenne-Gascogne (près de 70 000 km²), résultat des vicissitudes historiques : au Languedoc toujours demeuré français s'oppose la Guyenne-Gascogne passée sous contrôle anglais après la paix de Brétigny (1360). On arrive ainsi à un total de 16 provinces correspondant à 60 départements et 370 000 km², les deux tiers du pays.

Le dernier tiers du territoire français est occupé par une trentaine d'unités beaucoup plus restreintes correspondant généralement à peu près à un département [20]. On pourrait d'ailleurs retrouver l'équivalent de ces « petites provinces » à l'intérieur des « grandes provinces » [21].

Pour conclure, la sagesse commande de ne pas s'acharner à dresser des listes de provinces en s'inspirant des *pagi* gaulois, comme l'a fait le vicomte de Romanet, en invoquant des unités géographiques naturelles [22] ou des caractères ethniques communs ainsi qu'a cru pouvoir le faire Jean Bancal [23].

20. Angoumois, Anjou, Artois, Béarn et Basse Navarre, Beauvaisis, Blaisois, Bourbonnais, Bresse avec Bugey et Dombes, Flandre et Hainaut, Foix, Forez, Gâtinais, Limousin, Lyonnais et Beaujolais, Bas Maine, Haut Maine, Marche, Nivernais, Orléanais, Perche, Picardie, Roussillon, Saintonge et Aunis, Touraine, soit 24, sans tenir compte des pays constituant l'Ile-de-France. Les gouvernements de Lyonnais et d'Orléanais correspondent au Beaujolais, Forez et Lyonnais d'une part, au Blaisois, Gâtinais et Orléanais de l'autre.

21. Ainsi la Guyenne-Gascogne se décompose-t-elle principalement en Agenais, Armagnac, Bazadais, Bigorre, Bordelais, Comminges, Condomois, Couserans, Périgord, Quercy, Rouergue, soit 11 petites provinces pour l'équivalent de 9 départements.

22. On peut difficilement considérer la Normandie comme une unité géographique : l'Ouest bocager appartient au Massif armoricain granitique, l'Est largement ouvert au Bassin parisien calcaire.

23. Ni la Bretagne mi-celte mi-romane ni la Lorraine mi-romane mi-germanique n'ont une unité ethnique ou culturelle.

GOUVERNEMENTS ET DÉPARTEMENTS

CARTE 12

Dans la France d'Ancien Régime particulariste et coutumière où s'enchevêtraient et se superposaient les unités administratives, il est vain de chercher une norme unique et de tenter de définir avec précision ce qu'était une province. La province paraît en général le résultat de circonstances historiques. Il en est résulté 14 provinces de taille moyenne, couvrant à peu près la moitié du pays, correspondant à peu près à 3 à 5 départements, deux énormes provinces hétérogènes dans le Sud-Ouest, et, sur le dernier tiers de la France, une trentaine de provinces aux dimensions réduites à la taille moyenne d'un département. Selon que l'on souhaite découper le territoire en unités plus ou moins grandes issues du passé, on aboutit à une vingtaine ou à une centaine de départements.

5.

L'ŒUVRE DE LA RÉVOLUTION ET DE L'EMPIRE

La complexité des divisions administratives de la France à la fin de l'Ancien Régime n'avait pas échappé aux contemporains. Dès 1711, dans les « Plans de gouvernement » qu'il rédige à l'intention de son élève, le duc de Bourgogne, Fénelon propose de « partager le royaume en parties autant qu'il se pourrait égales pour la richesse ». Il envisage la création d'une vingtaine de divisions. Saint-Simon en réduit le nombre à douze.

Dans l'article « généralités » de l'*Encyclopédie*, Diderot et d'Alembert préconisent en 1757 le partage du territoire en généralités de dimensions comparables en tenant compte autant que possible des cadres géographiques. Dans ses *Considérations sur le gouvernement ancien et présent de la France*, le marquis d'Argenson propose en 1765 la division du royaume « en départements moins étendus que ne le sont actuellement les généralités », équivalent à deux cents paroisses. Letrone suggère en 1779, dans *De l'administration provinciale et de la réforme de l'impôt*, de diviser le pays en 25 généralités, 250 districts et 4 500 arrondissements. L'année suivante, un topographe du roi, Robert de Hasseln, suggère une réforme radicale avec le découpage du royaume en neuf régions selon deux parallèles nord-sud coupant à angle droit deux autres parallèles est-ouest. Chacun des neuf carrés ainsi délimités est divisé de la même manière en neuf contrées, chaque contrée en neuf districts, chaque district en neuf territoires. Ainsi le pays serait-il uniformément constitué de carrés de taille identique, sauf aux frontières terrestres et maritimes.

Plus soucieux des réalités humaines et géographiques, Condorcet, dans son *Essai sur la constitution et les fonctions des Assemblées provinciales*, paru en 1788, définit la plus petite unité administrative, la « communauté », composée d'une ville ou de plusieurs paroisses rurales, comme un territoire tel que « dans l'espace d'un jour, les citoyens les plus éloignés du centre puissent se rendre dans le chef-lieu, y traiter d'affaires pendant plusieurs heures et retourner chez eux ; ainsi trois lieues de distance paraissent devoir en former les limites [24] ». Plusieurs communautés forment un district dont le chef-lieu ne doit pas être à plus d'une petite journée de marche. Une province réunit plusieurs de ces districts.

Face aux préoccupations d'égalisation et d'unification des philosophes, les parlements revendiquent le droit à la diversité et aux libertés locales. Le parlement de Paris écrit dans ses remontrances de 1788 : « Un serment général, celui du sacre, lie toute la France au Souverain, mais le Roy ne règne pas sur toutes les provinces au même titre ; ... la volonté du Roy, pour être juste, doit être variée suivant les provinces. »

Les cahiers de doléances rédigés avant la réunion des Etats généraux sont remplis de demandes de maintien des coutumes et des administrations locales. Les représentants du Boulonnais écrivent qu'il « importe de maintenir et de conserver la différence constitutionnelle qui existe entre les divers pays, provinces et gouvernements de cette monarchie. Sa Majesté est essentiellement intéressée à conserver les domaines de sa couronne distincts et séparés tels qu'ils ont été transmis aux rois, ses prédécesseurs [25]. »

Cependant d'assez nombreux cahiers demandent une réforme des divisions territoriales afin d'obtenir des circonscriptions régulières, aux contours bien définis, adaptées aux besoins des administrés. Aussi est-il logique que les Etats généraux, bientôt devenus l'Assemblée nationale constituante, ne se préoccupent guère au début de réforme administrative, se bornant à proposer la création dans chaque province d'une assemblée provinciale élue. Mais les députés ayant, dans la nuit du 4 août, voté l'abolition des privilèges, « les députés des provinces appelées pays d'état se livrant à l'impulsion de leur générosité ou se prévalant de celle de leurs commettants et se rendant en quelque sorte garant de leur ratification, offrent la renonciation aux privilèges de leurs provinces et s'associent au régime nouveau que la justice du roi et celle de l'Assemblée préparent à la France tout entière [26] ». Et l'article 10 du décret du 11 août proclame : « Une constitution nationale et la liberté publique étant plus avantageuses aux provinces que les privilèges dont quelques-unes jouissent et dont le sacrifice est nécessaire à l'union intime de toutes les parties du royaume, il est déclaré que les privilèges

24. Cité d'après J. Bancal, *Les circonscriptions administratives de la France*, p. 144-145. Cet ouvrage contient de nombreuses indications qui ont été utilisées ici.
25. *Archives parlementaires*, tome II, p. 360.
26. *Archives parlementaires*, tome VIII, p. 347.

particuliers des provinces, principautés, pays, villes et communautés d'habitants soit pécuniaires, soit de toute autre nature, seront abolis sans retour et demeureront confondus dans le droit commun de tous les Français [27]. »

La voie est désormais libre pour les doctrines unitaires des philosophes, et Sieyès ressort le 7 septembre 1789 le projet de division du royaume en 81 départements qu'il avait fait paraître peu après la prise de la Bastille. L'Assemblée décide la constitution d'un Comité de huit membres pour étudier cette question. En sont membres Demeunier, Tronchet remplacé par Lally-Tollendal, Target, Le Chapelier, Rabaud Saint-Etienne, Talleyrand et surtout Sieyès et Thouret qui en est à la fois le président et le rapporteur. Sieyès s'inspire du projet de Robert de Hasseln et propose une division géométrique en carrés identiques, mais Thouret tempère cette manie du quadrillage en faisant observer que le travail de délimitation « peut se faire presque partout en observant les convenances locales, et surtout en respectant les limites des provinces [28] ». Aussi convient-il de ne pas prendre au pied de la lettre l'article premier du rapport déposé par Thouret le 29 septembre : « La France sera partagée en divisions de 324 lieues carrées chacune, c'est-à-dire de 18 sur 18, autant qu'il sera possible, à partir de Paris comme centre et en s'éloignant en tous sens jusqu'aux frontières du royaume. » En effet, la carte jointe au rapport montre bien la prudence de Thouret en dépit des *a priori* géométriques de Sieyès : les tracés des divisions administratives supprimées sont largement utilisés pour établir les nouvelles limites et la plupart des unités antérieures sont respectées, seuls cinq ou six départements sur 81 sont constitués à partir de démembrements de pays ou de provinces [29].

Les discussions débutent en novembre 1789 à l'Assemblée. Mirabeau propose de substituer au critère de superficie celui de la population et de créer 120 départements comptant chacun environ 1/120e de la population française. Cette proposition est écartée car il aurait fallu redécouper sans cesse les départements en suivant les variations de population.

Malouet et le marquis de Vandreuil font des observations plus sérieuses en objectant que l'exécution des grands travaux publics nécessite des départements plus étendus. Ils proposent de prendre Paris et ses 700 000 habitants pour unité et de créer « 40 provinces faites à la mesure de Paris, de telle sorte que cette ville ait des pairs dans le

27. Duvergier, *Lois et décrets*, tome 1, p. 40.
28. J. Bancal, *Les circonscriptions administratives de la France*, p. 155.
29. Voir le découpage définitif adopté par l'Assemblée nationale par rapport aux gouvernements sur la carte 12.

royaume ». Et Vandreuil ajoute un argument étonnant, montrant son souci d'établir aussi un contrepoids au pouvoir du gouvernement central : « Dans tous les pays de la terre, le gouvernement peut être comparé à un loup sans cesse en proie à une faim dévorante. Si vous voulez le contenir en lui opposant 80 roquets, il les dévore ; mais si, au contraire, vous lâchez contre lui 30 drogues, il se retire [30]. »

Le 11 novembre, pour mettre un terme à la discussion qui s'enlise, Barnave obtient qu'on passe au vote. L'Assemblée décide la division du royaume en départements dont le nombre sera compris entre 75 et 85, et que ces départements seront divisés en districts.

Le Comité s'érige alors en Comité de division et, s'adjoignant les députés des provinces et pays intéressés, établit en huit semaines le nouveau découpage de la France. Il examine toutes les pétitions, adresses et réclamations qui lui sont envoyées, et Rabaut Saint-Etienne écrit : « Toutes les localités furent scrupuleusement étudiées, toutes les convenances consultées, tous les droits soigneusement pesés ; et l'on peut dire avec assurance qu'il n'est pas une petite ville, pas un village, dont on n'ait tâché d'établir les rapports avec ses voisins avec autant d'exactitude que s'il eût été le seul dont on eût dû s'occuper [31]. »

Le projet est déposé à l'Assemblée le 9 janvier 1790, voté par elle le 15 janvier et sanctionné par les lettres patentes du 4 mars 1790. Le choix des chefs-lieux des 83 départements se fait ensuite et donne lieu à d'âpres querelles de clochers [32], de même que la fixation des chefs-lieux de districts : le Comité déclare avoir reçu 1884 députés extraordinaires des villes !

La dénomination des départements fait l'objet des ultimes délibérations de l'Assemblée sur ce sujet, en février 1790. Certains souhaitent numéroter les départements, d'autres leur donner le nom de leur chef-lieu, à peu près tous sont d'accord pour faire disparaître les anciennes appellations de Dauphiné, Provence, Bourgogne, Champagne... En fin de compte, on se rallie à des dénominations géographiques empruntées

30. Cité par M. Brun, *Départements et régions*, p. 60.

31. Rabaut Saint-Etienne, *Suite des réflexions sur la nouvelle division du royaume*, p. 8-9.

32. Dans les lettres patentes du 4 mars 1790, la mention « à fixer ultérieurement » figure à la place du nom du chef-lieu de 7 départements (Hautes-Alpes, Ardennes, Corse, Drôme, Isère, Basses-Pyrénées, Deux-Sèvres). 6 chefs-lieux sont mentionnés comme « provisoires » (Arras, Coutances, Mâcon, Melun, Quimper, Rodez). L'« alternat » entre plusieurs villes est très souvent prévu : Laon ou Soissons (Aisne), Privas, Annonay, Tournon, Aubenas, Le Bourg (Ardèche), Foix, Saint-Girons, Pamiers (Ariège), Saint-Flour, Aurillac (Cantal), Saintes, La Rochelle, Saint-Jean-d'Angély (Charente-Inférieure), Guéret, Aubusson (Creuse), Périgueux, Bergerac, Sarlat (Dordogne)...

surtout à l'hydrographie et accessoirement au relief [33]. Le 10 avril 1790, les Cassini présentent à l'Assemblée la carte du royaume avec sa nouvelle division en départements.

L'œuvre de la Constituante a, pour l'essentiel, survécu jusqu'à nos jours, avec des modifications mineures. Ainsi, avant de se séparer, le 11 septembre 1791, l'Assemblée supprime l'« alternat » des chefs-lieux afin d'éviter les frais d'incessants déménagements. Quelques noms de départements ont été modifiés : le département de Paris est devenu celui de la Seine, celui de Mayenne-et-Loire le Maine-et-Loire. Durant la Terreur, la Gironde honnie des Montagnards devient le Bec-d'Ambez, le Var le département de l'Est et la Vendée le département de « Vengé ». Les appellations antérieures sont rétablies par la Convention thermidorienne. Quelques chefs-lieux de départements sont modifiés [34].

Le nombre des départements subit peu de modifications. En septembre 1791, le Comtat Venaissin est incorporé au royaume ; d'abord partagé entre les Bouches-du-Rhône et la Drôme, il est constitué en 1793 en département de Vaucluse, avec Orange et Apt détachés des Bouches-du-Rhône. Le canton de Valréas, enclavé dans la Drôme, est aussi rattaché au Vaucluse. La Savoie annexée en novembre 1792 forme le département du Mont-Blanc avec Chambéry pour chef-lieu. Le comté de Nice constitue les Alpes-Maritimes, avec Nice pour chef-lieu, la principauté de Monaco, les districts de Grasse et de Saint-Paul enlevés au département du Var, ce qui fait que le fleuve côtier du Var n'appartient plus au département qui porte son nom. Le pays de Porrentruy et la principauté de Montbéliard sont réunis en 1793 et constituent un éphémère département du Mont-Terrible avant d'être partagés entre le Haut-Rhin et le Doubs et de faire retour en 1815, pour la région de Porrentruy, à la Suisse. Genève, annexée en 1798, devient le chef-lieu du département du Léman auquel on rattache vingt-sept cantons pris à l'Ain et au Mont-Blanc.

L'insurrection lyonnaise a pour conséquence le démembrement du

33. 62 départements portent des noms de cours d'eau, 11 des noms de montagnes ou d'accidents du relief, 6 sont nommés selon leur position en bordure de la Manche ou de l'Océan (Calvados, Côtes-du-Nord, Finistère, Manche, Morbihan, Pas-de-Calais). Restent la Corse, les Landes, le Nord et Paris.

34. 16 des 83 départements de 1790 ont changé de chef-lieu : Aisne (Soissons puis Laon), Hautes-Alpes (Chorges puis Gap), Bouches-du-Rhône (Aix puis Marseille), Cantal (Saint-Flour puis Aurillac), Corse (La Pieve d'Orezza puis Ajaccio), Charente-Maritime (Saintes puis La Rochelle), Côtes-du-Nord (Tréguier puis Saint-Brieuc), Drôme (Chabeuil puis Valence), Isère (Moirans puis Valence), Jura (Dôle puis Lons-le-Saunier), Manche (Coutances puis Saint-Lô), Nord (Douai puis Lille), Basses-Pyrénées (Navarrenx puis Pau), Tarn (Castres puis Albi), Var (Toulon, puis Grasse, Brignoles et enfin Draguignan, à nouveau Toulon depuis fort peu de temps), Vendée (Fontenay-le-Comte puis La Roche-sur-Yon). Le chef-lieu de la Loire est Saint-Etienne depuis 1855.

Rhône-et-Loire en novembre 1793 : les districts du Forez, Montbrison, Roanne et Saint-Etienne forment la Loire tandis que Lyon et Villefranche constituent le Rhône. L'agitation de la Corse provoque la même année son démembrement entre le Golo, avec Bastia pour chef-lieu, et le Liamone, dirigé d'Ajaccio. L'unité de l'île est rétablie en 1811 par Napoléon. Ce dernier crée en 1808, à la requête de la bourgeoisie protestante de Montauban, le département de Tarn-et-Garonne avec l'arrondissement de Montauban détaché du Lot, les cantons de Caylus et de Saint-Antonin pris à l'Aveyron, l'arrondissement de Castelsarrasin enlevé à la Haute-Garonne, le canton de Lavit appartenant au Gers.

Les conquêtes militaires de la Révolution et de l'Empire amènent la création de 9 départements sur le territoire de la Belgique et du Luxembourg actuels. La rive gauche du Rhin forme en 1800 4 départements. En 1802, le Piémont est réuni et divisé en 6 départements réduits ensuite à 5, lorsque la république Ligurienne donne en 1805 naissance à 3 départements, tandis que l'arrondissement de San Remo est rattaché aux Alpes-Maritimes. Parme, Plaisance, la Toscane sont partagés en 4 départements en 1808, les Etats pontificaux en 2 en 1810. La même année, l'annexion de la Hollande entraîne la création de 9 départements, celle du littoral allemand de 3 puis de 4 autres départements. Enfin, le Valais devient le département du Simplon. A la fin de 1811, à l'apogée de l'Empire, la France compte ainsi 130 départements.

Le traité de Paris en 1814 ramène le pays à 86 départements : les 83 départements initiaux devenus 84 avec le dédoublement du Rhône-et-Loire, et deux départements créés postérieurement à 1790, le Vaucluse et le Tarn-et-Garonne.

Le traité de Turin de 1860 et le plébiscite qui le suit incorporent à la France la Savoie et le comté de Nice perdus en 1815, qui forment les départements de la Haute-Savoie, de la Savoie et des Alpes-Maritimes, qui reprend à peu près la forme du département de l'époque révolutionnaire avec l'adjonction de l'arrondissement de Grasse.

La défaite de 1870 entraîne la perte des deux départements alsaciens, sauf une petite partie du Haut-Rhin qui devient le territoire de Belfort, celle des trois quarts du département de la Moselle et de la moitié de celui de la Meurthe. Ce qui reste de ces deux départements forme la Meurthe-et-Moselle. Le traité de Versailles restitue les territoires aliénés en 1871 mais maintient les limites départementales issues de la guerre de 1870. Il y a donc 90 départements avec les trois départements récupérés et le territoire de Belfort maintenu.

Objets d'une refonte complète en 1961, la Seine et la Seine-et-Oise disparaissent pour laisser la place à sept départements : Paris, trois départements de la couronne immédiate (Hauts-de-Seine, Seine-Saint-

Denis, Val-de-Marne) et trois autres périphériques (Essonne, Yvelines, Val-d'Oise). En 1975, la Corse est divisée en deux, à peu près selon les mêmes limites qu'en 1793 : Haute-Corse (Bastia) et Corse-du-Sud (Ajaccio). La France d'aujourd'hui compte donc 96 départements métropolitains.

6.

LA RÉGIONALISATION

Organe d'administration intermédiaire entre la cellule élémentaire, la paroisse devenue commune, et le pouvoir central [35], le département n'est guère contesté durant la majeure partie du XIXe siècle. Mais l'intervention croissante de l'Etat dans la vie économique et sociale amène la revendication d'une autonomie accrue des institutions locales, d'une décentralisation du pouvoir de décision, tandis que les progrès des transports font du département une circonscription exiguë eu égard à la rapidité accrue des déplacements grâce au chemin de fer et bientôt à l'automobile.

Dès 1851 apparaissent des projets de création d'un échelon intermédiaire entre département et pouvoir central, regroupant plusieurs « roquets » départementaux pour les transformer en « dogues » régionaux afin de faire face au « loup » gouvernemental, pour reprendre l'argument de Vandreuil en 1789. Béchard et Raudot proposent en 1851 qui 21 régions, qui 25 régions. Auguste Comte suggère la création de 17 intendances en 1854, Le Play de 13 provinces en 1864. Le vote de la loi départementale en 1871 est l'occasion pour Raudot de présenter son projet à l'Assemblée nationale. Mais le gouvernement s'oppose à la création de cet échelon intermédiaire qui affaiblirait le pouvoir central.

L'idée régionaliste renaît en 1890 avec le projet Hovelacque, qui n'a pas davantage de succès, suivi jusqu'à la Première Guerre mondiale de 25 autres projets dont plusieurs sont discutés à la Chambre des députés. La Fédération régionaliste française, créée en 1900, la revue *L'action régionaliste* soutiennent cette revendication et de nombreux

35. Les subdivisions intermédiaires entre le département et la commune, le district puis l'arrondissement, le canton, n'ont pas la stabilité géographique du département et sont à peu près dépourvues, totalement pour le canton, d'institutions administratives propres.

géographes apportent leur contribution, notamment Foncin, Barré, Ruffin et Vidal de La Blache. Tous ces projets oscillent entre 15 et 32 régions [36], avec souvent pour corollaire la suppression du département. La guerre n'arrête pas le mouvement qui s'enrichit jusqu'en 1926 de 12 autres propositions dont 5 sont déposées devant le Parlement. Deux d'entre elles émanent du gouvernement, dues à Leygues et à Poincaré. Les préoccupations économiques percent dans ces nouveaux textes et souvent les chambres de commerce sont prises comme « vecteur » de la région. La victoire du cartel des gauches en 1924 marque la fin du régionalisme, la nouvelle majorité s'affirmant vigoureusement jacobine et centralisatrice.

Le « néo-régionalisme » naît en 1940 dans le cadre d'une économie de guerre étroitement contrôlée par l'Etat français puis planifiée et concentrée sous les IVe et Ve Républiques. Toutefois l'Etat ne décentralise pas vraiment mais déconcentre en déléguant des pouvoirs nouveaux non aux élus mais à des « préfets régionaux », découpant des « régions économiques », constituant des « Comités d'expansion » à caractère uniquement consultatif.

Les 5 projets de régionalisation parus entre 1946 et 1954 ne sont rien en comparaison des 30 propositions présentées entre 1959 et 1971, lorsque le général de Gaulle met la régionalisation à l'ordre du jour. L'échec, en 1969, d'un référendum ambigu et le départ du chef de l'Etat ne remettent pas totalement en cause le projet. Moins dogmatique et centralisatrice que la gauche, la droite française met progressivement en place des institutions régionales dans le cadre des 22 régions économiques définies par le Commissariat au Plan en 1956. Ces institutions relèvent d'abord davantage de la déconcentration des pouvoirs parisiens que d'une véritable autonomie régionale, déconcentration rendue indispensable par la complexité croissante des tâches de l'Etat qui intervient de plus en plus dans la vie sociale, économique, culturelle des Français, et aussi par le souci d'harmonisation des circonscriptions administratives : chaque administration ayant cru bon de marquer son originalité en adoptant son propre découpage, on a pu dénombrer 54 découpages différents du territoire !

Conçue pour une meilleure gestion du pays et une planification atténuant les déséquilibres économiques entre régions, la régionalisation franchit un second stade avec la reconnaissance d'un certain pouvoir aux élus locaux dans le cadre de l'établissement public régional créé par la loi du 5 juillet 1972. Des conseils régionaux et des comités écono-

36. Mazel, dans *L'action régionaliste* de janvier-février 1907, propose 7 régions seulement mais les subdivise en 23 sous-régions.

miques et sociaux sont constitués, le préfet régional demeurant le maître de l'exécutif. La faiblesse de ces régions apparaît quand on considère leurs ressources financières : les 22 budgets réunis équivalent à 0,5 % du budget de l'Etat !

Devant la montée des revendications autonomistes basques, corses et bretonnes, la classe politique française finit par s'intéresser sérieusement à l'idée régionale. Jean-Jacques Servan-Schreiber écrit en 1975 *Le pouvoir régional*. Edgar Faure fait des propositions au sein de l'association qu'il préside, le « Nouveau Contrat Social ». Jacques Delors fait de même au club « Echange et Projet » en 1976. Mais les grandes organisations politiques sont réticentes. L'U.D.R. devenue R.P.R. est centralisatrice : Michel Debré est hostile à tout ce qui peut porter atteinte à l'intégrité de l'Etat, mais Jacques Chaban-Delmas et Jacques Chirac sont plus favorables à la délégation de certains pouvoirs à la région. Valéry Giscard d'Estaing, chef des Républicains, propose une assemblée régionale élue au suffrage universel, puis y renonce une fois élu à la présidence de le République. Le parti communiste, hostile aux mouvements régionalistes qui détournent une énergie qui devrait, selon lui, être consacrée exclusivement à la lutte des classes, s'intéresse peu à la question. Quant aux socialistes, influencés par ceux des leurs qui sont issus du P.S.U., ils finissent par abandonner leurs positions jacobines et centralisatrices pour accepter la formation de régions ayant le statut de collectivités territoriales de plein exercice, gérées par des assemblées issues du suffrage universel, ayant un exécutif élu et disposant de ressources fiscales propres, en partie transférées par l'Etat. C'est en gros ce qu'ont mis en place les lois votées en 1982, après la victoire socialiste aux élections présidentielles et législatives de 1981.

On doit faire deux critiques à la régionalisation sous sa forme actuelle. La première s'applique à toute réforme de ce type, qui risque de favoriser les tendances centrifuges et la désagrégation de la nation. C'est la critique que formule, par exemple, Michel Debré. Mais il s'agit là d'un risque calculé, qui doit être pris si l'on veut éviter le dépérissement du tissu économique, social et intellectuel du pays, la concentration de l'essentiel des activités à Paris, situation qui « fragilise » la France, la rend très vulnérable et tend à transformer le reste du territoire en « désert français », comme l'a écrit Jean-François Gravier [37]. Les expériences allemande et italienne montrent par ailleurs que des régions peuvent avoir une vie autonome sans que soit mise en cause l'unité nationale. La condition essentielle de la réussite des expériences régionales est, comme l'ont écrit les auteurs fédéralistes, la réalisation d'une

37. J.-F. Gravier, *Paris et le désert français*. Première édition en 1947.

CARTE 13

LA RÉGIONALISATION :
LES 22 RÉGIONS

Europe puissante et indépendante. Si les Basques, les Corses, les Bretons sont fiers d'être européens, s'ils trouvent un cadre satisfaisant dans la région, la régionalisation sera une réussite. En revanche, dans une Europe faible, désunie par les égoïsmes nationaux, contrastée par des différences économiques et sociales accrues, travaillée par des influences extérieures antagonistes, la région peut être utilisée comme un ferment de désagrégation et le moyen d'implanter un pouvoir étranger, réduisant l'Europe de l'Ouest au rôle de porte-avions de l'Amérique ou d'extrémité occidentale de l'Eurasie soviétique. A cette question ne peut être donnée qu'une réponse européenne.

La solution du second problème relève du gouvernement français ; il s'agit de la taille des régions.

Régions	*Superficie en km²*	*Habitants en 1982*
Alsace	8 200	1 500 000
Aquitaine	41 300	2 600 000
Auvergne	26 000	1 300 000
Bourgogne	31 500	1 600 000
Bretagne	27 200	2 700 000
Centre	39 100	2 200 000
Champagne-Ardenne	25 600	1 300 000
Corse	8 600	200 000
Franche-Comté	16 200	1 000 000
Ile-de-France	12 000	10 000 000
Languedoc-Roussillon	27 300	1 900 000
Limousin	16 900	700 000
Lorraine	23 500	2 300 000
Midi-Pyrénées	45 300	2 300 000
Nord-Pas-de-Calais	12 400	3 900 000
Basse-Normandie	17 500	1 300 000
Haute-Normandie	12 300	1 600 000
Pays de Loire	32 000	2 900 000
Picardie	19 400	1 700 000
Poitou-Charentes	25 800	1 500 000
Provence-Alpes-Côte d'Azur	31 400	3 900 000
Rhône-Alpes	43 700	5 000 000

Si l'on fait exception de la Corse à la situation géographique particulière et du Limousin, région étendue mais peu peuplée, toutes les régions dépassent le million d'habitants. 16 sur 22 comptent entre un et trois millions. Il y a 4 régions plus importantes : le Nord-Pas-de-Calais et la Provence ont près de quatre millions, Rhône-Alpes en a cinq, l'Ile-de-France se détache avec dix millions.

Ainsi apparaissent de façon éclatante la prééminence parisienne, les pôles secondaires de Lyon, de Marseille et de Lille à la tête de régions deux fois moindres par la population que l'Ile-de-France. Si l'on compare les structures régionales françaises avec celles de l'Italie et de l'Allemagne de l'Ouest, on découvre dans ces deux pays des structures beaucoup plus équilibrées. Avec des territoires correspondant pour l'Allemagne à 45 % et pour l'Italie à 55 % de l'espace français, ces Etats comptent des régions autrement puissantes que les régions françaises. Ainsi, 5 des 10 Länder de l'Allemagne ont plus de cinq millions d'habitants, certains, comme le Bade-Wurtemberg, sont comparables à la Belgique ou aux Pays-Bas pour la superficie et la population, d'autres, telles la Rhénanie du Nord-Westphalie ou la Bavière, sont encore plus importants. En Italie se détachent, avec plus de cinq millions d'habitants, Milan et la Lombardie, Rome et le Latium, Naples et la Campanie, tandis que trois autres régions ont entre quatre et cinq millions, le Piémont avec Turin, la Vénétie, la Sicile, et trois autres encore de trois à quatre millions, Emilie-Romagne, Toscane, Pouilles, soit 9 régions au lieu de 4 pour la France.

La faiblesse de la grande majorité des régions françaises par rapport à l'Allemagne de l'Ouest et à l'Italie s'explique aisément par la moindre densité démographique de la France (99 habitants au km^2 pour 248 et 188 dans les deux autres pays), mais aussi par une unification et une centralisation tardives de ces nations, partagées jusque vers 1860/1870 entre des Etats et des métropoles indépendants ou même antagonistes : Prusse, Hanovre, Hesse, Saxe, Wurtemberg, Bavière et Piémont, Toscane, Etats de l'Eglise, Deux-Siciles pour ne citer que les principaux.

Faut-il alors tenir compte de la superficie de la France et la maintenir divisée en 22 régions, puisque l'Italie, avec une population légèrement supérieure et une superficie presque moitié moindre, en compte 20, ou doit-on constituer des ensembles plus grands, plus peuplés, économiquement plus puissants et créer des régions d'au moins trois millions d'habitants, voire de cinq millions ou plus ? Mendès France, partisan d'une dizaine de régions seulement, a souligné l'inutilité d'unités trop petites : « Il n'est pas possible de constituer à travers la France vingt et une régions effectivement capables de dégager une volonté propre, de définir leur politique d'aménagement et d'investissement, de gérer efficacement leurs affaires ; en conséquence, qu'on le veuille ou non , dans ce cas les décisions véritables ne seront pas prises à ce niveau mais au niveau de l'Etat [38]. » Les partisans de 8 à 10 régions seulement sont nombreux en 1968-1969 et viennent d'horizons politiques fort divers : André Philip, Gaston Defferre, Jacques Duhamel, Valéry Giscard d'Estaing. Aujourd'hui encore, la question reste ouverte du maintien de 22 régions dont plus de la moitié sont beaucoup trop faibles pour disposer de réels moyens, ou de leur regroupement en une dizaine de puisssantes entités.

Mais l'évolution économique et sociale de la France ne fait pas qu'imposer une structure intermédiaire entre l'Etat et le département, elle exige aussi une réorganisation des cellules élémentaires, des communes. La révolution industrielle et l'urbanisation massive des populations, le dépeuplement des campagnes se sont faits sans que les communes subissent des variations notables dans leur nombre. Elles étaient environ 40 000 en 1790 et 36 414 en 1980, mais aujourd'hui la moitié des Français vivent dans moins de 800 d'entre elles, celles qui ont plus de dix mille habitants, alors que 80 % des communes abritent moins de 15 % de la population, que 4 000 communes ont moins de cent habitants, que certaines continuent à exister quoique inhabitées.

Aussi, dès 1884 furent rendues possibles les fusions de communes, dès 1890, les fédérations. Ces mesures n'ont guère eu de succès. La complexité croissante de la gestion communale exige un personnel de plus en plus qualifié, des équipements et des services (adduction d'eau, voirie, traitement des ordures, ramassage scolaire...) que les petites communes sont incapables de payer. Consciente du problème, l'Assemblée des présidents de conseils généraux, par l'intermédiaire de sa Commission d'étude des problèmes municipaux, constate en 1961 que pour les quelque 3 266 communes peuplées de moins de deux cents habitants, « le critère de la viabilité financière ne s'établissait pas en deçà d'un budget annuel de dix mille nouveaux francs ». La législation de la Ve République propose toute une panoplie de solutions par voie de regroupements variés : syndicat intercommunaux à vocation unique ou multiple, districts, communautés urbaines, fusions... Si la répugnance des communes à perdre leur identité dans une fusion est manifeste, les syndicats intercommunaux se sont multipliés et ont aidé à la modernisation de la France rurale. Mais plus de 29 000 communes sur 36 000 ont moins de mille habitants et les plus grandes difficultés à vivre et à se gérer.

38. *Le Monde*, 25 avril 1969.

Le problème de l'exode rural et du regroupement des petites communes ne se pose pas qu'à la France : les pays d'Europe qui ont échappé au moule urbain latin se trouvent tous dans la même situation. Si l'Italie n'a que 8 000 communes, comptant pour la plupart plus de cinq mille habitants, l'Allemagne fédérale en compte plus de 24 000, la Belgique 2 600, l'Autriche 3 700, la Suisse 3 000, ce qui implique, à superficie égale, un émiettement comparable, voire supérieur à celui de la France. Tous ces pays favorisent aussi regroupements et fusions mais refusent toute solution autoritaire. Seule la Grande-Bretagne a procédé à une réforme radicale, réduisant à 800 le nombre de ses communes et mettant en route une réforme régionale qui devrait diviser l'Angleterre en 8 régions auxquelles s'ajouteraient trois autres correspondant au Pays de Galles, à l'Ecosse et à l'Irlande du Nord. Depuis une dizaine d'années, l'Allemagne de l'Ouest étudie une réforme similaire. En créant des municipalités cantonales, comme l'avaient fait de manière éphémère les Conventionnels, on aboutirait à environ 4 000 cellules élémentaires en France, une quarantaine par département, dont les moins peuplées auraient au moins deux mille habitants. C'est vraisemblablement la structure vers laquelle on se dirige pour la fin de ce siècle, à moins d'un hypothétique repeuplement des campagnes. Ainsi se trouvent mises en cause, moins de deux siècles après leur création, les structures issues de la Révolution. Malgré certains défauts, elles étaient bien adaptées à la France rurale et n'ont cédé qu'à cause de la révolution industrielle et du dépeuplement des campagnes. Mais il faut aujourd'hui inventer de nouvelles divisions administratives pour sauvegarder ce qu'il subsiste de vie rurale.

LIVRE 3

LES FRANÇAIS

Michelet comparait la France à une personne. En reprenant cette image, on a commencé par décrire l'enveloppe de la France, sa formation et ses limites, puis ses articulations, ses divisions. Il s'agit maintenant de connaître sa chair, les individus qui la composent, les Français, de faire le bilan, d'établir la carte de leur diversité et de leurs variations au cours des âges, en ralliant la définition élargie de la géographie historique, ou géohistoire, des Anglos-Saxons et des Allemands.

1.

L'EFFECTIF : *FLUCTUAT NEC MERGITUR*

Avant d'aborder la nature des Français, il convient de savoir combien ils ont été et sont actuellement, comment ils se répartissent. Au paléolithique supérieur (vers 15 000 avant J.-C.), le territoire de ce qui deviendra la France ne doit guère compter plus de 10 000 habitants qui constituent le noyau humain de l'Europe préhistorique. Cette position dominante s'affaiblit avec le réchauffement du climat et le peuplement de nouvelles contrées vers le nord. Au néolithique, on estime que la population est passée à 50 000. Avec l'introduction et le perfectionnement de l'agriculture, le pays pouvait contenir 500 000 personnes vers 3 000 avant J.-C., 1 000 000 mille ans plus tard, 2 000 000 vers le début du premier millénaire avant J.-C., 3 000 000 vers 400 avant notre ère.

La conquête et la paix romaine portent la population à environ 6 500 000 vers 200, mais la dénatalité, l'insécurité, les invasions germaniques la ramènent vers 5 000 000 deux siècles plus tard. On estime généralement que ce chiffre a pu encore décliner jusque vers 600, tombant à 4 500 000. Autour de l'an mille, la croissance a repris et il semble qu'ait été retrouvé le maximum de la *Pax Romana*, 6 500 000 habitants. La croissance se poursuit de façon très forte et l'on atteint près de 20 000 000 à la veille de la Grande Peste de 1348.

Alors que les effectifs ont jusqu'ici été calculés, supputés par les préhistoriens et les historiens de la démographie en appliquant des critères hypothétiques d'occupation des sols, de modes de cultures, de taux de reproduction et de décès, qu'ils sont largement sujets à discussion, l'on possède un remarquable document sur la France en 1328, c'est l'état des paroisses et des feux des bailliages et sénéchaussées de France [1]. Ce document, établi par la Chambre des comptes du roi,

1. F. Lot, *L'état des paroisses et des feux de 1328*, dans la *Bibliothèque de l'Ecole des chartes*, 90 (1929), p. 51-107 et 256-315.

donne le nombre des paroisses par circonscriptions du temps, bailliages ou sénéchaussées, et le nombre des feux correspondant à ce total de paroisses. L'incertitude réside surtout dans l'estimation des feux. Le terme de feu, dans les documents du début du XIVe siècle, a encore la signification d'un feu réel, c'est-à-dire qu'il s'entend d'un ménage, formé d'un nombre variable de personnes partageant le même foyer [2]. L'incertitude réside donc dans le nombre de personnes habitant ensemble. Il varie certainement suivant les régions, en fonction des structures familiales [3]. L'abbé d'Expilly estimait en 1764 le feu à 9 habitants pour deux familles, soit 4,5 personnes par feu. Ferdinand Lot préfère arrondir à 5 et arrive ainsi à un total d'environ 20 000 000 d'habitants, ou encore « 3 500 000 à 3 800 000 feux ruraux », qui, multipliés « par le coefficient 5, donnent un total de 17,5 à 19 millions de ruraux en 1328, soit un total sensiblement rapproché de celui de la population rurale de nos jours [4] ». Quant aux villes, en dehors de Paris qui, avec 61 000 feux, compte plus de 200 000 habitants, la plupart des bourgades dépassent rarement les 15 000 âmes.

Une comparaison avec les autres pays d'Europe confirme ces chiffres. Les travaux d'Egidi, Beloch, Barbagallo établissent que le royaume de Naples a, vers la même époque, la même densité que le royaume de France, soit 7,7 feux par km², entre 35 et 40 habitants au km², tandis que Florence et la Toscane ont une densité double, sensiblement identique à celle de la région parisienne, Paris exclu.

La France occupe alors une position géographique, politique, économique et démographique dominante dans l'Europe chrétienne. Face aux 20 000 000 de sujets du roi de France, que pèsent le roi d'Angleterre et ses 4 000 000 à peine de sujets Anglais et Gallois, moins de 2 000 000 de Scandinaves, autant d'habitants dans les Pays-Bas et la Belgique actuels réunis, une dizaine de millions émiettés en multiples principautés sur le territoire des deux Allemagnes d'aujourd'hui, 9 000 000 d'Ibériques partagés en royaumes antagonistes et 10 000 000 d'Italiens aussi divisés ? L'Europe entière, dans ses limites géographiques de l'Oural et du Caucase, compte alors 80 000 000 d'âmes. Un Européen sur quatre

---

2. Le sens du mot feu évolue ensuite vers un feu fictif, déduction faite des feux trop pauvres ou exempts d'impôts, vers un feu fiscal, tel riche ménage étant réputé valoir pour l'imposition deux, trois ou quatre feux. C'est le cas des documents fiscaux à partir de la fin du XIVe siècle, qui perdent dès lors toute valeur démographique.

3. Ainsi, dans l'enquête de 1339 sur le Dauphiné, un curé déclare qu'il y a 400 feux dans sa paroisse mais qu'il convient de les compter pour 450, car il est de coutume de maintenir souvent les biens indivis et, dans ce cas, les frères demeurent sous le même toit et ne forment qu'un seul feu. Voir A. Fierro, *Un cycle démographique : Dauphiné et Faucigny du XIVe au XIXe siècle*, dans *Annales E.S.C.*, 1971, p. 941-959, voir la note 2 de la p. 947.

4. F. Lot, cité note 1, p. 303.

est français, et si l'on se limite à l'Europe de l'Ouest, la prééminence est encore plus écrasante : la France pèse autant que toute l'Europe du Nord réunie, Anglo-Saxons, Allemands et Scandinaves, davantage que ses sœurs ibérique et italienne additionnées. Le Bassin parisien a des densités rurales exceptionnelles de près de 100 habitants au km ^{2}. Cette richesse en hommes jointe à une concentration exceptionnelle au cœur historique du royaume explique largement l'hégémonie culturelle et politique de la France aux XIIIe et XIVe siècles.

Cette population couvre le pays de manière dense et assez régulière. Il y a environ 32 500 paroisses en 1328 sur le territoire de la France actuelle pour 36 000 aujourd'hui. Si la densité moyenne se situe entre 35 et 40 habitants au km^2, elle varie suivant les aptitudes agricoles des sols : près de 100 habitants au km^2 sur les riches terres du Bassin parisien, de 25 à 30 dans les régions montagneuses et pauvres du Dauphiné, mais entre 75 et 100 dans les vallées fertiles de l'Isère ou de l'Arve.

Le manque de terres nouvelles à défricher, l'insuffisance des progrès dans les techniques de cultures, le maintien d'un fort accroissement de la population entraînent dès le début du XIVe siècle une dégradation de la situation. Le croît démographique n'étant pas accompagné d'une augmentation de productivité, la consommation moyenne des populations régresse, la situation sanitaire se dégrade et, en conséquence, la mortalité augmente jusqu'à ce que cette Europe sous-alimentée et vulnérable soit frappée par la peste, transportée par les caravanes de la route de la soie de Mongolie à la colonie génoise de Kaffa, en Crimée, qui arrive en janvier 1348 dans les ports d'Italie, d'où elle se propage à travers tout le continent. Entre un tiers et un quart des Européens périssent entre 1347 et 1353. La Peste Noire est suivie d'autres épidémies de peste ou d'autres maladies jusqu'à la fin du siècle et, vers 1400, la population de l'Europe a baissé de plus de 25 %, un pays densément peuplé comme la France ayant diminué de près d'un tiers.

En l'absence de sources abondantes et fiables jusqu'aux recensements du XIXe siècle, on est mal renseigné sur la répartition de la population française et son évolution. Il semble qu'il y ait eu après la Peste Noire un phénomène d'ajustement aux ressources : les régions très peuplées par rapport à la médiocrité de leur production agricole paraissent s'être en partie vidées par émigration vers des zones plus fertiles aux terres devenues partiellement vacantes à la suite de la « mortalité ». Ainsi, en Dauphiné, les cantons les plus montagneux ont continué à décliner jusque vers 1480, tandis que les vallées fertiles du Grésivaudan et la plaine du Viennois récupéraient assez vite un peuplement dense.

Il faut attendre la fin du XVIe siècle pour que la France retrouve approximativement le niveau qu'elle avait atteint deux siècles et demi plus tôt, à la veille de la Peste Noire. La fin du XVIIe siècle est une époque de stagnation marquée par des épidémies, des famines et l'émigration des protestants. La situation s'améliore avec la période de paix qui s'ouvre à la mort de Louis XIV, malgré l'épisode de la dernière épidémie de peste qui tue environ 80 000 personnes à Marseille et en Provence en 1720. Le cap des 25 000 000 est atteint en 1755, celui des 29 000 000 franchi en 1800.

Mais ce progrès apparent masque un déclin relatif de la population française en Europe. La France pèse en 1750 pour 28 % dans l'Europe occidentale et pour 18 % dans l'Europe étendue jusqu'à l'Oural, elle ne représente plus, respectivement, que 26 % et 16 % en 1800. Cela s'explique par l'apparition de comportements de type malthusien qui se généralisent au XIXe siècle. L'histoire du contrôle des naissances au moyen de l'avortement et du *coitus interruptus* est difficile à écrire, car elle bute sur l'absence de témoignages sur la vie sexuelle, mais la courbe des naissances traduit nettement le souci des Français de maîtriser la taille de leurs familles : le taux de natalité fléchit d'environ 400 pour 100 000 en 1755 à 322 en 1801-1805, 261 en 1851-1855, 216 en 1901-1905, avec un minimum de 148 en 1936-1938.

En un siècle, le nombre des Français augmente de 12 000 000, mais les 41 000 000 d'habitants de la France en 1900 ne représentent plus que 10,5 % des 390 000 000 d'Européens, 19 % de l'Europe occidentale. La Grande-Bretagne et l'Allemagne sont désormais davantage peuplées qu'elle, de même que l'Autriche-Hongrie. L'écart est encore plus impressionnant lorsqu'on compare la France et la Russie : en 1755, les 25 000 000 de Français équilibrent les 26 000 000 d'habitants de la Russie d'Europe, en 1900, les Français sont 41 000 000 pour 100 000 000 en Russie européenne.

La Première Guerre mondiale est une catastrophe démographique pour une France vieillie. Elle n'a plus que 39 000 000 d'habitants en 1921. On remonte à 41 500 000 en 1936 pour retomber à 40 500 000 en 1946. En cent trente-cinq années, de 1801 à 1936, le pays s'est accru de 13 250 000 âmes. De 1946 à 1982, en trente-cinq ans, il s'accroît de 13 800 000. Il s'est donc produit au lendemain de la Seconde Guerre mondiale une révolution dans l'attitude des Français, encore qu'il semble qu'on assiste depuis 1982 à une nouvelle baisse de la natalité. La population actuelle dépasse les 55 000 000.

La France d'aujourd'hui représente à peine 8 % de la population européenne, un peu plus de 15 % de celle de l'Europe occidentale. Si le nombre des Français a doublé en deux siècles, ces Français deux fois plus nombreux comptent deux fois moins dans une Europe qui a quadruplé le nombre de ses habitants durant ces deux siècles. A l'échelle mondiale, la France a pu représenter 3,5 % environ de l'humanité jusque vers 1700 pour décliner jusqu'à 2,5 % vers 1900 et à peine plus de 1 % aujourd'hui.

Le déclin démographique des XIXe et XXe siècles eût été encore plus accentué sans une forte immigration étrangère. La France a, semble-t-il, toujours été un pays de faible émigration. Les départs ont été peu nombreux par rapport à la population : vers la Terre Sainte au Moyen Age, l'Espagne à la Renaissance, le Canada et les Antilles aux XVIIe et XVIIIe siècles. Ainsi, par exemple, sur les 36 000 000 d'Européens qui ont émigré aux Etats-Unis entre 1820 et 1970, à peine un peu plus de 700 000 étaient français, moins de 2 %, pour plus de 7 000 000 d'Allemands, 5 000 000 d'Italiens, 850 000 Norvégiens...

En revanche, l'immigration a toujours eu une réelle importance. On ne dispose jusqu'au XIXe siècle d'aucune donnée chiffrée, mais les textes signalent fréquemment les étrangers de toute condition affluant vers Paris depuis le Moyen Age. Entre 1876 et 1881, ces étrangers comptent pour 84 % de l'accroissement démographique français, pour 9? % entre 1896 et 1901. On estime à 2 000 000 les installations définitives entre 1801 et 1911. En 1911, il y a 1 150 000 étrangers en France, 2,8 % de la population, en 1931, ils sont 2 890 000, 7 %, en 1974, 4 000 000 environ et 7,7 %. En 1985-1986, malgré la crise économique et un contrôle théoriquement sévère aux frontières — qui sont en fait de vraies passoires —, le nombre des immigrés continue de croître, faisant l'objet de polémiques politiques et de sous-estimations de la part du gouvernement, qui en compte officiellement 4 500 000, à peu près 8 % de la population.

Cette apparente stabilité des effectifs masque en fait des réalites très différentes depuis le début du siècle. Jusqu'à la Première Guerre mondiale, ce sont les pays limitrophes qui fournissent l'essentiel, Belgique, Suisse, Italie, Espagne, populations qui se fondent assez bien et rapidement parmi les Français. Cette immigration spontanée est renforcée, après les hécatombes de la guerre, par des accords gouvernementaux qui ouvrent le pays à des migrations collectives de Polonais et d'Italiens, vers les mines du Nord pour les premiers, les mines de la Lorraine et les campagnes du Sud-Ouest pour les seconds. De 1921 à 1931, la France est le premier pays du monde pour l'accueil des immigrants relativement à sa population : 515 pour 100 000 habitants contre 492 pour les Etats-Unis. On peut répartir *grosso modo* ces immigrants en 35 % d'Italiens, 20 % de Polonais, 18 % de Belges, 15 % d'Espagnols... Ce flux se tarit après 1930 en raison de la crise économique.

Au lendemain de la Seconde Guerre mondiale, une nouvelle vague d'immigration affecte la France. Relativement faible jusqu'en 1960, elle prend une ampleur exceptionnelle entre 1960 et 1974 et se continue, jusqu'à maintenant, par le biais des regroupements familiaux et d'une immigration plus ou moins clandestine. Tandis que des Belges, des Suisses, des Allemands, peu nombreux mais aisés, achètent des domaines agricoles, l'arrivée des Italiens diminue rapidement au fur et à mesure du développement industriel de la plaine du Po qui absorbe les migrants du Mezzogiorno. Les Espagnols les dépassent en nombre avant d'être à leur tour supplantés par les Portugais venus massivement après 1960.

A la différence de ces populations de culture voisine de celle des Français, se mariant souvent à des Françaises ou à des Français, s'assimilant assez vite, les immigrés originaires d'Afrique du Nord posent de gros problèmes. Les 300 000 Algériens de 1954 sont près de 1 000 000 aujourd'hui, les 11 000 Marocains près de 500 000, les 2 000 Tunisiens autour de 200 000. Leur nombre est sans doute beaucoup plus important si l'on prend en compte les immigrés clandestins et ceux qui ont été naturalisés. Cette communauté musulmane est renforcée par un important groupe de Sarakollé originaires des triples confins du Sénégal, du Mali et de la Mauritanie. L'entassement de ces populations dans les quartiers vétustes des grandes villes et dans des banlieues aux grands ensembles monotones et mal bâtis ne fait qu'aggraver les problèmes d'inadaptation et de délinquance. Car, à la différence de l'immigration du début de ce siècle, qui se diluait assez largement dans les campagnes, la population étrangère est aujourd'hui concentrée dans les cités.

C'est d'ailleurs aussi le cas de la majorité des Français d'aujourd'hui. Leur répartition sur le territoire a été bouleversée par la révolution industrielle. En l'absence d'études sur la répartition géographique de la population sous l'Ancien Régime couvrant l'ensemble du pays, on est obligé de supputer que la dispersion des habitants devait être à peu près comparable à celle constatée lors des premiers recensements du XIXe siècle.

Il faut d'emblée souligner qu'avec 100 habitants au km² en 1985, la France est une zone de « creux démographique » relatif en Europe occidentale : on compte 347 habitants par km² aux Pays-Bas, il y en a 323 en Belgique, 248 en Allemagne fédérale, 231 en Grande-Bretagne, 188 en Italie, 155 en Suisse ; le Portugal et l'Autriche montagneuse en ont 107 et 90, seule l'Espagne, avec 73, est nettement au-dessous de la densité moyenne française.

D'abord répartie à peu près régulièrement en fonction des aptitudes agricoles, essentiellement rurale, stable [5], la population française a

5. En 1872, 8 % des Français résident en dehors de leur département de naissance, 15 % en 1901, 20 % en 1911, 25 % en 1936, 35 % en 1975.

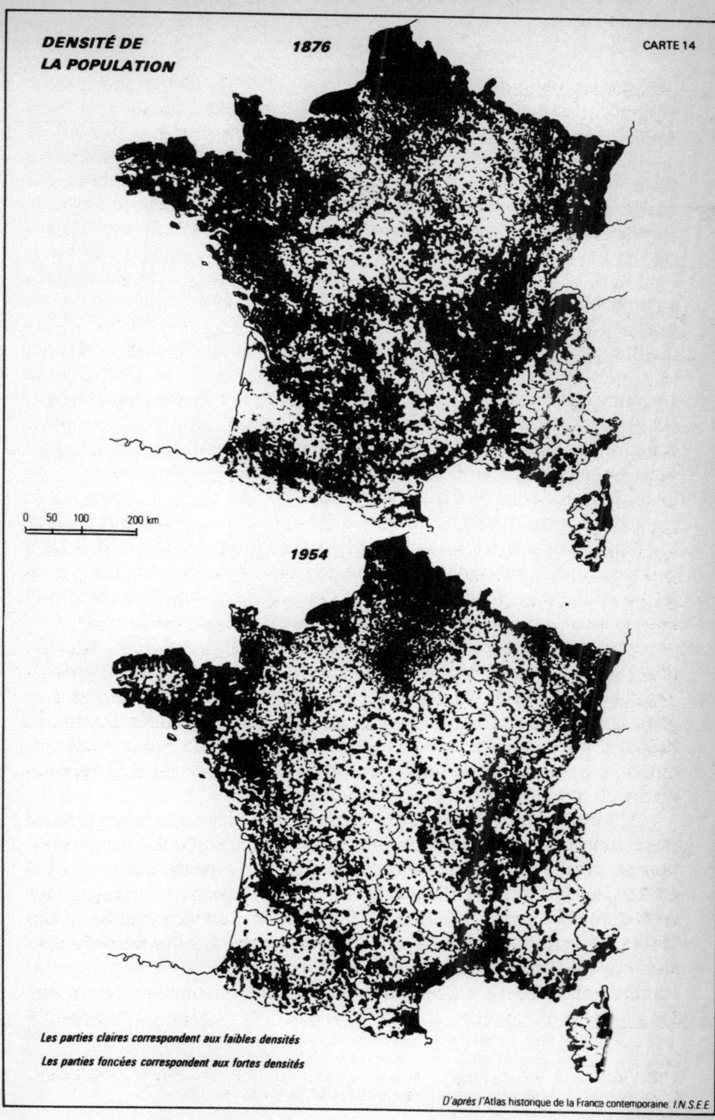

DENSITÉ DE LA POPULATION

CARTE 14

Les parties claires correspondent aux faibles densités

Les parties foncées correspondent aux fortes densités

*D'après l'*Atlas historique de la France contemporaine. *I.N.S.E.E.*

connu un maximum de densité rurale vers 1846/1851 avant que le développement industriel n'entraîne une urbanisation de plus en plus forte [6]. Mais le dépeuplement des campagnes ne s'est pas produit de façon uniforme et les processus ont varié d'une région à l'autre. La carte en couleur de la densité de la population en 1876 publiée par l'I.N.S.E.E. [7] fait apparaître quelques zones peu peuplées en 1876 : le Perche, la Champagne et le Nord de la Côte-d'Or, la Sologne, le triangle des Landes, les Pyrénées, la bordure méridionale du Massif central, les Alpes, la Corse. En 1954, les régions en clair, de faible population, couvrent la majeure partie de la France tandis que s'imposent à l'œil quelques masses sombres, le Nord, la Picardie, l'Ile-de-France, la Normandie, la Bretagne, le Bas-Poitou, la Lorraine du Nord, l'Alsace, et une série de filaments de forte densité le long de la Loire, de la Garonne, de la Saône, du Rhône, de l'Isère, de la côte méditerranéenne. La population rurale a été littéralement pompée, aspirée par les pôles urbains. Les départements qui comptaient plus de 48 habitants au km^2 dans les communes rurales, au nombre de 47 en 1845, de 39 en 1872, de 27 en 1911, ne sont plus que 14 en 1962. Le Sud-Ouest a disparu de la carte des régions rurales à forte densité dès 1872, suivi en 1911 par la Lorraine française, les Ardennes et l'Aisne, l'Eure, la Mayenne, le Puy-de-Dôme, l'Ain, marges des bastions paysans de l'Alsace, du Nord et de la Picardie, de la Normandie et de l'Ouest armoricain, du Lyonnais et des régions limitrophes. En 1962 subsistent de ces bastions les trois départements alsaciens-lorrains, le Nord et le Pas-de-Calais, les cinq départements bretons et leur prolongement géographique de la Manche.

Mais l'utilité de la démographie historique ne se limite pas à la comptabilisation des populations et de leurs variations dans le temps et l'espace. On dispose pour les XIXe et XXe siècles d'un appareil statistique qui permet, sinon de sonder les âmes, du moins de situer géographiquement certaines attitudes, certaines mentalités.

On peut, par exemple, cerner deux aires de développement précoce de la limitation volontaire des naissances, correspondant à des motivations profondément différentes. L'Aquitaine — essentiellement dans ses régions basses et fertiles du bassin de la Garonne — pratique une contraception visant à limiter la famille à un ou deux enfants : les foyers sans enfant sont rares, tout autant que les familles nombreuses. « Le style du contrôle des naissances donne l'impression qu'un certain équilibre existentiel a été atteint, que la nature est soumise aux désirs,

6. La population rurale, c'est-à-dire habitant des communes de moins de 2 000 habitants agglomérés au chef-lieu, représente 74,5 % des Français en 1851, 59,1 % en 1901, 28,5 % en 1975.

7. Voir la carte 14 des densités de population en 1876 et 1954.

modérés, de l'individu [8]. » Tout à l'opposé, la contraception normande est un refus total de procréer et les comportements sont volontiers extrémistes : aucun enfant ou familles très nombreuses. Un troisième type de malthusianisme, caché celui-là, est lié au catholicisme : les régions de forte religiosité pratiquent un taux de célibat important et un âge tardif au mariage. C'est le cas de la Bretagne et de tout l'Ouest armoricain bocager, du Nord, de la Franche-Comté, du sud du Massif central, des Pyrénées occidentales.

J'ai dit que ce type de malthusianisme était caché, car ce sont ces mêmes régions catholiques, qui, grâce à leurs couples particulièrement prolifiques, ont, durant tout le XIXe siècle et une partie du XXe siècle, donné les taux de fécondité les plus forts. Aujourd'hui, la carte a évolué et les régions les plus fécondes dessinent un demi-cercle approximatif autour du Bassin parisien : Bas-Poitou, Anjou, Maine, Bretagne, Normandie, Picardie, Nord, Ardennes, Lorraine, Alsace et Franche-Comté, avec un îlot dans le sud du Massif central.

On peut, de la même façon, dresser des cartes de la mortalité infantile ou des naissances illégitimes à diverses époques des XIXe et XXe siècles. On distingue ainsi plusieurs types de comportements face à l'illégitimité et aux enfants dits naturels. Dans le Nord et l'Alsace, de 20 % à 25 % des mariages ont lieu après la conception d'un enfant, alors que cela est exceptionnel dans d'autres régions très croyantes comme la Bretagne ou l'Auvergne. Sur le littoral méditerranéen, en Languedoc, en Provence, en Corse, la fréquence de l'illégitimité est liée au mépris de l'institution du mariage : « L'union d'un homme et d'une femme n'est pas une affaire publique, mais privée. Elle ne relève pas de la société globale mais de l'accord entre deux lignages [9]. » Dans les Pyrénées-Atlantiques, les Hautes-Pyrénées et les Landes, l'illégitimité, traditionnelle au XVIIIe siècle, est progressivement étouffée par les progrès de la religiosité, alors qu'en Berri, Sologne et Touraine l'inverse se produit.

Liée aux mentalités, la carte de la mortalité des enfants naturels ou abandonnés exprime bien des différences d'attitude fort accentuées : le Nord, l'Est, les Pyrénées occidentales ont peu de décès, signe de l'acceptation par les sociétés locales de cette forme de conception, tandis que le Centre et le Sud sont impitoyables pour ces enfants, dont les quatre cinquièmes disparaissent très tôt, du moins au cours de la première moitié du XIXe siècle.

L'espérance de vie, la mortalité, l'âge au mariage... pourraient faire l'objet d'autant de travaux qui montreraient des différenciations

8. H. Le Bras, E. Todd, *L'invention de la France*, p. 321.
9. H. Le Bras, E. Todd, *L'invention de la France*, p. 161.

géographiques accentuées et évolutives sur les deux siècles pour lesquels nous disposons de données statistiques. Tout cela relève de la démographie historique, de la géographie historique ou de la géohistoire, si l'on préfère. Cet ouvrage ne peut être qu'un survol et non l'inventaire de tous les aspects historico-géographiques de la vie française ; il convient donc, dans ce cadre limité, de suggérer des pistes, des orientations permettant d'aboutir à une meilleure connaissance des populations françaises dans le temps et dans l'espace.

2.

LA « RACE » FRANÇAISE

Une fois connus grossièrement le nombre, l'importance relative et la répartition des Français, on peut se demander ce qu'ils sont, quelles sont leurs particularités physiques.

Les biologistes ont établi que les races pures ont disparu depuis le néolithique. Il subsiste cependant des différences physiques suffisantes pour qu'on puisse distinguer un Espagnol d'un Suédois, un Anglais d'un Grec [10]. Si des dizaines de siècles de métissage interdisent de parler de races en France, on peut cependant diviser les habitants du continent suivant une série de caractères d'ordre anatomique, voire physiologique, pathologique ou même, bien que cela soit très contestable, psychologique. Les anthropologues définissent ainsi quelques grands groupes humains qu'ils qualifient de races, nordique ou méditerranéenne par exemple.

Il semble qu'il n'ait rien subsisté, sauf peut-être en Périgord, des populations de l'époque paléolithique. Au mésolithique et au néolithique, c'est-à-dire au plus tôt il y a dix mille ans, apparaissent les hommes petits ou moyens, bruns et au crâne court (brachycéphales), qui constituent encore aujourd'hui la masse de la population française, que l'on nomme traditionnellement la « race alpine », parce qu'elle peuple les Alpes françaises et italiennes, mais elle déborde largement ce domaine pour couvrir tout le centre de la France, notamment tout le Massif central. A la périphérie vivent des hommes également petits et bruns, au crâne allongé (dolichocéphale), établis le long des côtes de la Méditerranée et de l'Atlantique et dits en conséquence « race méditerranéenne »

10. Il faut se garder de confondre race, ethnie et nation. La nation correspond à un groupe d'hommes placés sous un même gouvernement : nation française ou allemande. L'ethnie est un groupe d'hommes ayant en commun des caractères de civilisation : on distingue, par exemple, des ethnies slave, germanique ou latine.

et « race atlanto-méditerranéenne », cette dernière présentant une stature plus élevée que les Méditerranéens et les Alpins. Ces Méditerranéens et Atlanto-Méditerranéens sont porteurs des cultures dites ligure et ibère, mais il n'est pas exclu que les Alpins en aient été aussi porteurs, tant il est vrai que les cultures ne sauraient, même à cette époque, coïncider avec des « races » ou des types physiques.

L'âge du bronze, en gros le deuxième millénaire avant l'ère chrétienne, bouleverse les sociétés en place avec le développement du grand commerce (le bronze est fabriqué à partir d'étain britannique et de cuivre méditerranéen), d'une classe d'artisans spécialisés dans la fabrication des armes et de traditions guerrières. C'est à cette époque que sont élevés des milliers de mégalithes — il en subsiste encore près de sept mille en France — pour édifier des observatoires solaires, des temples, des sépultures. Les hommes qui ont érigé ces dolmens et menhirs ne sont pas des Celtes, encore moins des Gaulois, mais des Atlanto-Méditerranéens, des Méditerranéens et peut-être aussi des Alpins.

Ils ont été progressivement rejoints sur le territoire de la France d'aujourd'hui par des populations venues des régions danubiennes qui ont occupé les vastes étendues boisées et presque inhabitées de l'Est et du Bassin parisien. Ces nouveaux arrivants se sont très vraisemblablement mêlés aux premiers occupants alpins, donnant naissance à un nouveau type physique, assez grand, majoritairement blond et brachycéphale, la « race lorraine ». Plus au nord, sur les confins de la France et de la Belgique actuelles, apparaît une « race nordique » composée de grands mésocéphales (intermédiaires entre brachycéphales et dolichocéphales) blonds. Ces peuples connus sous le nom de peuples à hache de combat, utilisant la céramique dite cordée, ont introduit le cheval, le véhicule à roues, la coutume des sépultures individuelles sous tertre funéraire ou tumulus. Venus des mêmes régions orientales d'où surgiront plus tard les Celtes, ils ont été souvent, sans preuve certaine, assimilés à ces derniers.

Les Celtes apparaissent, sans doute possible, avec la civilisation de Hallstatt, au premier âge du fer, entre 700 et 500 avant l'ère chrétienne. Ils s'installent en Gaule au second âge du fer, à l'époque dite de La Tène, à partir de 500, donnant son nom au pays, imposant leur langue et leur système social, celtisant totalement le pays en moins de trois siècles. Furent-ils une minorité de conquérants disposant de la supériorité militaire grâce à leurs épées de fer ou des masses supérieures en nombre aux autochtones et les submergeant ? Il est difficile de trancher. En effet, les régions d'où viennent ces Celtes, l'Autriche, la Suisse, l'Allemagne méridionale, malgré un apport de grands mésocéphales de « race nordique » au moment des grandes invasions, demeurent le domaine de la « race alpine », certes plus blonde que les Alpins du centre de la France, mais tout aussi trapue et brachycéphale. Représentants d'une culture et non d'une race particulière, les Celtes étaient vraisemblablement une population mêlée. Leur arrivée a provoqué une métamorphose culturelle des occupants antérieurs mais n'a, semble-t-il, aucunement bouleversé les caractéristiques physiques dominant précédemment.

Les quelques colonies grecques implantées sur le littoral méditerranéen, les marchands, les administrateurs et soldats romains ou italiens n'ont pas davantage modifié sensiblement les traits physiques des populations de la Gaule quoiqu'ils lui aient apporté une langue et une culture nouvelles. Les différences physiques entre Gaulois et Romains, métissés également d'Alpins et de Méditerranéens, ne devaient d'ailleurs pas être bien grandes.

Avec l'affaiblissement de l'Empire romain, les Germains franchissent de plus en plus souvent la barrière du Rhin, enlevant finalement le pouvoir aux faibles descendants de Romulus et de Remus. La plupart traversent la Gaule en la pillant au passage mais ne s'y fixent pas. Seuls restent les débris des Burgondes écrasés par les Huns et installés dans la Savoie actuelle, les Alamans qui s'imposent en Alsace et en Suisse, quelques Wisigoths en Languedoc, la plus grande partie ayant passé en Espagne, les Francs infiltrés lentement à partir des marécages du Rhin inférieur. Au total, les grands mésocéphales blonds porteurs de la langue et de la culture germaniques n'ont sans doute pas été beaucoup plus de 300 000 à 350 000 à s'installer dans une Gaule de quelque 5 000 000 d'habitants, soit 6 % à 7 % de la population, proportionnellement moins que nos 4 500 000 immigrés de 1985.

Aussi peut-on raisonnablement estimer que ces nouveaux venus n'ont pas notablement modifié l'aspect physique des populations, sauf dans quelques régions peu peuplées où ils se sont installés en nombre. C'est vraisemblablement le cas pour la région au nord de la Somme que les Francs ont colonisée massivement. Ailleurs, dans le Bassin parisien et dans l'Est, leur implantation a dû être très minoritaire par rapport aux Gallo-Romains déjà sur place. Quant au sud de la Loire, il n'a vu qu'une poignée de Germains. En somme, l'arrivée des Francs et des Alamans n'a pu qu'atténuer la brachycéphalie et accroître la blondeur de la « race lorraine » dans l'Est et augmenter la part de la « race nordique » en Ile-de-France et dans le Nord, renforçant ainsi le contraste existant depuis l'âge du bronze entre les pays situés au sud et au nord de la Loire.

On peut passer sous silence les raids « sarrasins » sur la France, vraisemblablement le fait d'Espagnols islamisés et non d'Arabes, repartis aussi vite qu'ils étaient venus. Mais il faut signaler trois apports non négligeables durant le haut Moyen Age. Fuyant la Grande-Bretagne, où ils subissaient les attaques incessantes des Angles et des Saxons, de nombreux Celtes ont franchi la Manche à la fin du Vᵉ et au VIᵉ siècle pour se fixer dans l'actuelle Bretagne à qui ils ont donné son nom et sa langue. Du point de vue anthropologique, il a été possible de retrouver la trace de ces immigrants localisés sur le littoral de la Manche dans le pays de Léon, les régions de Dinan et de Saint-Malo, sur la côte atlantique dans les arrondissements de Vannes et de Lorient, en Morbihan : leurs vraisemblables descendants, quoique depuis plus d'un millénaire métissés avec leurs voisins autochtones, se distinguent par une taille plus élevée, des crânes moyens (mésocéphales) et non courts (brachycéphales), des faces longues et étroites et non arrondies, des nez allongés et minces et non courts et larges, des cheveux blonds et des yeux bleus. Ils s'apparentent à la race nordique et cohabitent en Bretagne avec les Alpins et des éléments méditerranéens ou atlanto-méditerranéens antérieurs.

Les Basques ont aussi, à l'époque mérovingienne et peut-être même avant, étendu leur domaine et poussé jusqu'à la Garonne, donnant leur nom à la Gascogne, triangle limité par la Garonne, les Pyrénées et l'Atlantique, avant de refluer sur leur réduit montagneux. Au point de vue physique aussi bien que social, comme on le verra un peu plus loin, tout les distingue des populations voisines : taille, forme du crâne, du nez, groupes sanguins, système matriarcal, danses, coutumes et, bien sûr, langue.

Le dernier apport du haut Moyen Age est connu avec précision. Ce sont les envahisseurs qui se sont fixés en Normandie et lui ont donné son nom de pays des hommes du Nord. Ce furent d'abord des Germains de la plaine d'Allemagne du Nord — la Saxe aujourd'hui appelée Basse-Saxe — installés dès le IVᵉ siècle par les autorités romaines dans le Bessin, la région de Bayeux. Vinrent ensuite, au IXᵉ siècle, les Vikings norvégiens et danois qui se firent octroyer en 911 le pays dit depuis Normandie. La langue de ces envahisseurs n'a subsisté que dans des noms de lieux ou de personnes, mais leur type physique s'est assez largement imposé en raison d'une immigration sans doute assez nombreuse. Ainsi le département de la Manche est-il celui qui contient aujourd'hui le plus grand nombre d'individus clairs de toute la France. Les trois départements de la Manche, du Calvados et de la Seine-Maritime ont une supériorité numérique de l'ensemble des cheveux et yeux clairs sur les cheveux et yeux foncés qui va de 9 % à 15 %, alors que dans le Nord et le Pas-de-Calais, pourtant fortement imprégnés de populations germaniques, cette supériorité varie entre 5 % et 8 % seulement. La minceur du nez et la couleur particulièrement rosée de la peau accentuent ce caractère nordique d'une partie de la population normande encore aujourd'hui.

Après l'an mille, les apports extérieurs n'ont jamais été suffisamment massifs pour modifier sensiblement les caractères physiques des occupants de la France. Peut-être va-t-on assister à la fin du XXe siècle à une transformation progressive des Français sous l'influence du brassage des populations et de l'immigration massive en provenance d'Afrique et accessoirement d'Asie. Les taux de reproduction des Français de souche et des immigrés et la fréquence des mariages entre Français et immigrés donneront la réponse.

Avant de brosser un tableau sommaire de la population de la France, il faut passer en revue les critères de classement adoptés par les anthropologues. On a d'abord cru pouvoir distinguer les hommes par des caractères physiques externes, la taille par exemple. La couleur de la peau étant variable suivant l'âge et la profession, selon que l'on vit en plein air ou confiné dans un bureau, cette caractéristique ne peut être retenue qu'à titre secondaire et elle fait défaut lorsqu'on étudie des squelettes. La couleur des cheveux et des yeux a permis des classifications qui péchaient parfois par une certaine imprécision dans les termes employés et leur variation suivant les observateurs. La forme des os et, singulièrement, du crâne a séduit les savants qui ont cru enfin tenir un moyen de mesurer objectivement et avec précision les différences. Selon que les crânes étaient plus ou moins ronds et plus ou moins allongés, on a distingué des brachycéphales, mésocéphales, dolichocéphales, des faces ou des visages chamaeprosopes (ronds), ou leptoprosopes (allongés). Plus récemment est intervenue la distinction entre groupes sanguins.

Or les biologistes ont depuis peu mis en évidence que la taille est liée au mode de vie et à l'alimentation. « Dans un premier temps, une amélioration du niveau de vie, dans toute la complexité des facteurs en jeu (sanitaires, nutritionnels, de logement, de conditions et de types de travail, de facilités de déplacement, etc.) tend à faire augmenter la taille adulte, en partie par accélération de la croissance. Elle concerne potentiellement tous les individus quoique de façon inégale en réalité ; dans un second temps, si l'amélioration persiste durant plusieurs générations, le premier processus a produit ses effets pour l'essentiel et devient moins actif. Mais d'autres phénomènes interviennent alors. Les sujets génétiquement grands, lourds, gros mangeurs (nous dirions maintenant à fort métabolisme) étaient pénalisés en période de misère et de carences. Si le niveau de vie s'améliore, ils peuvent maintenant vivre en meilleure santé, procréer et élever leurs enfants avec une moindre morbidité et une moindre mortalité [11]. »

De même, l'on sait maintenant « que la forme du crâne n'est que très imparfaitement contrôlée par les facteurs héréditaires ; elle dépend surtout des conditions de milieu (nourriture, mode de vie, maladies, climat) qui s'exercent sur le jeune (peut-être avant même la naissance) durant toute la période de croissance. C'est la raison pour laquelle, malgré de nombreux travaux, jamais aucun généticien n'a pu mettre en évidence l'hérédité du format crânien. La tendance à la brachycéphalisation, notée dans beaucoup de groupes humains, ne représente sans doute qu'une accentuation à la fœtalisation, très générale chez l'homme et dont l'origine néoténique est probable. Elle peut être en grande partie liée à des conditions d'environnement. La brachycéphalisation progressive, observée dans beaucoup de populations européennes depuis le néolithique, est sans doute un phénomène spontané, apparu sur place, qui n'implique ni métissage, ni mutations [12]. »

Ces réserves faites, la France d'aujourd'hui se présente sous forme d'une carte [13] partagée par un X « racial », individualisant quatre grandes zones de peuplement bordées de deux régions marginales. De grands mésocéphales blonds occupent le cœur du Bassin parisien, la Normandie, la Picardie et l'extrême Nord de la France. Les yeux clairs dominent, les groupes sanguins A et O s'équilibrent et le B représente de 10 % à 12 %. Ces populations s'apparentent au type nordique, tout en étant plus foncées et plus petites que les Belges, Britanniques ou Allemands.

L'Est, Champagne, Lorraine, Alsace, Franche-Comté, Bourgogne, Savoie, nord du Dauphiné, est peuplé, comme la Suisse et l'Allemagne du Sud voisines, de grands brachycéphales blonds aux yeux clairs ayant à peu près la même répartition des groupes sanguins que leurs voisins du Bassin parisien. C'est ce que Vallois nomme la « race lorraine ».

Tout le Massif central, le sud des Alpes sauf la côte méditerranéenne, le Bassin aquitain à l'est de la Vézère et des Landes constituent une zone de brachycéphalie très accentuée, le domaine de la « race alpine » qui, dominant de façon presque exclusive ici, existe aussi à l'état plus ou moins diffus dans le reste du pays.

---

11. P.- A. Gloor, J. Houdaille, *La couleur des yeux à l'époque du Premier Empire. Quelques commentaires sur l'évolution de ce caractère durant 238 ans*, dans *Annales E.S.C.*, 1976, p. 677-699. Citation prise p. 692.
12. J. Bernard, J. Ruffié, *Hématologie et culture. Le peuplement de l'Europe de l'Ouest*, dans *Annales E.S.C.*, 1976, p. 661-676. Citation prise p. 666.
13. Carte 15 d'après la figure 5, p. 61, de H.- V. Vallois, *Anthropologie de la population française*, Toulouse, 1943.

L'X RACIAL DE LA FRANCE

CARTE 15

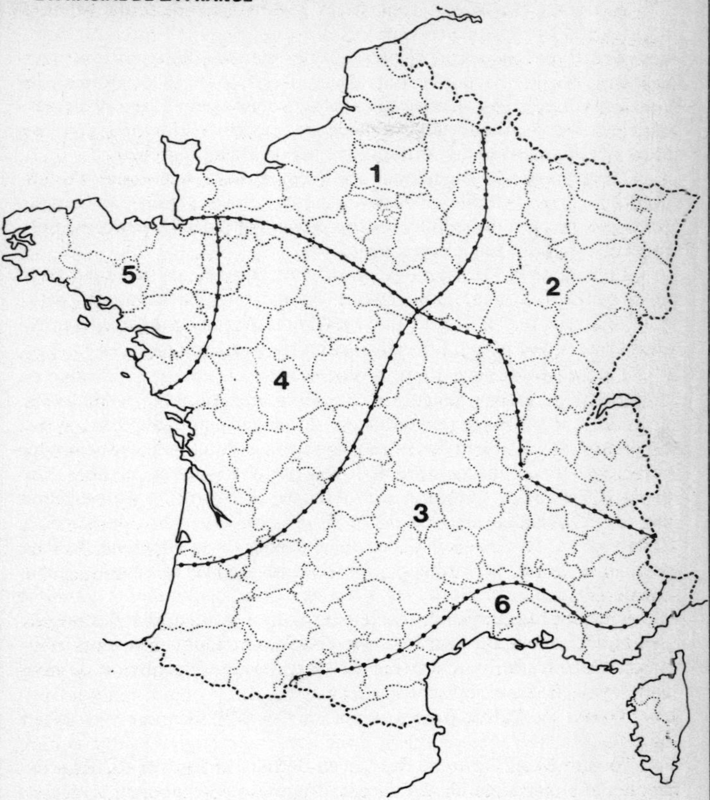

1 - *Grands mésocéphales blonds* = race *nordique*

2 - *Grands brachycéphales blonds* = race *lorraine*

3 - *Petits brachycéphales bruns* = race *alpine*

4 - *Petits mésocéphales bruns* = race *atlanto-méditerranéenne*

5 - *Bretagne* = *zone mixte*

6 - *Petits mésocéphales bruns* = race *méditerranéenne*

0 50 100 200 km

A l'ouest du Massif central, la région s'étendant du Mans et d'Orléans à Bordeaux à travers Val de Loire, Berri et Poitou est dominée par le type des petits mésocéphales bruns avec des variations internes assez fortes, beaucoup plus accentuées que dans les trois autres zones déjà délimitées. Cette région plutôt hétérogène porterait la marque de la « race atlanto-méditerranéenne » mâtinée fortement d'Alpins et de quelques éléments nordiques venus du Bassin parisien.

La Bretagne se singularise par l'apport déjà mentionné d'immigrants de grande taille, blonds et mésocéphales, venus de Grande-Bretagne, mêlés à des Alpins brachycéphales et à des éléments méditerranéens ou atlanto-méditerranéens.

La côte de la Méditerranée enfin est le domaine de la « race méditerranéenne », brune, mésocéphale ou même dolichocéphale, petite mais néanmoins plus grande que les Alpins. Avec une taille légèrement supérieure, cette population est apparentée aux Espagnols.

Caractéristique par rapport aux « races » nordique et lorraine est la faiblesse du groupe sanguin B chez les autres populations françaises. L'étude, encore assez peu avancée, de ces groupes sanguins permet cependant de mettre en évidence l'importance du O. Or, cet hémotype caractérise un certain nombre de foyers périphériques et de zones refuges de l'Europe de l'Ouest et de l'Afrique du Nord. On trouve réunis par un pourcentage de plus de 70 % de sang O le nord de l'Ecosse, l'Irlande, le Pays de Galles, certaines parties de la Bretagne, le Pays basque, la Corse, la Sardaigne, certaines régions berbères montagneuses de l'Afrique du Nord, les Touareg. Cette communauté lointaine d'origine semble confirmée par une répartition comparable des mégalithes couverts et la survivance d'organisations archaïques laissant transparaître des restes d'un système matriarcal avec transmission du pouvoir selon une tradition matrilinéaire.

Toutes ces régions isolées ou périphériques de l'Europe occidentale et de la Méditerranée semblent donc avoir une origine et une culture communes que sir Gavin de Beer, Jean Bernard et Jacques Ruffié n'ont pas hésité à mettre en liaison avec les Ligures qui occupèrent l'ouest de l'Europe au néolithique avant d'être submergés par les populations dites celtiques, très riches en A, assez riches en B et pauvres en sang O.

On voit donc que, malgré la disparition des races pures depuis le néolithique, malgré le brassage des populations depuis des dizaines de siècles, l'anthropologie physique a des éléments à fournir à l'historien et peut même parfois contribuer à l'étude des faits sociaux et culturels. En apportent la preuve les cartes 16 et 17 qui montrent la coïncidence de la limite des 70 % de sang O avec celle des noms de lieux et des phénomènes linguistiques en rapport avec la langue basque.

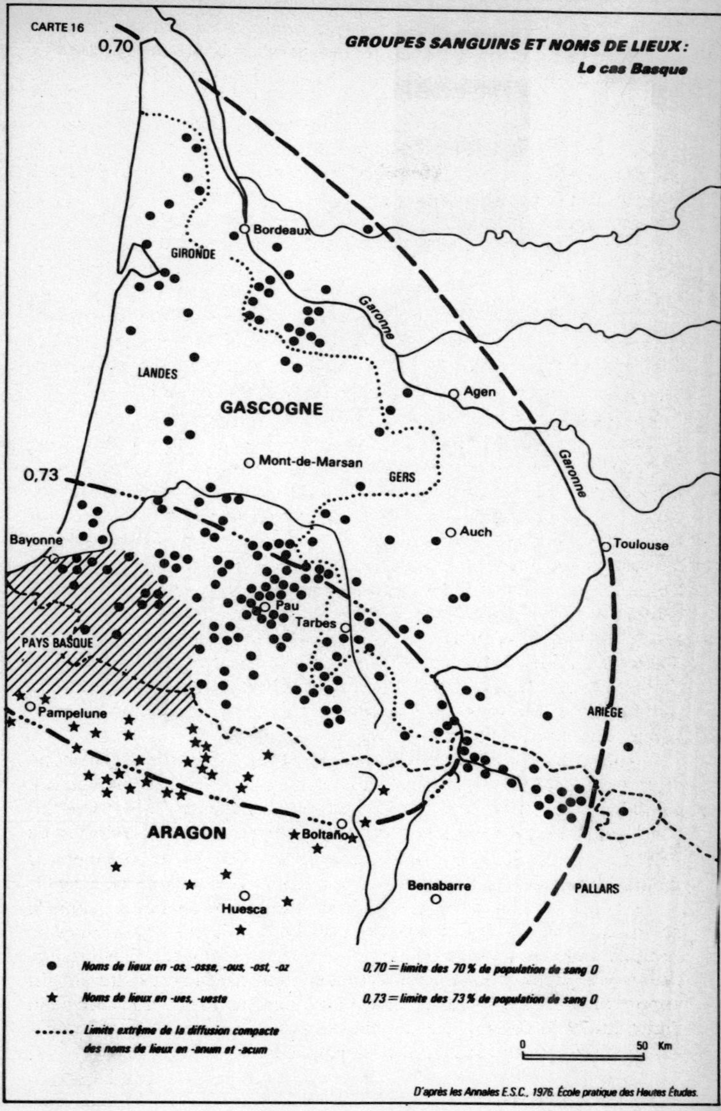

CARTE 16
GROUPES SANGUINS ET NOMS DE LIEUX :
Le cas Basque
0,70
0,73
Bordeaux
GIRONDE
Garonne
LANDES
GASCOGNE
Agen
Mont-de-Marsan
GERS
Garonne
Bayonne
Auch
Toulouse
Pau
Tarbes
PAYS BASQUE
Pampelune
ARIÈGE
ARAGON
Boltaño
Benabarre
PALLARS
Huesca
Noms de lieux en -os, -osse, -ous, -ost, -oz
Noms de lieux en -ues, -ueste
Limite extrême de la diffusion compacte des noms de lieux en -anum et -acum
0,70 = limite des 70 % de population de sang O
0,73 = limite des 73 % de population de sang O
0
50 Km
D'après les Annales E.S.C., 1976. École pratique des Hautes Études.

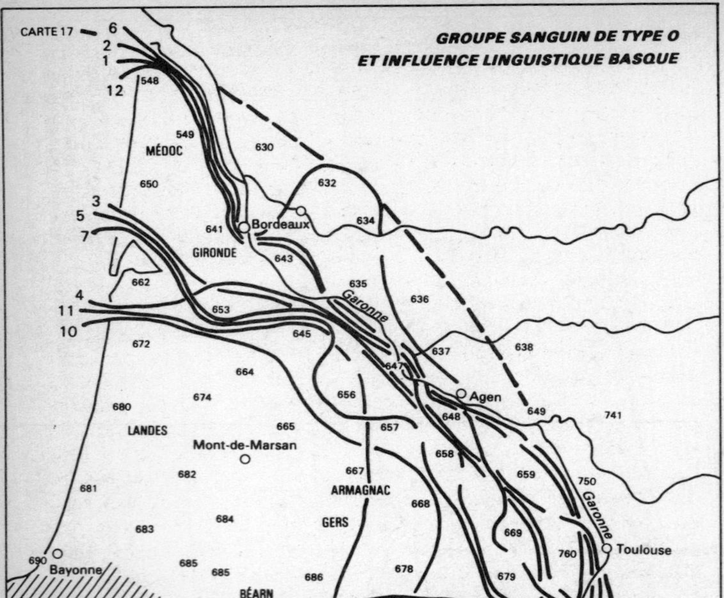
CARTE 17
GROUPE SANGUIN DE TYPE O
ET INFLUENCE LINGUISTIQUE BASQUE
MÉDOC
GIRONDE
Bordeaux
Garonne
Agen
LANDES
Mont-de-Marsan
ARMAGNAC
GERS
Toulouse
Bayonne
BÉARN
Pau
Tarbes
PAYS BASQUE
ASPE
Hte GARONNE
ARIÈGE
ANDORRE
Pampelune
0,70
0,70 = limite des 70 % de population de sang O
1. -ll > -t, -ll > '-r- (agnèt, agnèro : c. II)
2. f > h (hario 'farine' : c. 539)
3. r- > arr- (arrè 'rien' : c. 1158)
4. -n- disparaît (lùo 'lune' : c. 788)
5. nd > n (toune 'tondre' : c. 1724)
6. praube 'pauvre' (c. 981)
7. que bieni 'je viens' (c. 1361)
8. quand mon fils soit grand (c. 514).
9. et 'le', era 'la' (c. 386 et 727)
10. machèro 'joue' (c. 724)
11. ios 'auge' (c. 70)
12. que bam 'nous allons' (c. 27)
0 50 Km
D'après les Annales E.S.C., 1976. École pratique des Hautes Études.

Mais le cas basque est exceptionnel et les différences de langues et de cultures correspondent très rarement à des différences physiques pour des contrées voisines. Ainsi les Bretons de langue bretonne et ceux de langue française ont une répartition identique de leurs groupes sanguins et de leurs autres caractéristiques physiques, de même que Flamands et francophones à la frontière franco-belge. Le long des frontières belge, luxembourgeoise et allemande, les limites politiques traversent des populations identiques aussi bien par le sang que par la forme du crâne, la couleur des cheveux ou des yeux. Curieusement, la frontière franco-suisse dans le Jura sépare des populations de langue identique, de groupes sanguins comparables, mais les Francs-Comtois s'avèrent beaucoup plus brachycéphales que les Suisses romands. A l'inverse, la frontière des Alpes sépare des Italiens et des Français également brachycéphales, mais les formules sanguines, sauf au niveau de la Savoie, très longtemps au contact du Piémont en raison de ses liens politiques avec lui, divergent assez nettement. Sur les Pyrénées, le parallélisme des groupes sanguins le long de la frontière est frappant, mais l'opposition entre la brachycéphalie au nord et la dolichocéphalie au sud est tout aussi étonnante. Il semblerait, d'après les exemples frontaliers jurassien et pyrénéen, que les groupes sanguins aient une plus grande stabilité que la forme des crânes, qui serait sujette à des évolutions assez rapides, dont certaines ont lieu sous nos yeux : l'augmentation de la taille en France, liée à une meilleure alimentation, paraît entraîner une débrachycéphalisation.

On voit donc que l'anthropologie physique pratiquée sans préjugé raciste [14] peut donner des résultats tout à fait intéressants. Or, « nos données sur les races humaines de la France sont beaucoup moins étendues que celles que peuvent avoir les zoologistes ou les botanistes sur les races animales ou végétales de notre sol [15] ». Cette ignorance est volontaire. L'éclosion des nationalités européennes au XIXe siècle a provoqué l'essor de l'anthropologie. « Chaque nation se replie sur elle-même, et veut se penser comme mise en forme étatique d'un peuple particulier,

14. Voir, par exemple, H.- V. Vallois et P. Marquer, *La répartition en France des groupes sanguins A B O*, dans le *Bulletin de la Société d'anthropologie de Paris*, 1964, p. 1-200 ; J. Houdaille, *Evolution de la pigmentation de l'iris en France (de 1810 à 1940)*, dans *Population*, 1970, p. 642-644, et *Evolution de la couleur des yeux et des cheveux des Parisiens depuis le début du XIXe siècle, ibid.*, 1970, p. 1285-1287, qui note l'accroissement du nombre des Français de type clair entre 1880 et 1940, accroissement qu'explique sans peine la plus grande fécondité de la France du Nord ; M.- C. Chamla, *Note sur l'évolution de la pigmentation des cheveux et des yeux des Français entre 1880 et 1940*, dans *Biotypologie*, 1964, p. 149-172, qui remarque une tendance à l'homogénéisation et à l'uniformisation qu'expliquent le décloisonnement des populations et les migrations qui multiplient les mélanges.

15. H.- V. Vallois, *Anthropologie de la population française*, p. 126.

unique, défini par ses mœurs, ses coutumes, son génie. A la recherche d'un point d'ancrage, d'une définition et d'une explication étroite de la nation, l'Europe se passionne pour le concept de race. L'être biologique des peuples doit expliquer l'être social des nations... Cette évolution intellectuelle enchante l'Allemagne, ne déplaît pas à l'Angleterre, ne gêne pas l'Italie [16]. » La France, carrefour de populations et de cultures, refuse cette anthropologie qui confirmerait une hétérogénéité déjà évidente à l'œil nu.

Ainsi s'explique notre retard dans le domaine de l'anthropologie physique et, au-delà, sociale et culturelle. Alors que l'anthropologie anglo-saxonne du XXe siècle étudie les milliers de sociétés profondément différentes qui peuplent la terre, que l'opposition des systèmes de parenté passionne les Britanniques, que les différences de « personnalités » des divers peuples, de tempérament, notamment au point de vue sexuel, fascine les Américains, tels Malinowski, ou des femmes comme Margaret Mead et Ruth Benedict, l'anthropologie française « reste fidèle à l'idéal national d'un homme universel, plus ou moins civilisé, plus ou moins primitif, mais toujours situable sur la ligne droite et unique du Progrès. Lévy-Bruhl définit la mentalité primitive, dont il veut saisir les traits caractéristiques sur l'ensemble de la planète. Lévi-Strauss cherche, dans l'ensemble des systèmes de parenté, un ou plusieurs traits qui définissent l'homme [17] ». Soulignons au passage que les deux plus grands noms de l'anthropologie française sont des savants de cabinet qui cherchent dans les livres un homme universel qu'ils risqueraient de ne pas trouver sur le terrain.

16. H. Le Bras et E. Todd, *L'invention de la France*, p. 13.
17. *Id.*, *ibid.*, p. 18.

3.

NATION OU ETHNIE ?

Plusieurs sociétés ?

On vient de montrer le refus que les anthropologues français ont opposé à l'étude des populations de la France, par crainte de devoir révéler l'hétérogénéité fondamentale de leur pays. Pas plus que les Lévy-Bruhl et Lévi-Strauss, les sociologues n'ont voulu lever le voile d'ignorance et la consigne tacite de silence qui dissimulent la diversité de comportement des Français. Des trois plus grands d'entre eux au XIXe siècle, Gabriel de Tarde, Emile Durkheim et Frédéric Le Play, seul le dernier a osé utiliser la sociologie sur une base géographique. Tous les autres jusqu'à aujourd'hui ont nié farouchement l'existence de conduites particulières liées à des mentalités, à des cultures, des ethnies localisables. Il n'existe pour les sociologues de l'école française qu'un type unique d'homme influencé par les circonstances économiques, et Durkheim, refusant d'admettre une différence entre Normands et Provençaux, n'hésite pas à écrire: « Si donc les gens du Nord se tuent plus que ceux du Midi, ce n'est pas qu'ils y soient plus disposés en vertu de leur tempérament ethnique ; c'est simplement que les causes sociales du suicide sont plus particulièrement accumulées au nord de la Loire qu'au sud [18]. »

Remettant en question cette pensée abstraite et universaliste, Hervé Le Bras et Emmanuel Todd notent que « cette forme de pensée est devenue pour bien des praticiens des sciences humaines, et pas seulement en France, une sorte d'automatisme logique. Toute différence observée entre deux régions ou pays, en un instant unique *t*, est interprétée en termes de niveaux de développement culturel, mental, écono-

18. H. Le Bras et E. Todd, *L'invention de la France*, Paris, 1981, p 19.

mique, sociologique, religieux ou politique. Jamais on n'admettra l'existence simultanée de deux modes de vie distincts et indépendants [19]. » Ainsi chaque phénomène humain a-t-il son histoire à vocation universelle : Philippe Ariès écrit l'histoire de la famille, de l'enfance, de la mort, Michel Foucault celle de la folie et de la prison, Robert Mandrou celle de la sorcellerie... Tous ces phénomènes sont situés dans le temps, jamais dans l'espace. Il y a une histoire des mentalités mais on refuse une géographie des mentalités. « Pourtant la famille n'est jamais la même à Toulouse et à Rouen, quelle que soit la date choisie. On ne meurt pas de la même façon en Provence et en Bretagne ; on n'est pas aussi fréquemment classé comme fou à l'est qu'à l'ouest. Et l'on ne brûle au XVIe et au XVIIe siècle, à l'époque « moderne », des sorcières que dans certaines régions. L'histoire française des mentalités est dans une large mesure mythique, parce qu'elle traite comme nationaux des phénomènes d'échelle régionale, enracinés dans des systèmes anthropologiques locaux [20]. » Seuls les spécialistes de science politique ont réussi en France à échapper à cette attitude de « déspatialisation » des sciences humaines.

Prenons par exemple l'*Atlas historique de la France contemporaine (1800-1965)*. On y trouve, bien entendu, des cartes du territoire national, de ses variations, de ses divisions administratives, de son évolution démographique, de sa vie économique, politique, accessoirement religieuse. La vie sociale, les mœurs, les coutumes, les structures familiales, ce sont, dans le chapitre sur la vie politique, une série de cartes sur l'implantation des syndicats, dans celui sur l'enseignement, des documents sur le niveau d'instruction et la répartition des établissements scolaires de l'enseignement supérieur, et un chapitre intitulé « Informations, culture et loisirs » cartographie le tirage de la presse, la diffusion de la radio et de la télévision, l'implantation des salles de théâtre et de cinéma, les zones touristiques, la répartition des jeux traditionnels et des sports. Certes, il n'est pas sans intérêt de savoir que le jeu de quilles est pratiqué par des clubs affiliés à une Fédération française implantée dans 14 départements en 1965, ou de voir sur une carte l'implantation respective des clubs professionnels de football ou de rugby, mais comme l'on préférerait avoir des cartes montrant depuis 1800 l'évolution géographique du suicide, de l'alcoolisme, de la délinquance ou bien de l'âge au mariage des enfants naturels, du taux de célibat, de la taille des ménages...

Seuls, dans un livre volontairement provocateur et parfois mala-

19. *Id.*, *ibid.*, p. 19.
20. *Id.*, *ibid.*, p. 20.

droit [21], Hervé Le Bras et Emmanuel Todd ont osé enfreindre le tabou et, reprenant les vues de Le Play, ils ont dégagé de nombreux traits originaux des sociétés françaises, car il n'y a pas une mais plusieurs façons de vivre en société sur notre territoire. Le Play a distingué au XIXe siècle trois types de famille. La « famille instable » correspond à la famille nucléaire, réduite au père, à la mère et à leurs enfants. C'est le modèle anglais, qui se généralise à la fin du XXe siècle. La « famille patriarcale » est constituée par la cohabitation avec le père et la mère des enfants mariés, quel que soit leur nombre. La « famille-souche » est formée par le père et la mère cohabitant avec un seul de leurs enfants marié, les autres étant condamnés au célibat ou à l'abandon du domicile paternel, c'est le modèle germanique. Si l'urbanisation favorise la famille instable ou nucléaire, les autres modèles n'en continuent pas moins d'exister, notamment dans la France rurale. Des variables permettent d'affiner les distinctions. Ainsi le mariage précoce des enfants est lié au modèle patriarcal, les nouvelles cellules conjugales s'intégrant sans problème au ménage ancestral. En revanche, la famille-souche implique un mariage tardif et soigneusement préparé, car il entraîne la dislocation de la famille. Le corollaire en est aussi un taux de célibat important, les frères et sœurs désireux de demeurer au sein de la famille étant contraints de rester célibataires.

On distingue ainsi dans la France du XIXe siècle et encore aujourd'hui, du moins dans les campagnes, différentes zones. Les régions de structure nucléaire sont la Normandie, le Maine, l'Anjou, l'Orléanais, la Champagne, la Lorraine, la Bourgogne et la Franche-Comté. Les départements affichant au recensement de 1975 la plus forte proportion de ménages nucléaires sont la Manche, l'Orne, l'Ille-et-Vilaine, la Mayenne, la Sarthe.

La famille patriarcale peut être divisée en deux types selon le degré de contrôle de l'âge au mariage des enfants. Une famille patriarcale souple, à système de mariage non contrôlé par les aînés, impliquant le désir de vivre en commun dans une dépendance non autoritaire, couvre la plus grande partie du Sud-Ouest quasiment jusqu'à la Loire, la Provence et les deux départements du Nord et du Pas-de-Calais. Elle est nommée « famille communautaire » par Todd et Le Bras. Une famille de type rigide, qu'ils appellent « autoritaire », contrôlant étroitement l'âge au mariage des jeunes générations, s'étend sur la Bretagne, le Pays basque et ses marges, le sud du Massif central, la Savoie, l'Alsace.

Les indicateurs sociaux et moraux soulignent cette hétérogénéité fondamentale de la France. Ainsi la carte des personnes âgées vivant

21. L'ouvrage déjà cité de H. Le Bras et E. Todd sert de base à ce développement.

seules en milieu rural en 1975 coïncide largement avec celle de la famille nucléaire, le Sud et le Sud-Ouest ayant les plus faibles pourcentages de vieillards isolés. Cette sociabilité méridionale est aussi mise en évidence par la carte des personnes vivant dans des ménages auxquels elles ne sont reliées par aucun lien de parenté, carte sur laquelle se détachent la Guyenne-Gascogne, le Languedoc et la Provence, le Massif central faisant preuve d'une moindre ouverture. Cette sociabilité fait aussi apparaître le sud de la France comme beaucoup moins touché par l'alcoolisme que le Nord où les individus sont davantage isolés. La carte de répartition des enfants âgés de 25 ans et plus vivant dans le ménage agricole de leurs parents en 1975 fait ressortir deux pôles où leur pourcentage atteint plus de 25 % : Hautes et Basses-Pyrénées, Savoie et Haute-Savoie, régions de famille autoritaire, tandis qu'une quinzaine d'autres départements se situent entre 20 % et 25 % : ce sont, au contact des deux pôles précédents, la Haute-Garonne, l'Ariège, l'Isère, les Hautes-Alpes, un bloc formé par les trois départements auvergnats, la Lozère, l'Ardèche et la Loire, un autre bloc groupant l'Alsace, la Lorraine, le territoire de Belfort et le Doubs, enfin le Finistère, le Morbihan et la Loire-Atlantique, trois départements bretons.

La violence, révélatrice de la révolte ou de l'inadaptation, peut aussi se cartographier. Elle révèle un contraste entre les régions situées de part et d'autre d'une ligne reliant approximativement l'estuaire de la Seine au Jura. Au nord et à l'est de cette ligne les cas de folie, les viols, les assassinats, les coups et blessures sont beaucoup plus fréquents qu'au sud de celle-ci. Or, cette ligne sépare les pays dits « ouverts », aux grands champs non clôturés, des pays « d'enclos » où le paysan délimite soigneusement sa terre par des haies vives ou des murets de pierre. Les pays « ouverts » sécrètent la contestation et la violence, ceux d'enclos limitent les contacts et les occasions de conflits. Toutefois, dans ces pays « clos », s'il n'existe pas un système social cohérent, la violence peut aussi se déchaîner. Si la Bretagne et le Massif central, pays d'ordre profond, se distinguent par le petit nombre des actes de violence, la Normandie et le Midi méditerranéen, peu structurés, sont des régions de violence. Ainsi, au palmarès de la violence, à côté du Bassin parisien, du Nord et de l'Est, pays d'*openfield*, non clos, figurent la Normandie et la Provence, la première province d'individualisme extrême, la seconde déstructurée par la décomposition du système familial méditerranéen au XIXe siècle. Les cartes des condamnations pour coups et blessures en 1875 et 1975 publiées par Le Bras et Todd mettent en évidence une concentration croissante de la violence au nord d'une ligne reliant Rouen à Genève. En 1975, sur les 23 départements (Paris et les départements périphériques exclus) situés au nord et à l'est de cette ligne, 14 figurent parmi les 20 départements les plus violents de France, 4 autres sont juste au sud de cette ligne (Calvados, Ain, Haute-Savoie, Loire) et 2 seulement sont très éloignés d'elle, le Vaucluse et la Corse. Entre 1875 et 1975, la concentration de la violence dans cette zone géographique s'est de plus en plus accentuée : sur les 36 départements détenant le record des actes de violence en 1875, 16 se trouvaient au nord et à l'est de l'axe Rouen-Genève en 1875, 20 au sud ; un siècle plus tard, il y en a toujours 14 au nord, mais les départements méridionaux, de 20 sont tombés à 6, en fait à 2, si l'on prend en compte la proximité de 4 autres de cet axe, comme on vient de le voir.

On pourrait, on devrait tout aussi bien cartographier la condition féminine et son évolution au cours de ces deux derniers siècles. Le vote de la loi Naquet autorisant le divorce, en 1881, aurait dû faire apparaître une opposition entre les régions de tradition catholique hostiles au divorce et les pays déchristianisés qui auraient dû lui être favorables. Il n'en a rien été. Les cartes du divorce en 1896, 1920, 1946 et 1975 montrent une stabilité remarquable de la répartition des divorces, sans rapport avec le fait religieux. Régions industrielles et urbanisées pratiquent largement le divorce, mais aussi les pays ruraux de type familial nucléaire, comme le Bassin parisien et tout l'Est, même les fiefs catholiques d'Alsace et de Franche-Comté. Il en est de même pour la Provence où les structures familiales de type méditerranéen ont éclaté. En revanche, le Sud-Ouest laïque et anticlérical rejoint dans un usage très modéré du divorce les pays à forte tradition conservatrice et catholique du sud du Massif central et de Bretagne. La structure familiale communautaire, libérale ou autoritaire, est un obstacle au divorce beaucoup plus que les interdits religieux.

Prenons un dernier exemple parmi les centaines que devrait comporter un ouvrage consacré à l'histoire et à la géographie — à la géographie historique — du comportement des femmes et à l'attitude des hommes à l'égard des femmes, mais que les dimensions et le propos de ce travail ne permettent pas de développer. Détentrices de beaucoup plus de pouvoir dans la société germanique que dans le monde latin, les femmes ont un statut plus élevé dans le nord et l'est de la France que dans les régions sises au sud de la Loire, beaucoup plus profondément romanisées. La carte des procès de sorcellerie aux XVIe et XVIIe siècles, qui concernent en très grande majorité des sorcières, fait apparaître trois régions particulièrement touchées : les Hautes et les Basses-Pyrénées, foyer d'influence basque à tradition matriarcale plus ou moins diffuse, le Nord-Pas-de-Calais fortement germanisé, au contact du monde flamand, et l'Est, Lorraine, Alsace, Franche-Comté, Bourgogne jusqu'à la Savoie inclusivement. Or, cette carte coïncide assez largement avec celle de la répartition des sages-femmes en 1970, les 15 départements ayant la plus forte proportion de sages-femmes par habitants étant le Nord et 10 départements de l'Est. « Encore aujourd'hui, malgré leur éviction lointaine, malgré l'obstétrique et la gynécologie, sciences masculines, la carte des sages-femmes coïncide bien avec celle des sorcières d'antan [22]. »

Ignorée plus ou moins volontairement par les historiens et sociologues français et par des anthropologues plus intéressés par les mœurs des Papous que par la diversité régionale de celles de leurs concitoyens, l'étude des variantes géographiques de la société française apporterait beaucoup plus à la connaissance et à la compréhension de la France et des Français que de brillantes mais hasardeuses synthèses sur le comportement de l'Etre humain en général ou d'un Français désincarné, abstrait, dont on nie trop vite les spécificités et les variétés locales.

Langue et langues

On dispose, heureusement, de davantage de travaux sur les langues parlées en France, encore que, là aussi, les arrière-pensées unificatrices et nationalistes ne soient pas absentes, exprimées, par exemple, par Gaston Paris, lorsqu'il écrit : « Aucune limite réelle ne sépare les Français du Nord des Français du Midi ; d'un bout à l'autre du sol national nos parlers populaires étendent une vaste tapisserie dont les couleurs variées se fondent sur tous les points en nuances insensiblement dégradées [23]. » Ainsi s'explique que les travaux de dialectologie ont été et sont encore surtout le fait de francophones, Belges ou Suisses, et non de Français.

Si les populations qui ont précédé les Celtes n'ont transmis que quelques noms de montagnes ou de rivières, le grec, le ligure, l'ibère, peut-être l'ancêtre du basque, n'ont pas laissé beaucoup plus de traces et la langue gauloise n'a guère eu plus de succès. On recense en français à peine 200 mots d'origine gauloise. Le latin n'a gardé du gaulois que des tournures grammaticales (gallicisme) ou des intonations (accents). Les invasions germaniques provoquent une cassure dans les dialectes à base de latin des Gallo-Romains. Le latin parlé en Gaule au Bas-Empire se différencie sous la double influence du substrat celtique et du superstrat germanique.

Dans des régions entières, les habitants de langue romaine ont été

---

22. *.Id.*, *ibid.*, p. 180.
23. Cité par P. Guiraud, *Patois et dialectes français*, p. 21.

submergés numériquement par les nouveaux venus et le latin a totalement disparu. C'est le cas de tout le territoire situé entre le Rhin, la mer du Nord et une ligne reliant approximativement d'ouest en est Boulogne-sur-Mer à Liège, où les Francs se sont installés en masse, ainsi qu'à l'est des Ardennes, dans l'Eifel, le long du Rhin et de ses affluents jusqu'au niveau de Metz. Quant aux Alamans, ils ont implanté leur dialecte germanique en Alsace et dans la majeure partie de la Suisse.

A l'ouest, c'est la péninsule armoricaine qui perd son latin au profit d'un idiome celtique réintroduit par les Celtes d'outre-Manche fuyant les envahisseurs anglo-saxons. Profitant de la désagrégation du pouvoir romain et de la faiblesse du pouvoir franc trop lointain, les Basques s'étendent sur tout le triangle de la Gascogne, entre Pyrénées, Atlantique et Garonne. L'apport plus ou moins important de ces divers peuples et de ces différentes langues détermine pour près d'un millénaire le paysage linguistique de la France [24].

Il semble que dès le Xe siècle s'affirme une différenciation entre le nord et le sud de la France, mais ce n'est qu'à partir du XIIIe siècle, quand on dispose de suffisamment de textes en langue vulgaire, que l'on peut établir une carte linguistique de la France. Le pays se divise alors en deux grandes zones, de part et d'autre d'une ligne débutant sur l'estuaire de la Gironde, remontant vers le nord à partir de Libourne, contournant le Massif central par le nord, puis redescendant vers le sud à partir de la jonction des actuels départements de l'Allier, du Puy-de-Dôme et de la Loire, pour aboutir sur le Rhône au niveau de Tournon et couper les Alpes à peu près à cette latitude [25].

Au sud de cette ligne se trouve le domaine de la langue d'oc, au nord, celui de la langue d'oïl. Dès la première croisade, en 1095, on distingue, parmi ceux qui partent pour la Terre sainte, les Français du Midi, dits *Provinciales*, Provençaux, des Français du Nord ou *Francigenae*. Une zone intermédiaire, baptisée franco-provençale, emprunte des traits aux deux langues et s'étend sur la moitié méridionale de la

24. Une autre école fait remonter l'origine de la différenciation entre Nord et Sud à la préhistoire. Opposant un Nord fortement celtisé à un Sud à prédominance non celte, elle affirme que la différenciation aurait été en germe avant les invasions germaniques, lesquelles, en épargnant le Midi de la Gaule, n'auraient fait que renforcer la spécificité de la langue méridionale. On peut consulter sur ce point les travaux de Robert Specklin qui mettent en évidence l'existence d'une barrière, d'un *limes*, qu'il fait remonter aux Ligures, coupant la France actuelle par une ligne de défense située au sud de la Loire, notamment dans la région qui porte le nom, caractéristique pour ces régions frontières, de Marche. L'anthropologie semble confirmer cette hypothèse, notamment l'hémotypologie dans le cas des Basques. Voir la fin du chapitre précédent et notamment les cartes 16 et 17 où sont mis en rapport groupes sanguins et phénomènes linguistiques, qui se recouvrent remarquablement.

25. Voir la carte 18.

Franche-Comté, la Suisse romande sauf les cantons de Neuchâtel et du Jura, la Savoie, le nord du Dauphiné (Isère), la Bresse, le Bugey, les Dombes (Ain), le Lyonnais et le Forez (Rhône et Loire).

A l'intérieur de chacune de ces grandes zones se distinguent plusieurs parlers. Pour le français, ce sont le wallon, cantonné en Belgique et dans l'extrême nord du département des Ardennes, le picard qui déborde largement de la Picardie historique, le champenois, le lorrain, le comtois, le bourguignon ; le normand correspond à la Normandie et présente des traits caractéristiques dus à l'influence scandinave ; à l'ouest et au sud de l'Ile de France, où l'on parle français ou francien, de la lisière du breton aux confins bourguignons, s'étendent des parlers peu individualisés par rapport au français ; en revanche, les parlers du Sud-Ouest, en Poitou, Saintonge, Angoumois, sont très originaux et portent la marque d'une forte influence occitane, cette région ayant vraisemblablement été conquise par le français sur la langue d'oc entre les Xᵉ et XIIIᵉ siècles.

La zone franco-provençale, peu étendue, a une homogénéité suffisante pour qu'il soit inutile de la subdiviser en parlers locaux. Le pays de langue d'oc compte six groupes. « Au nord, les parlers limousins (nord de la Dordogne, Corrèze, Haute-Vienne, Creuse) ; auvergnats (nord du Cantal, Puy-de-Dôme, Haute-Loire) ; alpins (Ardèche, Drôme, Hautes-Alpes, nord des Basses-Alpes), qui ont en commun quelques traits phonétiques. Au sud, les parlers languedociens (sud de la Dordogne, nord du Lot-et-Garonne, est du Tarn-et-Garonne, de la Haute-Garonne et de l'Ariège, Aveyron, Lot, Tarn, Lozère, Gard, Hérault, Aude), qui comportent d'ailleurs un assez grand nombre de variétés, et les parlers provençaux (Vaucluse, sud des Basses-Alpes, Bouches-du-Rhône, Var, Alpes-Maritimes [26]. » Enfin, le triangle gascon se singularise tellement que certains linguistes le considèrent plutôt comme une langue particulière, fortement influencée par les parlers du nord de l'Espagne.

Du XIIIᵉ au XXᵉ siècle, la répartition de ces parlers ne s'est guère modifiée mais leur importance a fortement décru avec, à partir du XVᵉ siècle, l'affirmation du français comme langue nationale. Le premier enseignement en langue vulgaire, en français, n'est pas donné dans une université latiniste et sclérosée mais au Collège de France fondé en 1529. L'édit de Villers-Cotterêts de 1539 stipule que les actes administratifs devront être rédigés en « langage maternel françois » et non plus en latin. Quoiqu'il ne les vise pas, ce texte contribue aussi à affaiblir les

26. J. Monfrin, *Les parlers en France*, p. 760-761 de *La France et les Français*, Paris, 1972. Ce texte est largement utilisé dans le présent développement.

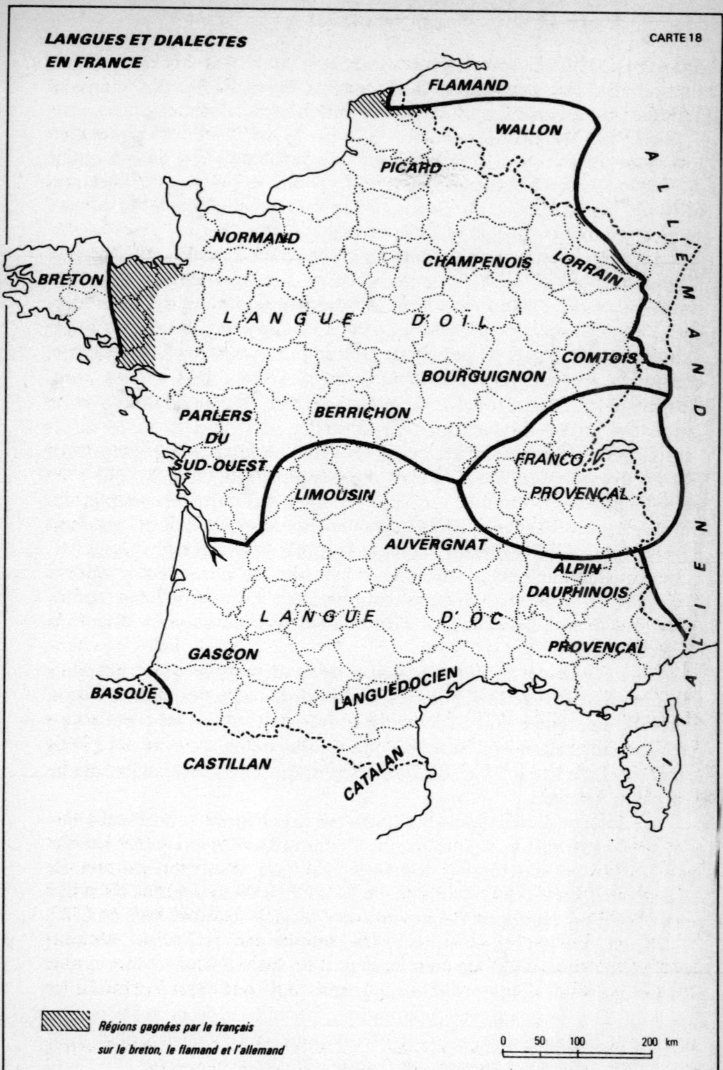

LANGUES ET DIALECTES EN FRANCE

différents parlers au profit du français érigé en langue officielle. Entre 1450 et 1550, on peut suivre la disparition des dialectes d'oc dans les archives administratives, judiciaires et notariales. L'avance du français se fait le long des principaux axes. A la fin du XVe siècle, il a pénétré en Limousin, en Périgord, à Bordeaux d'une part, de l'autre dans la vallée du Rhône jusqu'à Valence, Avignon, Nîmes et Montpellier. Seules résistent trois régions : la Gascogne, le versant méridional du Massif central, les Alpes du Sud et la Provence.

La prépondérance croissante du français est assurée sous l'Ancien Régime par le fait qu'il est reconnu comme langue des détenteurs du pouvoir : le roi, l'administration, la bourgeoisie des villes, les intellectuels, les écrivains. Le prolétariat urbain, les paysans, 90 % des Français continuent à user de parlers de plus en plus pénétrés par le français, considérés avec mépris par les dirigeants et les intellectuels qui les qualifient de patois. Dans son *Dictionnaire françois*, Richelet définit ainsi le patois : « Sorte de langage grossier, d'un lieu particulier et qui est différent de celui dont parlent les honnêtes gens. » Quant à Furetière, dans son *Dictionnaire universel*, il écrit dix ans plus tard, en 1690, que c'est un « langage corrompu et grossier, tel que celui du menu peuple, des paysans et des enfants ». Mais le gouvernement monarchique, confiant dans sa force et sa légitimité, accepte fort bien ces différences linguistiques, considérant que la diversité des parlers ne porte pas atteinte à l'intégrité du royaume. Aucune tentative n'est faite pour lutter contre les parlers locaux dans les provinces nouvellement acquises d'Alsace ou du Roussillon.

La Révolution ne fait pas preuve de la même tolérance. Les idiomes des provinces ne sont pour les révolutionnaires qu'un héritage de la féodalité. La langue doit être une, comme la nation. Or, les réponses au questionnaire relatif à la situation linguistique du pays conçu par l'abbé Grégoire et envoyé le 21 août 1790 montrent qu'un Français sur deux ne sait pas le français.

Héritier de l'idéologie révolutionnaire, le régime napoléonien instaure un centralisme rigoureux, et l'administration prolifère rapidement, régentant à peu près toutes les activités. Les représentants de l'Etat constituent aujourd'hui de 15 % à 25 % de la population active selon que l'on comptabilise ou non des services comme la S.N.C.F., l'Electricité ou le Gaz de France, les banques nationalisées... Ils sont déplacés selon les aléas de leur carrière d'un bout à l'autre du pays, et leur ignorance des parlers locaux contraint leurs administrés à utiliser le français. Les brassages de populations depuis 1914, la scolarisation massive et obligatoire sous la IIIe République, avec interdiction d'utiliser, même dans les cours de récréation, les dialectes locaux, la radio enfin, puis la télévision, tout se conjugue pour anéantir la diversité linguistique de la France. Les mots français occupent une place croissante dans des parlers de plus en plus abâtardis, de moins en moins connus et pratiqués, dont la disparition semble inéluctable.

Aujourd'hui, les différents dialectes d'oc paraissent près de l'extinction, seuls subsistent les parlers profondément différents du français. Le breton, qui a perdu la moitié de son aire d'expansion maximale, se parle encore à l'ouest d'une ligne Saint-Brieuc-Vannes. Le flamand subsiste dans quelques cantons de Flandre maritime au contact du flamand de Belgique. Les dialectes allemands de Moselle et d'Alsace se maintiennent bien grâce aux contacts avec l'Allemagne ou la Suisse, où de nombreux travailleurs frontaliers les utilisent quotidiennement. Les Pyrénées-Orientales, adossées à la Catalogne espagnole, sauvegardent aussi largement leur langue. La situation insulaire de la Corse en préserve le dialecte. Quant aux Basques, après avoir connu une expansion aussi rapide que brève lors de la décomposition de l'Etat au début du haut Moyen Age, ils ont reflué de la Gascogne sur leur région de départ et même fortement régressé en Espagne. On explique largement leur reflux par l'arrivée de milliers de réfugiés chrétiens des régions conquises par les musulmans en Espagne, réfugiés qui ont amené avec eux des parlers romans et submergé par endroits les basquisants.

Le français déborde les frontières nationales. En Belgique, il suit à peu près le 50° 45' de latitude Nord, une ligne presque droite au nord de Lille et de Liège, ce qui tendrait à démontrer que la « coulée » franque s'est produite le long de la côte sans atteindre la vallée de la Meuse. En Suisse, le français occupe le Jura bernois, jusqu'à Bienne/Biel où l'allemand tend aujourd'hui à l'emporter, le canton de Neuchâtel, ceux de Vaud et de Genève. Dans celui de Fribourg, la poussée alémanique a franchi la Sensée/Sense, et la frontière linguistique se situe sur le plateau entre cette rivière et la Sarine/Saane, dont la haute vallée a été germanisée. Le Valais roman a subi la poussée des Walser qui ont peuplé la partie supérieure du canton, la haute vallée du Rhône jusqu'aux portes de Sion/Sitten. Ici, avec le développement du tourisme et des sports d'hiver, c'est le français qui a récemment progressé, remontant jusqu'à Sierre. Mais rien ne permet de croire que cette progression va continuer, car il y a entre Sierre et Loèche/Leuk, où débute la langue allemande, un désert de pierres de quelque six kilomètres. En Italie subsistent des vestiges d'une langue franco-provençale ou provençale sur le versant oriental des Alpes, notamment dans le Val d'Aoste, la haute vallée de la Doire (Bardonnèche/Bardonecchia et Oulx/Ulzio), de la Varaita (Château-Dauphin/Casteldelfino).

On a esquissé ici une géographie linguistique de la France. Si l'on avait disposé du temps et de la place nécessaires, on aurait pu montrer à quel point la linguistique peut être utile à l'historien et au géographe, grâce notamment à l'anthroponymie et à la toponymie [27]. On se bornera à un seul exemple, renvoyant à une carte publiée par Albert Dauzat [28] qui montre que la limite des langues d'oc et d'oïl coïncide avec celle des patronymes Favre ou Faivre, au nord, et Faure au sud, variantes du mot latin *faber*, forgeron. Avant tout instrument de communication, le langage mérite une attention approfondie de la part des historiens et des géographes. Son étude permet un éclairage neuf sur les circonstances au cours desquelles se sont formés et développés bien des groupes humains. L'expansion ou le recul de tel ou tel dialecte est bien souvent à mettre en relation avec des modifications liées à l'histoire et à l'économie, voire à la démographie.

La culture

On pourrait tout autant écrire une géographie historique de la culture et de ses manifestations en France, montrer, malgré une précoce centralisation à Paris, la répartition de l'imprimerie et de l'édition sur le territoire et son évolution, celle des arts, peinture, sculpture, musique, architecture, circonscrire des styles régionaux. On pourrait faire, par exemple, une géographie historique de l'influence culturelle française à l'étranger aux XVIIe et XVIIIe siècles en dressant la carte des imitations de Versailles édifiées par les souverains étrangers. Très peu de tentatives ont été faites dans ce sens et on se bornera ici à signaler les principaux acquis de l'une d'elles, une *Géographie des lettres françaises* tentée par Auguste Dupouy.

Ce tableau de la production littéraire en langue vulgaire — on pourrait aussi le faire pour le latin — fait apparaître une suprématie anglo-normande aux XIe et XIIe siècles avec des œuvres comme les Romans d'*Alexandre*, de *Brut* ou de *Rou*, essor littéraire qui coïncide avec celui du royaume anglo-angevin des Plantagenêt. Le picard occupe une place importante au XIIIe siècle, avec Arras pour capitale, où s'élabore vraisemblablement la première branche du *Roman de Renart*, où écrivent et vivent Jean Bodel et Adam de la Halle, tandis que la Picardie proprement dite abrite Raoul de Houdan (en fait de Houdenc), Gautier

27. Voir notamment les travaux de P. Bonnaud, dont on trouvera la liste et l'analyse dans sa thèse, *Terres et langages, peuples et régions*, Clermont-Ferrand, 1981.

28. C'est la carte 4, p. 321, dans la 2e édition de A. Dauzat, *Les noms de famille de France*, Paris, 1945.

de Coincy, Jacques, Guillaume et Gérard d'Amiens, Richard de Fournival. Cette splendide efflorescence culturelle correspond à l'essor d'une vie urbaine et bourgeoise intense, et les œuvres ont un caractère très différent de la production normande. La Champagne a pour enfants Chrétien de Troyes, Gace Brulé, Thibaut de Champagne, Geoffroi de Villehardouin, Philippe de Vitry... A côté de ces trois centres, Paris fait piètre figure. L'activité intellectuelle y est dominée par l'Université et le latin règne en maître. Seul le Val de Loire, Touraine et Orléanais, produit quelques talents avec Benoît de Sainte-Maure, Lambert le Tort, Guillaume de Lorris à qui succède Jean de Meung. Les troubles du XVe siècle favorisent cette région où les rois de France, fuyant les désordres parisiens et la menace anglaise, séjournent le plus souvent. Certes, François Villon est parisien, mais l'essentiel de la vie intellectuelle du temps a pour cadre la cour de Jean de Berri à Poitiers et à Bourges, celle de Louis puis Charles d'Orléans à Orléans et à Blois, celle de René d'Anjou à Angers. L'autre grand foyer culturel du XVe siècle est la cour des ducs de Bourgogne, foyer double, la vie des ducs se partageant entre Dijon et les villes wallones ou flamandes du Nord.

Avec la Renaissance se confirme la situation privilégiée du Val de Loire. C'est là que les rois préfèrent résider et construisent leurs châteaux. Paris a eu sa première imprimerie en 1470, Angers a la sienne dès 1476. Les universités d'Angers, d'Orléans, de Bourges, de Poitiers témoignent de l'importance de la région. C'est de cette zone entre Perche et Angoumois que sont issues la plupart des gloires du XVIe siècle : Ronsard, Baïf, Du Bellay, Mathurin Régnier, Desportes, Rémy Belleau, Robert Garnier, Etienne Dolet, Ambroise Paré, Jean Bodin, et, bien sûr, Rabelais.

Seule la ville de Lyon peut rivaliser avec la pléiade culturelle du Val de Loire. C'est le centre de l'imprimerie française, le foyer de l'italianisme et de la poésie pétrarquisante avec des auteurs comme Maurice Scève, Louise Labé, Louis Meigret. Les Bourguignons se tournent vers Lyon, tels Pontus de Thyard, Bonaventure des Périers, Thomas Sibilet, ou vers Genève, s'ils sont protestants comme Théodore de Bèze.

Le Midi tient une place plus modeste avec la cour qu'entretient à Nérac Marguerite d'Angoulême, reine de Navarre. Elle y protège Clément Marot, Lefèvre d'Etaples, Calvin. C'est là que débute la vie littéraire de langue française des pays d'oc. Si l'on ne peut y inclure Marot, fils de Normand né à Cahors, il faut mentionner Hugues Salel et Olivier de Magny, Quercynois de souche, le Limousin Eustorg de Beaulieu, le Gascon Salluste du Bartas, les Périgourdins Montaigne, La Boétie, Brantôme.

Paris, où séjourne de façon épisodique le roi, compte quelques écrivains mineurs, dont Etienne Jodelle, de la Pléiade, mais surtout des humanistes, Guillaume Budé, les imprimeurs Estienne émigrés ensuite à Genève, Jacques Amyot, natif de Melun... C'est, dans l'ensemble, plutôt maigre dans la production intellectuelle et surtout littéraire du temps.

La première moitié du XVIIe siècle est dominée de façon écrasante par les Normands et, dans la préface de sa tragédie *Hippolyte* publiée en 1635, La Pinchère prie d'excuser ses origines angevines, car « comme autrefois pour être estimé de la Grèce, il ne fallait que se dire d'Athènes, et pour avoir la réputation de vaillant il fallait être de Lacédémone, maintenant pour se faire croire excellent poète, il faut être né dans la Normandie ». Il suffit pour s'en convaincre d'énumérer les principaux poètes et dramaturges d'origine normande : Malherbe, Corneille, mais aussi Montchrestien, Saint-Amant, Le Métel de Boisrobert, Sarasin, Saint-Evremond, Segrais. Mais c'est en « montant » à Paris que ces provinciaux se font connaître par tout le royaume.

Le reste de la France réunit à peine autant de noms : les Scudéry nés au Havre mais de souche provençale, Agrippa d'Aubigné, Saintongeois de Genève, l'Angoumois Balzac, le Savoyard Vaugelas, le Tourangeau Descartes, le Provençal Gassendi. Pascal a quitté l'Auvergne à l'âge de huit ans pour s'imprégner de jansénisme à Rouen avant de se fixer à Paris. Honoré d'Urfé, né à Marseille, est d'origine forézienne, Racan est tourangeau, Théophile de Viau agénois. Le Languedocien Maynard note qu'il faut, pour faire carrière, aller vivre et s'imposer à Paris :

... la troupe des raffinés
Méprise les vers qui sont nés
D'une Muse provinciale.

L'affirmation du double pôle Paris-Versailles sonne le glas de la province. Désormais s'affiche un parisianisme méprisant pour les accents et les particularités du reste du royaume. On en trouve des échos dans les comédies de Molière, où sont campés des provinciaux ridicules : la comtesse d'Escarbagnas, MM. de Sotenville et de Pourceaugnac. Molière, un Parisien de naissance, comme Boileau, La Bruyère, la marquise de Sévigné, La Rochefoucauld, Malebranche, Regnard, Charles Perrault. Mme de La Fayette est havraise, Racine et La Fontaine sont champenois, Rotrou est de Dreux, tous dans la mouvance parisienne.

Les salons de l'hôtel de Rambouillet puis l'Académie française érigent officiellement Paris en capitale intellectuelle. Seuls protestent le Normand Saint-Evremond dans sa comédie *Les académistes* et un autre Normand, Boisrobert, qui raille la lenteur de rédaction du *Dictionnaire* de l'Académie française. Paris et Versailles s'accordent pour souligner l'infériorité de la province. Bouhours écrit : « Le mot de provincial emporte je ne sais quoi de contraint et d'embarrassé, et, sans compter le mauvais accent, quelque chose d'irrégulier et de peu poli dans le langage. » Boileau vilipende systématiquement les auteurs provinciaux, s'en prenant au plus célèbre d'entre eux, Corneille. Le *Mercure galant*, journal littéraire auquel collaborent de nombreux écrivains normands, est pour La Bruyère « immédiatement au-dessous de rien ». Montesquieu dépeint bien cette volonté de la monarchie absolue de régenter l'art et la littérature lorsqu'il écrit dans ses *Lettres persanes* : « Le Prince imprime le caractère de son esprit à la Cour, la Cour à la Ville, la Ville aux provinces. »

Au XVIIIe siècle, alors que Versailles se replie sur ses fêtes et ses plaisirs, Paris accapare la vie intellectuelle avec ses salons littéraires, ceux de Mme Lambert, de la duchesse du Maine, de Mlle Delaunay, de la marquise du Châtelet, de Mme Geoffrin, de Mme de Tencin, de Mme du Deffand, de Mlle de Lespinasse, de Mme d'Epinay... Les auteurs de province ne peuvent se faire connaître et publier que s'ils viennent s'établir dans la capitale. Il serait vain désormais d'énumérer tous les talents provinciaux et de montrer la vitalité des régions. Ils ne s'imposent qu'à condition de se couper de leurs racines. Beaucoup d'entre eux sont d'ailleurs attirés, fascinés par la Ville. Vauvenargues n'écrit-il pas en 1740 à son compatriote provençal Mirabeau : « A l'égard de Paris, vous savez comme je pense : si je pouvais m'y tenir, je n'aurais pas d'autre patrie. »

Avec le XIXe siècle se renforce le centralisme et le parisianisme des élites, tandis qu'en réaction le romantisme, le goût du passé, de la recherche des origines amènent un renouveau des langues régionales : Le Gonidec fait paraître en 1821 un *Dictionnaire breton-français*. Hersart de La Villemarqué publie en 1838 un recueil de poèmes bretons avec traduction française, Jasmin édite à Agen des poèmes gascons. En 1854 est fondé le Félibrige et, peu après, avec *Mireio/Mireille*, Mistral touche un vaste public.

On peut, en conclusion, constater le parallélisme existant entre la puissance politique et l'activité littéraire. Des cités comme Angers, Dijon, Blois, Tours, Nérac sont devenues en même temps capitales politiques et littéraires. Il faut aussi noter que la perte de ce pouvoir et l'abaissement subséquent de la langue utilisée par le pouvoir politique ont eu des conséquences très profondes et durables. Le Midi a eu une incomparable production en langue d'oc tant qu'y ont régné des autorités locales. L'implantation du pouvoir royal et de la langue française ont eu pour conséquence trois siècles de stérilité littéraire avant que naisse une nouvelle classe d'écrivains utilisant désormais le français. La Bretagne bretonnante, le Pays basque, l'Alsace n'ont commencé à produire des auteurs de langue française qu'après un long purgatoire, une phase séculaire d'apprentissage de la nouvelle langue dominante.

Aussi faut-il comprendre l'aigreur des mouvements régionalistes, leurs revendications culturelles, économiques, voire écologiques, le refus de certains de voir leur pays transformé en « parc de loisirs » pour les touristes de l'Europe entière. La Bretagne a donné le signal dès le début du siècle, suivie par le mouvement occitan que gênent l'étendue et la diversité des régions qu'il entend représenter, puis par la Corse, le Roussillon, le Pays basque, l'Alsace, traumatisée par l'annexion hitlérienne, restant très en retrait.

D'abord de droite, les mouvements régionalistes ont basculé à gauche après mai 1968, croyant trouver dans la gauche autogestionnaire un soutien que l'attitude des socialistes depuis leur arrivée au pouvoir en 1981 dément très largement. En effet, qu'ils soient de droite ou de gauche, les détenteurs du pouvoir visent toujours à renforcer leur autorité et donc à accroître la centralisation. La loi sur la régionalisation votée par le parlement n'a rien changé ou presque jusqu'ici, de même que l'ouverture extrêmement timide de l'école sur les langues régionales. En outre, héritière des valeurs de la Révolution française ou russe pour les communistes, la gauche française a une tradition de centralisme qui cadre mal avec la revendication du droit à la différence, le souhait d'une sauvegarde ou d'une restauration de langues et de cultures menacées. La gauche de l'Homme universel, de l'Etat-Providence et de l'égalitarisme ne veut connaître que des citoyens identiques et peut difficilement admettre la pluralité des langues et des cultures [29].

La religion

La religion implique une façon de sentir, de juger, d'agir qui engage totalement l'homme. La vie de l'être religieux est inspirée par sa

---

29. On s'est borné à un seul exemple de géographie historique culturelle, mais on peut étudier de la même façon tous les phénomènes : construction d'églises romanes ou gothiques, géographie des châteaux de la Loire. Un exemple de ce qui peut être fait dans ce domaine est fourni par Paul Fénelon, *Esquisse d'une géographie des châteaux de la Loire*, p. 405-417 des *Actes du 93ᵉ Congrès national des sociétés savantes. Section de géographie*, Tours, 1968.

foi. Son attitude à l'égard de la vie, de la mort, de la société, de la famille, du travail, voire des loisirs ou de la consommation est très largement dictée par ses convictions. La religion imprègne, détermine la culture, la civilisation. L'on peut donc concevoir deux versions de la géographie historique de la religion des Français. La première recense l'implantation des formes extérieures de la religion : répartition des monuments, du clergé, divisions ecclésiastiques. La seconde traite des mentalités, de la pratique religieuse sous toutes ses formes, elle s'applique surtout à l'époque contemporaine, encore que les visites pastorales et les enquêtes diocésaines aient été courantes au Moyen Age et à l'époque moderne et puissent être d'une exploitation fertile pour l'historien.

La géographie ecclésiastique, déjà abordée dans la seconde partie de cet ouvrage, montre la remarquable stabilité des diocèses de France, modelés sur les *civitates* (cités) gallo-romaines, et des archidiocèses calqués sur les provinces. Ce sont les paroisses, cellules de base de la communauté religieuse, qui ont constitué la trame de la France jusqu'à leur transformation en communes à la Révolution.

A cette géographie « séculière » s'ajoute une géographie « régulière » qui permet d'établir une chronologie et une géographie de l'implantation des ordres monastiques. L'ordre de Cluny, par exemple, fondé en 909, débute un essor colossal entre 1016 et 1027 : les 3 établissements du début du XIe siècle sont devenus 1 038 en 1109, dont 815 en France. Or, une cartographie précise de ce semis très dense montrerait la faiblesse de l'implantation dans les provinces ecclésiastiques de Tours et de Rouen, soit en Normandie et dans tout l'Ouest [30].

On pourrait, et cela a été déjà assez largement fait, établir des atlas de géographie historique des principaux ordres masculins et féminins, délimiter des aires particulières d'implantation. Poussant les choses beaucoup plus loin, Janine Coudoux a entrepris une recherche systématique des « influences de l'occupation monastique sur l'organisation de l'espace français [31] ». Elle montre l'importance de la présence d'abbayes pour l'organisation de la trame de l'habitat rural. L'on savait déjà que bénédictins et cisterciens recherchaient systématiquement des sites à l'écart du monde habité, des « déserts » géographiques et humains. Mais il semble aussi qu'un certain nombre d'abbayes aient pris la succession d'occupations humaines beaucoup plus anciennes, gallo-romaines, voire celtiques. Les fouilles archéologiques l'établissent

30. Voir la carte des pages 446-447 de *La France et les Français*.

31. J. Coudoux, *La géographie monastique, une contribution à la géographie historique rurale : premières observations en France septentrionale*, p. 65-78 de *Etudes de géographie historique*, tome 82 (1975-1977) du *Bulletin de la section de géographie du Comité des travaux historiques*.

avec certitude pour Saint-Riquier, près d'Abbeville, qui a pris la place d'une *villa*, peut-être même d'un *vicus*, mais cela pourrait être aussi le cas de bon nombre d'abbayes du Nord et de la Picardie.

Il est parfois possible de mesurer l'impact de l'implantation monastique sur la répartition et l'organisation de l'habitat rural encore aujourd'hui. En voici deux exemples. « Le premier concerne la densité particulière de toponymes religieux de type archaïques au nord d'Abbeville et d'Amiens. Ces toponymes sont formés par le préfixe *dom* — abréviation de *dominus* (*dominus* = saint) — et le nom d'un saint, plus ou moins déformé. Treize noms de villages ou lieux-dits actuels répondent à cette formation ancienne... Pour dix d'entre eux, ces toponymes ne sont pas éloignés de plus de 8 km de la voie romaine Reims-Boulogne et trois se massent au passage de la vallée de l'Authie. Cet exemple est intéressant à deux niveaux. Il faut d'abord remarquer que la conservation de cet ancien toponyme n'est pas fréquente sur le territoire français, sauf dans certaines régions de l'Est. Il faut ensuite relever sa localisation préférentielle le long d'une grande voie de circulation antique, à proximité des trois abbayes régionales les plus anciennes (Saint-Valéry, Saint-Riquier, Corbie). Il ne semble pas douteux qu'il y ait une relation étroite entre l'existence à travers les campagnes picardes païennes d'une grande voie d'accès et la localisation sur ses marges, non seulement des premiers grands foyers monastiques locaux, mais d'un " ruban " de christianisation encore décelable actuellement.

« L'autre exemple concerne le domaine de la Vicogne, qui aurait fait partie de la dotation foncière de l'abbaye de Corbie lors de sa fondation. Quelles que soient l'origine et l'évolution de ce domaine — villa gallo-romaine reprise avec ses terres ou défrichement monastique d'une marge forestière —, la mise en place progressive d'un habitat de " ceinture " autour de la zone élevée de la Vicogne se marque encore dans la répartition spatiale actuelle des villages, dont l'ensemble s'inscrit comme une sorte d'alvéole entre la voie antique menant à Boulogne et celle menant à Arras [32]. »

Dans la seconde partie de son étude, Janine Coudoux montre l'impact monastique sur la structuration de l'espace agraire, relevant des indices de cadastration ancienne, notant la pérennité jusqu'à aujourd'hui de l'empreinte des abbayes, malgré la Révolution, la vente des biens ecclésiastiques, les partages successoraux des XIXe et XXe siècles. Bien que l'abbaye de Longvillers ait complètement disparu, son souvenir « est conservé à la fois par les appellations locales, la microto-

32. *Id., ibid.*, p. 68-70.

ponymie, mais aussi par l'allure même des prairies et du réseau hydrographique aux environs immédiats de l'ancien site abbatial [33] ».

Ces quelques exemples empruntés à un travail remarquable montrent la richesse et la variété des études possibles en géographie historique monastique et, plus largement, religieuse.

Mais il est un autre domaine où la géographie historique peut contribuer de manière essentielle à la compréhension du passé et du présent des Français, c'est celui des mentalités religieuses. La sociologie religieuse est très largement l'œuvre de Gabriel Le Bras travaillant en collaboration avec le chanoine Fernand Boulard. Leur œuvre a été poursuivie et couronnée après leur mort par l'excellent *Atlas de la pratique religieuse des catholiques en France* [34]. Mais, quoique publié en 1980, ses données ne dépassent pas l'année 1970.

Il est possible, grâce aux études publiées [35], de suivre l'évolution du catholicisme français durant ces deux derniers siècles. Si l'on commence par l'appareil ecclésiastique, on est frappé par l'effondrement des effectifs et la disparité de leur répartition. En 1946, tous les départements comptaient plus de 32 prêtres séculiers en activité pour 100 000 habitants, soit un prêtre pour 3 100 âmes environ, sauf les départements de la région parisienne, le Cher, l'Indre, la Haute-Vienne, la Creuse, l'Allier, pays déchristianisés du Centre, la Charente-Inférieure et la Gironde, les Pyrénées-Orientales, la Provence côtière, Bouches-du-Rhône, Vaucluse, Var et Alpes-Maritimes. Il n'y avait donc, en gros, que quatre îlots où l'église catholique n'assurait qu'un très faible encadrement.

Vingt ans plus tard, en 1965, la carte montre un effondrement complet de l'encadrement ecclésiastique. Ce sont les départements

---

33. *Id., ibid.*, p. 75.

34. Ce type d'étude est capital pour l'histoire de la société et des mentalités. Il est regrettable que, sous la pression de l'anticléricalisme et du marxisme, la dimension religieuse soit très souvent éliminée des travaux historiques. C'est le cas, par exemple, d'un ouvrage publié en 1983 par le Centre régional de documentation pédagogique de Poitiers, intitulé *Francencartes*, qui contient 1 200 cartes extraites de toutes sortes d'ouvrages sur les sujets les plus divers, démographie, politique, industrie, transport, écologie..., avec des cartes sur la répartition des corneilles ou des vipères en France, mais aucune sur la religion des Français, sauf, dans le chapitre intitulé « Démographie et société », entre les rapatriés d'Algérie et les étrangers en France, une carte sur la répartition géographique des juifs, non pas, sans doute, en tant que groupe religieux, mais en tant que groupe étranger ! Antisémitisme de gauche, conscient ou inconscient ?

35. Voir notamment G. Le Bras, *Etudes de sociologie religieuse*, Paris, 1955-1956, 2 vol. ; F. Boulard, *Matériaux pour l'histoire religieuse du peuple français, Aspects de la pratique religieuse en France, 1802-1939 : l'exemple des Pays de Loire*, dans *Annales.E.S.C.*, 1976, p. 761-801, et la bibliographie, p. 23-24, de l'*Atlas de la pratique religieuse des catholiques en France*, Paris, 1980.

comptant plus de 32 prêtres pour 100 000 habitants qui constituent désormais des îlots : la Bretagne élargie à tout le Massif armoricain géologique, avec Anjou, Maine et Basse-Normandie, l'Est avec la Franche-Comté et la Lorraine rurale (Meuse et Vosges), la Savoie et les Hautes-Alpes, le bloc du sud du Massif central (Lot, Aveyron, Cantal, Haute-Loire, Ardèche, Lozère), les quatre départements du Sud-Ouest pyrénéen (Landes, Gers, Hautes et Basses-Pyrénées). Quant aux régions de faible implantation religieuse de 1946, à l'exception du Centre où l'encadrement n'a que moyennement diminué, elles sont devenues de véritables « déserts » de prêtres : moins de 10 prêtres pour 100 000 habitants. Le nombre des ordinations, qui dépassait 1 000 en 1950, est tombé à une centaine aujourd'hui. L'Eglise catholique recrute un prêtre en 1985 là où elle en recrutait 10 il y a 35 ans. La conséquence est non seulement l'effondrement déjà noté des effectifs, mais aussi un vieillissement très accentué du clergé. La répartition des religieuses et des religieux fait à nouveau apparaître les pôles catholiques de l'Ouest, de l'Est, des zones montagneuses des Alpes et du Massif central méridional, des départements limitrophes du Pays basque.

Si l'on s'intéresse maintenant aux fidèles, il existe plusieurs critères d'appréciation du degré de catholicité dans un pays où, théoriquement, l'immense majorité des habitants (entre 80 % et 90 %) se dit catholique. C'est la pratique religieuse, le degré de cette pratique, qui permet de différencier les régions restées religieuses de celles où l'irréligion a pris le dessus. Grâce au pourcentage d'assistants à la messe (messalisants), de pascalisants, de cénalisants, on peut mesurer l'assiduité catholique, la force extérieure sinon la profondeur intérieure du sentiment religieux. Cette pratique religieuse, qui présentait des différences locales déjà sous l'Ancien Régime, du moins le suppose-t-on en l'absence d'études suffisantes, s'est considérablement modifiée au XIXe siècle sous les influences conjuguées de la Révolution française, de l'industrialisation, de l'urbanisation, tous éléments favorables à la déchristianisation. Il serait très utile de délimiter les contours de cette déchristianisation dès ses débuts, d'en faire la géographie historique, mais il n'y a presque rien d'écrit là-dessus.

Gabriel Le Bras a noté que le catholicisme périclitait sous le Second Empire dans le sud de l'Eure et de l'Oise, la Seine-et-Marne, l'Aisne méridionale, l'ouest de la Champagne, la plaine et les côteaux de Bourgogne, en Orléanais, Nivernais, Berri, Limousin, dans les Charentes. L'apostasie de la classe ouvrière apparaît éclatante dès cette époque tandis qu'une bonne partie de la bourgeoisie s'affirme voltairienne et anticléricale. L'Eglise catholique s'appuie alors principalement sur la noblesse et les ruraux, encore qu'on ait remarqué la tendance à l'irréligiosité des vignerons, surtout en Mâconnais.

Dressant un tableau de la France à la veille de la Première Guerre mondiale, Le Bras souligne la faiblesse du sentiment religieux dans les campagnes de tout le Bassin parisien, l'irréligion agressive de la Marche, du Nivernais, du Limousin, du Périgord septentrional, des Charentes. Avec quelques exceptions locales, la foi croît à mesure que l'on se rapproche du noyau breton. Au nord de la Somme s'opposent les villes, les centres ouvriers laïques et les campagnes demeurées pratiquantes. Le même phénomène se remarque en Lorraine. La Franche-Comté, la Savoie demeurent très religieuses, le Dauphiné présente des comportements variant d'une région à l'autre. Toute la côte méditerranéenne s'est détachée du catholicisme. Si la population de la vallée de la Garonne pratique un conformisme saisonnier bien tiède, n'assistant qu'aux grandes fêtes religieuses, la Gascogne est plus croyante, le Béarn, la Bigorre, le Pays basque sont des pays de ferveur catholique. Quant au Massif central, en dehors du Limousin et de la Marche, du Nivernais et des Limagnes de l'Allier, c'est un des grands pôles religieux.

Si l'on compare maintenant les cartes de la pratique religieuse rurale vers 1930, 1952 et 1962 [36], on voit déjà apparaître sur la durée d'une génération, d'une trentaine d'années, des évolutions, des nuances non négligeables. Certes, en 1930 comme en 1962, s'individualisent toujours les mêmes trois grands bastions de la religion catholique : l'Ouest armoricain, l'Est lorrain, alsacien et franc-comtois, la bordure sud-est du Massif central, ainsi que quelques régions plus réduites : le Nord, la Savoie et bon nombre de cantons du Dauphiné et des Alpes du Sud, le Pays basque et ses abords.

Mais il faut entrer dans le détail pour constater des évolutions dans un sens ou dans l'autre. Le Bras, écrivant en 1937, notait que « chaque groupe régional compte plusieurs départements, plusieurs millions d'habitants, et les limites sont presque aussi nettes que celles des Etats. Suivons, à titre d'exemple, la frontière de l'Ouest, fidèle. Elle longe le Bocage vendéen ; un peu après Bressuire, elle remonte vers le nord, franchit la Loire entre Saumur et Angers, le Loir entre La Flèche et Durtal, la Sarthe entre Le Mans et Sablé, puis, tournant à gauche, avant Sées, elle se dirige vers Granville. C'est bien d'une frontière qu'il s'agit. Voici quelques statistiques fournies par les évêchés que traverse notre sécante. Dans les 13 cantons du nord de la Vendée, 80 à 98 % des hommes, et encore plus de femmes, font leurs Pâques, tandis qu'au sud,

36. La carte 19 donne la situation en 1952.

dans la Plaine et le Marais, 15 à 30 % des femmes, 8 à 15 % des hommes se soumettent ; dans la Sarthe, prenons deux cantons de population égale, environ 9 000 habitants, Sillé-le-Guillaume et Pontvallain, situés des deux côtés de la ligne : dans le premier, 1 300 hommes et 2 200 femmes pascalisent, dans le second, 41 hommes et 341 femmes ; dans l'Orne, voici un canton du Sud-Ouest, Messey, où, sur 5 283 habitants recensés, 3 090 pratiquent, et un canton de l'Est, Bellême, où, mis à part le chef-lieu, les hommes pascalisants ne sont pas neuf douzaines [37] ».

Trente ans plus tard, on constate un déplacement notable de cette frontière. Les contrastes sont toujours aussi tranchés, mais des régions ont perdu leur foi catholique tandis que d'autres l'ont retrouvée. La ligne est pratiquement inchangée au sud de la Loire, mais, au nord, la Sarthe tout entière a basculé dans le camp de l'incroyance. C'est la limite départementale entre Sarthe et Mayenne qui sépare désormais les « croyants » des « mécréants ». En revanche, le bocage percheron a été largement reconquis par l'Eglise et, en dehors de son extrémité orientale, aux confins de l'Eure-et-Loir et de la Sarthe, et de la vallée de l'Orne, le département du même nom appartient au bloc catholique armoricain. De même, le catholicisme a reconquis plusieurs cantons en pays d'Auge et repoussé sa limite vers l'est dans la région de Vire. Le nord du Cotentin, déchristianisé déjà en 1914, qui l'était toujours en 1952, a rejoint le giron catholique en 1962. Les pertes dans la Sarthe, effectives dès 1952, sont largement compensées par les conquêtes normandes. Seule subsiste une tache d'irréligion à l'intérieur du bloc catholique armoricain, constatée dès la fin du XIXe siècle, la région située entre les monts d'Arrée et le plateau de Rohan, aux confins du Finistère et des Côtes-du-Nord, au cœur de la Bretagne bretonnante.

Le noyau catholique du pays de Caux, en Seine-Maritime, encore compact en 1952, s'est fortement désagrégé dix ans plus tard. A l'inverse, dans le Pas-de-Calais, la région d'Arras a rejoint le réduit catholique nordiste durant ces dix mêmes années.

La Lorraine catholique a, pendant cette même période, reconquis les secteurs ruraux déchristianisés du Barrois et de l'Argonne, progressant dans la haute vallée de l'Aisne, dans les départements des Ardennes et de la Marne. Tout le sud de la Haute-Marne jusqu'à Chaumont, reconquis en dix ans, avec la bordure orientale du département, s'agrège aussi au bloc de l'Est. Seul se maintient un îlot d'incroyance dans la région de Saint-Dié. L'Alsace est toujours un monolithe religieux dans sa dualité catholico-protestante. En Franche-Comté, les

37. G. Le Bras, *Etudes de sociologie religieuse*, p. 254.

LE CATHOLICISME EN FRANCE

CARTE 19

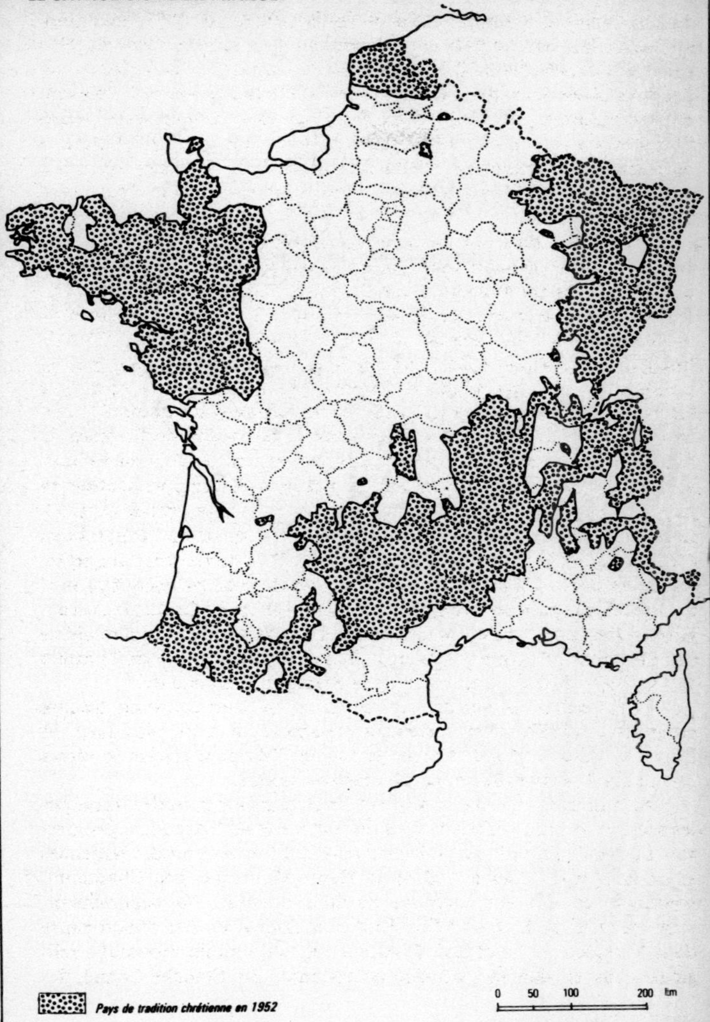

D'après G. Le Bras, Études de sociologie religieuse. PUF.

gains catholiques dans le département du Jura sont annulés par la déchristianisation du centre du département de la Haute-Saône, le long de la vallée de la Saône.

La région alpine demeure d'une très grande stabilité : Haute-Savoie très catholique, Savoie tout aussi croyante sauf dans les vallées de Tarentaise et de Maurienne, peau de léopard en Dauphiné, avec le Vercors et la vallée de l'Isère en aval de Grenoble, le cœur de la Drôme et des Hautes-Alpes, le Queyras, la vallée de Barcelonnette.

De Beaumont-en-Périgord à Charolles et à Cluny, le bloc catholique du Massif central constitue le troisième pôle de la foi. Un recul en Périgord noir est compensé par des gains limitrophes en Lot-et-Garonne, au nord-est d'Agen. Dans le Sud-Ouest, de part et d'autre du seuil de Naurouze, tandis que le Lauragais de Haute-Garonne perd sa foi, sa partie orientale, jusqu'aux portes de Carcassonne, redevient un pays de pratique fervente dans un département de l'Aude irréligieux.

Enfin — fruit d'actions missionnaires ou œuvre d'habiles pasteurs ? —, quelques foyers de religion surgissent entre 1952 et 1962. C'est le canton du Luc dans le Var, ce sont les cantons de Bligny-en-Ouche, de Pouilly-en-Auxois, de Saint-Seine-l'Abbaye en Côte-d'Or, quatre cantons groupés dans l'Avallonnais, d'autres épars à la lisière de l'Yonne et de l'Aube, dans la zone profondément déchristianisée. Il serait intéressant d'apporter des explications à ces fluctuations récentes. Cela relève des spécialistes de sociologie religieuse.

On peut aussi mettre en œuvre une cartographie historique et sociologique plus fine en distinguant les manifestations de foi des femmes de celles des hommes, en tenant compte de l'âge ou de la profession, des opinions politiques... Dans cet ouvrage qui se veut seulement une introduction aux mille facettes de la géographie historique, il est impossible d'aborder tous ces aspects [38]. On veut espérer que le peu qui a été dit suscitera curiosité et vocation d'étudier davantage la géographie historique des comportements religieux en France.

On passera brièvement sur les autres religions. L'islam est récent, mal connu et lié à une immigration concentrée dans les grandes villes et les banlieues. Le judaïsme a une histoire complexe qui nécessiterait de très longs développements. Quant au protestantisme, son implantation n'a guère varié depuis trois siècles, depuis la révocation de l'édit de Nantes, et les études de géographie historique et de sociologie religieuse du protestantisme sont trop peu nombreuses pour qu'on aille au-delà d'une carte [39] de l'implantation actuelle des protestants. Sensibilité

38. Voir les excellentes cartes de l'*Atlas de la pratique religieuse des catholiques en France*, déjà cité.

39. Voir la carte 20.

autant que religion, le protestantisme français a des effectifs imprécis, entre un et deux millions, avec vraisemblablement moins d'un demi-million de pratiquants occasionnels et beaucoup moins de pratiquants réguliers. Surtout urbain, le protestantisme n'est nulle part majoritaire. Les calvinistes sont représentés par des vestiges de leur implantation du XVIe siècle dans le Nord, la Normandie, le Béarn et le pays de Foix, les Alpes et la région de Belfort-Montbéliard. Leur implantation rurale n'a une certaine importance que dans les Charentes, le sud des Deux-Sèvres et de la Vienne, dans le Tarn-et-Garonne, la région de Castres, et surtout dans les Cévennes et la vallée du Rhône (Hérault, Gard, Lozère, Ardèche, Drôme). Quant aux luthériens, ils sont massivement installés en Alsace, en compagnie de quelques calvinistes, et leur expansion dans le reste de la France a été largement liée à l'exode qui a suivi l'annexion allemande en 1871, expansion qui a été à peu près exclusivement urbaine.

La politique

Depuis qu'existe le droit de vote, associé à la pluralité de candidatures d'opinions divergentes et à l'utilisation de l'isoloir, gages minimaux de liberté d'expression, c'est-à-dire depuis la chute de Napoléon Ier, depuis qu'a été instauré, en 1848, le suffrage universel, et surtout depuis que se sont constitués des partis politiques relativement structurés, sous la IIIe République, les politologues s'en donnent à cœur joie et, pour une fois, la géographie historique dispose d'études abondantes sur les votes politiques des Français. Les travaux remarquables d'André Siegfried [40] ont été suivis de nombreux autres dus à toute une pléiade d'auteurs dont François Goguel [41] est un des plus connus. On se bornera donc ici à un bref aperçu de la géographie politique en France, renvoyant pour le reste à la littérature sur ce sujet.

Dès la IIe République, en 1849, un vote majoritaire de gauche, démocrate-socialiste en l'occurrence, se dégage sur le pourtour du Massif central, dans les départements suivants : Saône-et-Loire, Nièvre, Cher, Allier, Haute-Vienne, Corrèze, Dordogne, Tarn, Haute-Loire. Il faut y ajouter, dans le couloir rhodanien, Ain, Rhône, Isère, Drôme ainsi que Jura, Basses-Alpes et Pyrénées-Orientales. Si l'on prend en compte les départements où les candidats démocrates-socialistes ont

40. A. Siegfried, *Tableau politique de la France de l'Ouest*, Paris, 1913 (réédition, Genève, 1980).
41. F. Goguel, *Géographie des élections françaises de 1870 à 1951*, Paris, 1951.

CARTE 20

LE PROTESTANTISME EN FRANCE

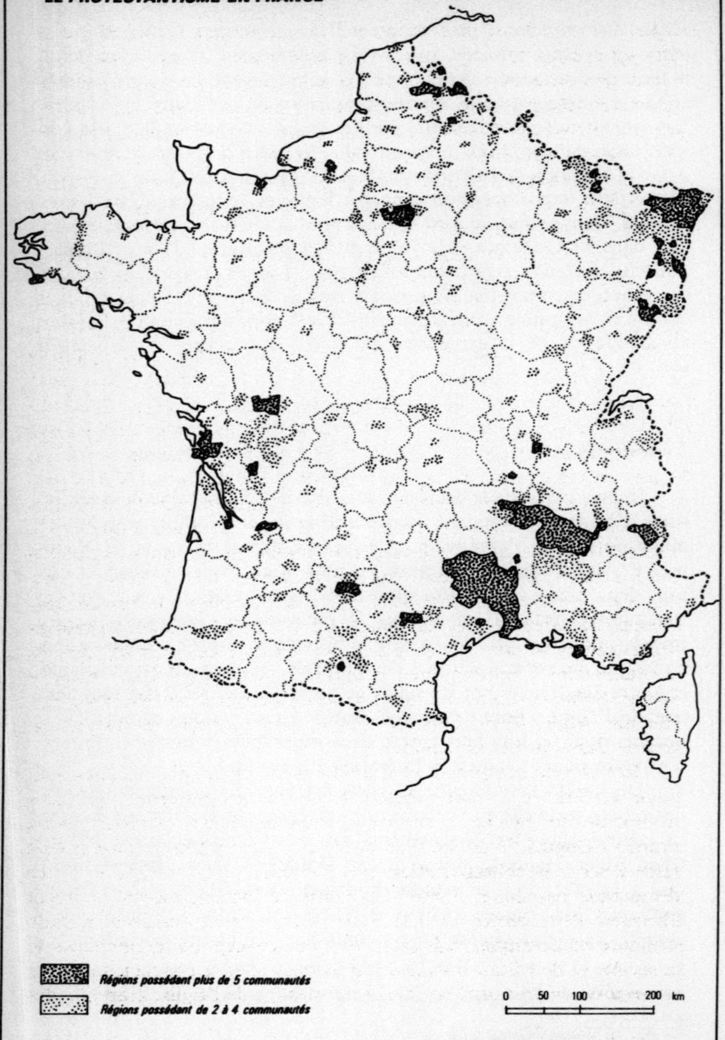

D'après G. Le Bras, Études de sociologie religieuse. PUF.

dépassé 40 % des suffrages [42], on voit se dessiner une France de gauche dont les limites correspondent curieusement à peu près à celles de la France non occupée de 1940-1942 : Sud-Ouest sauf la Gascogne, Massif central et départements limitrophes, Languedoc, vallée du Rhône, Alpes et Provence. De fortes minorités démocrates-socialistes existent aussi dans le département du Nord et en Alsace. Le parti de l'ordre occupe la façade atlantique, Gascogne, Bordelais, Charentes, Poitou, Anjou, Bretagne, Maine et la presque totalité des pays situés au nord de la Loire, sauf l'Alsace et le Nord.

Cette carte se modifie progressivement, quoique ses grands traits demeurent constants jusqu'à aujourd'hui. L'Alsace, dans le camp de la gauche jusqu'en 1870, s'avère farouchement hostile à cette dernière depuis son retour à la France en 1919. Le cœur du Massif central, qui votait à gauche par hostilité à la monarchie et à l'Empire, vire à droite une fois la République mise en place et n'élit plus que des républicains interprètes d'une petite paysannerie de propriétaires hostiles au collectivisme socialiste. Ce dernier ne conserve en 1914 du territoire acquis aux démocrates-socialistes de 1849 que des bribes, la société française, encore très largement paysanne, étant viscéralement attachée à la propriété privée. Les seuls départements où les socialistes de 1914 emportent plus de 20 % des suffrages sont le Cher, la Nièvre, l'Allier, la Haute-Vienne, le Gard, les Bouches-du-Rhône, le Var, qui tous, sauf le Gard, avaient déjà manifesté leur extrémisme en 1849, le Nord, le Pas-de-Calais, les Ardennes et la Seine, régions fortement transformées par l'industrialisation depuis le milieu du XIXe siècle. Quelques autres départements donnent de 15 % à 20 % de leurs voix aux socialistes. Ils se situent dans le prolongement géographique des précédents : Aube et Yonne, Saône-et-Loire, Rhône, autour du bastion Cher-Nièvre-Allier, Hérault, Aude, Tarn, Haute-Garonne, continuation vers l'ouest du groupe Var-Bouches-du-Rhône-Gard.

Si l'on veut comprendre la stabilité séculaire des phénomènes politiques en France, il faut dépasser le niveau des étiquettes politiques trompeuses de gauche et de droite. Pour reprendre les réflexions de François Goguel, la droite d'aujourd'hui, « avant tout préoccupée de faire échec à la collectivisation de l'économie et à l'institution d'une démocratie populaire, d'une démocratie de masses, est-elle vraiment l'héritière de la droite de 1871, bien peu soucieuse des problèmes de structure économique, mais attachée à une conception hiérarchique de la société et de l'Etat, hostile à l'individualisme, et convaincue que la sauvegarde de l'autorité sociale et du prestige de l'Eglise était une des

42. Voir les cartes 203-204 de l'*Atlas historique de la France contemporaine*.

premières tâches qu'elle devait accomplir ? L'extrême gauche communiste du milieu du XXe siècle, assurée de la primauté de l'économique et du social sur le politique, hostile à l'individualisme sous toutes ses formes, anti-libérale, succède-t-elle vraiment à l'extrême gauche des débuts de la République, celle du programme de Belleville, qui affirmait que " la solution du problème social était subordonnée à celle du problème politique ", voulait introduire partout plus de liberté pour les individus, et voyait dans la lutte contre l'influence de l'Eglise l'instrument essentiel de cette émancipation [43] ? »

Si l'on prend en compte les motivations profondes des votes aujourd'hui, le vote à droite étant l'expression d'un souci d'ordre politique et moral, teinté en général d'esprit religieux, de respect pour la hiérarchie sociale et la libre entreprise, le vote communiste signifiant une volonté de destruction de la société en place pour bâtir la Cité du Soleil de Spartacus, le vote socialiste exprimant un désir de réforme et de meilleure répartition des richesses, les votes radicaux et centristes témoignant d'un refus de solutions trop étatiques et trop brutales, on aboutit à une carte politique relativement stable depuis un siècle.

Les suffrages conservateurs se répartissent en trois blocs. Il y a d'abord les pays qui se sont insurgés contre la République en 1793 et qui n'ont évolué en deux siècles que du monarchisme à une droite catholique et conservatrice. Ce sont, avec des nuances locales — ainsi les Côtes-du-Nord et la région de Lorient votent plus à gauche que les autres pays bretons —, la Bretagne, le Bas-Poitou (Vendée et Deux-Sèvres), l'Anjou, le Maine, la Basse-Normandie, patries des Chouans et des Vendéens. Cela correspond au Massif armoricain tel qu'il est défini par la géologie et, dans une moindre mesure, le bocage, un ensemble dont on a déjà plusieurs fois souligné l'originalité.

Moins monolithique est le deuxième bloc conservateur qui couvre l'est de la France : Champagne, Lorraine, Alsace, Franche-Comté et Bourgogne sans le Nivernais et la majeure partie de la Saône-et-Loire. Les majorités de droite y sont moins accentuées qu'en Bretagne. Il y existe aussi des îlots ouvriers qui élisent des députés de gauche, dans le bassin industriel de Lorraine, dans le fief Peugeot de Sochaux-Montbéliard, ainsi qu'une tache anticléricale signalée dans le chapitre précédent, qui vote traditionnellement à gauche, la région de Saint-Dié dans les Vosges.

Le troisième bloc est constitué par les bordures sud et est du Massif central : Cantal, Aveyron, Lozère, Ardèche, Haute-Loire, Loire, Rhône et, dans une moindre mesure, Puy-de-Dôme. On ne peut qu'être

43. F. Goguel, *Géographie des élections françaises de 1870 à 1951*, p. 127.

frappé par la coïncidence de ces trois blocs avec ceux de la pratique religieuse catholique. Vote politique et attitude à l'égard de la religion sont à peu près en harmonie.

Tout aussi traditionnels sont les bastions de la gauche. Il y a d'abord le plus ancien, la bordure nord-ouest du Massif central, aussi fermement ancrée à gauche que les bordures sud et est le sont à droite : Saône-et-Loire, Nièvre, Allier, partie industrielle et ouvrière du Puy-de-Dôme, Creuse, Haute-Vienne, Dordogne, la bordure, Cher, Indre, Corrèze ayant depuis peu tendance à s'effriter.

Le deuxième bastion, le Sud-Est, s'est affaibli au nord, l'Ain et le Rhône, sous l'influence de Lyon, étant plutôt aujourd'hui dans le camp conservateur, mais a gardé sa force sur la rive orientale du Rhône, dans l'Isère, la Drôme, les Alpes-de-Haute-Provence, dans une moindre mesure dans les Hautes-Alpes. Il couvre aussi le littoral méditerranéen, la Provence, le Languedoc, le Roussillon, mais les Alpes-Maritimes votent à droite, de même que la Savoie. Leur intégration tardive à la France, en 1860, expliquerait-elle un comportement politique particulier, plus catholique, plus conservateur, plus italien ? Quant à l'attitude de la Corse, elle est dictée par des considérations locales qui la font fluctuer très fortement d'une élection à l'autre.

Dans le troisième bastion, le Sud-Ouest, les radicaux de la IIIe République ont été progressivement évincés par des socialistes modérés, la droite maintenant ses positions à Bordeaux et dans les Pyrénées-Atlantiques, région au particularisme familial et religieux déjà souligné.

Le dernier bastion de la gauche, constitué par le Nord et le Pas-de-Calais, tend à déborder en période de succès socialiste sur la Somme, le nord de l'Aisne, les Ardennes limitrophes. C'est la seule citadelle de la gauche où se manifeste un catholicisme vivace, les trois autres étant plus ou moins déchristianisées.

Ces trois blocs et ces quatre bastions où l'esprit conservateur ou le désir de changement prévalent ne laissent subsister qu'une zone d'incertitude politique, la région parisienne et ses prolongements, Haute-Normandie, Beauce, vallée de la Loire moyenne, marges occidentales de la Champagne et de la Bourgogne. D'abord révolutionnaire, Paris a perdu ses industries, s'est embourgeoisé de plus en plus et vote maintenant à droite. De plus en plus rouge au fur et à mesure qu'elle s'industrialisait, la banlieue subit actuellement un processus comparable à celui de Paris avec la disparition progressive des industries lourdes.

Si l'on considère maintenant les foyers de l'extrémisme révolutionnaire, quelle que soit l'étiquette, socialiste au XIXe siècle, communiste depuis 1920, on constate la pérennité de sa répartition géographique depuis un siècle et demi, ce qui est considérable. Les départements où le parti communiste dépasse 20 % des suffrages en 1981 font trois taches sur la carte. Le Nord, le Pas-de-Calais, la Somme, l'Aisne correspondent à une implantation ouvrière dans la première région industrielle de France. Le Cher, l'Allier, la Creuse, la Haute-Vienne, la Corrèze, la Dordogne forment une région rurale profondément déchristianisée, de même que le groupe Ariège, Pyrénées-Orientales, Aude, Hérault, Gard, Bouches-du-Rhône sur la côte méditerranéenne.

Ces contrastes politiques durables de la société française ne peuvent s'expliquer uniquement par des considérations sociologiques : le Limousin vote largement communiste mais est rural et non ouvrier, la Lorraine industrielle et prolétaire vote plutôt à droite. La carte religieuse et la carte politique ne se recouvrent pas non plus parfaitement : Bourgogne et Champagne peu catholiques votent à droite tandis que le Nord catholique donne sa majorité à la gauche. Cartes économiques et sociales sont impuissantes à expliquer le vote des Français, la carte religieuse ne coïncide pas non plus avec la carte politique, il s'en faut, mais présente moins de contradictions. Hervé Le Bras et Emmanuel Todd ont proposé [44] des interprétations mettant en jeu les structures familiales de la société française et leurs transformations sous le choc de l'industrialisation, de l'urbanisation et des divers traumatismes infligés aux sociétés très largement paysannes du XIXe siècle.

Ils démolissent d'abord le mythe fabriqué par le marxisme de la coïncidence du parti communiste avec la classe ouvrière. « Aucun rapport visible n'existe, en France, entre la répartition géographique de la classe ouvrière et l'implantation régionale du P.C.F. Le coefficient de corrélation entre 1) l'importance relative du secteur industriel et 2) le pourcentage de voix obtenues par le parti communiste aux élections législatives est pratiquement nul, très exactement égal à 0,08 (législatives de 1978, population active employée dans le secteur secondaire en 1968). Les cartes localisant l'industrie et le « parti de la classe ouvrière » sont absolument disjointes. Le communisme ne rencontre le prolétariat que dans le nord de la France (départements du Pas-de-Calais, du Nord, de l'Aisne et des Ardennes). Sur les 21 départements les plus industriels, 4 seulement font apparaître un pourcentage de voix communistes égal ou supérieur à 25 %. Deux des trois bastions communistes, le Centre-Limousin et la façade méditerranéenne, ne sont nullement des régions remarquables pour leur industrialisation. L'Est, au contraire, de la Moselle à l'Isère, très industriel, n'est que très faiblement pénétré par le communisme. Il y a là un mystère, et une mystifica-

44. H. Le Bras, E. Todd, *L'invention de la France*, Paris, 1981.

LE COMMUNISME EN 1981 CARTE 21

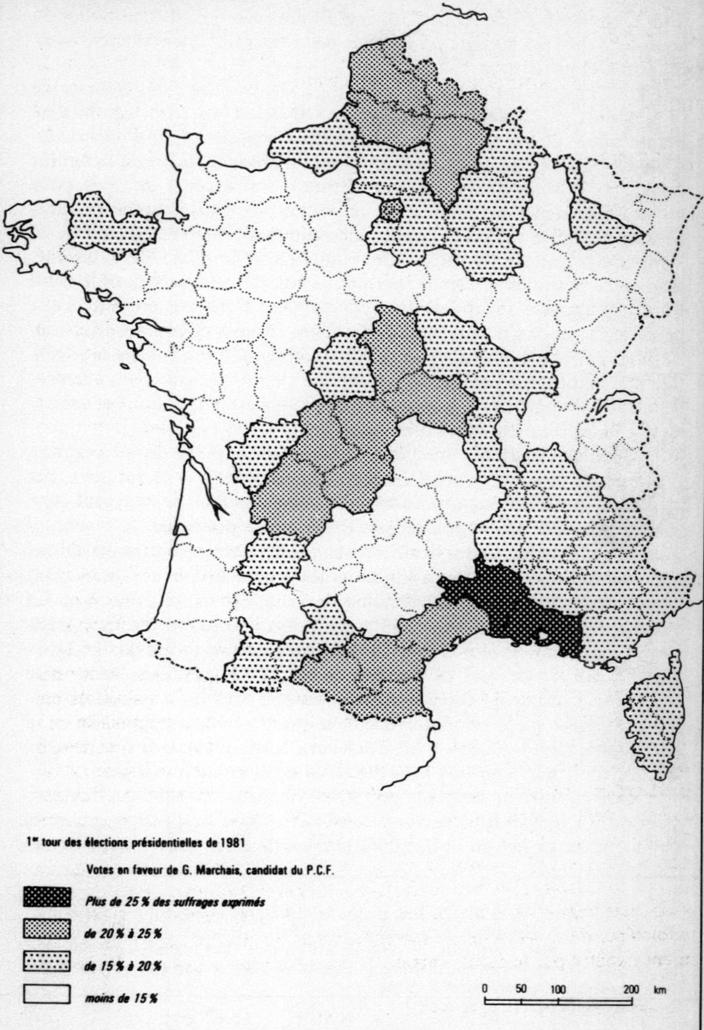

tion. Comment la science politique, et l'opinion en général, ont-elles pu accepter l'idée qu'il existe un rapport solide et fondamental entre communisme et prolétariat [45] ? »

L'effondrement sans précédent du parti communiste, la perte de la moitié de ses électeurs en dix ans, sa réduction aux trois régions déjà mentionnées, le fait que deux d'entre elles soient des régions déchristianisées et où les structures familiales communautaires, celles de la famille élargie [46], se sont effondrées font croire à nos auteurs que « le parti communiste ne vit pas d'une relation de complémentarité, mais de substitution affective : là où la famille communautaire s'effondre, le P.C.F. remplace la gauche traditionnelle, équilibrée et libérale. Cette interaction entre politique et famille permet de comprendre pourquoi le communisme apparaît incapable de se développer sur des terrains autres que ceux de la gauche traditionnelle. Gauches libérale et communiste sont définies par une même structure anthropologique : saine, celle-ci engendre une vigoureuse aspiration à la liberté ; en décomposition, elle produit une idéologie nécrosée, combinant volonté démocratique et aspiration à l'étouffement communautaire [47] ».

Quelque discutable que paraisse à certains ce point de vue original, il élargit et enrichit l'étude du phénomène politique, le rattache aux structures anthropologiques profondes de l'homme. Si cela peut choquer à première vue le politologue et surtout le politicien, le psychologue, le psychiatre, le publicitaire, habitués à chercher les motivations subconscientes derrière les attitudes et les propos de surface, ne nieront pas l'intérêt d'une pareille approche des comportements politiques. La multiplication des sondages et l'amélioration constante de leur précision, l'extension de leur champ permettront à court terme de vérifier la validité des hypothèses de Le Bras et de Todd, et d'étendre ce type d'analyse à toutes les catégories de votes et à tous les partis. Cela permettrait assurément un renouvellement et une meilleure approche de la géographie électorale qui, placée dans une continuité historique de deux siècles, n'est autre qu'une branche de la géographie historique.

Que ce soit sur les plans politique, religieux, culturel ou linguistique, qu'il s'agisse des structures familiales ou de l'aspect physique, la France n'est ni une ni indivisible, elle est diverse, mêlée, riche de ses

---

45. *Id., ibid.*, p. 358-360. Elargissant le débat, ils concluent : « Cette non-coïncidence du communisme et de l'industrie, à l'échelle française, peut être observée sur le plan mondial. La Russie de 1917 ou la Chine de 1949 n'étaient pas des pays industriels : ils sont actuellement communistes. L'Angleterre était très ouvrière : elle n'est toujours pas communiste » (p. 360).
46. Voir la partie sur la société.
47. *Id., ibid.*, p. 50.

contrastes, au confluent des grands courants qui parcourent l'Europe. Elle est un peu celte, un peu germanique, un peu latine. Plusieurs types de sociétés rurales se juxtaposent sur son sol. Elle réunit des catholiques, des protestants, des juifs, des musulmans, des incroyants. Les dirigeants de la France se sont efforcés depuis deux siècles de nier cette réalité, d'imposer l'image irréelle d'un Français idéal, alors que c'est la cohabitation harmonieuse de ces populations si diverses qui fait la richesse et la grandeur du pays. Reconnaître cette variété dans l'unité de la nation serait déjà régler une partie des problèmes économiques et politiques, trouver une solution aux autonomismes et aux séparatismes attisés de l'étranger. Ce n'est pas en niant la réalité qu'on l'empêche d'exister.

LIVRE 4

LA FRANCE RURALE

Les hommes qui ont peuplé la France brièvement décrits dans leur diversité, encore convient-il de se demander quel a été leur rapport à la terre qu'ils ont occupée. L'humanité a d'abord vécu de chasse et de cueillette. Mais ces activités ont très peu affecté le sol et n'existent plus qu'à l'état résiduel. Aussi n'en sera-t-il traité que de façon allusive et à la fin de ce quatrième livre. Car l'empreinte de l'homme sur la planète jusqu'au XIXe siècle est fondamentalement liée à l'agriculture qui lui a permis de maîtriser et de modeler la nature à son usage exclusif.

1.

LA TRANSFORMATION DU PAYSAGE

« Palimpseste de l'histoire [1] », le paysage contient à la fois le passé et le présent des hommes. Il exprime tous les besoins humains : « se nourrir, consommer d'autres biens et services, posséder et exprimer une certaine conception de la justice sociale, se défendre, se réunir, s'associer, communier à certaines valeurs cosmologiques ou religieuses... Pour résumer, le paysage est donc l'expression observable par les sens à la surface de la terre de la combinaison entre la nature, les techniques et la culture des hommes. Il est essentiellement changeant et ne peut être appréhendé que dans sa dynamique, c'est-à-dire dans le cadre de l'histoire qui lui restitue sa quatrième dimension [2]. »

La France telle qu'elle nous apparaît aujourd'hui est le résultat de modifications incessantes dues à la nature et à l'homme. Il faut, avant d'évoquer l'action de ce dernier, objet de l'histoire, rappeler que la nature a aussi son mot à dire. Un seul exemple, mais de taille : c'est la dernière époque de réchauffement importante du quaternaire, dite flandrienne ou post-würmienne, qui détache la Grande-Bretagne du continent européen, grâce à une fusion des glaces et à une remontée subséquente de 120 mètres des eaux océaniques créatrice de la Manche, au VIIe millénaire avant notre ère, il y a moins de 10 000 ans. Il faut avoir en mémoire que Brouage, Aigues-Mortes ont été des ports au Moyen Age avant que les alluvions et le sable les relèguent à l'intérieur des terres, ce qui paraît être aujourd'hui le destin du Mont-Saint-Michel. Il faut aussi savoir que depuis cette déglaciation le climat oscille fréquem-

1. Expression empruntée au pionnier de l'archéologie aérienne en France, R. Chevallier, *Le paysage, palimpseste de l'histoire*, dans les *Mélanges de la Casa Velasquez*, 19 (1976), p. 503-510.

2. J.-R. Pitte, *Histoire du paysage français*, t. 1, p. 23-24. Ce développement doit beaucoup à ce livre remarquable.

ment. Durant ces mille dernières années, Emmanuel Le Roy Ladurie [3] a pu distinguer un Moyen Age assez doux, un petit âge glaciaire à l'époque moderne et un réchauffement actuellement en cours. Sans que l'homme intervienne, le milieu naturel a constamment varié et le paléobotaniste J.-L. de Beaulieu, raillant le concept d'une prétendue forêt primitive avancé par des écologistes aussi excités qu'ignares, a pu écrire : « Ce terme est généralement employé pour justifier les exigences des reboisements " écologiques " et il relève souvent d'un fixisme navrant : l'analyse pollinique montre bien des fois et en un seul point une belle succession de forêts primitives et pas toujours à très long terme [4]. »

Liée à l'agriculture, la première empreinte durable de l'homme sur le paysage apparaît au néolithique. Pierre Bonnaud distingue alors, au sud d'une ligne partant du Cotentin méridional et allant jusqu'au nord du Jura, une aire qualifiée de « méridionale », où dominerait l'élevage, mais où les céréales occuperaient une part croissante à mesure que l'on se rapprocherait de l'est [5]. Il serait imprudent de voir dans le paysage néolithique l'ancêtre du bocage, mais il faut avouer que ce n'est que dans cette région que le bocage s'est depuis imposé comme paysage dominant. Les populations brachycéphales venues de la vallée du Danube, porteuses de la civilisation dite danubienne ou campignienne ou à poterie rubanée, s'implantent vers 4 000 avant l'ère chrétienne de préférence sur les plateaux couverts de lœss fertile du Bassin parisien. Chez elles, l'agriculture l'emporte nettement sur l'élevage et leur empreinte est si profonde que Robert Fossier a pu écrire : « Comment ne pas être frappé par l'apparition, à l'aube de notre histoire régionale, de sept zones d'activité, de sept clairières culturales, occupées, défendues, façonnées par les Campigniens en quatre millénaires, quand on constate que ces sept groupements humains sont venus juqu'à nous à travers les tribus gauloises, les cités romaines, les diocèses, les comtés médiévaux et même les bailliages modernes et qu'ils constituent ces unités locales plus ou moins déterminées dont se forme la Picardie : Boulonnais, Artois, Cambrésis, Ponthieu, Amiénois, Vermandois, Beauvaisis. Peut-on trouver meilleur exemple de l'importance des temps néolithiques et de la permanence des paysages ruraux [6] ? »

---

3. E. Le Roy Ladurie, *Histoire du climat depuis l'an mil*, Paris, 1967.

4. J.-L. de Beaulieu, *L'histoire du paysage végétal durant les quinze derniers millénaires dans le Sud-Est de la France. Signification du paysage actuel à la lumière de cette trame historique*, dans *Archéologie du paysage, Caesarodunum*, 1978, p. 130.

5. P. Bonnaud, *Peopling and origins of settlement*, p. 21-72 de *Themes in historical geography of France*, Londres, 1977.

6. R. Fossier, *La terre et les hommes en Picardie jusqu'à la fin du XIIIe siècle*, Paris et Louvain, 1968, 2 vol. La citation est prise p. 68, tome 1.

Les Gaulois s'attaquent vigoureusement aux arbres qui couvrent alors le pays mais préservent des forêts entières qui servent de marches séparantes, de *no man's land* entre les différents peuples, de refuges pour les populations en cas d'invasion ennemie. Les recherches archéologiques montrent que, dans l'ensemble, la campagne gauloise a peu de champs enclos et que la plupart des parcelles sont vastes et découvertes afin de permettre, notamment, l'utilisation de la moissonneuse gauloise attelée [7].

L'influence romaine sur le paysage s'exprime à travers le goût des formes géométriques, l'organisation d'espaces centuriés, de limites cadastrales rigoureuses et équidistantes permettant une estimation fiscale aisée. Mais ses traces sont peu nombreuses et surtout fréquentes dans la *Provincia*, la Provence et le Languedoc.

De la fin du IIe siècle après J.-C. à l'effondrement de l'Empire romain d'Occident, le paysage rural se dégrade. La crise politique et économique mine l'Etat, des révoltes paysannes, dites des Bagaudes, ravagent le pays tandis que les raids d'envahisseurs germains venus d'outre-Rhin saccagent ce qui subsiste. On date de vers 420 l'abandon des *villae* gallo-romaines dans une Armorique que les infiltrations celtes en provenance de Grande-Bretagne vont transformer en Petite-Bretagne. En Basse-Auvergne, la *villa* se maintient amoindrie, flanquée de petites exploitations concédées aux envahisseurs. Lorsque les ravages ont été trop importants, la forêt repousse sur l'emplacement des *villae* désertées. De nombreux sites archéologiques du Bas-Empire ont ainsi été fouillés au milieu des bois, en Bourgogne dans les forêts de Châtillon et de Cîteaux.

L'importance de la forêt au Moyen Age est difficilement estimable [8]. Mais le polyptyque de l'abbaye de Saint-Germain-des-Prés, dit d'Irminon, montre qu'au début du IXe siècle 17 000 hectares sont boisés sur les 40 000 que possède l'abbaye en Ile-de-France. Il est vraisemblable qu'au moment où commencent les grands défrichements liés à l'accroissement de la population, aux XIe et XIIe siècles, la moitié de la France est couverte de forêts. Cette forêt a souvent le même rôle qu'au temps de la Gaule indépendante, zone de séparation et lieu de refuge.

---

7. On a découvert en 1958, à Buzenol, en Belgique, un bas-relief représentant cette moissonneuse gauloise. Voir X. de Planhol, *Le paysage rural gallo-romain : état des connaissances et perspectives de recherches*, dans *Geographica Polonica*, 38 (1978), p. 233-244.

8. Lire, par exemple, l'excellent travail de Ch. Higounet, *Contribution à l'étude de la toponymie du défrichement : les « artigues » du Bordelais et du Bazadais*, dans *Paysages et villages neufs du Moyen Age*, p. 105-110. Grâce au toponyme « artigue » a été mise en évidence une grande forêt le long de la Gironde dans le Médoc et les Graves.

Grâce à la présence du toponyme haie (du francique *haga*) qui signifiait alors forêt, à celui de guerche (*werk* germanique), ouvrage fortifié, à divers autres indices, Robert Specklin a mis en évidence l'existence d'une barrière défensive, ligne de protection des Ligures (?) contre les Celtes, ensuite utilisée par les Gallo-Romains pour contenir Burgondes et Wisigoths. Cette ligne, qui coupe la France en deux, coïncide assez largement avec la limite linguistique entre langues d'oc et d'oïl, entre toits plats et pointus, pays de droit écrit et de droit coutumier, types d'assolement biennal et triennal [9].

Si le rôle séparateur des forêts et leur importance sont bien connus, l'histoire est incapable d'apporter actuellement une réponse à la question des haies au haut Moyen Age. Si Robert Specklin a exhumé des textes exprimant l'hostilité des peuples germaniques aux paysages clos, Xavier de Planhol en a trouvé d'autres prouvant l'obligation d'entretenir les haies dans les coutumes germaniques [10].

C'est à partir du XIe siècle, avec les grands défrichements, que s'affirment de manière irréfutable les grands types de paysages ruraux. L'accroissement de la population entraîne une plus grande consommation de bois pour la construction, le chauffage, la cuisine. Les porcs, les chèvres et moutons pâturant dans les bois attaquent les jeunes pousses et entravent le renouvellement de la forêt. Les défrichements pour conquérir de nouveaux labours achèvent le processus de dégradation.

Or, l'apparition de champs ouverts liés à l'assolement triennal, notée vers 800 dans la région de Mayence et qui s'étend jusqu'au XVe siècle, connaît une extension accélérée à cause de l'amoindrissement du *saltus*, des zones incultes. N'ayant plus de place pour faire pâturer le bétail, la communauté paysanne n'a d'autre issue que de faire mener le troupeau par un berger communal sur l'espace cultivé, l'*ager*, divisé en trois parties, trois soles, restant alternativement en friche, afin de faire reposer la terre et d'assurer une zone de pâture au bétail.

L'avantage de l'assolement triennal est d'introduire une fumure des terres, grâce aux déjections animales sur les pâtis en friche, qui accroît sensiblement les rendements céréaliers. C'est au XIIIe siècle,

9. Voir la carte 22. R. Specklin conclut que les contrastes Nord-Sud suivent trois tracés principaux. Sur la Seine, la limite ethnique entre Celtique et Belgique a glissé avec les invasions germaniques jusqu'à une ligne Mont-Saint-Michel-Lyon. Sur la Loire s'est établie une limite qui « n'a laissé que de faibles traces, mais un souvenir durable dans le domaine littéraire ». Sur la Gartempe se trouvait un *limes* militaire. Voir R. Specklin, *Contrastes Nord-Sud en France*, dans *Regio Basiliensis*, 1979, p. 16-63.

10. R. Specklin, *Contrastes...*, cité note 9, et X. de Planhol, *Essai sur la genèse du paysage rural de champs ouverts*, dans *Annales de l'Est*, Mémoire 21, 1959, p. 414-424.

FRANCE DU NORD ET FRANCE DU SUD

CARTE 22

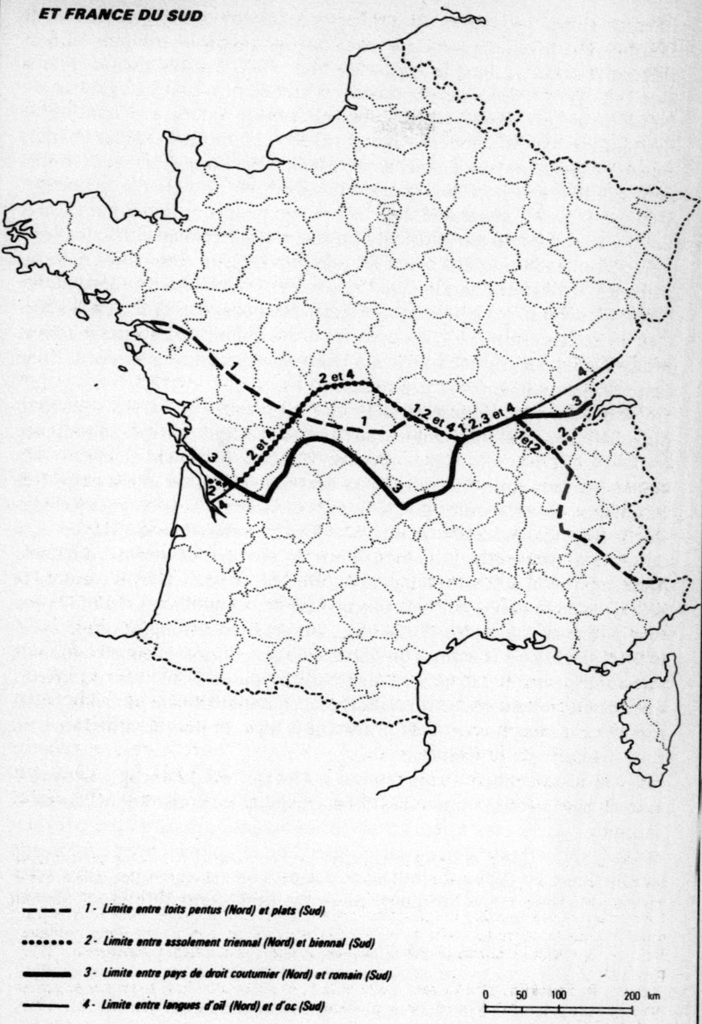

D'après R. Specklin, Acta geographica, n° 49.

dans les textes juridiques du dernier quart de ce siècle, que Xavier de Planhol a trouvé les premières mentions du berger communal ou herdier, en Lorraine, dans la région de Metz [11]. C'est à la même époque que l'*openfield*, les champs ouverts s'étendent à toute la France du Nord jusqu'au Massif central, aux abords de Lyon, aux confins de l'Aquitaine. En Mâconnais, Georges Duby [12] a montré que les champs ouverts étaient liés aux défrichements collectifs, tandis que les défrichements individuels postérieurs se traduisaient par un paysage de bocage. Quant à la forme en lanière des champs, on peut l'expliquer par l'usage de la charrue, tirée par plusieurs bœufs, de maniement difficile, pour laquelle on avait intérêt à éviter les manœuvres trop fréquentes, notamment les demi-tours, tandis que l'araire plus maniable, fouillant moins profondément la terre — ce qui exigeait deux passages croisés à la verticale en compensation —, est associée à des champs de forme massive, presque aussi larges que longs. La charrue est employée au nord d'une ligne Bordeaux-Genève, l'araire au sud [13].

Le bocage de l'ouest de la France est d'une explication beaucoup plus difficile. Il est impossible d'affirmer avec certitude que sa présence est liée à l'arrivée des Celtes d'outre-Manche. Il semble qu'au IXe siècle, les régions gallo-franques de la Bretagne orientale soient couvertes de champs ouverts tandis que le bocage caractérise la Bretagne occidentale indépendante. Selon André Meynier [14], subsistent au Moyen Age des orientations liées aux mégalithes et aux centuriations romaines. Mais la base du système médiéval est une ellipse défrichée au cœur de la lande ou de la forêt, cultivée par une ou deux familles et délimitée par un fossé-talus surmonté d'une haie. La pression démographique après le XIIIe siècle a pu entraîner un partage de ces ellipses, la construction de talus intérieurs et l'extension des champs au-delà du talus extérieur, avec défrichement collectif et, dans ce cas, apparition de parcelles laniérées. Ces « micro-*openfields* » portent le nom breton de « méjou » ou celui français de « gaignerie ».

On disserte encore aujourd'hui sur les raisons du bocage. Les explications par le vent, l'humidité, l'obstacle pour le bétail ne sont pas satisfaisantes. Tous ces facteurs peuvent avoir joué, mais André Meynier estime que, « pour notre part, frappés de la coïncidence si fréquente aujourd'hui du déclin de la haie et des progrès de l'élevage, nous opterions pour une légère primauté ancienne du facteur juridique, devenu

11. X. de Planhol, *Essai sur la genèse...*, déjà cité note 10, p. 418.
12. G. Duby, *La société aux XIe et XIIe siècles dans la région mâconnaise*, Paris, 1971.
13. C'est la ligne 2 de limite des assolements de la carte 22.
14. A. Meynier, *La genèse du parcellaire breton*, dans *Norois*, 1966, p. 595-610.

aujourd'hui inutile avec les progrès de l'instruction : le paysan sait que, en cas de contestation, les documents cadastraux soutiendront son bon droit, bien plus que la hauteur du talus en laquelle ses ancêtres avaient placé leurs espoirs [15] ».

Au Moyen Age, seule la Bretagne est bocagère : Maine, Anjou, Vendée, Normandie sont des régions de champs ouverts. Si le bocage se répand en certains pays normands, c'est en liaison avec l'élevage sur les sols pauvres et associé au pommier à cidre qui est attesté en pays de Caux à partir du XVe siècle.

Au sud de la Loire, la situation est extrêmement complexe. On trouve des champs ouverts à assolement biennal et non plus triennal, réglé de façon communautaire, en Limagne, Forez, sur les Grands Causses et même en Ariège, dans le Castillonnais. Mais dans l'ensemble dominent des champs ouverts et irréguliers à assolement biennal librement choisi par chaque agriculteur. L'absence de clôture n'est donc pas liée à des pratiques communautaires contraignantes. Le droit romain écrit protège la propriété rurale, le parchemin et la pratique du bornage rendent inutile la clôture bocagère bretonne. Il existe toutefois, non des bocages au sens strict, mais des paysages arborés « nés du mariage d'un climat plus chaud et de l'amour des arbres hérité de Rome [16] », et des clôtures de pierre plutôt résultat de l'épierrement des terrains qu'expression d'une volonté de délimitation. Dans certaines régions, ces murs de pierre sont une nécessité pour retenir la terre, comme en Vivarais, dans les Cévennes, dans certaines parties de la Provence, de Corse, du Roussillon.

L'agriculture est dominée au Moyen Age par la polyculture vivrière en dehors de quelques régions de quasi-monoculture céréalière au centre du Bassin parisien. La viticulture est presque partout présente, chaque évêché s'efforçant d'avoir ses propres vignobles pour répondre aux besoins du culte et étancher la soif de la hiérarchie ecclésiastique et des visiteurs de marque. Les monastères font de même et les cisterciens entourent de clôtures leur domaine de Vougeot pour protéger les vignes des animaux. Les vignobles prospèrent également à proximité des châteaux, fournissant la boisson des seigneurs. Les principales régions viticoles sont alors la région parisienne, le Val de Loire, la Champagne, la Bourgogne, les vallées de la Saône et du Rhône, et le Bordelais qui exporte sa production vers l'Angleterre et la Flandre. Ces vignobles sont flanqués de bois indispensables pour l'échalassage et la fabrication de tonneaux notamment.

---

15. A. Meynier, *Les paysages agraires*, p. 165.
16. J.-R. Pitte, *Histoire du paysage français*, t. 1, p. 122.

La Peste Noire, les ravages de la guerre de Cent Ans entraînent une période de récession dont les effets ne sont pas annulés avant le XVIe siècle. Un nouvel effort de défrichement débute alors, coïncidant avec un « petit âge glaciaire », tel que l'a montré Le Roy Ladurie, compromettant bien des récoltes et faisant de la fin du XVIe siècle et de tout le XVIIe siècle une époque marquée par la famine.

Ce qui caractérise la France durant les XVIe et XVIIe siècles, c'est l'effort de la monarchie pour sauvegarder la forêt contre les défrichements liés à l'accroissement de la population. Passionnés de chasse, les rois mettent en place une administration forestière relativement efficace puisque, du début du XVIe siècle à l'arrivée au pouvoir de Louis XIV, la forêt recule seulement de 35 % à 25 % de la superficie du pays, proportion qui demeure la même aujourd'hui, alors que des pays comme les Pays-Bas ou la Grande-Bretagne connaissent une déforestation qui ne peut être compensée et que la forêt ne compte plus que pour 7 % de leur territoire. Les besoins de la marine en bois amènent Colbert et ses successeurs à donner tous leurs soins à l'entretien des forêts. Malgré les pressions paysannes appuyées par les théories physiocratiques, la forêt ne recule pas trop au XVIIIe siècle, encore que beaucoup de forêts de l'Ouest, de la Normandie, du haut Poitou, de la Bourgogne sont alors attaquées ou même détruites. C'est aussi à cette époque que se développe la pratique du reboisement à partir de pépinières.

La Renaissance et les deux siècles qui la suivent sont également marqués par l'introduction de nouvelles espèces. Venus d'Italie sont les courges, citrouilles, aubergines, artichauts, salades romaines, d'Amérique les piments, poivrons et tomates. Le sarrasin est emprunté à la Mandchourie. Le maïs originaire de Colombie est apporté en Espagne et apparaît dans la région de Bayonne en 1565-1570. Mais sa progression est très lente : il atteint Castelnaudary en 1637, l'ensemble du Languedoc à la fin du XVIIe siècle, la vallée du Rhône et la Bresse au milieu du XVIIIe. La pomme de terre venue du Pérou a encore plus de peine à s'imposer. Par les Pays-Bas espagnols elle se propage d'abord vers l'Allemagne et l'Autriche. Elle arrive à Paris en 1593, mais quand, en plein XVIIIe siècle, Turgot favorise sa culture en Limousin, elle est encore largement réservée à la nourriture du bétail.

Aussi peut-on dire que, malgré l'introduction de plantes nouvelles promises à un grand avenir, la grande révolution de l'époque moderne est la suppression de la jachère. Dès le XIIIe siècle, en Flandre, se pratiquait sur la sole non ensemencée de céréales une culture limitée mais intensive, proche du jardinage : choux et légumineuses, fèves. Au XVe siècle, en Ile-de-France, est introduit l'usage de l'assolement quadriennal et non plus triennal, qui réduit sensiblement la surface de la jachère. L'Angleterre donne l'exemple aux XVIIe et XVIIIe siècles, développant l'élevage pour accroître les fumures qui doivent permettre d'améliorer sensiblement les rendements. Or, pour accroître l'élevage, il faut davantage de fourrages qui, sélectionnés et semés, peuvent pousser sur la jachère en quantité bien plus importante que sur une prairie naturelle. En France, c'est le Bassin parisien, largement excédentaire et que ne hante pas le spectre de la famine, qui donne le signal. Ce sont, au début du XVIIe siècle, les cultures dérobées sur la sole de jachère de légumineuses, pois, fèves, haricots originaires du Pérou, qui enrichissent le sol en azote. Puis, à l'imitation des Anglais, sont cultivés betteraves fourragères, navets, rutabagas et pommes de terre.

En Diois, venant de Grèce via l'Italie, est introduite en 1507 la luzerne, qui gagne toute la France. Le sainfoin résulte de l'amélioration d'une herbe locale nommée esparcette et est utilisé dès le XVIe siècle. Le trèfle apparaît au cœur du Bassin parisien au début du XVIIe siècle et s'impose au XVIIIe. Ces trois plantes enrichissent le sol en azote et fournissent un excellent fourrage. Le bétail nourri grâce à elles donne à son tour suffisamment de fumier pour qu'on puisse envisager de supprimer la jachère : celle-ci couvre en 1701 33 % des terres cultivables, encore 27 % en 1840, 13 % en 1892.

Dans les pays montagneux et pauvres tels que le Rouergue, les Cévennes, le Vivarais, la Corse, l'accroissement démographique du XVIe siècle ne peut être compensé par la mise en culture de terres nouvelles qui n'existent pas. C'est le développement et l'exploitation intensive de la châtaigneraie qui permet d'éviter la famine : à superficie égale une châtaigneraie fournit trois fois plus de calories qu'un champ de seigle. Ces terres siliceuses pauvres deviennent le domaine à peu près exclusif du châtaignier dès le début du XVIIe siècle. Le nord-est de la Corse prend le nom de Castagniccia (= Châtaigneraie). Curieusement, les fonctionnaires français anglomanes arrivés en 1769 en Corse essaient d'interdire cette culture qu'ils considèrent comme un encouragement à la paresse, sans comprendre que c'est le seul moyen d'assurer de la nourriture à une nombreuse population sur des terres aussi pauvres. Heureusement, Turgot, qui avait pris conscience en Limousin de l'utilité de la châtaigneraie, abroge cette interdiction en 1774.

La dernière caractéristique de l'époque moderne est le déclin des servitudes communautaires et des paysages qui leur sont liés. L'individualisme paysan est encouragé par l'administration impressionnée par la réussite anglaise. Dans le nord de la France apparaissent des paysages marqués de haies, surtout dans les vallées, en liaison avec la progression des herbages. C'est précocement le cas de la Thiérache, puis des vallées du Boulonnais, du pays de Caux, de la Gâtine poitevine. La dis-

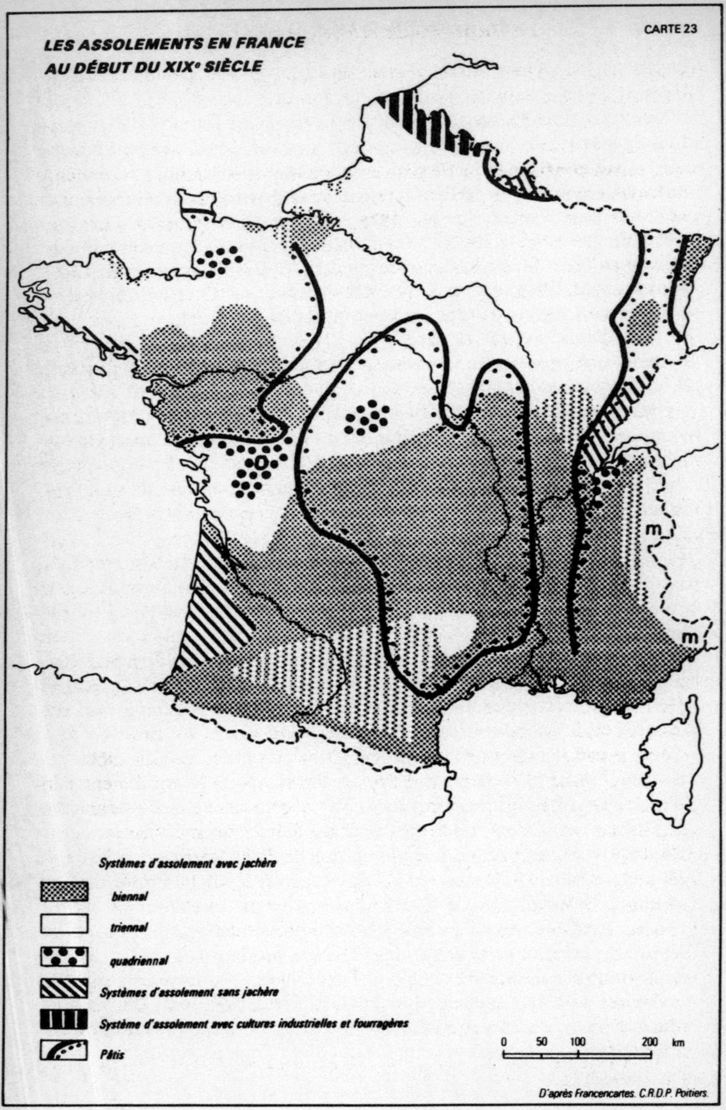
CARTE 23
LES ASSOLEMENTS EN FRANCE
AU DÉBUT DU XIXe SIÈCLE
m
m
Systèmes d'assolement avec jachère
biennal
triennal
quadriennal
Systèmes d'assolement sans jachère
Système d'assolement avec cultures industrielles et fourragères
Pâtis
0 50 100 200 km
D'après Francencartes. C.R.D.P. Poitiers.

parition de la vaine pâture sur une jachère qui se réduit sans cesse rejette les troupeaux des petits paysans sur les terrains communaux.

Aussi la Révolution et l'Empire sont-ils une sombre période pour les biens communaux et pour les parties non cultivées des biens nationaux, terres confisquées à l'Eglise et aux émigrés et vendues à l'encan. Les forêts communales, ecclésiastiques ou seigneuriales vendues subissent des coupes excessives. En 1825, la forêt ne représente plus que 15 % du territoire, 10 % de moins qu'un siècle auparavant et qu'aujourd'hui. L'administration, regrettant son laxisme et prenant exemple sur l'Allemagne, crée en 1824 à proximité de cette dernière, à Nancy, l'Ecole nationale des eaux et forêts. La Monarchie de Juillet et tous les régimes qui lui ont succédé depuis ont pratiqué une politique de reboisement systématique, notamment dans les régions montagneuses, Alpes et Pyrénées, sur les Causses et les Ségalas, en Limousin, Champagne, Sologne et surtout dans les Landes, où sont plantés 700 000 hectares de pins maritimes. La forêt échappe de par la loi au contrôle de la paysannerie au profit de l'Etat [17].

Au XIXe siècle est aussi entrepris un gros effort de mise en exploitation des terres jusqu'alors incultes. Une grande partie des landes en Bretagne disparaissent ainsi que dans le Massif central grâce à l'utilisation de la chaux qui enrichit les sols du Ségala et du Limousin et à l'introduction des prairies artificielles. L'assèchement des marais se poursuit à une cadence accélérée : baie de l'Authie en Picardie, marais poitevin, Dombes, Landes de Gascogne...

Les progrès des moyens de transport, rail et route, favorisent une spécialisation croissante des terroirs. L'autarcie, la crainte de la famine sont révolues, l'économie de marché l'emporte sur l'économie de subsistance. Mais les structures sociales et économiques évoluent avec une relative lenteur jusqu'à l'extraordinaire mutation des années 1960.

Ainsi, dans la zone nord-est de champs ouverts se combinent à la fin du XIXe siècle le développement de la betterave sucrière dans les grandes fermes autour de Paris, avec les débuts du machinisme agricole, la mise en herbages d'une grande partie de la Normandie, les progrès de la vigne dans la vallée de la Saône, entre Lyon et Dijon, dans le Lyonnais, le Beaujolais, le Mâconnais et surtout la Côte-d'Or. Cette avancée du vignoble touche aussi bien d'autres secteurs dont la bordure du Jura et l'Alsace. En revanche, le Bassin aquitain tend à rester fidèle à une polyculture dominée de plus en plus par la culture du maïs associée à l'élevage de volailles et de porcs. Dans le Midi méditerranéen, l'agriculture demeure archaïque avec de faibles rendements et une polycul-

17. La forêt méditerranéenne, victime d'incendies chaque été, est dans une situation préoccupante.

ture associant céréales, olivier, vigne, un petit élevage de moutons et de porcs. L'Ouest bocager s'oriente vers l'élevage bovin tandis que la « Ceinture dorée » de la Bretagne commence à produire fruits et légumes. Partout, dans les régions montagneuses, Limousin, Vosges, Jura, Pyrénées, progresse l'élevage bovin.

Mais cette spécialisation qui tend à une utilisation optimale des possibilités du milieu naturel se fait dans une société paysanne qui subit de plein fouet toute une série de crises graves. C'est d'abord un exode rural sans précédent, puis la crise du phylloxera qui détruit le vignoble, les progrès du libre-échange et la concurrence des céréales et du sucre d'Amérique. Les conséquences sont la disparition de la vigne dans des régions entières, Ile-de-France ou Lorraine par exemple, la sauvegarde des seuls vignobles de qualité au nord de la Loire, un léger déclin des surfaces emblavées dans le quart nord-est du pays. En Aquitaine, le phylloxera et l'oïdium entraînent une forte émigration dans les Charentes et le Gers avant que se reconstitue lentement le vignoble de Cognac et, partiellement, celui de l'Armagnac, avec en contrepartie dans les Charentes l'extension des herbages et de l'élevage des vaches laitières et une production de beurre de qualité. Les colorants chimiques font disparaître les cultures de garance et de pastel, le chanvre et le mûrier sont évincés par le coton importé, les surfaces emblavées diminuent également. Les bois et les landes progressent partout sauf en Bordelais où le vignoble a été rapidement reconstitué. Le Midi méditerranéen subit des maux analogues pour la garance et le mûrier, mais c'est surtout la destruction de la vigne qui ruine le pays et provoque une grave agitation politique. En compensation se développent entre 1860 et 1880 les cultures maraîchères et fruitières.

Tout cela n'est rien en comparaison de la véritable mutation de l'agriculture française depuis 1960. Profitant de techniques nouvelles et remarquablement performantes [18], de la protection de prix agricoles garantis par le Marché commun européen, du dépeuplement des campagnes qui a permis l'extension des propriétés et la motorisation, une minorité de paysans s'est intégrée sans difficulté et a profité de cette révolution, d'autres, trop âgés ou timorés, ont vendu leurs terres, la majorité a profité avec retard de l'expérience des premiers. Les coûts d'exploitation, la faible rentabilité des loyers perçus par les propriétaires [19] non exploitants ont entraîné une redistribution des terres telle que

18. Le rendement du blé passe de 12,4 quintaux à l'hectare en 1891/1900 à 15,8 en 1931/1939, 22 en 1951/1960, 29,1 en 1961/1965, 34,8 en 1966/1970, 42,8 en 1971/1975.

19. Il y aurait une géographie historique des formes de possession et de transmission des terres à écrire.

PAYSAGES AGRAIRES EN 1950 CARTE 24

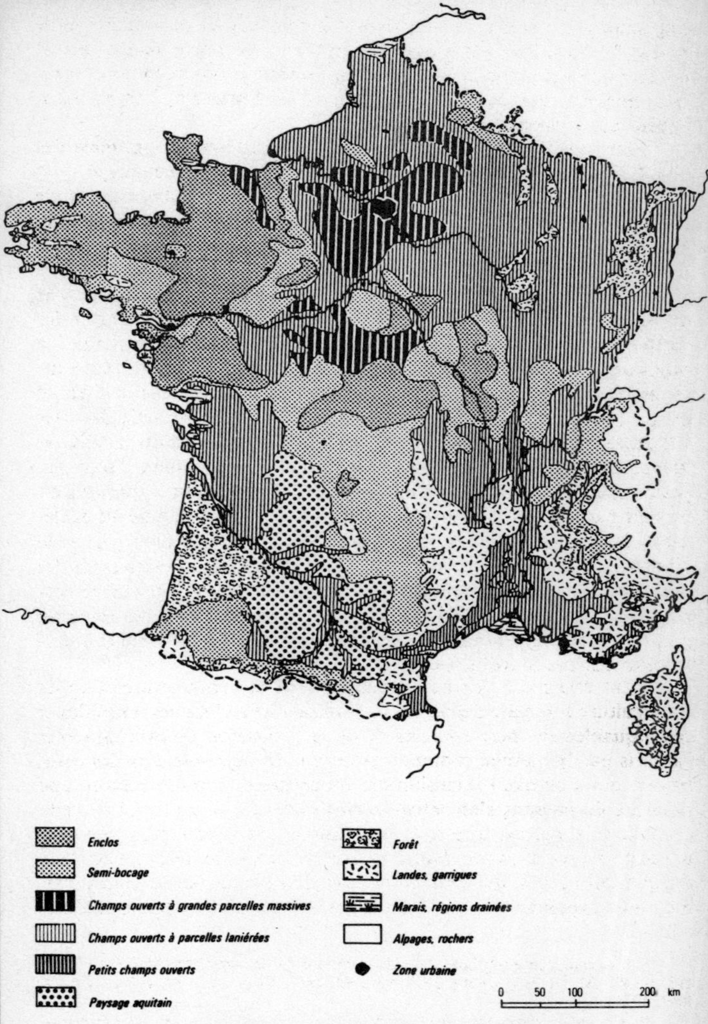

D'après le Centre de Recherche sur la vie rurale, Université de Caen : "Carte des mutations de l'espace rural français", 1950-1980.

CARTE 25

ESPACES RURAUX EN 1980

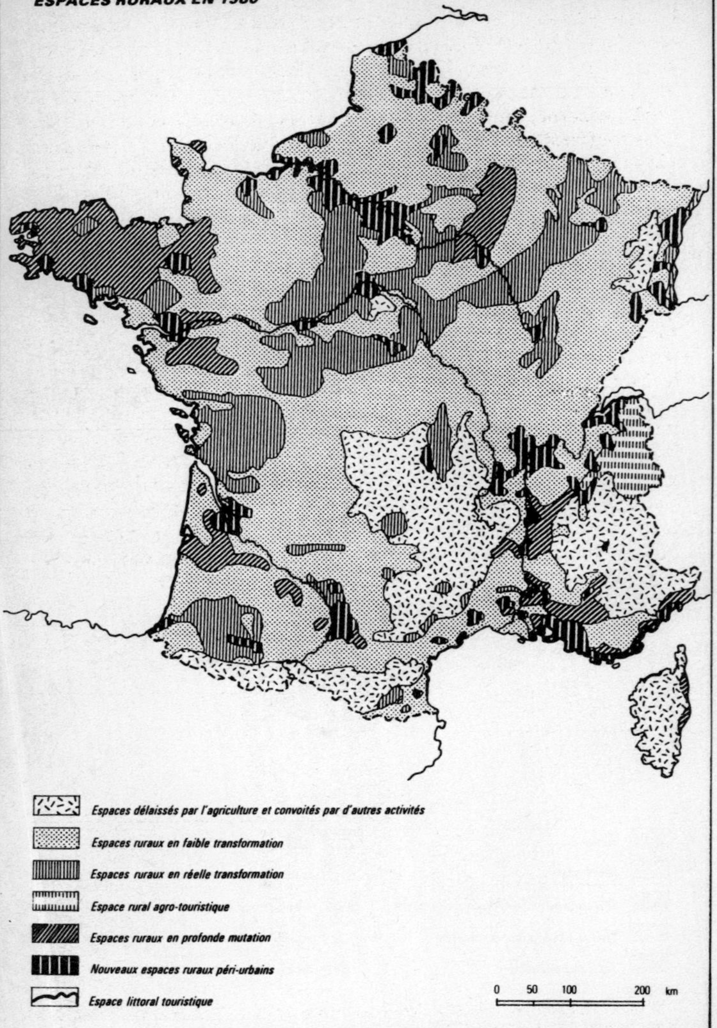

D'après le Centre de Recherche sur la vie rurale, Université de Caen. "Carte des mutations de l'espace rural français", 1950-1980.

l'on peut aujourd'hui dire que, presque partout, la terre appartient à ceux qui la cultivent. Les agriculteurs subissent, non sans réactions souvent violentes, une politique des prix décidée à Bruxelles, au niveau européen. Ils ont su cependant, dans une large proportion, au prix d'un travail acharné, améliorer de façon spectaculaire leur condition. Certains souffrent de la crise actuelle de surproduction laitière, mais le problème majeur se situe en Languedoc où la production viticole est menacée par la concurrence italienne et bientôt espagnole, où la production de fruits et légumes risque de pâtir de l'entrée de l'Espagne dans le Marché commun en janvier 1986.

Ce qui caractérise le paysage rural de la fin du XXe siècle [20], c'est le dépeuplement des campagnes, l'expansion des forêts, l'extension des friches sur les terroirs les plus médiocres, surtout lorsqu'ils sont montueux ou pentus, la bonification, en revanche, grâce aux engrais, de régions jusqu'alors déshéritées, telles la Champagne dite « pouilleuse », la Camargue où se côtoient désormais riz, vignobles et vergers, la Crau irriguée avec les eaux de la Durance, enfin et surtout les conséquences des remembrements successifs imposés par la motorisation agricole. Ainsi s'effacent sous nos yeux les champs en lanières, les « lames de parquet » du Bassin parisien et de l'Est remplacées par de vastes et massives parcelles, ainsi se brouille le paysage de bocage de l'Ouest, où les haies, obstacles à la mécanisation, disparaissent en grand nombre. Un paysage rural plus homogène est en train de se mettre en place dans tout le pays.

---

20. L'expansion de la ville dans la campagne, la « rurbanisation », sera évoquée dans la partie consacrée aux villes.

2.

LES DIVERS TYPES D'HABITAT

Il semble que l'homme ait très tôt commencé à se bâtir des abris, des refuges plus ou moins précaires. On trouve des traces de huttes ovales couvertes de branchages et au sol pavé de galets à l'acheuléen, il y a quelque 200 000 ans. La maîtrise du feu, les progrès de l'outillage permettent de dépasser ce stade et d'abandonner aussi les grottes, habitat naturel de prédilection des hommes de Néandertal. Les cabanes construites au néolithique ne doivent pas être bien différentes de celles que les charbonniers édifiaient naguère dans nos forêts. Le plus ancien village d'agriculteurs découvert en France est celui de Courthézon, entre Orange et Avignon, dont les huttes ovales datent d'environ 4 650 ans avant notre ère. La civilisation chasséenne a bâti des ensembles autrement plus importants puisque les fouilles à Saint-Michel-du-Touch et à Villeneuve-Tolosane, près de Toulouse, ont révélé des villages pouvant s'étendre sur une vingtaine d'hectares avec de grandes maisons rectangulaires en bois longues parfois de dix mètres. C'est à cette époque que s'édifient sur des hauteurs les premiers villages fortifiés. Ceux des campigniens venus des régions danubiennes peuvent réunir deux cents personnes et on y distingue de grandes fermes et des granges pour le bétail et le grain. Des poteaux de bois fichés en terre constituent l'ossature et l'intervalle entre ces colombages est rempli d'argile, de pisé. Ces fermes sont larges de 6 à 8 mètres, longues d'une dizaine, certaines pouvant atteindre 40 mètres.

La pierre apparaît dans la construction au sud de la France à l'époque du bronze. L'on trouve en Languedoc, en Corse et dans le Lubéron ces cabanes de pierre que certains ont baptisées « pré-bories ». Le premier témoignage sur l'habitat en Gaule est dû à César qui distingue deux formes : la grande ferme isolée ou *aedificium*, le village ou *vicus*. La première est habitée par l'aristocratie gauloise et ses serviteurs, le second par des paysans plus ou moins dépendants de l'aristocratie. Si César n'emploie pas le terme de *villa* pour la grande ferme, c'est sans doute pour faire une distinction non pas sur le plan fonctionnel, qui doit être en grande partie similaire, mais à cause du mode de construction : la *villa* romaine ou gallo-romaine de la *Provincia* est en pierre calcaire, couverte de tuiles, l'*aedificium* est de bois, de torchis, de pisé, couvert de chaume. Entourés de fossés que l'archéologie aérienne a retrouvés, ces *aedificia* sont beaucoup mieux connus que les *vici*, les villages qu'aucun obstacle ne protégeait et qui, construits en terre battue, n'ont guère laissé de trace sur le sol. Pour leur protection, les Gaulois avaient recours aux *oppida*, places fortes occupant des hauteurs difficiles d'accès, barrées de murs et de fossés, vastes enceintes pouvant accueillir la tribu entière ou au moins une bonne partie de celle-ci. Ainsi César capture-t-il 53 000 Gaulois lors de la prise de l'*oppidum* des Aduatuques. L'*oppidum* de Bibracte occupe 135 hectares. Dans ces *oppida*, la plupart des maisons sont enterrées mais quelques-unes sont construites en surface et beaucoup ont des soubassements de pierre. Les remparts des *oppida* présentent une résistance remarquable au bélier romain : ils sont un assemblage de terre tassée et de poutres réunies par des chevilles de fer, le tout maintenu entre un double parement de pierre.

La romanisation de la Gaule entraîne l'apparition de la *villa*, qui parfois succède simplement à l'*aedificium* gaulois. Si la pierre y occupe une place importante, les murs de torchis ou de pisé avec colombages de bois la complètent très souvent. Tuiles, ardoises, dalles sciées remplacent les toitures de feuillages. Quant aux *vici*, ils continuent leur existence passée et ont tendance à se multiplier le long des voies romaines.

Avec les ravages des invasions germaniques, dès la fin du IIIe siècle, les *villae* disparaissent en grand nombre au profit d'habitats moins étendus, « généralement proches soit d'un site villageois d'origine différente et sans doute antérieure, soit auprès des eaux et des bois, comme si la contraction de l'économie poussait les hommes à se resserrer et à trouver refuge plus près des ressources de la nature sauvage [21] ». Ce sont donc, semble-t-il, les *vici* qui sont à l'origine du maillage de l'habitat rural français, des villages. A ce phénomène remarquablement mis en valeur par les travaux d'Agache pour les plaines du nord de la France s'ajoute dans le Midi méditerranéen la tendance de l'habitat à se percher sur des éperons rocheux. Le souci de défense contre les envahisseurs explique ce déplacement mais aussi la régression des techniques agricoles : la culture céréalière déclinant au profit de l'élevage caprin et

21. J. Chapelot, R. Fossier, *Le village et la maison au Moyen Age*, p. 50 et 52.

CARTE 26

LA CARTE DES TOITS

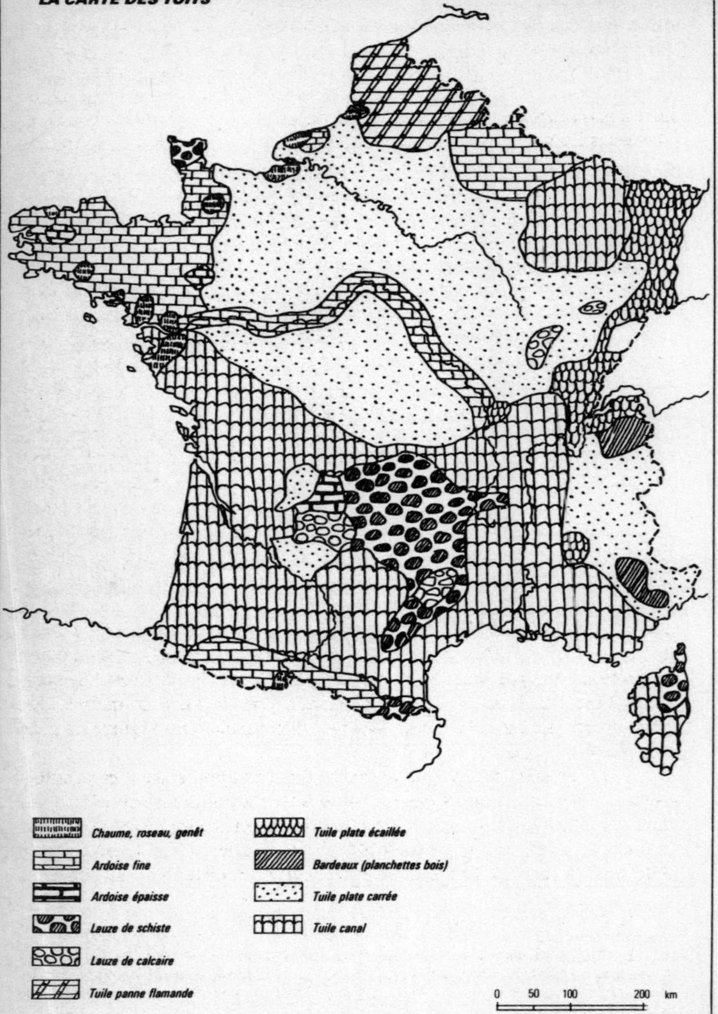

D'après Francencartes. C.R.D.P. Poitiers.

ovin, la population tend à s'installer près des terrains de parcours situés sur les hauteurs.

Le même contraste nord-sud s'observe dans les techniques de construction. Le Nord adopte le type germanique de maison rectangulaire à armature de bois, murs de pisé, toit de chaume ou de branchages. Quelques îlots de tuiles subsistent néanmoins aux confins de la Lorraine et de la Champagne, de part et d'autre de la voie romaine Lyon-Trèves. Au sud d'une ligne Nantes-Genève, la germanisation a été très faible, la technique romaine s'est maintenue avec toits de faible pente couverts de tuiles (*tegulae* et *imbrices* [22]) et murs de pierre.

Le village médiéval est assez mal connu, au premier chef parce que son emplacement est généralement encore bâti de nos jours et n'a donc pu être fouillé [23]. Le château fort, l'abbaye, l'église paroissiale constituent les monuments autour desquels s'agrègent les habitations. La maison rurale est surtout du type maison-bloc ou élémentaire, le *long house* des pays celtes, rectangle comprenant une ou deux pièces abritant sans séparation paysans et cheptel. Tandis que le Sud romanisé est resté fidèle à la pierre, le Nord passe très lentement à l'usage de cette dernière, sans doute à cause de la raréfaction du bois et de la progression des techniques de construction en pierre. La fréquence des incendies incite à remplacer le chaume ou les bottes de genêt par la tuile, la lauze ou l'ardoise. L'habitat fait étroitement corps avec le milieu naturel, utilisant les matériaux disponibles sur place : pierre, argile, chaux, sable, bois, végétaux variés... Sans cesse reconstruite jusqu'à nos jours, la maison rurale médiévale est mal connue. A côté du type courant déjà cité de maison élémentaire existent la maison mixte, maison élémentaire de grande taille où sont séparés hommes et animaux, et la maison à étage en pays méditerranéen, l'aménagement de l'étage traduisant l'apparition d'une classe de paysans aisés et désireux de faire connaître leur position sociale par ce moyen. Mais les différenciations régionales sont très postérieures au Moyen Age.

C'est en effet à l'époque moderne qu'elles apparaissent et se stabilisent. Grâce aux progrès des techniques de l'architecture en pierre née dans les villes, la campagne se couvre de maisons solides avec de grands portails en plein cintre, de belles toitures de tuiles. L'habitation rurale telle que l'a magistralement étudiée Albert Demangeon [24] date surtout

22. Voir la ligne 1, de limite entre toits pentus et plats, dans la carte 22, et la carte des toits, carte 26.

23. Voir cependant le remarquable livre de J. Chapelot et R. Fossier, *Le village et la maison au Moyen Age*, qui couvre l'Europe occidentale, surtout l'Angleterre, les Pays-Bas et l'Allemagne. Les villages désertés sont rares en France, 900 sur les 32 500 paroisses de 1328.

24. A. Demangeon, *Problèmes de géographie humaine*, Paris, 1942.

du XIXe siècle. Il distingue ainsi six types de maison élémentaire, cette maison-bloc rectangulaire sans étage juxtaposant sous le même toit le logis de l'homme, celui des bêtes, les resserres où sont rangés grain et fourrage. On trouve cette maison dans la région ardennaise, l'Argonne, la Thiérache, le Hainaut, une partie du Douaisis et du Cambrésis. Elle n'a pas de cour mais un petit jardin sur le côté ou derrière la maison, le fumier est entassé dans la rue. Les petites exploitations du Bassin parisien sont construites sur le même modèle, en Champagne humide, Brie champenoise, pays d'Othe, Morvan, Auxerrois, Nivernais, dans le vignoble du Loiret. L'ouest de la France, Normandie, Bretagne, Maine, Anjou, Vendée, compte aussi de nombreuses petites fermes de ce type, dans les régions d'élevage, où le paysan vit dans la promiscuité de ses animaux, à l'exception des porcs relégués dans un petit bâtiment au bout de la maison. La maison élémentaire se retrouve aussi chez les petits paysans du Midi, en Pays basque, en Provence, en Dauphiné et en Bresse, mais le climat plus clément amène des modifications, souvent un étage ouvrant sur une galerie en bois, à laquelle on accède par un escalier extérieur aussi en bois, le toit débordant sur la galerie. Le Massif central est le domaine presque exclusif de ce type de maison, du Limousin au Vivarais, du Bourbonnais aux Causses, avec de nombreuses variantes locales. Il arrive que le logis soit séparé par quelques mètres de l'étable et de la grange ou que la grange soit à l'étage d'un côté, accessible de l'autre aux charrettes grâce à un remblai extérieur. Le type le plus original est dans l'Est, en Lorraine et Franche-Comté. Le rectangle bâti est occupé en son centre et sur toute la longueur par la grange qui comprend une aire servant à battre le grain en hiver. De part et d'autre de la grange se trouvent, d'un côté la chambre à coucher, le poêle et la cuisine, de l'autre les étables et la porcherie.

La maison en ordre serré se trouve réalisée dans sa forme la plus remarquable en Picardie et Wallonnie, dans les riches plaines et sur les plateaux limoneux ainsi que dans les régions où se rencontre le même type de vie rurale aisée, comme la Flandre intérieure ou le Vexin normand. Elle est le type même des exploitations importantes de la France du Nord jusqu'aux plaines de Caen, du Berri, du Forez ou même de Cerdagne. Il s'agit d'une construction rectangulaire imposante agencée autour d'une vaste cour. Au centre de cette dernière trône le fumier. La grange forme tout un côté du quadrilatère, les autres côtés étant occupés par la maison d'habitation réservée aux hommes, face à la grange, les écuries et les étables surmontées de greniers. Derrière la maison se trouve un jardin ou une pâture. Ces fermes ressemblent à des forteresses rurales, plantées au cœur de la campagne, dans les riches pays céréaliers de Brie, de Beauce, du Vexin, du Valois, du Soissonnais ..., jusqu'à Bruxelles et à Liège, jusqu'au Limbourg et à la Rhénanie. A l'extérieur, la ferme ne s'ouvre que par une vaste porte cochère, le reste n'est qu'un mur de clôture sans ouverture. Fenêtres et portes donnent toutes sur la cour, et la maison rappelle l'habitat urbain par son confort et son élégance.

A l'opposé de la maison en ordre serré se trouve la maison en ordre lâche. La première est le symbole de la force, de l'ordre, de la sécurité. L'homme s'enferme entre ses murs, dort près de son grain et de son bétail. L'ordre lâche correspond à un souci très différent d'indépendance individuelle et de bien-être matériel. Il s'observe dans les régions littorales d'élevage, sous l'influence d'un climat assez clément et d'un peuplement germanique soucieux de liberté. Dans la Flandre maritime, la ferme se situe à l'intérieur d'une clôture quadrangulaire d'ormeaux et de haies vives souvent assez vaste, atteignant parfois deux cents mètres de côté. Trois bâtiments séparés s'égaillent sur ce terrain : le logis, face à l'entrée de la cour, les étables sur un côté, la grange sur l'autre. Le même type d'habitat se retrouve dans le Boulonnais et la Picardie maritime. En Normandie, les bâtiments sont encore plus espacés, dans la cour couverte d'herbe et plantée de pommiers, s'ébattent la volaille et le bétail. La clôture est constituée par une ceinture de remparts en terre hauts de près de deux mètres et plantés d'ormes et surtout de hêtres.

Le dernier type d'habitat rural est la maison en hauteur. Au rez-de-chaussée se trouve l'étable, à l'étage le logement, au-dessus le grenier. Il n'y a pratiquement pas de dépendances. Cette disposition traduit le souci du paysan de rassembler son bien sous le même toit, sous sa surveillance immédiate. Elle est généralement répandue dans les pays de la Méditerranée et y semble une tradition ancienne. En France s'y ajoute pour les paysans aisés qui l'adoptent le désir de s'écarter du contact direct des animaux : « Le paysan monte en grade dans la hiérarchie sociale lorsqu'il met l'intervalle de vingt ou trente marches d'escalier entre son lit et les multiples servitudes d'un rez-de-chaussée ouvert à la poussière, à la boue, aux mauvaises odeurs, aux allées et venues des passants et des bêtes [25]. » Ce type d'habitation pourrait aussi s'expliquer par le peu d'importance de l'élevage dans les régions où il a été adopté. On le trouve communément sur le plateau aux modestes fermes du Quercy, dans les Corbières, en Bas-Languedoc, en Roussillon, mais aussi sur les versants méridional et oriental du Massif central, dans le Ségala, les Cévennes, le Vivarais, jusqu'au Beaujolais et au Mâconnais, où les vignerons convertissent le rez-de-chaussée en cellier. En général,

25. A. de Foville, *Enquête sur les conditions de l'habitation en France*, Introduction, t. 1, p. XXX.

dans toutes ces régions, l'escalier est extérieur et conduit à une véranda qui longe l'étage habité de la ferme. Ce type de construction se retrouve dans les Alpes, depuis la Savoie et le Bugey jusqu'au nord du Dauphiné.

L'architecture rurale dépend largement — a dépendu, car, au XXe siècle, les conditions de construction ont tendance à s'homogénéiser dans toute la France — des matériaux disponibles sur place, des conditions climatiques et des besoins des agriculteurs. L'habitation est subordonnée au caractère de l'exploitation, donnant sa place aux hommes, aux bêtes et aux choses. Mais le déterminisme économique et géographique ne peut tout expliquer. Des relations historiques, culturelles doivent être mises en cause pour expliquer certains traits. Ainsi la maison en hauteur du Midi se retrouve ailleurs en Méditerranée, la maison en ordre lâche est comparable à la ferme britannique, la maison en ordre serré organisée autour de la cour s'étend de la Beauce au Rhin. La variété des types d'habitats ruraux reflète des influences anciennes qui échappent encore à l'explication. Il est urgent d'entreprendre ce travail, car la modernisation agricole du pays, à base de Fibrociment et de parpaing, la construction de bâtiments dits fonctionnels, la transformation de nombreuses fermes en résidences secondaires font disparaître le patrimoine architectural à grande vitesse.

La multiplication de bâtisses nouvelles depuis trente ans dans les campagnes françaises, l'extension des banlieues, l'urbanisation de certaines campagnes à proximité des grandes villes ou même le gonflement de nombreux chefs-lieux de cantons, ce phénomène dit de rurbanisation ou de mitage du paysage altère profondément les structures villageoises. Il ne sera bientôt plus possible de distinguer les axes villageois du siècle dernier. Demangeon, là encore, s'est efforcé d'établir une typologie des villages de France [26]. Ce sont d'abord les villages longs, suite de maisons plantées de part et d'autre d'un chemin au milieu du terroir cultivé. C'est le village-rue de Lorraine, de bien des régions du Nord et de l'Est. A l'opposé, les villages massés caractérisent surtout le Midi : une rue circulaire encercle une agglomération compacte aux rues étroites. Il y a souvent des traces d'enceinte médiévale. Ce sont parfois des créations du Moyen Age, bastides ou villes neuves, ou des sites défensifs naturels. Il existe aussi des villages en étoile qui impliquent une adaptation complexe à des fonctions commerciales, l'existence d'un marché, une tendance déjà à la formation urbaine.

Enfin, il ne faut pas oublier qu'il existe aussi en France des zones de forte dispersion de la population. Ainsi la commune bretonne n'est

26. A. Demangeon, *Types de peuplement rural en France*, p. 289-310 de *Problèmes de géographie humaine*.

souvent qu'une addition de hameaux. C'est le cas aussi en pays de Caux, Vexin normand, Beauce méridionale, Sologne et Mâconnais. La région d'habitat dispersé commence à peu près en Basse-Normandie et dans le Perche et s'étend jusqu'en Limousin et en Périgord. On trouve des pays de hameaux dans le Massif central, du Tarn au Morvan, en Bresse et jusque dans les Alpes et les Pyrénées centrales. Le type extrême de la ferme isolée existe pour les grandes exploitations du Bassin parisien, comme habitat interstitiel en pays de hameau, en Bretagne, Maine, Anjou, dans le Massif central, en Provence. L'Aquitaine avec ses bordes est une zone de dispersion maximale.

Le mitage et la banalisation du paysage rural français amènent la nostalgie du passé et le désir de contrôler les évolutions en cours. Des zones d'environnement protégé (Z.E.P.), des parcs naturels nationaux, des parcs naturels régionaux, des réserves naturelles ont été créés. Mais cette fossilisation ségrégationniste du paysage ne peut être une solution durable. Il faut inventer de nouvelles formes d'expression et de rapports humains en excluant « aussi bien l'individualisme que le collectivisme, l'un gênant toute la société par l'entrechoc des désirs de jouissance du paysage, l'autre niant les besoins de chacun, donc ceux de tous. A ce prix, le paysage cessera d'être accaparé, violenté ou hyperprotégé et les Français y donneront de nouveau libre cours à leur fantaisie, c'est-à-dire, au sens plein du terme, à leur faculté de création [27] ».

---

27. J.-R. Pitte, *Histoire du paysage français*, t. 2, p. 141.

3.

L'HOMME ET L'ANIMAL

La cueillette, la chasse, la pêche, premières activités de l'homme préhistorique, ont été une exploitation des ressources de la nature qui n'a guère marqué cette dernière de l'empreinte humaine. L'élevage, apparu en Orient il y a plus de 10 000 ans, atteint l'Europe occidentale vers 6 000 avant l'ère chrétienne. Au VIIe millénaire apparaissent les troupeaux de moutons dans le Midi méditerranéen et en Corse. La civilisation chasséenne introduit vers 3 700 avant J.-C. l'élevage du bœuf et s'étend à toute la France sauf le Nord-Est. En effet, à la même époque, venue non de la Méditerranée mais des régions danubiennes, la civilisation campignienne occupe tout le Nord-Est de la France actuelle du Rhin au Bassin parisien et à la Loire. Elle accorde une place prééminente à la céréaliculture mais pratique aussi l'élevage des bœufs et des porcs. Avec les Gaulois, l'élevage se répartit en fonction des virtualités pastorales : les plaines, les collines et les montagnes abondamment arrosées voient sur leurs jachères, friches et dans leurs forêts pâturer vaches et bœufs, les porcs et, dans une moindre mesure, les moutons et les chèvres. Les régions plus sèches, aux herbages médiocres, accordent une place dominante aux moutons et aux chèvres.

A la conquête franque est vraisemblablement lié un regain d'intérêt pour la chasse : les résidences royales et les palais de l'aristocratie carolingienne ne sont-ils pas tous édifiés à la lisière des forêts, « l'idéal étant le double voisinage de la forêt et des marais, venaison et poisson constituant la base de l'alimentation de la haute société. Certaines parties de forêts giboyeuses situées à proximité de grands *palatia* sont encloses et servent ainsi de réserves. La toponymie en a conservé la trace par le mot breuil [28] ».

---

28. J.-R. Pitte, *Histoire du paysage français*, t. 1, p. 95-96.

Dans le Midi peu pénétré par les Francs, la régression des techniques agraires et la prédominance nouvelle de l'élevage caprin et ovin entraîne un perchement de l'habitat qui se rapproche des terrains de parcours. « On a même découvert à Velfaunès, dans l'Hérault, une grotte occupée au Moustérien, puis abandonnée pour être de nouveau habitée aux IVe et Ve siècles après J.-C. Les ossements découverts mettent en évidence la séquence suivante : un retour à la chasse, puis l'élevage du mouton, suivi par celui de la chèvre et, enfin, par celui du porc et du bœuf avant un nouvel et définitif abandon. Ainsi se trouve résumé ce haut Moyen Age troublé : un retour aux origines pré- ou protohistoriques, suivi d'un réapprentissage d'autant plus rapide qu'il suffit parfois aux paysans d'observer une réalité qui n'a jamais cessé complètement d'être vécue sur certains domaines voisins [29]. »

Les conditions de l'élevage sont transformées au XVIIIe siècle, surtout avec la Révolution, par la disparition progressive des jachères et la vente des biens communaux qui privent les bêtes de terrains de parcours. Le XIXe siècle, avec les progrès des transports, voit se mettre en place une spécialisation des régions rurales qui s'accentue encore sous nos yeux. Un véritable divorce s'établit entre agriculteurs et éleveurs. Ainsi, par exemple, la Beauce céréalière a-t-elle complètement renoncé à l'élevage des moutons et le paysan beauceron n'élève même plus le porc familial saigné à Noël pour fournir de la charcuterie.

Mais c'est le cheval qui a le plus pâti de la motorisation des campagnes. Il n'est plus élevé que pour les activités touristiques, la compétition hippique et la boucherie. Répandu naguère dans la France entière, on ne le trouve aujourd'hui qu'en Basse-Normandie, en Mayenne, Maine-et-Loire, Loire-Atlantique, Vendée, et, dans une moindre mesure, dans les Pyrénées, le Limousin, l'Auvergne et la Camargue.

L'élevage porcin, très largement industrialisé, est l'apanage des quatre départements de la région de Bretagne et de leur prolongement mayennais, du Nord-Pas-de-Calais, de quelques centres secondaires dans l'Ain, la Drôme, les Bouches-du-Rhône, l'Aveyron, les Pyrénées-Atlantiques, les Hautes-Pyrénées.

La chèvre est plus répandue sur le territoire, mais trois régions dominent. Autour des Deux-Sèvres qui se sont affirmées depuis moins d'un siècle comme le premier centre d'élevage caprin, avec l'est de la Vendée, le nord de la Charente et de la Charente-Maritime, la Vienne, l'Indre-et-Loire, l'Indre, le Cher, le sud du Loir-et-Cher, la Sologne se trouve réunie la majorité de ce cheptel. Un second axe est formé par les hauteurs de part et d'autre de la Saône et du Rhône : Saône-et-Loire,

29. J.-R. Pitte, *Histoire du paysage français*, t. 1, p. 102-103.

Ain, Rhône, Loire, nord de l'Isère, Drôme, Ardèche et Cévennes du Gard et de la Lozère. La Corse constitue le dernier pôle.

C'est aussi dans la moitié méridionale de la France que se pratique l'élevage ovin, mais sa répartition est différente. Caprins et ovins cohabitent en Vendée, dans les Deux-Sèvres, la Vienne, l'Indre, le Cher, mais le cœur de la région d'élevage est plus au sud, sur les reliefs moyens du Massif central : Haute-Vienne, Corrèze du Nord, Creuse, nord du Puy-de-Dôme, Allier, Nièvre et ses prolongements morvandiaux de Saône-et-Loire. Aussi important est le second centre d'élevage qui rejoint presque le premier, encerclant un Cantal réfractaire au mouton : l'Aveyron avec le Larzac et Roquefort est entouré du Tarn, du Lot, de la Lozère, de la Haute-Loire, accessoirement de l'Ardèche. Les massifs alpins et pyrénéens constituent les dernières régions d'élevage ovin : Pyrénées-Atlantiques surtout, puis Hautes-Pyrénées, sud de la Haute-Garonne, Ariège d'une part, Hautes-Alpes et Alpes-de-Haute-Provence, avec des centres secondaires dans la Drôme et les Bouches-du-Rhône occidentales — Camargue et Crau — d'autre part. Très nombreux dans le Bassin parisien jusqu'à la fin du Second Empire, les ovins en ont disparu progressivement.

La répartition des bovins s'est moins considérablement modifiée. Ils sont, au milieu du XIXᵉ siècle, massivement présents dans tout le Massif armoricain, Vendée, Anjou, Maine et Basse-Normandie compris ; ils sont également nombreux en Seine-Maritime, dans le Nord et le Pas-de-Calais, l'Ain, la Saône-et-Loire, le Puy-de-Dôme, le Cantal. Aujourd'hui encore, ces régions représentent l'essentiel de la production bovine. La zone armoricaine s'est étendue aux Deux-Sèvres. Dans le Nord, l'élevage s'est, en revanche, restreint à la Thiérache et à l'Artois rural. Dans l'Est, la Lorraine, la Franche-Comté constituent aujourd'hui un centre secondaire. L'élevage dans le Massif central s'est fortement développé dans le Morvan (Côte-d'Or, Nièvre, Saône-et-Loire), l'Allier, la Loire et surtout le Limousin, même en Aveyron.

Comme l'agriculture, l'élevage, très largement répandu dans les campagnes françaises, s'est progressivement concentré dans certaines régions offrant des conditions favorables, avec une spécialisation croissante suivant les espèces et les produits escomptés, reproduction, lait, viande...

La pêche, maritime ou en rivière [30], mériterait en France des études

---

30. Il y a environ quatre millions de pêcheurs en eau douce. La pollution des cours d'eau, les prélèvements excessifs en mer ont pour conséquence la raréfaction du poisson et le recours à l'aquaculture et à l'aquiculture, l'une étant l'élevage de poisson en eau douce, l'autre en eau de mer.

de géographie historique : régions, types de pêche, instruments utilisés et leur répartition dans le temps et l'espace, populations pratiquant la pêche... La chasse devrait faire l'objet d'études similaires. Privilège nobiliaire par excellence à la fin de l'Ancien Régime, elle fut pratiquée couramment au Moyen Age par les paysans à qui elle fournissait un apport de nourriture non négligeable tout en leur permettant d'éliminer les prédateurs de leurs cultures. L'interdiction de la chasse instaurée progressivement par la monarchie à partir du XVe siècle s'accompagne d'une réglementation de plus en plus précise mais variant suivant les provinces. Cette politique répond à des objectifs complexes : volonté de désarmer les roturiers, ce qui facilite le maintien de la paix civile, désir de préserver un mode de vie nobiliaire distinctif, mais aussi souci de préserver le milieu naturel et certaines espèces menacées de disparition. Ainsi, l'ordonnance des Eaux et Forêts de 1669 assure la préservation des forêts tout en réglementant de façon très contraignante la chasse.

La Révolution démantèle tout ce dispositif. Les cahiers de doléances contiennent d'innombrables revendications d'abolition du droit exclusif de chasse seigneuriale. Mais ils n'exigent pas l'interdiction de la chasse, tout au contraire ! Les paysans demandent la destruction des animaux « nuisibles », cerfs et biches, mais aussi loups, renards, blaireaux. La législation issue de la nuit du 4 août 1789 donne à chaque propriétaire le droit de chasse sur ses terres. Cette liberté entraîne la prolifération des chasseurs et une très forte diminution du nombre d'animaux sauvages. C'est au XIXe siècle que les loups sont exterminés : on en tuait encore 2 000 par an au début du siècle, 115 seulement en 1900. Aujourd'hui, une grande partie du gibier abattu provient d'élevages, importé souvent de l'étranger, notamment de Pologne. Les deux millions de chasseurs français sont dix fois plus nombreux que leurs confrères allemands. Aussi la chasse est-elle réglementée de plus en plus strictement afin d'essayer de maintenir un certain équilibre écologique.

Pays essentiellement rural jusqu'à une date beaucoup plus tardive que ses voisins d'Europe du Nord, la France subit depuis 1960 environ une transformation brutale de ses pratiques en matière d'agriculture, d'élevage, d'habitat rural, une évolution des mœurs et de l'économie qui la bouleversent. Comme l'a noté L.M. Coyaud : « L'espace rural est un espace interstitiel dans l'archipel urbain qui caractérise notre société. Les communautés qui l'organisent sont ainsi soumises à des impératifs exogènes dont les effets se traduisent dans les paysages. De nouvelles relations entre villes et campagnes se tissent et se dénouent : les rapports de forces sont en apparence trop inégaux pour que les héritières des paroisses rurales multi-séculaires imposent la logique de leur rationalité. En fait la multitude des communes rurales et l'étendue spatiale qu'elles représentent peuvent être, paradoxalement, pour le premier point du moins, un atout pour leur survie qui contrebalance les conséquences de leur faiblesse démographique [31]. »

31. Pages 70-71 de L.M. Coyaud, *De la communauté villageoise à la campagne urbanisée*, p. 61-73 du n° 11 de *Recherches géographiques à Strasbourg*, 1979.

LIVRE 5

LA FRANCE URBAINE ET INDUSTRIELLE

1.

LES VILLES

L'école française de géographie historique s'est d'abord contentée de décrire la formation du royaume et ses structures administratives, puis les variations du monde rural et des paysages agraires ont été soulignées par les géographes Demangeon et Dion et l'historien Marc Bloch. La géographie historique des villes s'est longtemps cantonnée dans l'archéologie urbaine et, en dehors de Ferdinand Lot, historiens et géographes n'y ont pas attaché une importance bien grande. La tenue à Paris, en janvier 1981, d'un colloque sur la géographie historique des villes d'Europe occidentale témoigne d'une heureuse évolution. La complexité de la morphologie urbaine est telle que les travaux dans ce domaine n'en sont encore qu'à leurs débuts et les types d'approches peuvent être d'une extrême diversité. On peut s'attacher à l'étude des techniques de construction, des types de bâtiments et de leur répartition, à la définition du rôle des quartiers et des fonctions d'une ville, à la description de ses habitants et des sortes de sociétés. De l'étude des pierres, de l'archéologie, à celle des individus, de la sociabilité, s'offre à l'historien et au géographe une palette chatoyante d'études de géographie historique urbaine.

Chez les Gaulois existaient des embryons de villes organisés autour de trois fonctions : le type défensif, correspondant aux racines celtiques *dunos* (latin *dunum*, Lugdunum = Lyon), *duros* (latin *durum*, Autessiodurum = Auxerre), *briga* (Brigantio = Briançon) ou *rato* ; le type religieux, autour de temples, de sources, de bois sacrés, avec les racines *nemento* (Nemetacum = Arras), *lano* (Mediolanum = Evreux, Saintes), *bona* (Juliobona = Lillebonne) ; le type commercial, lieu d'échanges, de marché, avec les racines *magos* (latin *magus*, Rotomagus = Rouen) et parfois aussi *bona*. Il y avait également, sur les bords de la Méditerranée, quelques établissements grecs : Marseille (Massalia) fondée par les Phocéens vers 600 avant J.-C., Nice (Nikaia), Hyères (Olbia), Antibes (Antipolis), Agde (Agathè)...

Mais c'est le système de la *civitas* (cité) romaine qui marque surtout la Gaule conquise. Cette empreinte a conduit à l'édification de cités-Etats en Italie : Milan, Florence, Sienne, Pise, Gênes, Venise. Dans la Gaule romaine, les tribus gauloises sont assimilées à des cités et les centres existants sont développés, prenant le nom de la population dont ils constituent le noyau urbain et la tête culturelle, administrative et économique. Dans le Midi, davantage imprégné de romanité, le système urbain domine et assujettit la campagne. Toulouse, Arles, Marseille ont des territoires municipaux très étendus. Des institutions communales originales, notamment le Consulat, attestent de l'importance de la ville, principalement en Languedoc et en Provence. Pour toute la Gaule, le résultat durable de l'urbanisation pendant la Paix romaine, malgré les destructions dues aux grandes invasions et la désagrégation partielle des structures citadines, c'est l'installation dans les villes du pouvoir ecclésiastique, du siège épiscopal. Une fois la reconstitution de l'autorité civile amorcée, si les châteaux et les seigneuries rurales dominent, les grands feudataires du royaume préfèrent s'établir dans les villes à eux soumises : Toulouse, Poitiers, Nantes, Rennes, Rouen, Paris sont les séjours de prédilection des comtes de Toulouse, ducs d'Aquitaine, comtes de Bretagne, ducs de Normandie, rois de France. Le pouvoir politique se confond à nouveau avec la Ville et, avec le développement des échanges, cette dernière redevient aussi le centre du pouvoir économique.

Etudier la géographie historique de chaque ville de France pourrait faire l'objet d'autant d'ouvrages que de cités. L'*Atlas historique des villes de France*, commencé en 1982, est un élément essentiel de cette tâche. On se bornera donc ici à quelques grands traits. Les villes de la Gaule romaine sont à peu près toutes construites sur le modèle de Rome : axes du *decumanus* et du *cardo* se coupant à angle droit, *pomerium* réservé à la religion. Pour les îlots (*insulae*) à l'intérieur de chaque quartier, des variantes considérables expriment l'adaptation au relief ou à des besoins particuliers. Si le carré est la règle à Poitiers (îlots de 90 mètres de côté), à Lisieux (100 mètres de côté), au Mans (110 mètres), à Clermont (150 mètres), on trouve des rectangles à Orange (60 mètres sur 40), Arles (130 × 50 mètres), Valence (116,5 × 62,5 Mètres). A Lyon, le sanctuaire du dieu gaulois Lug, situé sur l'éperon de Fourvière, est respecté par les Romains qui tracent l'enceinte plus au sud. Ce n'est que plus tard, lorsqu'un grand temple a été édifié sur la Croix-Rousse, que le site primitif est transformé pour faire place à un *Forum vetus*, d'où le nom de Fourvière.

Pour la construction, les principes romains de l'architecture en pierre triomphent progressivement des bâtisses gauloises en bois et en terre. D'innombrables différences de style et de taille reflètent la variété des goûts et des ressources des habitants. Théâtres, thermes publics, fontaines témoignent de la volonté de faire des cités le reflet de la prospérité de l'Empire romain. Tout cela est largement détruit à partir du IIIe siècle, au temps des grandes invasions. Les villes abattent elles-mêmes une partie de leurs monuments pour édifier à la hâte avec leurs pierres des murs d'enceinte qui les protègent des barbares. Le dépeuplement entraîne l'abandon de bien des maisons qui s'effondrent peu à peu. Certaines parties des cités antiques retournent même à un usage agricole durant le haut Moyen Age. Toutefois, une trame à dominante orthogonale témoigne de la subsistance d'éléments du *decumanus* et du *cardo* dans des villes comme Paris, Rouen, Orléans, Reims, Metz, Limoges, Carcassonne, Fréjus. La ville médiévale est cependant profondément différente de la ville antique. Le centre de la vie communautaire n'est plus le forum mais la cathédrale.

Des monastères, souvent fortifiés, s'implantent non loin des villes, surtout aux XIe et XIIe siècles : Saint-Victor près de Marseille, Saint-Front près de Périgueux, Saint-Martial près de Limoges, Saint-Rémi près de Reims, Saint-Père près de Chartres, Saint-Germain-des-Prés, Saint-Marcel, Saint-Martin-des-Champs aux portes de Paris. Ils deviennent le noyau d'une urbanisation périphérique, des faubourgs des villes médiévales.

Quelques monastères isolés sont à l'origine de villes, en général de taille modeste, les plus importantes étant Saint-Denis, Romans et Moissac. Bon nombre de châteaux voient s'établir autour d'eux une population qui édifie progressivement une ville : Chinon, Saumur, Amboise, Loches dans la vallée de la Loire, Vitré, Fougères, Châteaubriant, Clisson en Bretagne, et, en Flandre, Bruges, Gand, Ypres, Aire-sur-la-Lys, Saint-Omer, Arras.

Au XIIIe siècle apparaît un type d'agglomération spécifique et bien localisé : les bastides. Construites selon un plan orthogonal autour d'une place centrale trapézoïdale, elles ont une vocation politique et commerciale. En moins d'un siècle sont créées quelque 350 bastides à peu près toutes situées dans le bassin de la Garonne, en Guyenne-Gascogne et en Languedoc [1]. « Leur fondation marque l'agonie du caractère sacré des cités dont la Renaissance et les temps classiques sonneront le glas et la période industrielle perdra jusqu'au souvenir [2]. »

1. Voir les nombreuses études sur les bastides de Ch. Higounet.

2. J.-R. Pitte, *Histoire du paysage français*, t. 1, p. 163. Cette tendance est déjà amorcée dans les villes flamandes où les beffrois des hôtels de ville rivalisent avec les clochers des cathédrales.

C'est en effet le pouvoir civil, royal ou municipal qui détermine à partir du XVIe siècle les transformations urbaines. Ainsi, par exemple, la coutume des entrées solennelles des souverains dans leurs bonnes villes va imposer progressivement l'idée d'une rue rectiligne, la recherche de grands axes. A partir de François Ier, la monarchie impose un style nouveau, influencé par l'Italie, et un souci d'urbanisme. Le triomphe de l'individu, roi ou mécène, entraîne le recul du fait religieux dans la cité. La place de Grève portait un grand calvaire, il n'y a plus aucun symbole religieux sur la place Royale et une statue équestre de Louis XIII y est érigée en 1639. C'est aussi une statue équestre, celle d'Henri IV, qu'on dresse sur le Pont-Neuf. Les nouvelles conceptions urbaines venues d'Italie s'épanouissent librement dans une poignée de villes nouvelles : Charleville, fief de Charles de Gonzague, Henrichemont, domaine de Sully, Villefranche-sur-Meuse, Vitry-le-François. Nancy s'enrichit d'un faubourg méridional tiré au cordeau à la fin du XVIe siècle [3], puis ce sont Richelieu, monument à la gloire du cardinal, et surtout Versailles. Mais il faut souligner la faiblesse du nombre de villes nouvelles : la densité du réseau urbain existant en rend la création superflue. Les principes de l'urbanisme de la monarchie absolue, appliqués à Paris, sont très largement copiés par la province.

On peut en dire autant pour l'urbanisme de Haussmann. C'est durant le XIXe siècle, grand destructeur de monuments du passé au profit d'un urbanisme moderne, que naît en contrepartie le souci de conservation du patrimoine architectural, incarné par des hommes comme Arcisse de Caumont, Alexandre de Laborde, Prosper Mérimée, Viollet-le-Duc.

Le XXe siècle est aussi destructeur que le XIXe, mais beaucoup plus dogmatique et totalitaire. Profitant des ruines de la Seconde Guerre mondiale, les auteurs de la Charte d'Athènes, dont un des principaux rédacteurs fut Le Corbusier, favorisent un nivellement social par la « machine à habiter », comme le dit Le Corbusier. « Adapté aux besoins et aux rêves de l'intelligentsia européenne qui l'invente, le paysage urbain contenu dans la Charte d'Athènes correspond à une vision totalitaire de la société et témoigne d'un étrange mépris pour l'individu invité sans ménagements à se mouler aux villes idéales, de style international, sorties du cerveau des membres d'une influente société de pensée. La maison et la ville obéissent totalement à la technique de construction et non l'inverse. L'utopie portée au pouvoir ne peut aboutir qu'à un échec puisqu'elle nie les libertés fondamentales de la société et

3. Le Havre, port de guerre construit sous le règne de François Ier, est la seule création de ville du XVIe siècle qui se rattache davantage à une conception médiévale qu'à l'esprit de la Renaissance.

de la personne. Bruno Zevi cerne bien le projet de cette école en présentant le rationalisme comme " l'imaginaire étouffé par le mythe de la raison... " C'est aussi, en urbanisme, un idéal abstrait qui naît de l'horreur de l'incontrôlable, d'un besoin de sécurité illusoire et velléitaire [4]. » Ces ZUP, ces HLM, ces tours inhumaines provoquent troubles mentaux, inadaptation sociale et délinquance. Comme le note James de Coquet, « on traverse une banlieue démentielle. Aux dominos de la Défense se sont ajoutées des tours multicolores, véritables sucres d'orge surgis de la croûte terrestre, et des édifices rectangulaires, semblables à des tranches de touron d'Espagne. Nos architectes ont fait leurs classes au pays de dame Tartine [5] ».

A tous ces fléaux des quarante dernières années [6] il faut ajouter l'extension vertigineuse des banlieues pavillonnaires, solution préférée par les Français rebutés par les horreurs de l'habitat collectif, qui aboutit au « mitage » des campagnes et à des paysages « rurbains » monotones et destructeurs des terres cultivables [7]. Le développement du tourisme a entraîné des phénomènes comparables le long du littoral, autour des stations de sports d'hiver en montagne, et dans bien des campagnes avec la multiplication des résidences secondaires.

La typologie des villes françaises est encore assez peu étudiée mais mérite des travaux approfondis. Il existe, en effet, des « familles » de villes ayant des caractéristiques communes [8]. Les villes du Nord se singularisent dès le Moyen Age par leurs beffrois. Les « façades urbaines », ensembles architecturaux plaqués sur un centre médiéval qu'elles dissimulent, caractérisent, surtout entre 1750 et 1820, les villes de la Loire : Orléans, Angers, Tours, mais aussi Besançon en bordure du Doubs, Bordeaux et Nantes. Deux grands types de familles de villes sont bien connus et débordent largement le cadre français : le type rhénan et le type méditerranéen. Pierre Flatrès en dégage trois autres peu ou pas connus. Il y a d'abord les villes bretonnes, qu'il faut rapprocher des villes de l'ouest de la Grande-Bretagne : réseau urbain assez serré mais peu hiérarchisé, cités petites aux rues étroites et irrégulières, aux maisons exiguës, souvent ceinturées de murailles mais aussi flanquées

4. J.-R. Pitte, *Histoire du paysage français*, t. 2, p. 107.

5. J. de Coquet, dans le *Figaro-Magazine*, 21 juin 1980, p. 96.

6. On ne s'étend pas ici sur les villes nouvelles de la banlieue parisienne dont la réussite ne semble pas évidente et qui s'apparentent plus à de nouvelles cités-dortoirs qu'à de véritables villes.

7. Lire G. Bauer et J.-M. Roux, *La rurbanisation ou la ville éparpillée*, Paris, 1976.

8. Voir P. Flatrès, *Essai de typologie morphologique des villes traditionnelles en France*, p. 47-54 du t. 1 de *La géographie historique des villes d'Europe occidentale*, à qui ce développement est emprunté.

de faubourgs. Un sous-groupe caractéristique est constitué par les anciennes cités épiscopales, près de la mer mais non au bord de la mer : Saint-Pol-de-Léon, Tréguier, Saint-Brieuc, Dol. Au fond des rias se situe un autre groupe de cités à fonctions portuaires de taille encore plus réduite.

Les villes du Nord ont un caractère commercial dominant. Leur importance passée est liée à leur activité économique, non à des fonctions administratives ou religieuses. C'est la grand-place, le siège du marché, où se dresse l'hôtel de ville et son beffroi, qui en forme le cœur, non l'église, même cathédrale. Béguinages et courées caractérisent ces villes avant que l'industrialisation n'y ajoute une ceinture d'usines et de quartiers ouvriers aux tristes rues uniformes.

Les villes autour de Paris ont aussi des caractères communs : Beauvais, Chartres, Laon, Meaux, Soissons, Senlis, Noyon, Mantes. Une immense cathédrale domine ces agglomérations plutôt modestes. Le noyau religieux impressionnant est encore renforcé par l'évêché et ses dépendances, les maisons canoniales, des couvents, des établissements religieux d'enseignement. Le plan du centre est le plus souvent d'une grande régularité. Des remparts médiévaux ont aujourd'hui cédé la place à un boulevard circulaire.

L'étude de la répartition et de l'importance relative au cours des siècles des villes de France est d'une grande importance pour la compréhension de l'histoire du pays. On ne dispose de données chiffrées fiables qu'à partir du XIXe siècle, mais des essais de reconstitution ont été tentés pour les périodes antérieures. Ainsi, le réseau urbain de la Gaule romaine, en suivant les estimations de F. Lot sur les surfaces urbanisées [9], apparaît fondamentalement différent de celui de la France d'aujourd'hui [10]. C'est l'est de la Gaule, vallées du Rhône, de la Saône, de la Moselle et du Rhin, qui représente l'essentiel de la vie urbaine. L'explication est aisée : Rome a surtout développé la région vitale pour elle, la seule voie en plaine qui relie aisément l'Italie au Rhin, à la frontière menacée, la route des légions et accessoirement des commerçants. Aux deux extrémités s'élèvent deux grandes métropoles : Nîmes et Trèves, près du Rhin et de la Méditerranée. A peu près à mi-distance entre elles, de part et d'autre de la Saône et du Jura, deux centres d'une importance comparable : Autun sur les contreforts du Morvan et Avenches sur le plateau suisse. Toute une série de cités moins grandes jalonne la voie romaine : Fréjus, Marseille, Aix, Valence, Vienne, Lyon, la plus importante, Besançon, Augst non loin de Bâle, Strasbourg, Toul, Metz.

---

9. Voir la carte 27.
10. Voir la carte 30.

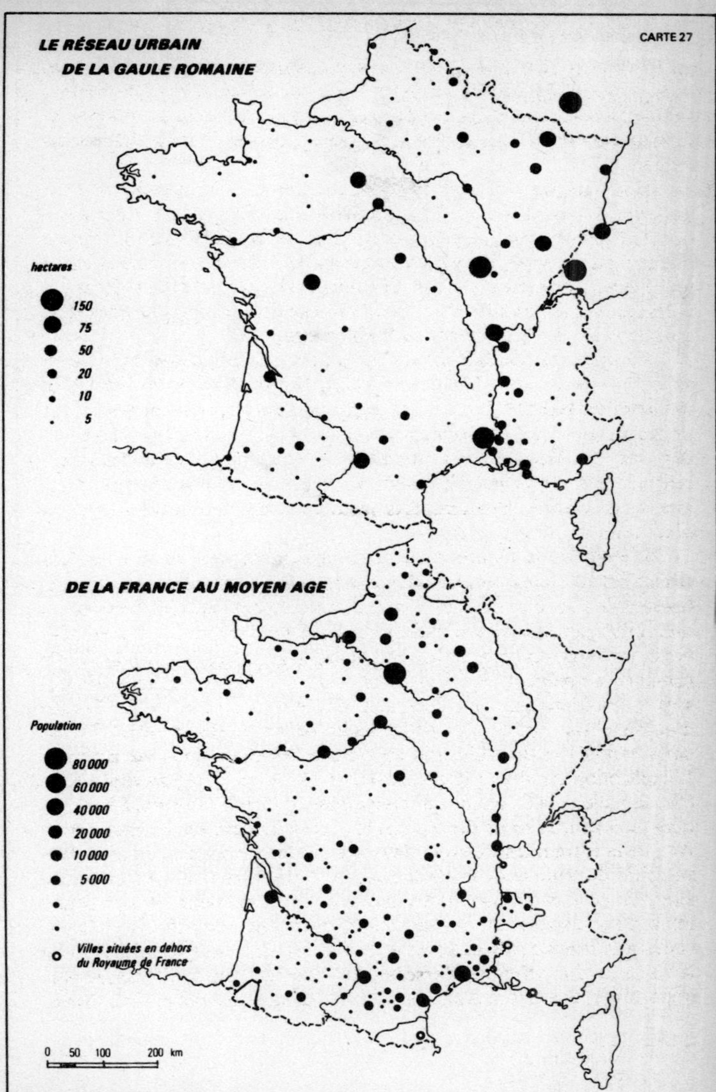

D'après les Cahiers du CREPIF, n° 4. CREPIF, Paris.

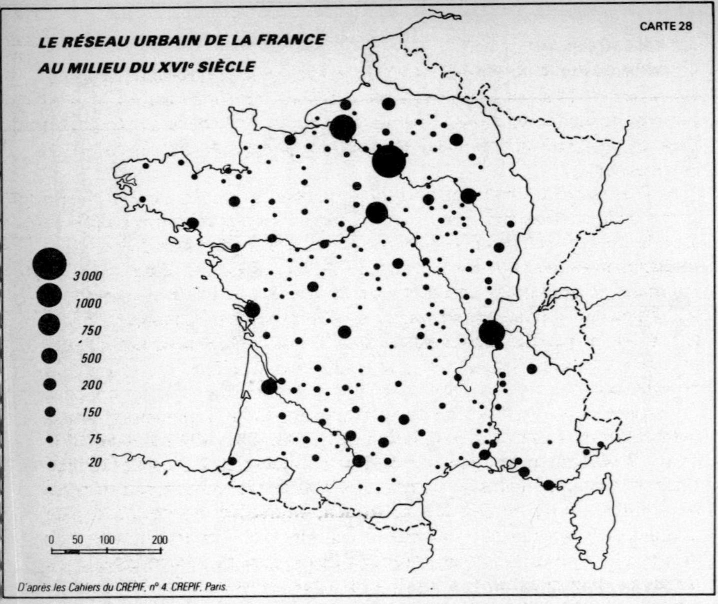

Au total, 15 cités dont 13 sur le quart oriental du territoire actuel de la France. Sur les trois quarts restants, 7 autres cités importantes seulement, une densité cinq fois moindre et, même si l'on prend en compte tout le réseau urbain porté sur la carte, on trouve 36 cités à l'est pour 59 à l'ouest, soit, à superficie égale, deux fois plus de villes à l'est qu'à l'ouest. Les agglomérations occidentales importantes sont Toulouse, Bordeaux, Poitiers, Bourges, Orléans, Chartres, Reims. Le Massif central, le grand Ouest breton, ligérien, manceau et normand, le pays belge au nord de la Seine n'ont que des cités insignifiantes.

La carte de la France vers le milieu du XIVe siècle [11], limitée au royaume et excluant donc l'Est et le Sud-Est, appartenant à l'Empire, fait apparaître deux changements importants. La prééminence de Paris et de sa région s'affirme nettement : la capitale est entourée d'une ceinture de villes florissantes : Bourges, Orléans, Blois, Tours, Chartres, Sens, Troyes, Châlons, Reims, Beauvais, Amiens, Rouen, et d'un grand nombre de centres moins importants. Au sud de la Charente, d'Angoulême et de Limoges aux Pyrénées et à la Méditerranée, le Bassin aquitain et le Languedoc sont couverts d'un semis très dense de peti-

11. Voir la carte 27.

tes villes dominé par Bordeaux, Toulouse, Albi, Narbonne, Béziers, Montpellier. Mais le Massif central et l'Ouest armoricain restent aussi pauvres en agglomérations. Tout au plus note-t-on le développement du Puy et de Clermont et celui de tout un réseau de petites villes en Normandie.

Trois siècles plus tard, au milieu du XVIe siècle, la carte établie à partir de la richesse des villes [12] montre une homogénéisation du réseau avec la progression des petits centres de l'Ouest et du Massif central, la multiplication des cités sur la Loire et l'Allier, en Poitou et en Berri. En revanche, le Sud-Ouest aquitain a perdu les plus petits de ses centres et le Languedoc méditerranéen subit un effondrement spectaculaire dû, non à une disparition de ses villes, mais à leurs faibles ressources fiscales, la carte étant établie à partir de ces dernières et non de la population.

Avec le XIXe siècle, les premières statistiques à peu près fiables permettent de mesurer la population des villes. Il y a 409 villes en 1811, dont 79 seulement ont plus de 10 000 habitants et 7 plus de 50 000. Paris et son agglomération comptent 630 000 habitants, Lyon dépasse les 100 000, suivi de Bordeaux, Rouen, Marseille, Nantes, Lille, de grandes cités portuaires à l'exception de Lille. En somme, en dehors de la capitale, toutes les autres grandes villes se situent à la périphérie du royaume et le maillage urbain de la France repose sur les 72 villes de 10 000 à 50 000 habitants. Il y a correspondance entre le réseau urbain et le réseau fluvial. En dehors des grandes vallées, il n'existe que quelques zones urbaines dans le Nord-Pas-de-Calais, en Normandie, sur le littoral languedocien. Une carte des petites villes, de 3 000 à 5 000 habitants, ferait apparaître le désert urbain du Massif central et la faiblesse de l'Ouest, tandis qu'au contraire émergeraient trois régions héritières de traditions citadines flamande (région lilloise), rhénane (Alsace) et méditerranéenne (Provence).

Entre 1811 et 1851, l'industrialisation commence à faire sentir ses effets. L'agglomération parisienne a une extension considérable, mais d'autres villes croissent encore plus vite. Roubaix quintuple sa population durant ces quarante années, Le Havre la quadruple, Mulhouse, Tourcoing, Saint-Etienne la triplent, 13 autres centres industriels font plus que doubler. L'industrie urbanisante est alors plus le textile — Roubaix, Mulhouse, Tourcoing, Elbeuf, Saint-Quentin, Bolbec, Mazamet — que la métallurgie — Saint-Etienne, Rive-de-Gier —, tandis que le chemin de fer explique les progrès de Vierzon et de Périgueux.

De 1851 à 1911, la croissance urbaine de la France s'accélère sur-

12. Voir la carte 28.

tout par augmentation des villes déjà existantes. Paris connaît une expansion exceptionnelle qui se ralentit à partir de 1881. Le tourisme naissant explique la multiplication par huit et demi de la population niçoise, par cinq de la population cannoise. Le développement des banlieues se traduit par l'apparition de villes comme Wattrelos (près de Lille), Caudéran (près de Bordeaux), Sotteville (près de Rouen)... En 1911, la France compte 794 villes contre 567 un siècle plus tôt, mais la population urbaine a plus que triplé : les 7 villes de plus de 50 000 habitants de 1811 sont 33 en 1911. L'énorme croissance de l'agglomértion parisienne, passée de 630 000 à près de 4 000 000 habitants, a atteint son importance maximale avec plus de 28 % de la population urbaine du pays. L'industrie textile a été le moteur de l'expansion de Roubaix, Tourcoing, Armentières, Saint-Quentin, Saint-Dié, Roanne, Cholet, Mazamet, l'industrie métallurgique a développé Lens, Maubeuge, Belfort, Saint-Etienne, Montluçon, Vierzon, Saint-Nazaire, Brest, La Seyne. Le commerce maritime joue pour le développement de Calais, de Boulogne, du Havre, de Sète, de Marseille. Les Alsaciens-Lorrains émigrés en 1871 ont participé à l'essor de Nancy et de Belfort. L'industrialisation, le commerce, le tourisme ont largement contribué à l'essor des villes françaises [13] mais on retrouve le réseau urbain de 1811 sous la trame de 1911.

La hiérarchie des grandes villes est restée pratiquement inchangée : Paris, Lyon, Marseille, Bordeaux sont toujours les métropoles dominantes. Lille, avec Roubaix et Tourcoing, s'est hissée au niveau de Marseille. Rouen, Nantes, Toulouse et Strasbourg maintiennent à peu près leur rang. Des changements plus importants ont eu lieu en un siècle au sein des villes de plus de 100 000 habitants classés entre le 10ᵉ et le 20ᵉ rang avec le déclin relatif dans la hiérarchie d'Amiens, Nîmes, Orléans, Montpellier, Angers, Metz, Caen, Besançon, Rennes qui reculent souvent entre le 20ᵉ et le 30ᵉ rang, tandis que Nancy progresse de la 19ᵉ à la 13ᵉ place, Brest de la 15ᵉ à la 14ᵉ place, et que montent des profondeurs du classement Le Havre, Saint-Etienne, Mulhouse, villes industrielles, Reims en pleine renaissance, Nice, capitale touristique, Toulon, port de guerre.

Au lendemain de la guerre, la croissance urbaine continue mais de façon très différente. Ce sont désormais les banlieues qui progressent.

13. Il faut aussi mentionner le déclin d'un certain nombre de petites villes qui ont perdu des activités traditionnelles et n'ont pas su s'ouvrir à l'industrialisation. C'est le cas d'Aire et de Bergues dans le Nord, mais surtout de la Normandie, avec Falaise, Saint-Valéry-en-Caux, Valognes, Vire, Bayeux, Coutances, Mortagne, et du Languedoc, avec Uzès, Saint-Hippolyte-du-Fort, Lodève, Bagnols, Pont-Saint-Esprit. Le record est détenu par Arbois qui perd près de la moitié de ses habitants en un siècle.

CARTE 29

LE RÉSEAU URBAIN DE LA FRANCE EN :

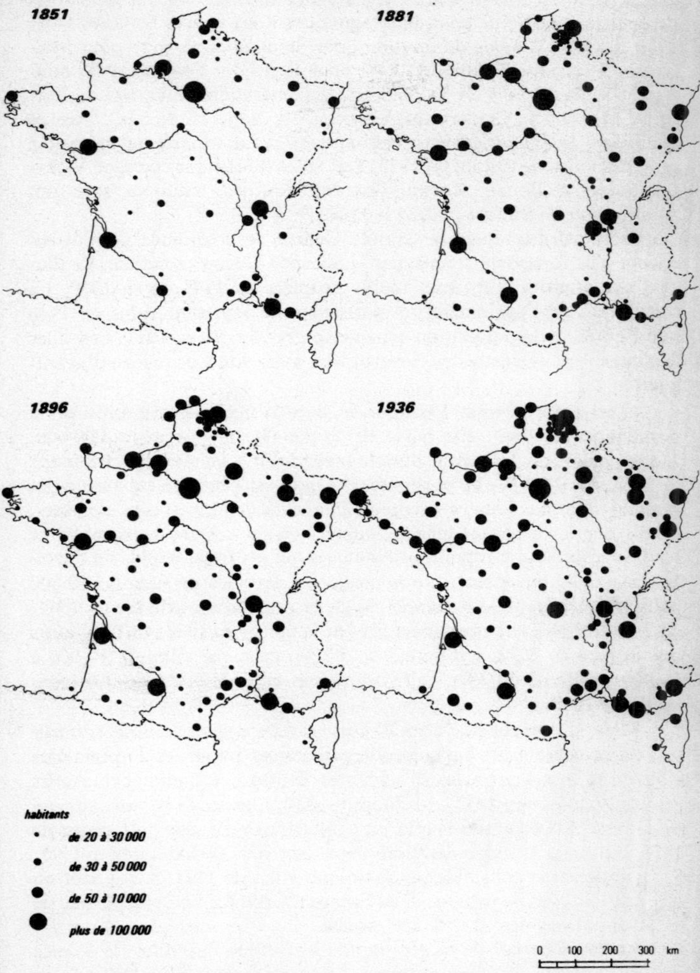

D'après F. Carrière et P. Pinchemel, Le fait urbain en France. *Études et Mémoires n° 57. École Pratique des Hautes Études en Sciences Sociales.*

La population de Paris décline ainsi que celle de Marseille, Lille et Bordeaux, celle du Havre et de Lyon stagne. Bien des centres industriels perdent une partie de leurs habitants durant les années de crise, entre 1930 et 1939 : 2 % de diminution pour Saint-Etienne, 4 % pour Mulhouse, 5 % pour Tourcoing, 7 % pour Clermont-Ferrand, 9 % pour Roubaix, de 20 % à 24 % pour les agglomérations ouvrières de Lorraine, Merlebach, Creutzwald, Villerupt, Hayange, Knutange... Nice se distingue par une progression continue qui la fait monter au cinquième rang des villes de France en 1936. Des villes touristiques comme Vichy, Les Sables-d'Olonne, Royan, Lourdes, Antibes, Saint-Raphaël font aussi preuve de vitalité malgré la crise.

Déjà ralentie après la Grande Guerre, la croissance urbaine est encore plus fortement freinée par la Seconde Guerre mondiale. La plupart des grandes villes sont moins peuplées en 1945 qu'en 1939. La population de l'agglomération parisienne ne représente plus en 1946 que 24,8 % de la population urbaine contre 28,6 % en 1911. Les villes détruites sont reconstruites et retrouvent assez vite leur niveau d'avant-guerre.

C'est entre 1946 et 1975 que se situe la nouvelle explosion de la population urbaine : elle passe de 18 000 000 à plus de 34 000 000. L'agglomération parisienne double presque mais baisse en pourcentage de 24,8 % à 24,4 %. Le phénomène majeur est l'énorme expansion des grandes villes par l'intermédiaire de banlieues de plus en plus étendues, tandis que les centres déclinent numériquement. Dans l'ensemble, ce sont les grandes métropoles provinciales qui profitent le plus de l'accélération du mouvement d'urbanisation. Les villes de plus de 50 000 habitants, qui représentaient 27 % de la population urbaine en 1911, 26,2 % en 1946, en rassemblent près de la moitié en 1975, 48,1 %, alors que la part de Paris a diminué de 4,2 %, celle des villes de 10 000 à 50 000 habitants de 7 %, celle des petites villes (3 000 à 10 000 habitants) de 10 %.

Mais, si l'on considère les 20 plus grandes agglomérations françaises, on constate que 12 d'entre elles figuraient parmi les 20 premières villes en 1811 et 4 parmi les 20 suivantes. Seules font figure de nouvelles venues Nice (62e en 1811), Mulhouse (102e), Cannes (371e) et Lens qui ne dépasse 3 000 habitants et n'est comptée comme ville qu'à partir de 1856. Parmi les 49 agglomérations dépassant 100 000 habitants en 1975, 35 figuraient sur la liste des 45 premières villes de 1811. Aussi peut-on dire que la structure urbaine de la France n'a pas été bouleversée par les transformations des XIXe et XXe siècles.

Après ce survol de la géographie historique des villes de France dans le cadre du territoire national, on se contentera d'un bref aperçu

CARTE 30

LA POPULATION FRANÇAISE EN 1975
Agglomérations de plus de 30 000 habitants

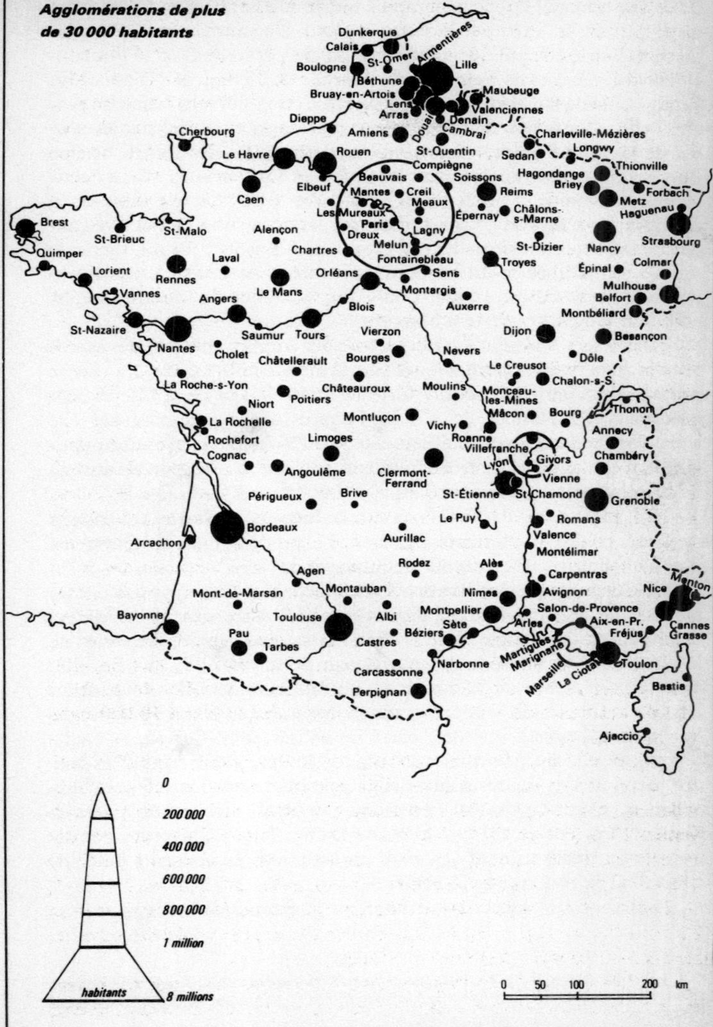

D'après J. Beaujeu-Garnier, La France des villes. *La Documentation française.*

de ce que pourrait être la géographie historique de chacune de ces villes en se limitant à l'exemple parisien, le plus riche en travaux [14]. Paris est au centre de la cuvette calcaire dite du Bassin parisien. C'est là que confluent les eaux de la Seine, de la Marne, de l'Oise, de l'Yonne, du Loing. L'île de la Cité offre un passage aisé et un site relativement favorisé : elle est protégée au nord par des marécages et au sud par les pentes de la colline Sainte-Geneviève. La petite tribu des Parisii occupe l'île, qu'elle évacue après l'avoir incendiée en 53-52 avant J.-C., à l'arrivée des Romains. Ces derniers créent une ville nouvelle dont on a retrouvé des traces assez nombreuses sur les deux rives. Sur la rive gauche de la Seine sont situés les principaux monuments : forum, thermes, temple, amphithéâtre dit aujourd'hui « arène de Lutèce », théâtre à l'emplacement du lycée Saint-Louis. Sur la colline de Montmartre est édifié un temple consacré à Mercure.

Des traces d'incendies relevées lors des fouilles attestent des saccages des envahisseurs germaniques vers le milieu du IIIe siècle. La ville se protège alors par une enceinte fortifiée limitée à l'île de la Cité et tient désormais à l'intérieur de 8 à 10 hectares alors qu'auparavant elle s'étendait, suivant les estimations, sur 50 à 150 hectares, avec une population, à son apogée, de 8 000 habitants environ. Ni Strabon ni Ausone ne mentionnent Lutèce parmi les cités importantes de la Gaule.

La croissance de Paris est donc bien postérieure à l'époque romaine et due à plusieurs facteurs. Le premier dans le temps est d'ordre religieux : c'est autour des abbayes de Saint-Germain-des-Prés, Sainte-Geneviève, Saint-Victor, Saint-Martin-des-Champs, des églises paroissiales de Saint-Marcel, Saint-Germain-l'Auxerrois, Saint-Merry, de la Maison du Temple, dont les domaines couvraient les deux tiers de la ville, que s'organise le développement de la ville. Le deuxième élément de croissance est économique, surtout commercial. L'expansion hors de la Cité se fait autour des ponts, des ports, le long de la grève où les bateaux peuvent aborder, entre les églises Saint-Gervais et Saint-Merry, autour du principal marché, les Halles. C'est surtout la rive droite qui profite du développement économique : les marchands s'installent en direction de leur commerce principal, vers le nord, vers la Flandre. Les écoles autour de Notre-Dame, puis l'Université constituent le troisième élément de l'essor parisien, axé, au contraire du commerce, sur la rive sud de la Seine.

Les enceintes successives traduisent la croissance de l'aggloméra-

14. Voir les excellents volumes parus dans la *Nouvelle histoire de Paris*, et notamment P. Lavedan, *Histoire de l'urbanisme à Paris*, à qui ce développement doit beaucoup.

tion [15]. Celle de Philippe Auguste protège une rive droite et une rive gauche d'importance approximativement identique, l'ensemble couvrant 253 hectares. Un siècle et demi plus tard, l'enceinte de Charles V complète la précédente et, limitée à la rive droite, traduit la prédominance de cette dernière. La ville dans ses murailles couvre en 1380 438 hectares. L'axe nord-sud, le *cardo* romain, est représenté par les rues Saint-Martin et Saint-Jacques, que double sur la rive droite la rue Saint-Denis. Moins net, l'axe est-ouest est constitué par les rues Saint-Antoine et Saint-Honoré.

Délaissée par les rois pendant les guerres du XVe siècle, la capitale reprend sa croissance au XVIe siècle, mais les guerres de religion entravent à nouveau temporairement son essor. L'expansion de la monarchie française, ses conquêtes sur la frontière nord font disparaître la menace d'invasion étrangère, et Louis XIV décide en 1670 de faire abattre les murailles médiévales devenues inutiles et remplacées par des boulevards plantés d'arbres. La ville ne cesse dès lors de grandir. Le mur des Fermiers généraux, édifié de 1784 à 1790, simple barrière pour la perception de l'octroi, délimite un Paris de 3 288 hectares, huit fois plus étendu que sous Charles V, quatre siècles auparavant.

L'urbanisme royal marque la ville de son empreinte, mais au XIXe siècle le développement industriel asphyxie la ville surpeuplée, malsaine, aux rues trop étroites, jusqu'à ce qu'Haussmann pratique une rénovation totale et édifie la ville qui se perpétue très largement de nos jours. L'annexion d'une dizaine de communes limitrophes en 1860 étend la capitale de 3 288 à 7 088 hectares, dans les limites qui restent les siennes aujourd'hui.

Au-delà de ce survol, on pourrait dresser la carte des implantations religieuses, administratives, économiques à Paris au cours des siècles, faire la géographie historique des quartiers, des opérations de rénovation, de la spéculation immobilière du XVIe siècle à nos jours... La gamme des études de géographie historique urbaine est immense.

Evoquons simplement pour terminer quelques types de travaux possibles sur la population des villes toujours à travers l'exemple parisien. On connaît mal l'origine des Parisiens sous l'Ancien Régime, mais il semble que les régions voisines, notamment la Picardie et la Normandie, aient fourni l'essentiel des migrants vers la capitale. En revanche, à partir de la Révolution, pour des raisons statistiques, fiscales, politiques, policières, la population de Paris est largement étudiée et mise en fiches, ce qui fait le bonheur de l'historien. Les Parisiens de souche n'ont jamais représenté depuis la fin du XVIIIe siècle plus du tiers de la

15. Voir la carte 31 des enceintes et limites de Paris.

PLAN DES ANCIENNES ENCEINTES ET LIMITES DE PARIS

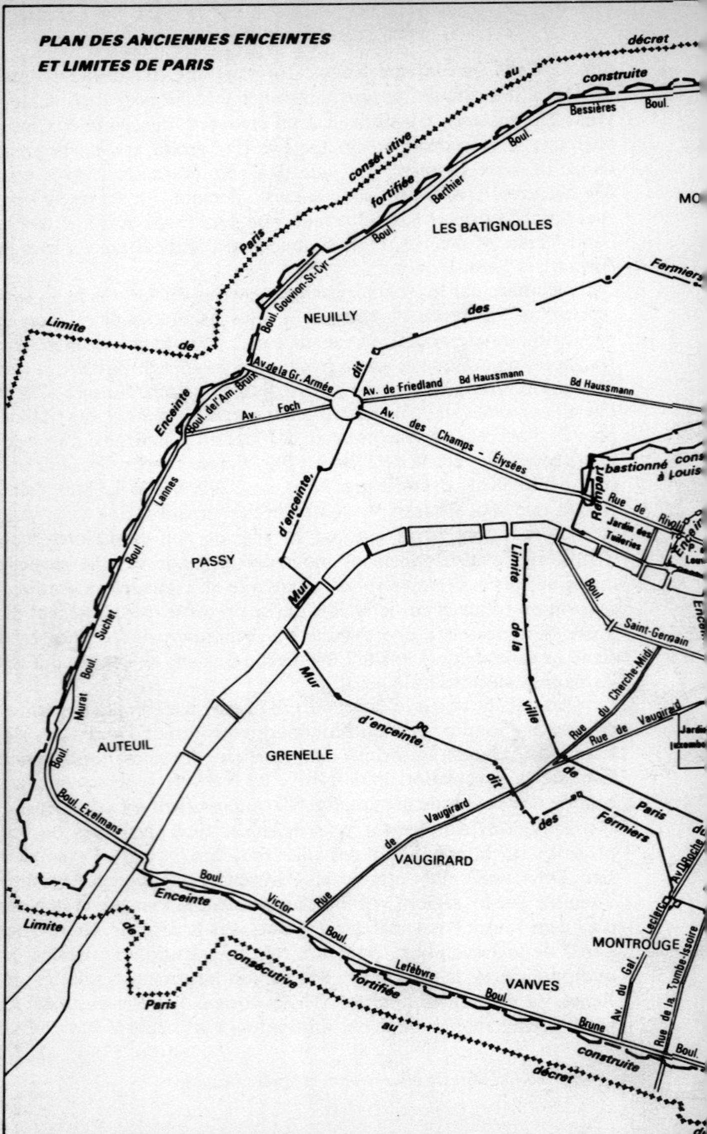

D'après l'Association pour la nouvelle Histoire de Paris (J. Derens).

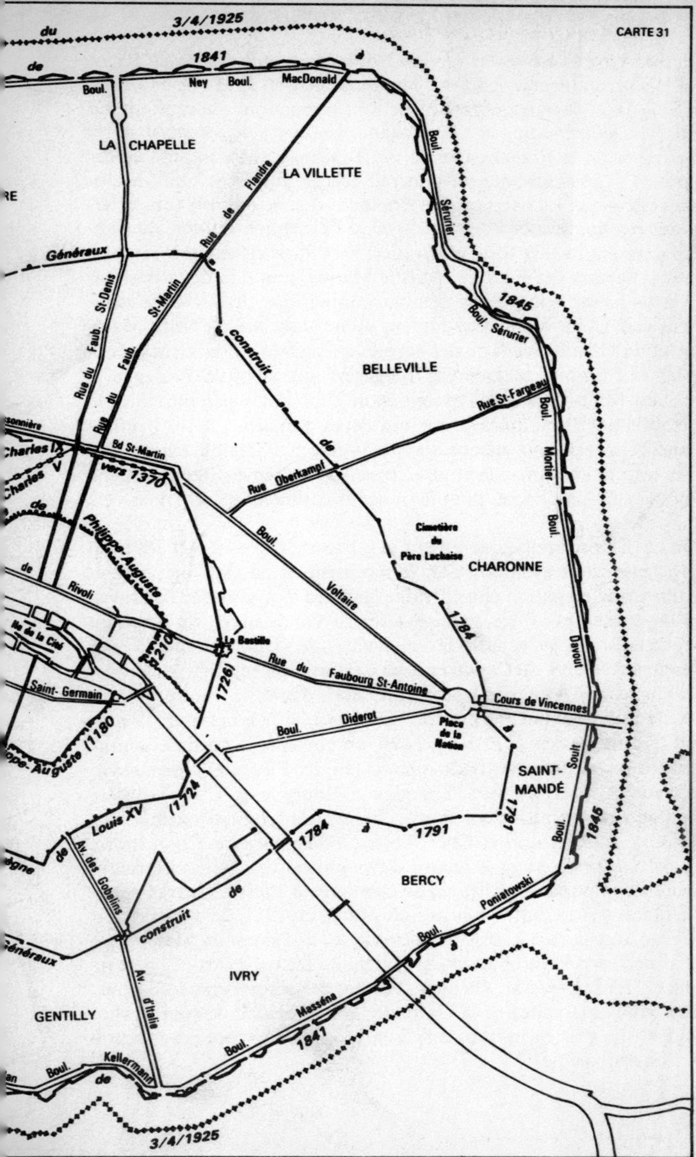

CARTE 31
3/4/1925
du
1841
de
Boul.
Ney
Boul.
MacDonald
à
LA CHAPELLE
LA VILLETTE
Rue de Flandre
Boul. Sérurier
Généraux
Rue du Faub. St-Denis
Rue du Faub. St-Martin
construit
de
1845
Boul. Sérurier
BELLEVILLE
Rue St-Fargeau
Boul. Mortier
Bd St-Martin
Charles IX
Charles V
vers 1370
de
Philippe-Auguste
Rue Oberkampf
Boul. Voltaire
Cimetière du Père Lachaise
CHARONNE
Boul. Davout
de
Rivoli
Ile de la Cité
La Bastille
1210
1726
1784
Rue du Faubourg St-Antoine
Cours de Vincennes
Saint- Germain
Boul. Diderot
Place de la Nation
à
SAINT-MANDÉ
Boul. Soult
1180
Auguste
1724
Louis XV
1791
1784
à
1791
1845
de
Av. des Gobelins
BERCY
de
construit
Poniatowski
Boul.
à
Généraux
Av. d'Italie
IVRY
GENTILLY
Masséna
Boul.
1841
Boul.
Kellermann
de
3/4/1925

population. Une étude sur la section Popincourt, aux portes de Paris, dans le XIe arrondissement actuel, fait apparaître en 1793 que 68 % des hommes âgés de plus de quinze ans ne sont pas nés dans la capitale. La Picardie, la Normandie, la Champagne, la Lorraine, le nord de la Bourgogne et de la Franche-Comté ont fourni la quasi-totalité de ces immigrés. En généralisant, on pourrait tracer une ligne Saint-Malo-Genève et dire que les habitants de Popincourt sont presque tous originaires des régions au nord de cette ligne, à l'exception notable du Cantal, département de très forte émigration vers Paris. Une étude semblable pour la section des Fédérés, dans le Marais, non loin de la Bastille, donne à la même époque un résultat comparable de 73 % de non-Parisiens provenant des mêmes régions au nord de la ligne Saint-Malo-Genève et du Cantal. La carte des enrôlés et engagés volontaires sous le Consulat et l'Empire dressée par Bergeron met aussi en évidence la césure Saint-Malo-Genève et l'exception du Cantal. Un peu plus tard, la carte établie par Bertillon à partir des décès parisiens en 1833 reflète avec une concentration encore accrue — due à l'affaiblissement des marches normande, lorraine et alsacienne —, la même situation et une seule nouveauté, la Creuse, dont les maçons commencent à affluer vers Paris.

On ne dispose malheureusement pas de carte entre 1833 et 1891 qui aurait permis une transition. Car, le recensement de 1891 met en évidence une transformation considérable de l'aire d'origine des Parisiens, avec d'importants contingents originaires du Val de Loire, du Berri, du Maine, de la Bretagne, et surtout de Savoie et de l'Ouest du Massif central, les départements du Cantal et de la Creuse étant rejoints par la Nièvre, la Corrèze, l'Aveyron et, à un moindre degré, la Haute-Vienne, l'Allier, le Puy-de-Dôme, la Lozère. En réalité, si l'on compare la proportion d'immigrés en 1833 et en 1891, on constate le déclin accentué des anciens pays fournisseurs de main-d'œuvre, Picardie, Normandie, Champagne et, partiellement, Lorraine et Bourgogne. C'est la lisière Sud de l'auréole primitive qui fournit désormais les gros contingents : Eure-et-Loir, Sarthe, Loir-et-Cher, Loiret, Yonne, Nièvre, Cher, Indre, Creuse, la Nièvre détenant le record d'émigration vers Paris. Le centre de gravité de la population française immigrée à Paris s'est très nettement déplacé vers le sud. Vingt ans plus tard, en 1911, ce déplacement se confirme avec la part accrue de la Bretagne, de l'ouest du Massif central et d'une partie du Sud-Ouest (Vienne, Deux-Sèvres, Charente-Inférieure, Dordogne, Lot, Gironde, Hautes et Basses-Pyrénées). Mais, dans l'ensemble, la vallée de la Garonne, le Languedoc, le couloir rhodanien, les Alpes à l'exception de la Savoie, et la Provence échappent à l'attraction parisienne.

En 1946, à l'exception du Massif central occidental, pris depuis déjà longtemps dans l'orbite parisienne, la ligne Bordeaux-Lyon délimite la zone d'attraction de la capitale. La situation en 1975 est comparable, l'est du Massif central basculant nettement dans la zone d'attraction de Lyon et de Marseille, l'Ouest demeurant dans la mouvance de Paris.

Ces provinciaux « montés » à Paris ne s'y installent pas toujours au hasard. Ceux qui son originaires du nord de la ligne Saint-Malo-Genève s'établissent le plus souvent en périphérie, au plus près de leur province d'origine : les Picards dans le XVIIIe arrondissement, les Ardennais dans les XIXe et XXe, les Bretons dans le XVe. Ceux du sud de la Loire ont une attitude très différente. Ils s'installent au cœur de la ville, les Savoyards dans le IIe arrondissement, les Creusois dans le Ve, les Gascons dans le VIIIe, les Lyonnais et les Dauphinois dans le IXe, les Cantalous dans le XIe. Il y a une explication à cette différence de comportement : les gens originaires du nord de la Loire, arrivés plus anciennement, sont venus à pied ou en diligence, tandis que ceux du sud ont été déversés au cœur de la ville par le chemin de fer. Au début de ce siècle, les provinciaux de Paris se répartissent à peu près comme suit : les Savoyards, cafetiers, restaurateurs, porteurs à l'hôtel Drouot, dominent le IIIe arrondissement, les Limougeots le IVe, les maçons creusois et les Languedociens le Ve ; le VIIe et le VIIIe sont peuplés d'Aquitains, de Basques, de Niçois, de gens aisés de l'Ouest, le XIe de Cantalous, le XIIe d'Ardéchois et autres riverains du Rhône, le XIIIe d'originaires de l'ouest du Massif central et de Bretons, lesquels Bretons colonisent sans concurrents les XIVe et XVe ; quant aux Français du Nord, ils se cantonnent dans les XVIIIe, XIXe et XXe arrondissements.

Les professions aussi présentent au début du XXe siècle un profil géographique parfois accusé [16]. Le Jura et la Savoie fournissent une proportion notable d'horlogers. Les boulangers viennent de l'Yonne, de la Sarthe, de l'Eure-et-Loir, secondairement du Loir-et-Cher, de l'Indre, du Cher, de la Nièvre, un groupe géographiquement compact. Les maçons viennent exclusivement de quatre départements : la Creuse, puis la Haute-Vienne, l'Indre, la Corrèze. Les chauffeurs, plus dispersés, sont néanmoins souvent originaires de la Corrèze. Les cafetiers viennent du Cantal et de l'Aveyron, de la Lozère, accessoirement de Savoie. Les postiers sont fréquemment du Sud-Ouest. Les métiers fémi-

16. Il est impossible de le connaître ajourd'hui, les recensements et les statistiques ne faisant plus état des origines départementales depuis 1911. Il est pourtant évident que certains métiers sont encore l'apanage de populations particulières. Par exemple, les épiciers parisiens sont aujourd'hui soit des Marocains de la province d'Agadir, surtout de la région de Tafraout, ou des Tunisiens de l'île de Djerba.

nins sont moins différenciés, encore que nombre de bonnes soient natives de Bretagne.

La répartition des étrangers peut faire l'objet aujourd'hui d'études similaires. L'*Atlas des Parisiens* oppose ainsi les Espagnols concentrés dans l'ouest de Paris aux Algériens rassemblés dans les XVIIIe et XIXe arrondissements, principalement à la Goutte-d'Or et à Belleville, mais qui sait que le quartier des Champs-Elysées héberge 12,2 % d'Espagnols, un pourcentage comparable aux 13,5 % de Maghrébins de la Goutte-d'Or ?

Ces quelques exemples ne présentent qu'une infime partie de la problématique de la géographie historique des villes et on peut espérer que les études dans ce domaine vont se développer.

2.

L'INDUSTRIE

On peut faire le même vœu pour la géographie historique de l'industrie qui sera tout juste évoquée ici. Jusqu'au XVIIIe siècle, les implantations, de dimension modeste, étaient situées à proximité des sources d'énergie, l'eau, le vent, la houille, et des matières premières, argile, calcaire, fer, laine. Moulins à eau ou à vent, fours à chaux, briqueteries, forges, filatures et manufactures de textiles s'éparpillaient très largement sur tout le territoire et il serait bien difficile de les cartographier. En outre, le peu d'études existant [17] contraint à la concision et à un choix limité parmi les activités.

Les industries françaises ont été très tôt l'objet de l'intervention de l'Etat, celle-ci devenant pesante avec Colbert et la multiplication de manufactures royales prestigieuses mais d'une rentabilité souvent douteuse. L'allégement des contraintes réglementaires et la multiplication des entreprises privées contribuent à l'expansion économique de la France, qui devient au XVIIIe siècle un rude concurrent de l'Angleterre et de la Hollande pour l'industrie lainière.

Sur ce seul XVIIIe siècle apparaissent des évolutions géographiques très nettes [18]. La zone dominante représente, au début comme à la fin du siècle, près de 50 % de la production lainière et le tiers des tissus de laine. Elle est constituée par la Flandre autour de Lille, la Picardie, surtout la région entre Abbeville, Amiens et Beauvais débordant sur la Normandie avec Aumale, la Normandie proprement dite, surtout autour d'Elbeuf et de Louviers, la Champagne entre Reims, Rethel et Sedan. La deuxième zone dynamique couvre l'est du Bassin aquitain (Gascogne orientale, Quercy, Rouergue) et le Languedoc. Très gros

17. On peut citer B. Gille, *La sidérurgie française au XIXe siècle*, Genève, 1968 ; T.J. Markovitch, *Les industries lainières de Colbert à la Révolution*, Genève, 1976.
18. Voir la carte 32.

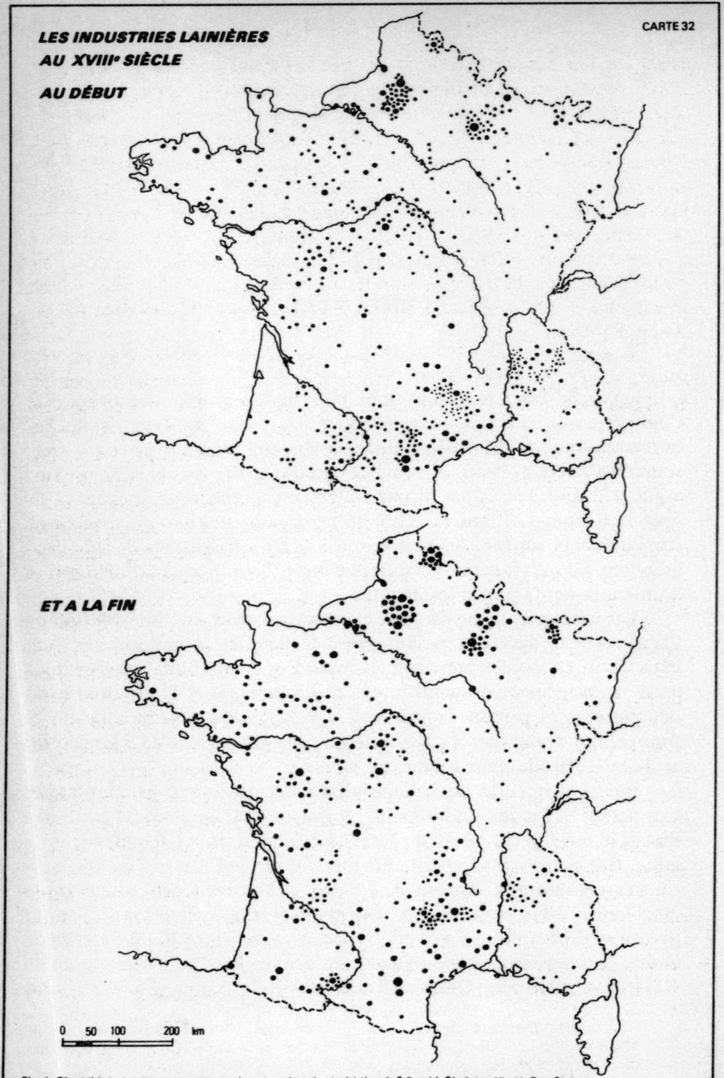

D'après Tihonir/Markovitch, Histoire des industries françaises : les industries lainières de Colbert à la Révolution. *Librairie Droz, Genève.*

producteur et exportateur de draps vers le Levant ottoman, le Languedoc oriental, avec ses quatre centres dominants, Montpellier, Nîmes, les Cévennes et le Gévaudan, est progressivement rejoint par les autres régions : le Languedoc occidental, dont les centres de production sont Carcassonne, Castres et Toulouse ; la généralité de Montauban (Quercy et Rouergue) avec Montauban, Saint-Affrique, Pont-de-Camarès, Cahors, Rodez, Saint-Geniès et Séverac ; la généralité d'Auch, où la production est surtout concentrée dans les Pyrénées, dans la vallée de l'Aure et autour de Saint-Gaudens. Cette région méridionale progresse du quart au tiers de la production française durant le XVIIIe siècle, avec une tendance à la concentration que l'on note aussi dans la zone dominante déjà citée.

Le reste du pays représente assez peu. Orléans, Romorantin, Le Mans, Tours, Amboise, Angers, Châteaugontier regroupent l'essentiel de la production dans les généralités d'Orléans et de Tours. Les ateliers du Poitou sont extrêmement dispersés, Bressuire dominant une foule de petites villes. En Berri, Bourges l'emporte sur Châteauroux, Issoudun et Aubigny. Le Dauphiné, véritable nébuleuse où pas moins de 309 bourgades ou villages pratiquent la draperie selon un document daté de 1708, connaît un net déclin vers la fin du siècle. Les autres régions comptent pour presque rien : Lorraine, Alsace, Bourgogne, Franche-Comté, Lyonnais, Bresse, Beaujolais, Provence, Limousin, Bretagne produisent peu et uniquement pour la satisfaction des besoins locaux.

Un siècle plus tard [19], la situation a énormément évolué. Une vingtaine de départements se partagent l'essentiel de la production lainière et cotonnière. En 1875, le Nord-Pas-de-Calais, la Picardie, la Normandie et la Champagne occupent une place dominante. En Champagne, l'Aube s'est spécialisée dans le coton, la bonneterie, la Marne et les Ardennes dans la laine, la maille. La Lorraine demeurée française, le territoire de Belfort, la Haute-Saône voisine ont fait une entrée en force dans l'industrie cotonnière. De la puissance passée de l'Aquitaine orientale et du Languedoc ne subsistent que des débris dans le Tarn, l'Hérault et la Lozère, tandis que Nîmes et le Gard, l'Aveyron, les Hautes-Pyrénées ont périclité.

Dans le Val de Loire et le Centre, les productions lainières se sont maintenues en Loiret, Loir-et-Cher, Maine-et-Loire, Creuse, les autres départements n'ayant plus qu'une faible activité. La fabrique dauphinoise s'est concentrée dans l'Isère.

En 1964, la concentration industrielle a encore progressé [20]. 11

---

19. Voir la carte 33.
20. Voir la carte 33.

CARTE 33

INDUSTRIES TEXTILES 1875-1964

Ouvriers employés dans les tissages et filatures

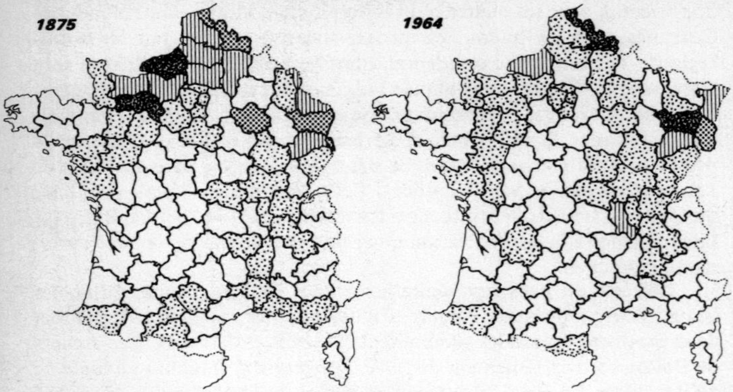

Ouvriers du coton

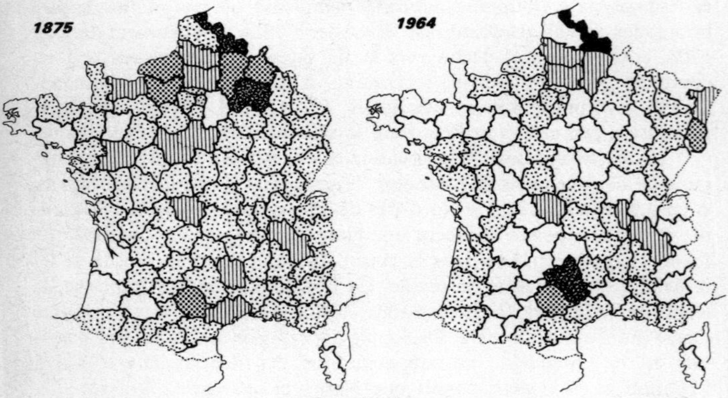

Ouvriers de la laine

Pourcentage de la main-d'œuvre nationale travaillant dans la laine ou le coton

- *pas de main-d'œuvre*
- *— de 0,01 à 1 %*
- *de 1 à 3 %*
- *de 3 à 10 %*
- *de 10 à 50 %*
- *+ de 50 %*

En 1875, on comptait 95 779 ouvriers travaillant dans l'industrie de la laine et 114 259 ouvriers travaillant dans l'industrie du coton. En 1964, pour la laine, l'on n'en compte plus que 86 700; pour le coton, par contre, on en compte 128 478. Or, pour chacune des quatre cartes ci-dessus, il a été calculé le pourcentage des ouvriers dans chaque département par rapport au total national correspondant à l'industrie du coton ou de la laine aux diverses époques mentionnées.

0 50 100 200 300 km

D'après l'Atlas historique de la France contemporaine, 1800-1965. *Armand Colin.*

CARTE 34

LES INDUSTRIES TEXTILES 1980

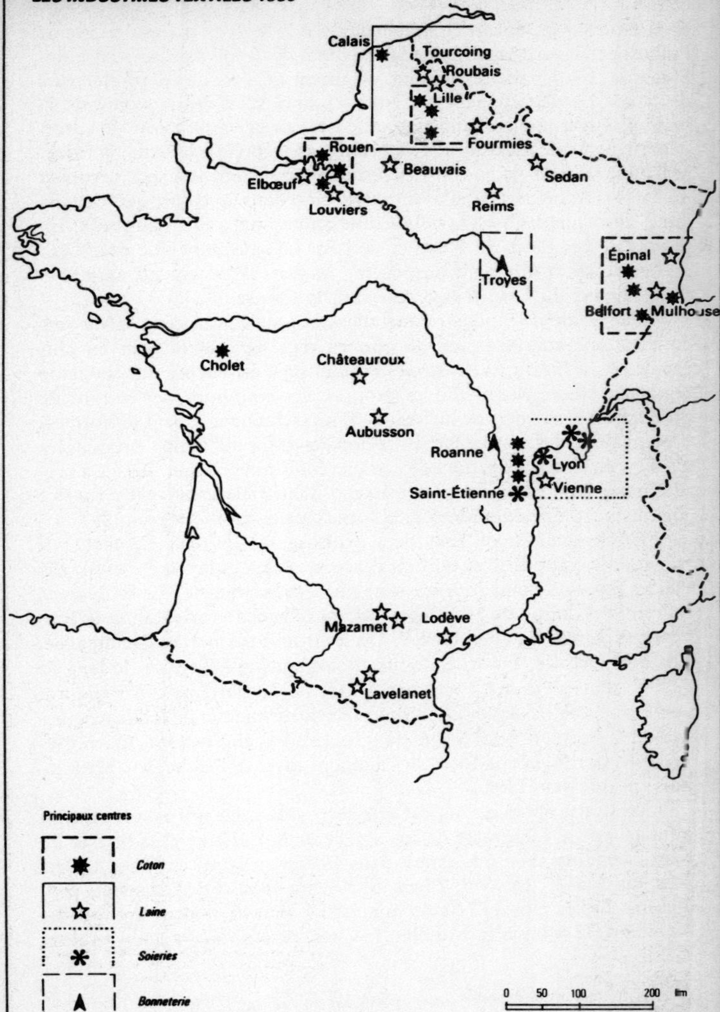

départements seulement comptent plus de 3 % de la main-d'œuvre de l'industrie lainière, tandis que les ouvriers du coton sont surtout nombreux dans 7 départements dont 3 figurent déjà parmi les producteurs de laine. Le département du Nord compte plus de la moitié de la main-d'œuvre lainière française et le tiers de celle du coton. Les trois départements de Picardie se consacrent uniquement à la laine, la Seine-Maritime surtout au coton. Les deux départements alsaciens occupent une très nombreuse population aussi bien dans le coton que dans la laine, alors que les Vosges et la Haute-Saône sont vouées au coton. En dehors de ces blocs du Nord et de l'Est ne subsistent que des îlots : autour de Lyon (Rhône, Loire, Isère), les deux départements exclusivement lainiers du Tarn et de l'Aveyron, la Creuse.

Une étude de l'industrie métallurgique refléterait cette même tendance à une concentration de plus en plus forte et de plus en plus rapide. A la fin du XVIIIe siècle, la sidérurgie est encore une industrie régionale « avec ses méthodes propres, ses coutumes, ses bassins de production et ses aires de diffusion. Si les techniques étaient uniformes, elles avaient des particularités régionales plus ou moins prononcées ainsi qu'en témoigne le nom de certains équipements dont l'usage a persisté assez longtemps dans la période d'industrialisation centralisatrice comme la trompe dauphinoise, la forge catalane, le four comtois [21] ».

Les implantations sont liées à l'existence de trois éléments : le minerai, le combustible, bois ou charbon, l'eau. A la fin du XVIIIe siècle, les forges et hauts fourneaux ne sont absents que de l'Ile-de-France, du centre et du sud du Massif central, du Languedoc oriental, de la Provence et du sud du Dauphiné [22]. On les trouve surtout en Champagne, Lorraine, Alsace, Franche-Comté, Bourgogne et Nivernais, le long de l'Isère, dans l'est des Pyrénées, à l'est de la Garonne, en Périgord, en Normandie. L'exploitation superficielle de minerai de faible teneur a permis la prospérité des forges dans les Landes, en Périgord, Berri, Bretagne en bordure de la forêt de Paimpont, dans le Perche, le Châtillonnais, jusque vers 1860.

Vers cette époque s'impose une autre sidérurgie utilisant le minerai à haute teneur débarrassé de son soufre de la Lorraine et la houille du Nord. Le minerai de fer, extrait dans 46 départements en 1850, ne l'est plus que dans 37 en 1878, 22 en 1912 [23]. En 1850, 7 départements produisent chacun plus de 5 % du minerai : 5 % à 10 % pour le Nord, les Ardennes, la Meuse, la Moselle, le Cher, plus de 10 % pour les deux

21. M. Daumas, *L'archéologie industrielle en France*, p. 152.
22. Voir la carte 35.
23. Voir la carte 36.

CARTE 35

LA MÉTALLURGIE A LA FIN DU XVIIIe SIÈCLE

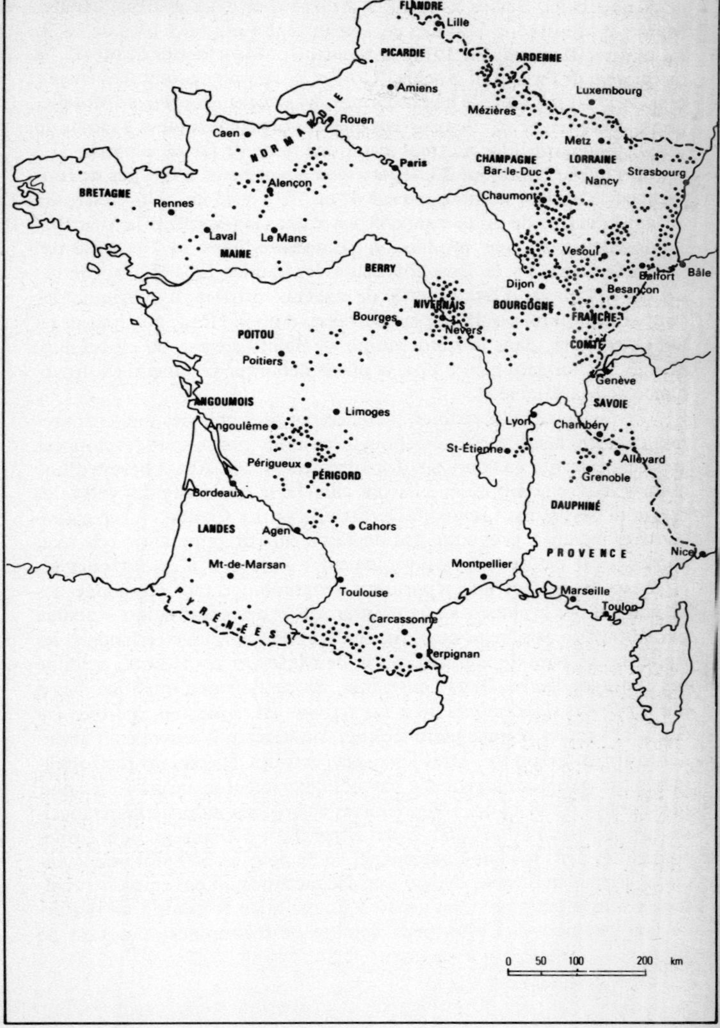

derniers, Haute-Marne et Haute-Saône. Ils ne sont plus que 4 en 1878 : deux nouveaux, Saône-et-Loire et Ardèche, et deux anciens, Haute-Marne et Meurthe-et-Moselle, ce dernier seul à produire plus de 10 % du minerai français. En 1912, la Meurthe-et-Moselle représente 85 % du minerai de fer extrait et seuls l'Orne et le Calvados produisent encore plus de 1 %. En 1960, le bassin lorrain, Moselle et Meurthe-et-Moselle, règne sans partage, les deux départements normands tombés à moins de 1 %, 10 départements au total ayant une mine de fer en activité.

De même, alors que 33 départements seulement n'ont pas de fonderie en 1850, leur nombre passe à 47 en 1875 et 75 en 1936, l'essentiel de la production de fonte étant concentré dans la Moselle et la Meurthe-et-Moselle, avec une production secondaire dans le Nord-Pas-de-Calais, le Calvados, la Seine-Inférieure, les Landes. En 1975, la sidérurgie est aux mains d'une poignée de sociétés installées à proximité des mines de charbon ou de fer, en Lorraine, dans le Nord, au Creusot en Saône-et-Loire, dans la Loire autour de Saint-Etienne, ou en bordure de mer, à Dunkerque où à Fos, là où est débarqué le minerai en provenance de Mauritanie [24].

D'abord de taille réduite, installées au plus près des matières premières et des ressources énergétiques, les industries se sont développées en se concentrant au cours des deux derniers siècles. Ayant besoin d'une main-d'œuvre nombreuse, elles ont cherché la proximité des villes, les créant si besoin était, comme Decazeville ou Le Creusot. Leur gigantisme croissant a provoqué des déplacements de population tels que, depuis 1950 environ, le gouvernement a entrepris d'en atténuer les effets en favorisant une répartition géographique plus équilibrée des activités et des hommes. Cette politique de « décentralisation » voulue par l'Etat français, mais aussi par les Britanniques, les Néerlandais, les Italiens..., à base d'aides diverses et de dégrèvements fiscaux, a donné des résultats divers. Dans l'ensemble, les emplois peu qualifiés, liés à des processus standardisés ou à des activités en régression, ont bien été déplacés vers les régions périphériques, où la main-d'œuvre était abondante et peu exigeante. Mais les zones centrales, les régions métropolitaines ont gardé les activités « technologiquement avancées », les plus profitables. Ainsi 89 des 100 premières entreprises industrielles françaises ont leur siège à Paris, 60 % des sièges des 1 500 plus grandes firmes sont situés dans la région parisienne, 78 % pour les 500 plus importantes. Il semble donc que, malgré une déconcentration des emplois subalternes vers la périphérie, on assiste à un maintien et même à un renforcement des pouvoirs d'un petit nombre de métropoles et surtout de

24. Voir les cartes 37 A et B.

PRODUCTION DU MINERAI DE FER

CARTE 36

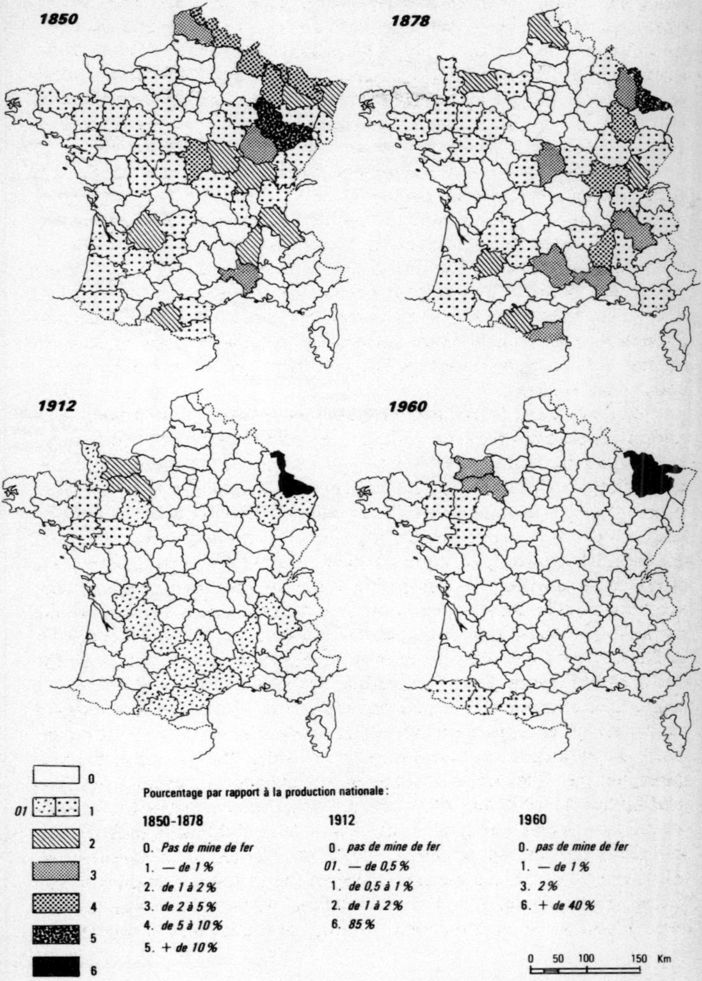

*D'après l'*Atlas historique de la France contemporaine, 1800-1965. *Armand Colin.*

CARTE 37 A

LA SIDÉRURGIE

Sociétés et implantations (1975)

D'après Francencartes. C.R.D.P. Poitiers.

LA SIDÉRURGIE :
Sociétés et implantations (1975)

CARTE 37 B

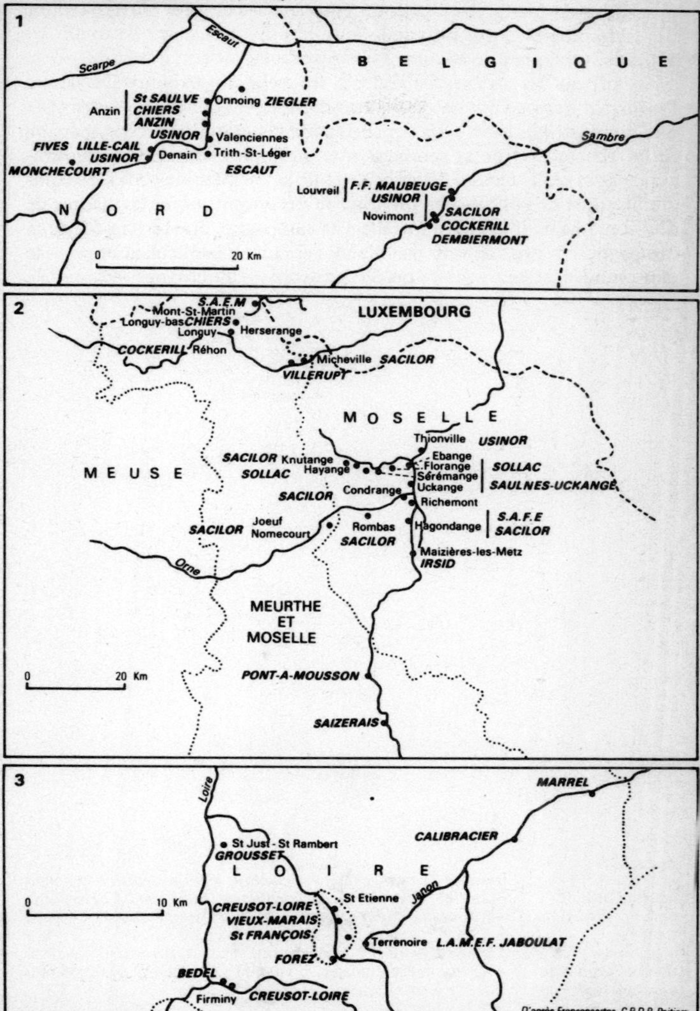

D'après Francencartes. C.R.D.P. Poitiers.

Paris. On pourrait croire que le « transfert des activités dans l'espace procède moins des politiques de décentralisation que de " la dynamique des technologies " qui provoque le rejet hors du Centre de toutes les activités impliquant le recours à un travail peu ou non qualifié [25] ».

On peut dès lors se demander si les technologies nouvelles liées à l'informatique ne vont pas largement dans le sens contraire de deux siècles d'industrialisation et de concentration géographique. La dispersion de la recherche et de la production en multiples laboratoires ne sera-t-elle pas la règle demain ? Les progrès de la télématique et des télécommunications ne vont-ils pas favoriser la déconcentration des centres de décision ? Mais si la ville s'installe à la campagne, que restera-t-il de la campagne ? Ne risque-t-on pas d'aller vers une « banlieuisation » — le mot est aussi affreux que ce qu'il représente — du paysage [26] ?

---

25. A. Fischer, *Espace de l'aménagement et espace de la firme, deux géographies inconciliables ?* p. 253-259 de *Eventail de la spatiologie offert à J.E. Hermitte*, numéro spécial de *Analyse, organisation et gestion de l'espace*. La citation est prise p. 259.

26. Ce n'est pas ici le lieu d'évoquer l'interpénétration croissante et la mondialisation des économies, le rôle des multinationales, la volonté des organisations économiques internationales d'aboutir à une économie mondiale intégrée.

3.

LES TRANSPORTS

« Expression la plus ancienne et la plus claire de la vie de relations [27] », la route est née avant l'Etat et a bien souvent présidé à sa naissance, car la plupart des Etats « ont eu pour origine l'existence d'une voie de passage tracée par la nature, fréquentée par le commerce bien avant qu'il se fût constitué une société et un gouvernement [28] ».

Les fleuves, « chemins qui marchent », ont été les premières voies utilisées par les hommes durant la préhistoire. L'apparition de l'élevage et de l'agriculture au néolithique a entraîné la formation de chemins permanents. Les chemins de transhumance des troupeaux, les voies tracées par les agriculteurs pour se rendre sur les terres cultivées et en transporter les récoltes ont été l'équivalent de nos chemins vicinaux empierrés, ancêtres modestes de la route. A l'âge du fer, César note dans ses *Commentaires* l'existence de ponts et de routes dans la Gaule qu'il est en train de soumettre. « Déjà se révèle l'importance de certains passages : sur les frontières, les cols des Alpes et des Pyrénées, les traversées du Rhin ; à l'intérieur, les seuils du Lauragais, du Poitou, de la Bourgogne, celui du Vermandois que commandait alors Bavai, capitale des Eduens (*sic* pour Nerviens) ; la porte de Toul, au coude de la Moselle ; la croisée du Morvan, où veillait Bibracte ; Besançon, sur son rocher, dominant le Doubs [29]. » Ces routes étaient conçues pour un usage régional et rayonnaient vraisemblablement à partir de l'*oppidum* central de chaque peuple gaulois.

L'organisation en réseau hiérarchisé se fait après l'unification sous

27. H. Cavaillès, *La route française, son histoire, sa fonction*, Paris, 1946, p. 5. Ce développement doit beaucoup à cet ouvrage remarquable.
28. *Id., ibid.*, p. 5.
29. *Id., ibid.*, p. 16.

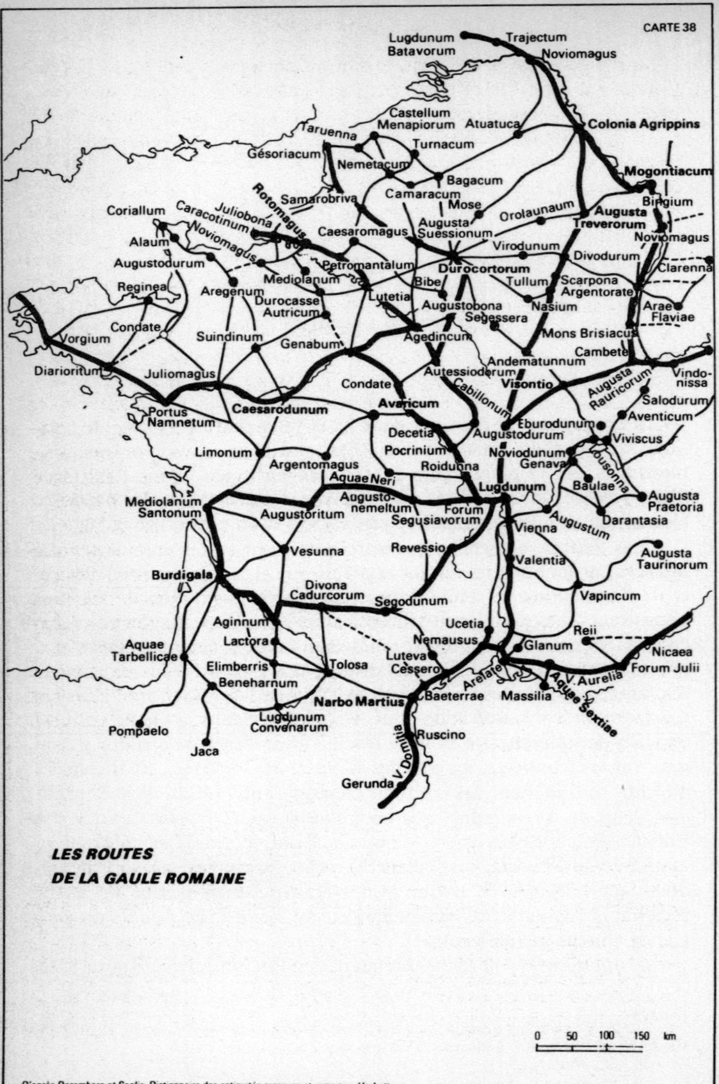

LES ROUTES DE LA GAULE ROMAINE

D'après Daremberg et Saglio, Dictionnaire des antiquités grecques et romaines. *Hachette.*

l'autorité romaine. « Plus encore que des causes géographiques, des raisons politiques et militaires distinguaient les routes romaines des routes gauloises. Commandé par les nécessités de la guerre et de la conquête, aménagé pour la circulation des légions et de la poste impériale, leur réseau était la continuation de celui des voies italiennes. Il s'y liait par des attaches solides, par des nœuds de routes qui se succédaient, tout le long des frontières, en avant des Alpes et du Rhin [30]. » Une première route avait été ouverte après l'incorporation à l'Empire, en 120 avant J.-C., de la *Provincia*, reliant l'Italie à l'Espagne, unissant les cols des Alpes à ceux des Pyrénées, le long de la côte méditerranéenne d'abord, empruntant ensuite les vallées de l'Argens et de l'Arc, puis la plaine de l'actuel Languedoc oriental. La conquête achevée, Agrippa met en place le réseau de la Gaule romaine [31]. Les provinces nouvellement créées d'Aquitaine, de Celtique et de Belgique, ayant la forme de couloirs conduisant depuis Lyon, porte de l'Italie, vers l'Atlantique, la Manche et la mer du Nord, le réseau se déploie comme un éventail, doublant les axes fluviaux. On a ainsi de grands itinéraires de Lyon vers l'Italie, par Fréjus, et l'Espagne, par Narbonne, d'où l'on gagne l'Atlantique via Toulouse et la vallée de la Garonne ; pour l'Aquitaine et l'Atlantique, de Lyon à Bordeaux par Clermont, Limoges et Saintes ; pour la Belgique et la Manche, de Lyon à Boulogne, port d'embarquement pour la Grande-Bretagne, par Langres et Reims ; pour les régions qui vont constituer les deux Germanies, pour la mer du Nord, de Lyon à Trèves et à Cologne, par Langres et Metz ou par Besançon, Augst (Bâle) et Mayence. Peu après, l'empereur Claude crée les artères maîtresses de la Celtique : la première de Lyon à Nantes et à Brest par la vallée de la Loire ; la seconde par les vallées de la Saône, de l'Yonne et de la Seine, de Lyon à Rouen par Chalon-sur-Saône, Autun, Auxerre, Sens, Paris (Lutèce) [32].

30. H. Cavaillès, *La route française, son histoire, sa fonction*, p. 18.

31. Strabon, *Géographie*, IV, 6, 11, l'explique clairement : « Lugdunum, occupant le centre de la Celtique, dont cette ville est en quelque manière la citadelle par sa situation au confluent des fleuves et à proximité des différentes parties du pays, Agrippa en a fait le point de départ des grandes routes : celle qui traverse les monts Cemmènes et aboutit chez les Santones et en Aquitaine, celle du Rhin, celle de l'Océan, qui est la troisième et qui mène chez les Bellovaques et les Ambiani, enfin celle qui conduit en Narbonnaise et au littoral massaliotique et qui est la quatrième. Mais on peut aussi, laissant à gauche Lugdunum et les territoires en amont de cette ville, bifurquer dans le Poenin même, traverser le Rhône ou le lac Léman pour gagner les plaines des Helvètes et de là, par un col qui franchit le mont Jura, atteindre le pays des Séquanes et des Lingons, où la route se divise en deux branches, l'une pour le Rhin, l'autre pour l'Océan. »

32. Voir la carte 38.

Ensuite s'organise un réseau beaucoup plus complexe reliant entre elles la centaine de cités constituant la Gaule romaine. Car les routes sont faites surtout pour les villes, centres culturels, administratifs, politiques et stratégiques lorsque, au IIIe siècle, l'insécurité les contraint à se corseter de murailles. « La voie romaine est avant tout une route d'Empire, une route d'Etat, une route publique et militaire ; même dans le cadre régional, elle est subordonnée au centre administratif, au chef-lieu, à la ville... Ce réseau stratégique, ce secteur gaulois du grand réseau impérial va survivre à l'Empire romain, à cette primauté de l'Italie qui était sa raison d'être. Pourquoi ? A cause de sa solidité, de cette éminente qualité qu'ont les constructions romaines de " durcir avec le temps " ; en raison des habitudes prises ; parce que les villes, ses articulations, vont se perpétuer jusqu'à nous malgré la dureté des temps médiévaux ; parce qu'il n'y aura plus d'ici longtemps, en Gaule, d'unité politique favorable à une autre création d'ensemble ni capable de si coûteux et si savants travaux [33]. »

Il faut au passage signaler le rôle capital de la route pour l'histoire des mentalités, de la langue, de l'art, des techniques et, bien entendu, de l'économie. C'est par la route que se propagent les innovations, les transformations [34]. C'est la route qui diffuse la langue romaine, les œuvres littéraires [35], les objets d'art, les modes, la religion, le christianisme au Bas-Empire, les épidémies...

Au haut Moyen Age, malgré toute une littérature traitant de chemins « celtiques » et de « chaussées de Brunehaut », il semble bien que ce soit le réseau romain qui continue à être utilisé [36]. A la fin du Xe siècle, Sigeric, archevêque de Cantorbery, traverse la France en suivant les anciennes routes romaines. Mais les besoins nouveaux liés au rôle attractif des châteaux et monastères amènent aux XIe et XIIe siècles la création progressive d'un réseau routier différent, constitué de routes royales, féodales et monastiques, jalonné de ponts, de péages et de tonlieux. Ainsi, les routes médiévales de la Champagne, reconstituées grâce aux mentions de tonlieux et de péages, ne coïncident pas du tout avec les

---

33. P.-M. Duval, *Les voies gallo-romaines*, dans *Les routes de France depuis les origines jusqu'à nos jours*, Paris, A.D.P.F., 1959, p. 22.

34. Pline l'Ancien en avait déjà conscience au début de l'ère chrétienne lorsqu'il écrivait : « Par quel chemin les vices s'introduisent-ils plus que par le chemin public ? » (*Histoire naturelle*, XXXVI, 5.)

35. J. Bédier et G. Paris ont montré, non sans quelque exagération, la constitution des légendes épiques le long des routes de pèlerinages, au Moyen Age.

36. Lire J. Hubert, *Les routes au Moyen Age*, p. 25-56 de *Les routes de France depuis les origines jusqu'à nos jours*. Il montre que la soixantaine d'églises à file de coupoles de l'Aquitaine édifiées dans la première moitié du XIIe siècle l'ont été soit à proximité des carrières, soit le long des voies romaines seules capables de supporter de très lourds charrois à cette époque.

voies romaines : ce sont de nouvelles routes créées pour les besoins des foires. Aux XIIe et XIIIe siècles, de nombreuses routes pavées sont attestées par les textes et R.-H. Bautier a calculé qu'au temps de saint Louis, sur les routes menant aux foires de Champagne, les charrois circulaient à peu près à la même vitesse qu'au début du XIXe siècle. Les cathédrales, les châteaux forts témoignent de l'existence de routes pouvant supporter de lourds chargements de pierre des carrières aux villes ou aux endroits à fortifier.

Cependant, construits plus légèrement que les voies romaines [37] et donc plus facilement entretenus et réparés, les chemins du Moyen Age n'ont pas la fixité des premières. En conséquence, « la circulation ne se canalisait pas selon quelques grandes artères ; elle se répandait capricieusement en une multitude de petits vaisseaux [38] ».

Les ordres monastiques ont joué un rôle important dans la réalisation du réseau routier médiéval. Gîtes d'étape pour les pèlerins et les voyageurs, les abbayes étaient reliées aux prieurés dépendant d'elles par de solides routes. La région comprise entre Nantes, Poitiers et Saintes a été dotée de routes grâce aux établissements monastiques qui ont défriché le pays et assaini les nombreux marécages. L'étude de la diffusion de la sculpture monumentale au XIIe siècle montre que son aire « s'étend le long du grand chemin que créa Cluny afin de relier, depuis la Bourgogne jusqu'aux Pyrénées, les possessions et les prieurés successivement fondés ou organisés au temps de la Reconquête pour étendre son empire jusqu'en Espagne [39] ».

L'unification territoriale du royaume au XVe siècle ouvre une ère nouvelle [40]. L'établissement de relais de poste [41] sous le règne de Louis XI en est le premier témoignage. L'apparition de la notion de service public, la nomination en 1599 de Sully comme Grand Voyer de France et seul responsable du réseau routier sont un deuxième signe. Colbert organise de façon systématique l'entretien des routes, mais, faute de moyens financiers, le système n'a guère de prise sur la réalité. C'est vers le milieu du XVIIIe siècle seulement que s'impose une administration complète et à peu près autonome : en 1747 est créée l'Ecole des ponts et chaussées.

37. Il n'est pas question ici de traiter des questions techniques de la construction et de la structure des routes. Lire sur ce sujet P. Fustier, *La route. Voies antiques, chemins anciens, chaussées modernes*, Paris, Picard, 1968.

38. M. Bloch, *La société féodale. La formation des liens de dépendance*, p. 99.

39. J. Hubert, *Les routes au Moyen Age*, dans *Les Routes de France depuis les origines jusqu'à nos jours*, p. 48.

40. Il est impossible, dans l'état actuel de la recherche, de dresser la carte routière de la France au Moyen Age.

41. Le terme poste vient du bas-latin *posita* et désigne la station, le lieu fixe où l'on change de chevaux.

LES ROUTES DE POSTE EN 1632

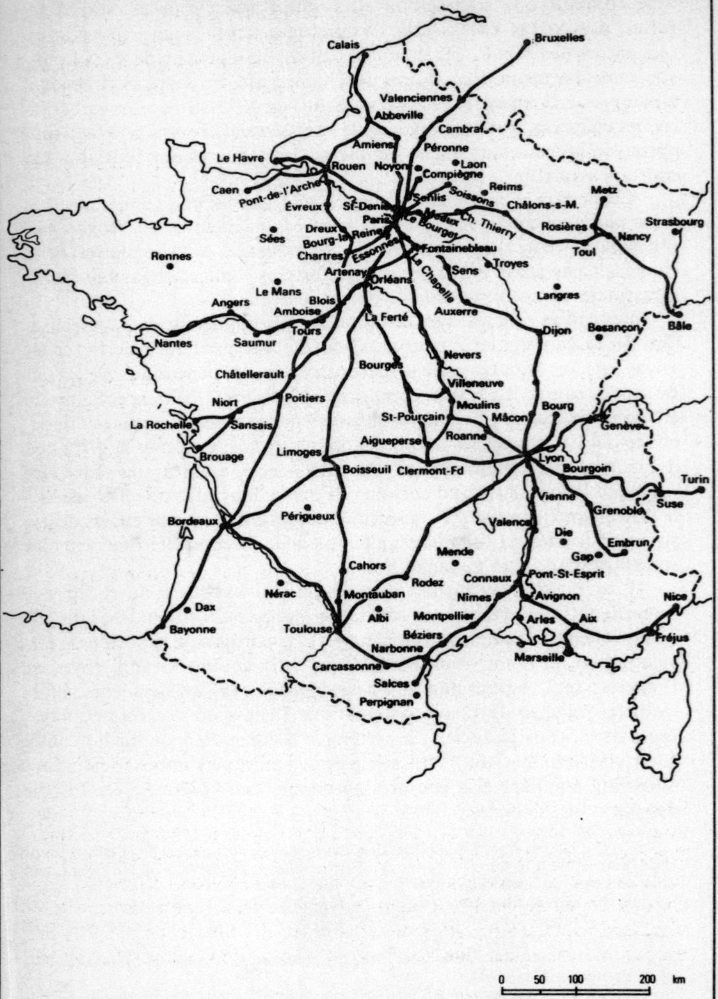

D'après H. Cavaillès, La route française. *Armand Colin.*

Les documents de l'époque, notamment les guides et cartes des postes, permettent de reconstituer l'expansion du réseau des routes royales du XVIe au XIXe siècle [42]. Un état des postes dressé en 1584 mentionne 292 relais et 14 itinéraires. Les 9 premiers sont entretenus avec des subsides de l'Etat. Ce sont les routes suivantes :

1) Paris-Irun, par Longjumeau, Orléans, Blois, Loches, Châtellerault, Poitiers, Aigre, Barbezieux, Bordeaux, Castets, Bayonne et Saint-Jean-de-Luz, avec des traverses instituées par le roi de Navarre, futur Henri IV, de Castets à Pau et de Bordeaux à Nérac.

2) Blois-Nantes par Tours, Angers et Ancenis.

3) Paris-Calais par Clermont, Amiens et Montreuil-sur-Mer.

4) Paris-Péronne, plus tard prolongée vers Valenciennes, Mons et Bruxelles.

5) Paris-Metz par Château-Thierry, Epernay, Châlons-sur-Marne, Saint-Dizier et Toul.

6) Paris-Lyon par Montargis, Nevers, Moulins, Roanne et Tarare.

7) Lyon-Saluces par Vienne, Grenoble, le Lautaret, Briançon, le Mont-Genèvre et Pignerol alors français.

8) Lyon-Marseille par Valence, Montélimar, Bagnols, Villeneuve-lès-Avignon — pour contourner l'enclave pontificale du Comtat Venaissin — et Salon.

9) Bagnols-Toulouse par Nîmes, Montpellier, Narbonne, Carcassonne et Castelnaudary.

Les 5 autres grandes routes entretenues par les pays traversés sont :

1) Paris-Rouen.

2, Bessey près de Moulins à Riom et Clermont.

3) Orléans-Limoges par Romorantin, Châteauroux et Saint-Benoît-du-Sault.

4) Limoges-Toulouse par Brive, Cahors et Montauban.

5) Orléans-Moulins par Bourges.

Ce réseau reflète de toute évidence des préoccupations politiques, surtout de politique étrangère : liaisons avec l'Espagne, l'Italie et les Pays-Bas. En revanche, l'Ouest est négligé et n'a que très peu de relations avec le pouvoir parisien. La carte des postes en 1632 par Melchior Tavernier [43] fait apparaître un maillage routier plus dense autour de la capitale avec des bretelles entre les grandes routes qui en partent, des liaisons Rouen-Abbeville, Rouen-Le Havre, Rouen-Caen, Rouen-Blois via Chartres, la prolongation de la poste vers l'est jusqu'à Bâle, au sud-est jusqu'à Nice, des liaisons Lyon-Bourg, Lyon-Genève. Partant de

42. Voir les cartes 39 et 40.
43. Voir la carte 39.

LES ROUTES DE POSTE EN 1797

CARTE 40

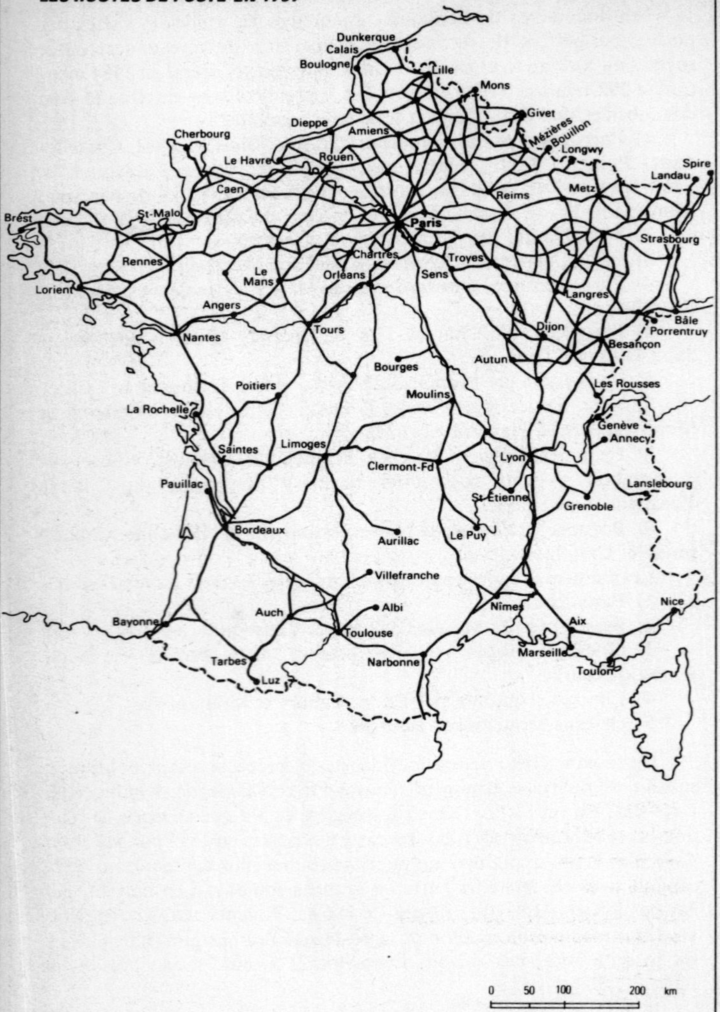

D'après Vidal de la Blache, Tableau de la géographie de la France. *Lavisse,* Histoire de France illustrée. *Hachette.*

LA VITESSE EN 1765

CARTE 41

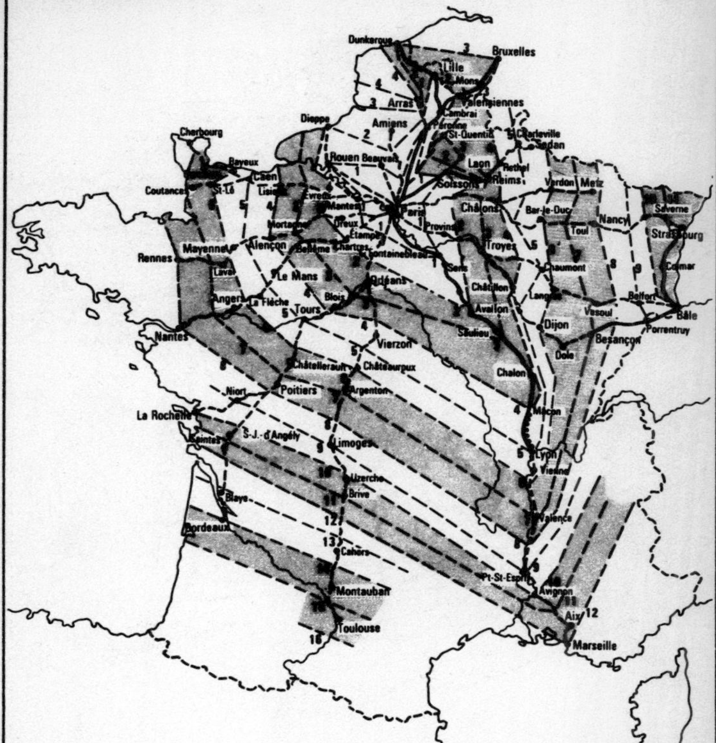

Itinéraires desservis

- - - - *par coche, carosse ou messagerie*

——— *par diligence*

•••••• *par eau*

Temps de parcours (représentés par des lignes isochrones) d'une journée au départ de Paris

Paris 1 2 3 journées

D'après Guy Arbellot, La grande mutation des routes de France au milieu du XVIIIe siècle
Annales E.S.C., mai-juin 1973. École Pratique des Hautes Études.

CARTE 42

LA VITESSE EN 1780

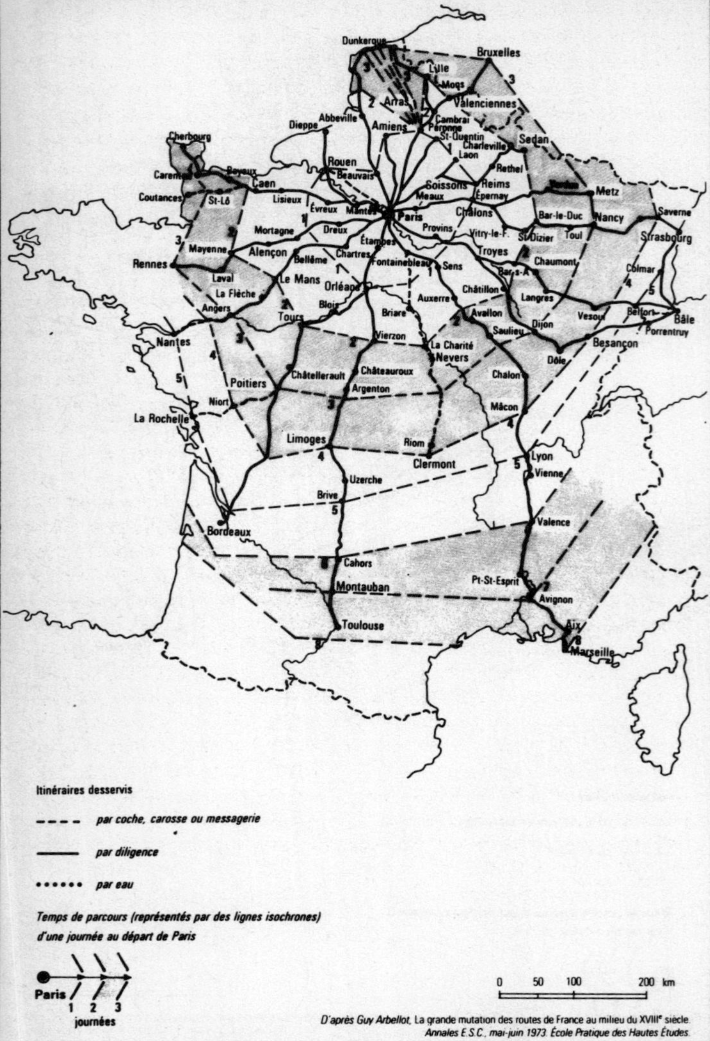

D'après Guy Arbellot, La grande mutation des routes de France au milieu du XVIIIe siècle. *Annales E.S.C., mai-juin 1973. École Pratique des Hautes Études.*

Poitiers, une série de relais permet via Niort d'atteindre La Rochelle et Brouage, pour assurer l'emprise du pouvoir royal sur les protestants récemment matés. Une seconde liaison Paris-Lyon par les vallées de la Seine, de l'Yonne et de la Saône, jalonnée par Sens, Auxerre, Dijon, Chalon-sur-Saône et Mâcon double la route traversant le Bourbonnais. Deux routes nouvelles traversent le cœur du Massif central jusqu'alors contourné : la première relie Lyon à Bordeaux par Clermont et Limoges, la seconde Lyon à Toulouse par Saint-Flour et Rodez.

Un peu moins d'un siècle plus tard, la carte des postes de 1726 par Jaillot fait apparaître une nouvelle extension du réseau qui serait trop longue à détailler. La Picardie et la Flandre sont couvertes de relais de même que le nord de la Champagne et de la Lorraine ainsi que l'Alsace. Des raisons stratégiques évidentes expliquent la densité des liaisons sur la frontière où l'on s'est battu pendant près d'un demi-siècle. Le Bassin parisien et la Normandie sont aussi sillonnés par de nombreuses routes. Mais en Bretagne et au sud de la Loire, la situation n'a pratiquement pas évolué. Les relais ne dépassent pas Rennes et Nantes à l'ouest. Si Aurillac est désormais relié à Limoges via Tulle et Uzerche, la liaison Lyon-Toulouse, qui existait en 1632, est interrompue à Saint-Flour.

La carte des routes de postes de 1797 par Desauches [44] met bien en évidence les nouveaux progrès de la poste et l'extension corrélative du pouvoir central, mais aussi une disparité criante entre les régions situées au nord et au sud de la Loire, ces dernières demeurant toujours très médiocrement équipées. Mais le fait majeur de la fin du XVIIIe siècle est le progrès, énorme pour l'époque, de la vitesse des voitures publiques, grâce à l'amélioration du réseau routier [45]. A partir de Paris, Sedan est atteint en deux jours en 1780 contre cinq en 1765, Strasbourg en cinq au lieu de onze, Marseille en huit au lieu de douze, Toulouse en huit au lieu de seize, Bordeaux en moins de six au lieu de quatorze, La Rochelle en cinq au lieu de dix, Rennes et Nantes en trois et cinq jours contre huit précédemment. Ainsi le temps nécessaire pour relier le Sud et l'Ouest défavorisés à la capitale a-t-il diminué de plus de moitié, rapprochant considérablement les administrés de province du pouvoir central. La pénétration de la langue française et la propagation des idées révolutionnaires en sont d'autant facilitées : 970 villes desservies par la poste en 1740, 1292 en 1792.

Napoléon pratique une politique routière dynamique, frayant des voies à ses armées à travers l'Europe entière et reliant étroitement la France à ses conquêtes du Nord et de l'Est, Pays-Bas, Allemagne,

44. Voir la carte 40.
45. Voir les cartes 41 et 42.

LE RÉSEAU FERRÉ EN 1850

CARTE 43

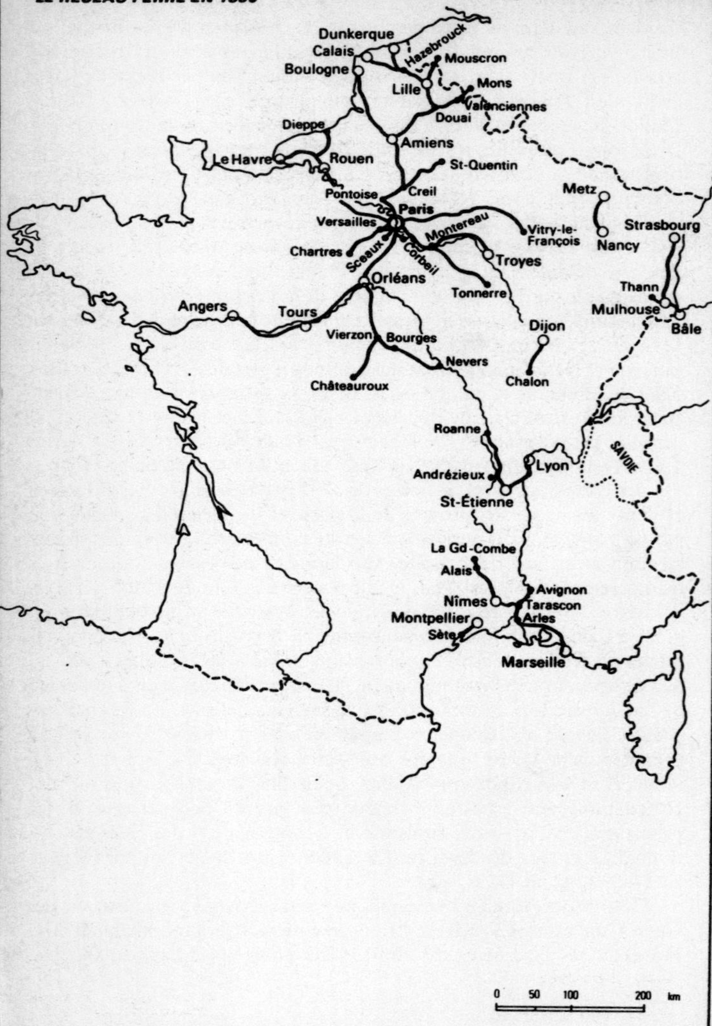

D'après H. Lartilleux, Géographie des chemins de fer français. D.R.

LE RÉSEAU FERRÉ EN 1870 CARTE 44

—— *grands réseaux*

- - - - - - *réseaux secondaires*

0 50 100 200 km

D'après H. Lartilleux, Géographie des chemins de fer français. *D.R.*

Suisse et surtout Italie, grâce à l'aménagement de cols alpins. Le XIXe siècle est une époque de progrès constants pour la route : confort croissant des voitures, vitesse sans cesse accrue, baisse des tarifs de la poste, des marchandises et des passages, amélioration et extension permanentes du réseau. C'est à cette époque que se réalise enfin le désenclavement des campagnes françaises, l'entrée massive dans les circuits commerciaux des produits de l'agriculture, l'ouverture des ruraux aux idées venant de la ville [46].

Au moment où, vers 1850, la route atteint un âge d'or, la civilisation industrielle, qui s'est d'abord développée grâce à elle et aux voies d'eau [47], lui préfère le chemin de fer, qui permet le transport à meilleur marché de quantités considérables de matières premières et de produits fabriqués.

Modestement inauguré en 1827 par la ligne Saint-Etienne-Andrézieux, créé d'abord pour transporter le charbon jusqu'à la voie d'eau navigable la plus proche, le chemin de fer reçoit une impulsion décisive par la loi de 1842 qui octroie aux compagnies privées des concessions de longue durée et accorde l'aide de l'Etat pour l'établissement d'un réseau rayonnant depuis Paris.

Bien qu'elles n'aient été que très peu étudiées, la politique des compagnies ferroviaires et la stratégie de l'Etat ont, semble-t-il, eu une influence non négligeable sur l'évolution de certaines régions [48]. Ainsi la Bretagne s'est-elle trouvée desservie par la Compagnie d'Orléans et l'Etat qui avait repris la Compagnie de L'Ouest. Orléans desservait la Bretagne septentrionale, de Rennes à Brest via Saint-Brieuc, et la faiblesse des relations entre les deux réseaux [49] a entraîné une coupure durable entre le sud et le nord de la province, retardant la structuration d'un espace régional. De même, dans le Centre-Ouest, la Compagnie d'Orléans exploitait la ligne Orléans-Tours-Poitiers-Angoulême tandis que l'Etat gérait celle de Chartres-Saumur-Thouars-Parthenay-Niort-

---

46. Dans *Le médecin de campagne*, Balzac décrit en 1833 la métamorphose d'un village des Alpes à la suite de la création d'un chemin vicinal le reliant à la route de Grenoble. En 1848, les émeutes républicaines dans le Massif central sont fomentées par des agitateurs venus de Paris.

47. Il faudrait aussi évoquer la géographie historique des voies d'eau de la France, naturelles ou creusées par l'homme, faire l'histoire de leur utilisation plus ou moins intense selon les époques et les régions, des liens qu'elles ont tissés entre les différentes parties du pays. Ce domaine de la géographie historique attend son historien ou son géographe.

48. Lire M. Wolkowitsch, *Réseau ferré et structuration de l'espace français*, p. 103-121 de *Analyse, organisation et gestion de l'espace*, n° spécial, *Eventail de la spatiologie offert à J.E. Hermitte*.

49. Cinq changements pour aller de Rennes à Quimper (246 km), entre 5 et 9 heures de trajet.

CARTE 45

CIRCULATION ROUTIÈRE EN RASE CAMPAGNE, 1978

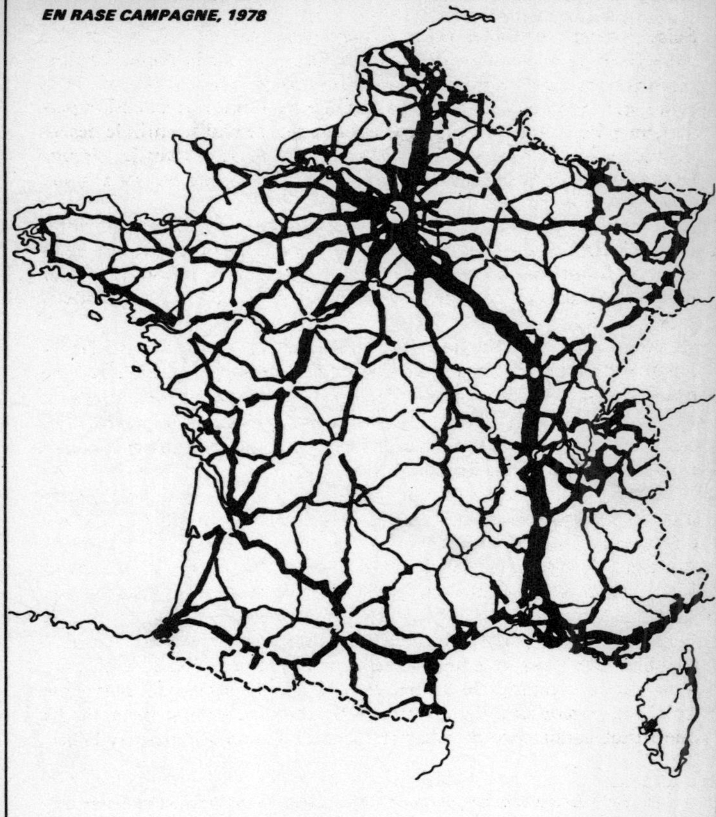

D'après les Statistiques et indicateurs des régions françaises. 1980. I.N.S.E.E.

CARTE 46

SCHÉMA DIRECTEUR DU RÉSEAU ROUTIER NATIONAL EN 1980

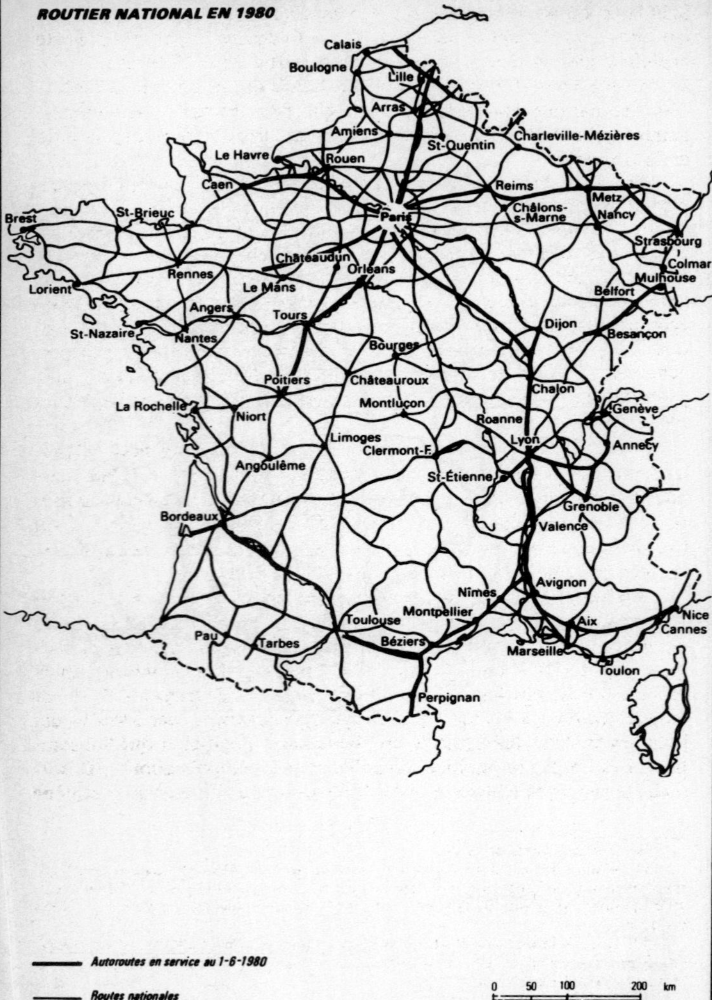

Autoroutes en service au 1-6-1980

Routes nationales

D'après Francencartes. C.R.D.P. Poitiers.

Saintes, d'où se détachaient des embranchements vers La Rochelle et Royan. A la création de la S.N.C.F., cette dernière ligne n'a plus été exploitée que par tronçons et la majeure partie du trafic s'est reportée sur la ligne Tours-Poitiers-Angoulême, tandis que se trouvaient renforcées des liaisons Est-Ouest, Poitiers-Niort-La Rochelle, Angoulême-Saintes qui ont abouti au développement des liens entre Poitou et pays de la Charente.

Dès 1875, le réseau français a atteint sa plénitude et relie les principales villes [50]. Cependant, en 1879, le Parlement vote un programme visant à la construction de 150 lignes nouvelles afin que toutes les sous-préfectures soient desservies par une ligne de chemin de fer à voie normale, ajoutant ainsi aux 25 000 km déjà existants plus de 10 000 km de lignes nouvelles traversant des zones peu peuplées et à faible activité économique, non rentables et constituant un lourd fardeau financier pour les compagnies privées et l'Etat. Ce programme était à peu près achevé à la veille de la guerre, en 1914, et seules alors deux sous-préfectures, Castellane et Barcelonnette, n'étaient pas encore desservies par le rail.

Mais l'âge d'or du chemin de fer a duré moins d'un siècle. Dès le lendemain de la guerre [51], la route prend sa revanche grâce à l'automobile. L'essor fantastique de ce moyen de locomotion lié à celui du tourisme [52] est un phénomène majeur de ce siècle. La structure du réseau [53], comme pour le rail, privilégie toujours Paris, les cartes des autoroutes et de la circulation le montrent à l'évidence.

Mais ce qui caractérise essentiellement le XXe siècle, c'est le « rétrécissement de l'espace » ou plutôt la colossale progression de la vitesse des moyens de transport. Le voyage Paris-New York, réalisé en 23 heures 45 sur un DC 4 en 1946, se fait en 3 heures sur le Concorde depuis 1975. Cette vitesse, jointe à d'immenses capacités de transport [54] et aux moyens audiovisuels, fait de la circulation des biens, des idées et des hommes en cette fin de siècle un phénomène mondial et quasi instantané. Les limites du monde accessible sont à peu près abolies. Désormais, la géographie historique des transports et de l'industrie se ramène

50. Voir les cartes 43 et 44.

51. Non seulement il n'y a pratiquement pas eu de création de ligne depuis 1914, mais beaucoup de lignes non rentables ont été supprimées. Les 42 600 km de voies de 1938 n'étaient plus que 37 000 en 1966, dont 28 000 seulement ouvertes au trafic voyageurs.

52. Il serait intéressant d'écrire une géographie historique du tourisme en France. On dispose actuellement de très peu d'études et d'aucune cartographie de ce phénomène réunissant l'espace et le temps.

53. Voir les cartes 45 et 46.

54. Un DC 3 transportait 29 passagers, un B 747 en emporte jusqu'à 500.

largement à celle des flux économiques et à une vision planétaire car demain, si la réalisation d'une Europe politique et militaire unie et puissante échoue, la France et ses voisins ne seront plus que des satellites des Etats-Unis ou de l'Union soviétique, banlieues de Washington ou de Moscou.

LIVRE 6

LA FRANCE DANS LE MONDE

1.

LA PART DE LA FRANCE

On a déjà évoqué au début du livre trois l'importance relative de la population de la France par rapport à ses voisins européens. Les 20 000 000 de Français du milieu du XIVe siècle représentent le tiers des Européens à l'ouest d'une ligne reliant l'estuaire de l'Oder à Vienne et à Trieste, le quart de la population à l'ouest de l'Oural. Quatre siècles plus tard, vers 1750, les 25 000 000 de Français pèsent encore pour 28 % de la population de l'Europe occidentale, 16 % de celle de toute l'Europe. En 1900, ils ne sont plus que 10,5 % des 390 000 000 d'Européens, 19 % des Européens de l'Ouest. Les 55 000 000 de Français de 1985 ne sont plus que 15 % des habitants de l'Europe occidentale, 8 % de celle du continent, à peine un plus de 1 % de la population mondiale.

Au 17e rang mondial pour la population, la France est le 5e producteur de blé du monde [1], le 4e pour les rendements [2], le 3e exportateur après les Etats-Unis et le Canada. Elle est le 8e producteur de maïs, le 3e pour l'orge, le 7e pour le sucre mais le 2e pour les betteraves sucrières, le 2e pour le vin... Puissance agricole indéniable, la France occupe un rang très modeste pour les matières premières, houille, pétrole, gaz naturel, minerai de fer...

Cela ne l'empêche pas de figurer parmi les grandes puissances économiques. 7e consommateur d'électricité avec 3,4 % de la consommation mondiale, mais au 2e rang après les Etats-Unis à la fin de 1984 pour les centrales nucléaires, avec 14,4 % de la production mondiale d'électricité nucléaire, la France a une situation enviable dans bien des indus-

1. 16,8 % pour la Chine, 14,6 % pour l'U.R.S.S., 13,6 % pour les Etats-Unis, 8,7 % pour l'Inde, 6,3 % pour la France.

2. 78,15 quintaux à l'hectare pour les Pays-Bas, 75,83 pour le Royaume-Uni, 73,23 pour le Danemark, 64,54 pour la France... 29,75 pour la Chine, 26,08 pour les Etats-Unis, 18,51 pour l'Inde, 15,20 pour l'U.R.S.S.

tries : au 3e rang pour le caoutchouc synthétique, au 4e pour la construction automobile, au 7e pour la production d'acier, au 6e pour les filés de laine, au 10e pour les filés de coton, au 13e pour les textiles synthétiques. Possédant la 9e flotte, elle représente 5,10 % du commerce mondial et occupe la 5e place après les Etats-Unis, l'Allemagne fédérale, le Japon et le Royaume-Uni, mais avant l'U.R.S.S.

De façon globale, la France ne peut prétendre au même rang que les Etats-continents que sont les Etats-Unis ou l'U.R.S.S., « superpuissances » 5 fois plus peuplées qu'elle et de 18 à 43 fois plus étendues. Son potentiel technologique lui permet de surpasser les Etats-continents sous-développés, Chine et Inde. On peut donc la classer parmi les grandes puissances, à côté du Japon, de l'Allemagne, de la Grande-Bretagne, de l'Italie et du Canada. Mais la possession de l'arme atomique, le souci de développer constamment sa « force de frappe » place la France dans une situation supérieure au Japon, à l'Allemagne, à l'Italie et au Canada, « géants » économiques mais « nains » politiques à cause de leur faiblesse militaire. France et Royaume-Uni se situent donc avec la Chine sur un échelon intermédiaire, au-dessous des Etats-Unis et de l'U.R.S.S., mais au-dessus du Japon, de l'Allemagne, de l'Italie et du Canada.

Si l'on se place maintenant sur un plan culturel, l'influence française a été à plusieurs reprises dominante [3] en Europe, qu'il s'agisse de la langue, de la littérature, des idées ou des arts. Les cathédrales gothiques, les copies de Versailles, le modèle louis-quatorzien de monarchie absolue, les idéaux de la Révolution française devenus les oripeaux des romantiques d'Europe centrale et orientale, galvaudés en Amérique latine par des centaines de coups d'Etat, autant d'empreintes de la France sur le monde.

Quant à la langue française, *koinè*, langue commune des élites européennes au XVIIIe siècle, portée par la colonisation et les conquêtes au-delà des océans, elle n'est comparable au niveau international qu'à l'anglais et à l'espagnol [4]. L'espagnol [5] est la langue de 17 pays d'Amérique, d'un petit pays d'Afrique, la Guinée équatoriale, et de l'Espagne. Sous l'influence des Etats-Unis, il a été pratiquement éliminé des Philippines. A l'exclusion du Brésil et des petites îles des Antilles, l'espagnol

3. Voir un peu plus loin « les phases d'apogée ».

4. L'O.N.U. reconnaît l'usage de deux autres langues. Le chinois est la langue d'un seul pays, l'arabe, cantonné géographiquement entre Rabat et Bagdad, limité à une quinzaine de pays et à moins de 200 000 000 de locuteurs, est divisé en dialectes peu compréhensibles d'un pays à l'autre.

5. On devrait plutôt dire le castillan, les Espagnols parlant basque, catalan, galicien, variante du portugais, et castillan, langue de la majorité et de l'Etat.

est la langue commune à toute l'Amérique au sud du Rio Grande. Aux Etats-Unis même, grâce aux populations d'origine portoricaine ou mexicaine, l'espagnol compte au moins 20 000 000 de locuteurs. C'est donc une langue essentiellement américaine (plus de 250 000 000 de locuteurs) et européenne (38 500 000 de locuteurs).

Seuls l'anglais et le français peuvent prétendre être des langues mondiales, présentes sur tous les continents. L'anglais domine en Amérique du Nord, dans les Antilles et en Guyana ex-britannique. Il réunit plus de 260 000 000 d'anglophones en Amérique du Nord, de 4 000 000 à 7 000 000 dans les Antilles — selon que l'on inclut ou non Porto Rico — contre 8 500 000 francophones au Canada, 27 % de la population de ce pays, 6 500 000 à 7 000 000 Antillais pratiquant un français plus ou moins créolisé, y compris dans certaines ex-possessions britanniques comme la Dominique, Sainte-Lucie, Saint-Vincent, la Grenade.

En Afrique, 17 pays ont l'anglais pour langue officielle, deux d'entre eux relevant tout autant de la francophonie que de l'anglophonie : Maurice et les Seychelles. Le français est la langue officielle de 20 Etats et de la Réunion. Maroc, Algérie, Tunisie arabophones penchent vers le français comme deuxième langue, le Soudan pour l'anglais, de même que, à un degré moindre, l'Ethiopie, l'Egypte ou la Libye. Si l'on exclut les pays arabophones et l'Ethiopie, les anglophones dépassent les 200 000 000, les francophones 130 000 000. Seules les élites africaines pratiquent couramment ces deux langues, le reste de la population utilisant des idiomes locaux.

Au Proche et Moyen-Orient, le français a perdu sa position privilégiée du temps de l'empire ottoman, mais il a gardé de solides avant-postes dans l'intelligentsia du Liban, de Syrie et d'Iran, l'anglais ayant la haute main en Jordanie, Irak, Arabie Saoudite et Yémen. Dans le reste de l'Asie, la supériorité de l'anglais sur le français est écrasante. L'Inde en a fait sa langue officielle à égalité avec l'hindi. Les présences britannique et américaine ont imposé l'anglais dans toute la péninsule indienne, à Ceylan, en Birmanie, en Malaisie, à Singapour, Hong Kong et aux Philippines. Le français subsiste à l'état résiduel dans les anciens comptoirs de l'Inde et en Indochine, mais l'Inde en a fait sa première langue étrangère pour l'enseignement, la Chine et le Japon lui donnent la seconde place après l'anglais.

Quant à l'Océanie, grâce à l'Australie et à la Nouvelle-Zélande, rejets de la souche britannique aux antipodes, l'anglais y occupe une position presque exclusive, le français seul lui faisant une timide concurrence grâce à la Nouvelle-Calédonie, à Wallis et Futuna, à la Polynésie, à une position actuellement critique aux Nouvelles-Hébrides.

La position de l'anglais apparaît très largement dominante dans le monde, le français conservant des positions résiduelles en Amérique, Asie et Océanie. Le maintien et le renforcement de ces positions, la réussite du greffon linguistique africain, dépendent des capacités de la France à affirmer sa puissance politique et économique. Il est douteux qu'elle puisse contester la première place à l'anglais, mais elle pourrait, devant l'espagnol, constituer un recours pour les pays qui souhaitent échapper au modèle américain. Cette probabilité est faible mais elle existe [6].

6. Si l'O.N.U. et l'U.N.E.S.C.O. utilisent cinq langues de travail, l'O.T.A.N., l'O.C.D.E. et le Conseil de l'Europe travaillent en français et en anglais seulement. Voici les proportions de documents rédigés en l'une ou l'autre langue dans quelques institutions : U.I.T. Genève, 85 % français, 14 % anglais ; U.N.E.S.C.O. Paris, 50 % français, 30 % anglais ; O.T.A.N. Bruxelles, 75 % anglais, 25 % français ; O.C.D.E. Paris, 75 % anglais, 25 % français ; Conseil de l'Europe Strasbourg, 51 % anglais, 45 % français.

2.

LES PHASES D'APOGÉE

On peut, sans chauvinisme, affirmer que la France a dominé l'Europe à deux reprises. La première phase d'apogée se situe approximativement entre 1250 et 1340. Saint Louis a consolidé les acquis de son grand-père, Philippe Auguste, en jugulant les oppositions féodales et en cantonnant le roi d'Angleterre en Guyenne. Il profite de l'affaiblissement de la royauté anglaise à la suite de la crise politique liée à la « Grande Charte » et de l'effacement de l'empereur durant le « grand interrègne » pour s'affirmer comme le premier roi d'Europe. C'est lui qui mène les croisades malheureuses de la chrétienté contre l'Egypte et Tunis. C'est lui qui arbitre le conflit entre les héritiers de Marguerite de Flandre et partage entre eux la Flandre et le Hainaut, bien que ce dernier, fief d'Empire, ne relève pas de sa compétence. C'est encore lui qui arbitre à Amiens entre le roi d'Angleterre, Henri III, et ses barons. C'est à lui que s'adressent pour tenter de régler leurs querelles Gênes et Venise. Ses frères ont en apanage la presque totalité des grands fiefs, et Charles d'Anjou, éphémère roi de Naples, dispute le sud de l'Italie au roi d'Aragon. Avec le petit-fils de saint Louis, Philippe IV le Bel, l'Etat capétien étend son emprise et la papauté est installée à ses portes, à Avignon. Les conclaves élisent pendant près d'un siècle exclusivement des papes français. Cette hégémonie commence à faiblir après les premières défaites face aux Anglais, à Crécy (1346) et Poitiers (1356), et le redressement amorcé par Charles V est anéanti par le règne tragique de Charles VI, le roi fou.

Au point de vue monastique, la France occupe depuis le Xᵉ siècle une position prépondérante grâce à l'ordre de Cluny relayé au XIIᵉ siècle par celui de Cîteaux, qui compte au début du XIIIᵉ siècle plus de 700 monastères d'hommes et encore davantage d'abbayes de femmes.

L'Université parisienne, dont les statuts et privilèges ont été confirmés par une bulle en 1231, rayonne à cette époque très largement au-delà des frontières du royaume. Le nombre d'Anglais, d'Irlandais, d'Ecossais, d'Allemands étudiant à Paris en apporte la preuve. Dans le Midi, l'enseignement de la médecine à Montpellier ne le cède en prestige qu'à l'école de Salerne en Italie du Sud.

La vie littéraire de l'Europe est aussi dominée par la France, et la langue française s'impose au détriment du latin. Au XIIIe siècle foisonnent les chefs-d'œuvre du *Lancelot-Graal*, du *Roman de la Rose* ou *Roman de Renart*, en passant par l'*Escoufle* et *Guillaume de Dole*. En Italie même, où Dante donne ses lettres de noblesse à la langue latine, son maître, Brunetto Latini, écrit en français, vers 1265, une grande encyclopédie portant le titre de *Livre du Trésor*, et Marco Polo fait le récit de ses voyages, à la fin du XIIIe siècle, à un écrivain professionnel, Rustichello, qui rédige la relation en français.

C'est encore en France, plus spécialement en Ile-de-France, que se développe et s'épanouit l'art gothique qui va rayonner sur toute l'Europe de l'Ouest. On pourrait continuer longtemps cette énumération des preuves de l'hégémonie politique et culturelle, sans doute aussi économique, de la France au XIIIe siècle et dans la première moitié du XIVe.

Cet apogée se reproduit, après trois siècles et demi de relative éclipse, durant le siècle des « Lumières », entre 1680 et 1770, voire 1780. C'est l'époque de la grande expansion démographique européenne. Alors que la population du monde augmente d'environ 50 % entre 1680 et 1800, celle de l'Europe fait plus que doubler. Cependant, la part de la France commence à décliner puisqu'elle ne représente plus qu'un gros quart de la population de l'Europe occidentale.

L'hégémonie politique et militaire de la France n'est pas l'élément essentiel de cette époque. Louis XIV et Louis XV doivent, en effet, compter avec les autres puissances européennes qui se coalisent pour limiter les appétits français, notamment l'Angleterre, l'Autriche et la nouvelle venue, la Prusse. Mais ce qui fascine l'Europe, c'est la monarchie administrative louis-quatorzième, source d'inspiration du despotisme éclairé des monarques autrichien et prussien ainsi que de nombreux autres princes moins puissants. Tout est fait pour imiter ou adopter le modèle français. Les petits Versailles ne se comptent plus en Europe centrale.

Le phénomène linguistique est encore plus important que l'imitation de l'architecture et du style français dans l'ameublement [7] ou le

7. Pour l'ameublement, Pierre Verlet a pu établir que l'influence des ébénistes parisiens s'étendait sur 60 % à 80 % de l'Europe suivant les époques. Même l'Angleterre est atteinte de « francomanie » entre 1730 et 1750.

costume. L'élite européenne entre 1680 et 1770 utilise presque exclusivement le français. Aussi bien à la cour de Vienne qu'à celle de Berlin ou de Saint-Pétersbourg, chez les petits souverains allemands, dans la noblesse allemande, hongroise, tchèque, polonaise, scandinave, russe, le français est la langue obligée. En Allemagne, le phénomène de francisation culmine vers 1770 puis reflue sous l'influence germanisante d'une bourgeoisie montante imprégnée de culture nationale. En Russie, le reflux du français ne débute guère avant la Révolution française, au moment où Rivarol proclame l'universalité de la langue française. Même le latin recule et le philosophe Leibniz publie ses traités en français. Goethe s'essaie d'abord à la poésie dans cette langue avant de passer à l'allemand. Frédéric II de Prusse n'écrit qu'en français.

L'hégémonie culturelle française, déjà quelque peu remise en cause à partir de 1770 par une « anglomanie » croissante, subit les contrecoups irréparables des excès de la Révolution et de l'aventure militaire napoléonienne. En 1815, le brillant cosmopolitisme de l'Europe des Lumières de langue française est très largement ruiné. La noblesse, porteuse de cette culture, est de plus en plus évincée par une bourgeoisie imbue d'idéaux et de préjugés nationaux. Au XIXe siècle, la France décline numériquement et culturellement, chaque pays cultivant sa propre langue. Elle garde seulement, auprès des minorités révolutionnaires, le prestige mythique de berceau de la Liberté et de la Révolution. La Révolution soviétique de 1917, l'émergence des Etats-Unis comme puissance mondiale à la fin de la Première Guerre mondiale lui enlèvent ce dernier et douteux universalisme, l'Union soviétique se proclamant seule détentrice de l'idéal révolutionnaire, les Etats-Unis revendiquant le flambeau de la Liberté, symbolisée par la statue accueillant les immigrants dans le port de New York, œuvre d'un sculpteur français offerte aux Américains en 1886.

3.

L'EXPANSION OUTRE-MER

L'émigration

A la différence des autres peuples d'Europe, les Français ont très peu émigré. Il y a eu, certes, des flux difficilement estimables au sein de l'Europe occidentale : des pèlerins français se sont arrêtés sur la route de Saint-Jacques-de-Compostelle ou de Rome ; des marchands se sont établis dans les grands centres commerciaux, villes italiennes, rhénanes, des Pays-Bas, de la Baltique [8] ; quelques aventuriers ont fait souche çà et là ; à l'âge d'or espagnol, des Français sont venus nombreux dans la péninsule Ibérique, surtout à Barcelone et en Catalogne.

Mais le principal mouvement a été provoqué par les persécutions religieuses. Dès le milieu du XVIe siècle, les réformés affluent à Genève, 4 800 entre 1549 et 1560 [9], dont les deux tiers sont français. La Normandie donne le plus fort contingent et Rouen fournit même davantage d'exilés que Paris. Viennent ensuite le Languedoc et la Guyenne, avec une très forte proportion de Cévenols. L'Ile-de-France, l'Orléanais et la Touraine constituent une troisième zone d'émigration, issue surtout de villes comme Paris, Meaux, Beauvais, Orléans, Tours. En revanche, Poitou et pays de la Charente, Bourgogne, Lyonnais comptent peu de réfugiés à Genève. Il faut signaler aussi l'importance de la basse vallée

---

8. Quelques familles de marchands se sont fixées dans les grands ports, à Amsterdam, Hambourg, Lisbonne, les Hauzer à Copenhague, les Magon à Cadix, ou dans de lointains comptoirs, comme les Fortier à Chandernagor. Des paysans lorrains ont fondé trois villages « welsches » dans le Banat de Temesvar que Marie-Thérèse s'efforçait de repeupler après l'avoir enlevé aux Turcs. Combien de courtisans ou d'artisans, profitant de la « francomanie » de l'époque des Lumières, se sont établis dans les cours d'Europe centrale et jusqu'à Saint-Pétersbourg ?

9. *Livre des habitants de Genève*, publié avec une introduction et des tables par Paul F. Geisendorf, Genève, E. Droz, 1957.

de la Durance, entre Pertuis et Avignon, véritable « rue des pasteurs », et de Troyes, ville d'imprimeurs. Après la révocation de l'édit de Nantes, en 1685, l'émigration prend un caractère massif et l'on estime à un demi-million le nombre des protestants poussés hors de France par la persécution religieuse. Commencé en 1670, particulièrement intense entre 1685 et 1700, ce flux a porté près de 100 000 réformés vers les Pays-Bas, notamment la Hollande [10]. D'autres sont allés plus loin, au Hanovre ou au Brandebourg, à Berlin où ils ont fondé le quartier de Moabit. D'autres encore sont allés rejoindre en Angleterre les huguenots des ports normands et rochelais émigrés dès le XVIe siècle. De là, ils sont partis pour les colonies britanniques d'Amérique du Nord : ils ont « planté » le premier temple français à Boston en 1686, à New York en 1688, créé New Rochelle au sud de cette ville, et, un siècle plus tard, New Bordeaux, en Virginie, en 1767. Commerçants dans les villes, paysans originaires de Saintonge ou d'Aunis dans les campagnes du Massachusetts, de la Caroline ou de la Virginie, ils se sont fondus dans la masse anglaise et ont souvent joué un rôle politique et économique important.

La France catholique a contribué modestement au peuplement des colonies établies au Canada et aux Antilles. Pêcheurs de Fécamp, Dieppe, Saint-Malo, Paimpol, basés à Terre-Neuve ou à Saint-Pierre-et-Miquelon, engagés pour trois ans dont la plupart sont restés aux Antilles. Ainsi, entre 1634 et 1715 [11], les notaires de La Rochelle ont enregistré 6 000 départs pour les Iles et un peu plus de 800 pour le Canada. Le gros de cette émigration liée à la misère des campagnes se produit avant 1686, les départs les plus nombreux coïncidant avec les années de famine. Il est vraisemblable, mais les études manquent, que les autres ports de l'Atlantique et de la Manche, Dieppe, Rouen, Saint-Malo, Nantes, Bordeaux, Bayonne, ont eu aussi leurs contingents d'émigrants. Mais l'ensemble ne doit pas constituer de bien gros effectifs : les Antilles ont été surtout peuplées avec des esclaves amenés d'Afrique noire, le Canada ne compte pas plus de 60 000 habitants lorsque l'Angleterre l'arrache à la France, en 1763.

---

10. Quelque 200 protestants français s'établirent en Afrique du Sud, autour du Cap, en 1688-1689. Aussi prolifiques que les catholiques canadiens, ils représentent aujourd'hui une part non négligeable, sûrement plus de 10 %, de la population blanche d'Afrique du Sud. On compte par milliers les Jacobs (ex-Jacob), Nel (ex-Niel), Du Plessis, Fourie (ex-Fourier), Du Toit, Le Roux, Viljoen (ex-Villon), Marais, Joubert, Du Preez (ex-Du Pré), Pienaer (ex-Pinard), De Villiers, Barnard, Lombard, Théron, Roux, Fouché, De Klerk (ex-Leclerc)... Ils ont joué un rôle majeur dans le nationalisme afrikaner et 7 des 21 ministres de l'actuel gouvernement ont un nom à consonance française.

11. Lire G. Debien, *Les engagés pour les Antilles (1634-1715)*, Paris, Larose, 1952.

De 1789 à nos jours, l'émigration française a été tout aussi parcimonieuse : quelques milliers de nobles et d'ecclésiastiques revenus pour la plupart en 1815, des militaires fidèles à l'Empire et des utopistes égalitaires, fondateurs d'une éphémère république icarienne dans le Middle West américain, quelques milliers de familles catholiques drainées par les missionnaires vers le Québec, le Manitoba et l'Alberta entre 1890 et 1914, des émigrants basques ou montagnards des Alpes vers l'Amérique espagnole. Ainsi 700 000 Français seulement sont partis vers les Etats-Unis entre 1820 et 1970, 2 % des émigrants européens, alors que la Norvège — 20 fois moins peuplée que la France en 1880, 14 fois moins en 1970 — en a compté 850 000, l'Italie 5 000 000, l'Allemagne 7 000 000.

C'est le Pays basque qui a fourni le plus fort contingent par rapport à sa population. Il y a eu au moins 80 000 départs entre 1832 et 1891, particulièrement pour l'Argentine et l'Uruguay. Ainsi Elisée Reclus note-t-il en 1867 : « Chaque année, malgré les guerres et les révolutions des provinces de La Plata, le mouvement d'émigration s'y porte avec une rapidité de plus en plus grande et, dans certains villages des Pyrénées, il menace de se changer en une véritable fuite [12]. » Relativement moins importante et encore mal connue, l'émigration alpine touche la Savoie, le Dauphiné et la Haute-Provence. Négociants du Queyras, colporteurs de l'Oisans, paysans du Trièves, du Champsaur, du Valgodemar, du département de la Savoie, notamment dans le val du Bourget où l'émigration vers l'Argentine débute en 1854, autant de catégories d'émigrants. Les «Barcelonnette» des Hautes-Alpes s'orientent vers le Mexique et certains reviennent, fortune faite, finir leur existence au pays natal. L'émigration bretonne, plus tardive, ne s'amorce qu'à la fin du XIXe siècle. Un premier courant vers l'Argentine se termine par de nombreux retours et l'exode s'oriente vers le Canada francophone et catholique, avec la bénédiction du clergé local. Quant aux Alsaciens-Lorrains, si certains partent aussi vers le Québec, la plupart sont attirés par les Etats-Unis où on en comptait 30 000 en 1930. En dehors de ces quatre zones, l'émigration a été très faible : Aveyronnais à San Francisco ou en Argentine, notamment dans la ville de Piguë, bûcherons jurassiens aux Etats-Unis, Corses du cap Corse...

Le dernier courant d'émigration s'est orienté vers les colonies françaises : quelques milliers de personnes dispersées à travers l'Afrique noire, un peuplement plus important en Afrique du Nord. Ce sont d'abord, en Algérie, les soldats de Bugeaud, des exilés et des condamnés

12. Cité d'après Abel Chatelain, *Les migrations françaises vers le Nouveau Monde aux XIXe et XXe siècles*, dans les *Annales.E.S.C.*, 1947, p. 53-70, qui contient une abondante bibliographie.

politiques sous la IIe République et le Second Empire, puis des Alsaciens-Lorrains au lendemain de la défaite de 1870. Mais l'essentiel de cette communauté française d'Algérie d'un million et demi de personnes, rapatriée en 1962, était constitué de juifs nord-africains, d'Espagnols et d'Italiens dotés de la nationalité française et rapidement assimilés à la communauté française minoritaire.

Aujourd'hui, les Français vivant à l'étranger, estimés de manière peut-être excessive à 2 000 000, sont surtout installés dans les pays voisins, dans la Communauté européenne, et dans les deux Amériques, Canada, Etats-Unis, Argentine, Chili, Brésil principalement. L'Afrique du Nord conserve des restes du fort peuplement antérieur aux indépendances, surtout au Maroc. Israël a accueilli des juifs français originaires de ces mêmes pays. Le reste est éparpillé à travers le monde entier, constitué souvent d'expatriés au service des grandes firmes, travaillant dans le commerce international, les bureaux d'étude ou sur les chantiers. On peut donc constater qu'à part le Québec et quelques îles où ils sont mêlés à des populations créoles d'origines diverses, les Français n'ont pas constitué de communautés importantes et durables hors de France.

Les croisades et les entreprises angevines

Pourtant, la France a plusieurs fois largement débordé de ses frontières. C'est d'ailleurs au cours de cette première expansion que s'affirme la conscience d'être français : « Avec le grand départ des croisades, une première réalité collective des Français émerge pour l'analyse historique. Dès ce récit quasi originel que sont les *Gesta Francorum et aliorum Hierosolimitanorum* apparaissent dans la geste *Francigene* et *Franci* ; et ils sont les premiers, dans le corps de bataille de tête qui marche contre l'Infidèle sous le commandement d'Hugues de Vermandois, frère du roi Philippe, et du comte de Flandre. Ceux-là vont devenir les Français, c'est-à-dire, ainsi que le relèvera Voltaire, " Les peuples en deçà de la Loire ". Les Français — mémoire à coup sûr de la venue franque — sont gens du Nord, peuples rassemblés autour des premiers monarques parisiens. Y a-t-il si loin de Franc à Français ? La plume de Villehardouin confondra souvent : face aux Grecs, ce sont les Français qui se battent, négocient ou triomphent, ainsi conquérants de l'Empire [13]. » Une forte population, l'esprit d'aventure, un sentiment religieux puissant et l'appât du gain se conjuguent pour faire de la France l'élément moteur de l'expansion de l'Occident chrétien.

---

13. A. Dupront, *Du sentiment national*, dans *La France et les Français*, Paris, Gallimard, 1972, p. 1443.

Le premier signal est donné par les huit fils d'un petit seigneur de Normandie, Tancrède de Hauteville, qui, combattant tantôt les Grecs tantôt les musulmans dans le sud de l'Italie, se taillent un domaine dans cette région, le duché de Pouille, faisant de Melfi leur capitale vers le milieu du XIe siècle. En 1071, l'un d'eux, Robert Guiscard, chasse les Byzantins d'Italie et, en 1072, enlève la moitié de la Sicile aux musulmans. En 1082, il étend sa domination de l'autre côté du canal d'Otrante, s'empare de Durazzo, de Corfou, de Céphalonie. Son frère Roger achève en 1091 la conquête de la Sicile et prend Malte aux frères musulmans. Roger II de Sicile unifie sous son autorité toutes ces possessions et se fait couronner roi de Sicile en 1130. Mais la mort de Guillaume II sans héritier direct en 1189 déclenche une querelle de succession qui se termine par l'arrivée sur le trône de l'empereur Henri VI à qui succède le fameux Frédéric II. Naples et la Sicile ne redeviennent français qu'en 1266 avec la victoire de Charles Ier d'Anjou investi par le pape. Par la possession de Malte, de Pantellaria et de Corfou, il contrôle les principales routes maritimes de la Méditerranée ; grâce au soutien de la papauté, il est le chef du parti guelfe et le bras du parti pontifical contre les impériaux gibelins dans toute l'Italie. Il porte les titres de roi de Jérusalem et de Sicile, prince de Morée, comte d'Anjou et de Provence, sénateur de Rome, vicaire impérial en Toscane. Mais la présence française est anéantie en Sicile par le massacre des Vêpres siciliennes en 1282 qui livre l'île au roi d'Aragon, époux d'une descendante de la dynastie normande. Charles II d'Anjou ne règne plus que sur la partie continentale du sud de l'Italie, mais son fils, Philippe de Tarente, par son mariage avec la fille du despote de Romanie, gouverne le despotat qui s'étire de Durazzo au golfe de Patras [14], et son petit-fils, Charles Robert, faisant valoir les droits de sa mère, Marie de Hongrie, porte à partir de 1310 la couronne de Hongrie qui demeure dans la maison d'Anjou jusqu'au milieu du XVe siècle. L'apogée du royaume sous le règne de Robert, troisième fils de Charles II, maître absolu du parti guelfe en Italie en raison du transfert du Saint-Siège en Avignon, est suivi d'une série de guerres entre ses héritiers, qui leur font perdre le principat de Morée, le despotat de Romanie, Corfou et finalement, en 1442, le royaume de Naples lui-même, enlevé par Alphonse d'Aragon à René d'Anjou.

Quelques décennies après le début de la conquête normande en Italie du Sud, la chevalerie française a l'occasion de satisfaire sa soif d'aventure avec la première croisade. Prêchée au concile de Clermont par le pape Urbain II en 1095, elle est surtout le fait des Français. Y

14. Voir la carte 47.

prennent part notamment Raymond de Saint-Gilles, comte de Toulouse, Hugues de Vermandois, frère du roi, le comte Etienne de Blois, le duc Robert de Normandie, le comte Robert de Flandre, le duc de Basse-Lorraine, Godefroy de Bouillon, qui en devient le chef et roi de Jérusalem après la prise de la Ville sainte en 1099.

Sur leur chemin, les croisés ont fondé deux autres royaumes : le comté d'Edesse, en pays arménien, gouverné par Baudouin, frère de Godefroy de Bouillon, et la principauté d'Antioche donnée au Normand d'Italie, Bohémond, fils de Robert Guiscard. Tout le littoral du Proche-Orient, de la Cilicie au Sinaï, se trouve sous le contrôle des chrétiens [15] et de seigneurs français. Mais ils n'ont pas réussi à conquérir l'arrière-pays. Seule la prise de Damas et d'Alep, de la Syrie intérieure aurait pu assurer la pérennité de la conquête par le refoulement de l'Islam dans le désert.

La reconquête musulmane se fait pied à pied, les principautés chrétiennes étant constamment soutenues par un flux de chevaliers venus d'Europe, qui se transforme en vague de fond lorsqu'une croisade est entreprise. En 1145 tombe le comté d'Edesse dont la disparition provoque la deuxième croisade. L'unification des musulmans par le sultan d'Egypte, Salah-ed-Din, notre Saladin, qui s'empare de Damas et d'Alep, scelle le destin des royaumes francs du Levant. Jérusalem est prise en 1187. La troisième croisade permet de redresser partiellement la situation grâce à la reconquête de Saint-Jean-d'Acre, le principal port pour les relations avec l'Europe. Mais son principal succès est la prise de Chypre enlevée aux Grecs en 1191 et désormais gouvernée par la famille d'origine poitevine des Lusignan jusqu'à sa cession à Venise en 1489. Les cinquième, sixième et septième croisades retardent la chute finale. Jérusalem est même rétrocédée aux chrétiens, à la suite de négociations menées par l'empereur Frédéric II, de 1228 à 1238. La huitième et dernière croisade importante est fourvoyée sur Tunis par saint Louis qui y meurt. Les dernières positions tombent, Tripoli en 1289, Saint-Jean-d'Acre en 1291.

Le dévoiement de la quatrième croisade est à l'origine d'un autre royaume dont la création a été longuement relatée par Geoffroy de Villehardouin. Profitant de l'affrontement entre deux frères, Isaac et Alexis, qui se disputent l'empire byzantin, les croisés s'emparent de Constantinople en 1203 et remettent l'année suivante la couronne impériale à l'un des leurs, le comte Baudouin de Flandre. Quant au chef de la croisade, Boniface de Montserrat, il obtient le royaume de Salonique. Mais, en butte à l'hostilité des Grecs dépossédés du pouvoir, aux atta-

15. Voir la carte 47.

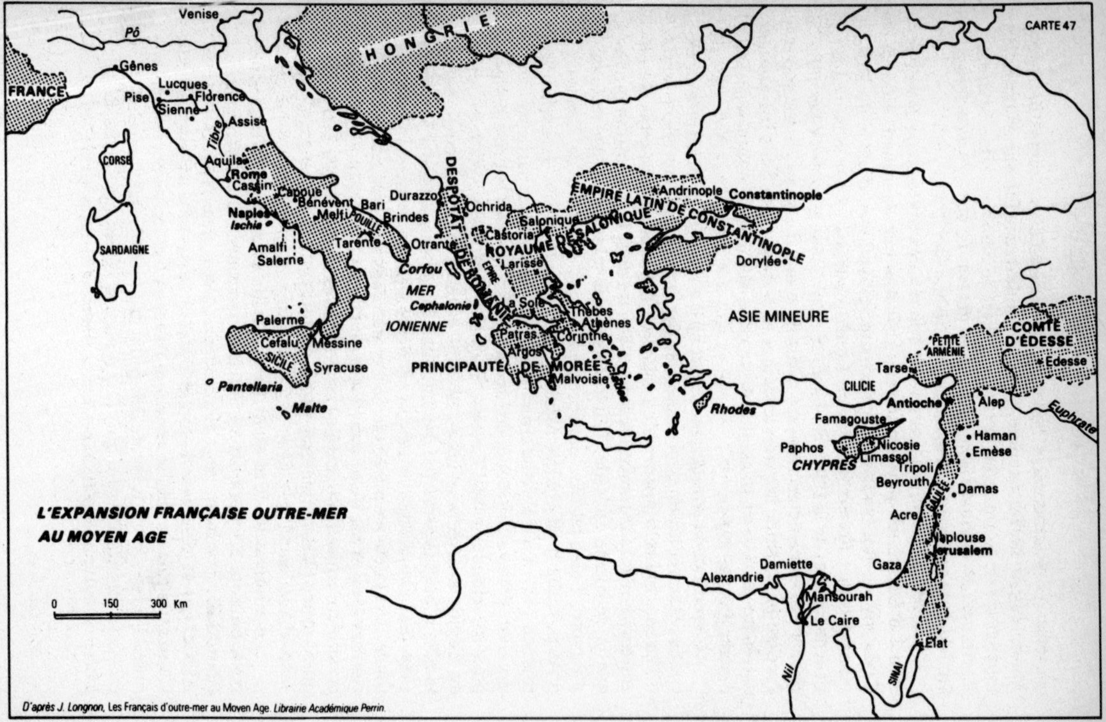

L'EXPANSION FRANÇAISE OUTRE-MER AU MOYEN AGE

D'après J. Longnon, Les Français d'outre-mer au Moyen Age. *Librairie Académique Perrin.*

ques des Bulgares, des Coumans, des Valaques, l'empire latin de Constantinople s'effrite rapidement et, en 1261, les Grecs récupèrent leur capitale.

Seule demeure aux mains des barons français la principauté de Morée, acquise en 1204-1205. Couvrant la Grèce méridionale, l'Eubée, les Cyclades et les îles Ioniennes, elle est gouvernée par Guillaume de Champlitte puis par Geoffroy de Villehardouin et ses descendants. Les divisions des seigneurs francs, l'hostilité de la population grecque encouragée depuis Constantinople, les appétits de Venise et Gênes, les ingérences de chefs de bandes florentins, aragonais, navarrais, de routiers catalans qui s'emparent d'Athènes en 1311 achèvent la désagrégation de la principauté en multiples fiefs antagonistes. En 1430, le Génois Zaccaria, dernier prince de Morée, est déposé et les débris de la principauté sont dépecés entre Venise et Byzance avant de tomber peu après sous la domination turque.

Ainsi a existé, du XIe au début du XVIe siècle [16], une présence française dans la Méditerranée orientale dont le souvenir a très largement disparu de la mémoire collective des Français d'aujourd'hui.

Le premier empire colonial

L'ère de l'Orient français à peine close, la France tourne ses ambitions dans la direction opposée. Dans les pas des Espagnols et des Portugais, les Paulmier de Gonneville, Ango, Parmentier se lancent à la découverte des deux Indes. Les pêcheurs bretons, singulièrement malouins, et basques s'affirment dès le début du XVIe siècle sur les bancs poissonneux au large de Terre-Neuve et y règnent en maîtres, les Portugais et les Espagnols une fois éliminés vers la fin du siècle. Après avoir découvert en 1534 et remonté le cours du fleuve Saint-Laurent, Jacques Cartier tente en vain d'y créer un établissement permanent. Mais l'élan est donné et Saint-Malo dispute âprement à Rouen le commerce des peaux dans cette région. Ainsi s'impose entre Terre-Neuve et le Saint-Laurent une zone d'intérêts français incontestés.

En revanche échouent les tentatives des protestants français Coligny et Villegagnon de créer des refuges pour leurs coreligionnaires dans la baie de Rio de Janeiro (le Fort-Coligny de la « France antarcti-

16. Un voyageur normand de passage à Chypre en 1507 notait : « Tous ceux du pays, et spécialement les gentilshommes, sont aussi bons français que nous sommes en France. » Cité d'après J. Longnon, *Les Français d'outre-mer au Moyen Age*, p. 168. Au Liban, de nombreuses familles maronites revendiquent des ascendants français. Il ne faut pas oublier Rhodes possédée par les hospitaliers de Saint-Jean-de-Jérusalem de 1309 à 1522.

que »)) entre 1555 et 1559, et en Floride (la « Gallia Nova » de Verazzano avec Fort-Caroline) de 1562 à 1564. Les guerres de religion absorbent ensuite pendant près d'un demi-siècle toutes les énergies du pays.

Mais, dès 1603, Champlain reconnaît les rives du Saint-Laurent, dès 1604 le seigneur de Monts fonde Port-Royal (aujourd'hui Annapolis) en Acadie (Nouvelle-Ecosse). Le développement se fait très lentement, l'essentiel des activités est orienté vers le commerce des fourrures. Québec, fondé en 1608, est pris par les Anglais en 1629, rendu au traité de Saint-Germain-en-Laye en 1632. En 1663, il n'y a que 2 500 âmes dans tout le Canada.

Les coureurs des bois français découvrent la plus grande partie des plaines de l'Amérique du Nord jusqu'aux montagnes Rocheuses, mais, malgré la sollicitude de Colbert, les progrès du peuplement sont désespérément lents : lorsqu'est fondé Détroit, en 1701, il n'y a que 15 000 Français contre 50 000 Anglais concentrés sur un espace cent fois plus restreint. Le traité d'Utrecht de 1713, conséquence des revers français en Europe, agrandit le territoire anglais de l'Acadie et de Terre-Neuve. La France renonce à ses prétentions sur la baie d'Hudson mais garde ses droits de pêche sur les bancs de Terre-Neuve et l'île de Cap-Breton avec la place forte de Louisbourg [17].

Malgré la conquête de la façade atlantique, la situation des colonies anglaises reste mauvaise. Elles sont, en effet, privées de toute possibilité d'expansion au-delà des Appalaches par la prise de possession par la France du bassin du Mississippi-Missouri et la création de la Louisiane. Par Fort-Frontenac (1673), Fort-Niagara (1678), Fort-Crèvecœur (1680), Fort-Saint-Louis (1865), aujourd'hui Saint-Louis, Fort-Rosalie, aujourd'hui Natchez (1716), le Canada est relié au golfe du Mexique, où est créé en 1718, près de l'ancien poste du Biloxi, à l'embouchure du Mississippi, le port de la Nouvelle-Orléans.

Durant un demi-siècle le gouvernement britannique et les colons de Nouvelle-Angleterre profitent des guerres franco-anglaises pour tenter de rompre l'encerclement. La renonciation française est beaucoup plus due au désintérêt de l'opinion française pour ces « quelques arpents de neige », l'expression est de Voltaire, qu'aux échecs militaires et à l'infériorité numérique des 60 000 Canadiens face aux 4 000 000 de Britanniques. Le traité de Paris de 1763 cède à l'Angleterre le Canada, l'île de Cap-Breton, la Louisiane à l'est du Mississippi. L'Espagne, qui a dû livrer la Floride aux Anglais, reçoit en compensation de la France ce qui reste de la Louisiane à l'ouest du Mississippi. Cette région immense et à peine pénétrée par les Européens fait un bref retour à la France en 1801

17. Voir la carte 48.

CARTE 48

LA FRANCE EN AMÉRIQUE DU NORD

pour être vendue en 1803 aux Etats-Unis contre 80 000 000 de francs. Il ne subsiste de l'immense territoire français d'Amérique du Nord que les minuscules îles de Saint-Pierre et de Miquelon, au sud de Terre-Neuve.

Les îles de la mer des Caraïbes ont davantage suscité l'intérêt de la monarchie française que le Canada. Il est vrai que les petites îles à sucre étaient plus faciles à défendre que les immensités continentales, qu'elles rapportaient plus et pouvaient être mises aisément en valeur avec une main-d'œuvre servile importée d'Afrique noire.

Alors que les Espagnols se contentent de maintenir leur pouvoir sur les grandes îles, Cuba, Hispaniola *alias* Saint-Domingue, Porto Rico, la Jamaïque — que les Anglais leur enlèvent quand même en 1655 —, les petites Antilles sont âprement disputées entre Anglais, Français et Néerlandais tandis que de nombreux aventuriers, boucaniers, corsaires, flibustiers, le plus souvent français ou anglais, harcèlent les flottes de l'or espagnoles et se taillent de petits domaines. Ces « frères de la côte » s'installent même parfois à proximité immédiate de l'Espagnol, notamment dans l'île de la Tortue, sur la côte nord de Saint-Domingue.

Il serait fastidieux d'entrer dans le détail des occupations successives des îles qui s'étendent en arc de cercle de Porto Rico à la côte sud-américaine [18]. La France y occupe entre 1650 et 1670 une position prédominante : des boucaniers français sont installés à Sainte-Croix ; Saint-Martin a été partagée lors des traités de Westphalie, en 1648, entre la France et la Hollande ; Saint-Barthélemy est française aussi depuis 1648 ; Saint-Eustache subit les attaques répétées des Français, des Anglais, des Hollandais et change constamment de mains ; Saint-Christophe est colonisée conjointement par des Français et des Anglais ; Montserrat, anglaise depuis 1632, est occupée par la France de 1664 à 1668 ; la Dominique est française depuis 1625, la Guadeloupe et la Martinique depuis 1635, Marie-Galante depuis 1648, Sainte-Lucie, Saint-Vincent, Grenade depuis 1650 ; Tobago est disputée entre Espagnols, Néerlandais, Anglais et Français ; Trinidad, espagnole, subit les mêmes menaces. Au total, la France antillaise de cette époque compte quatorze îles peuplées de 6 000 Français environ. Les Antilles anglaises se limitent à Anguilla, Barbuda, Nevis, Antigua et Montserrat, ces deux dernières occupées alors provisoirement par la France, soit l'extrémité septentrionale de l'arc antillais, et à la Barbade.

En 1697, le domaine français s'enrichit de la partie occidentale de Saint-Domingue, aujourd'hui Haïti. Mais cette puissance apparente dissimule une grande faiblesse. Il n'y a vers 1750 aux Antilles françaises que 60 000 Blancs, autant certes qu'au Canada, et près de 300 000

18. Voir la carte 49.

LA FRANCE AUX ANTILLES

CARTE 49

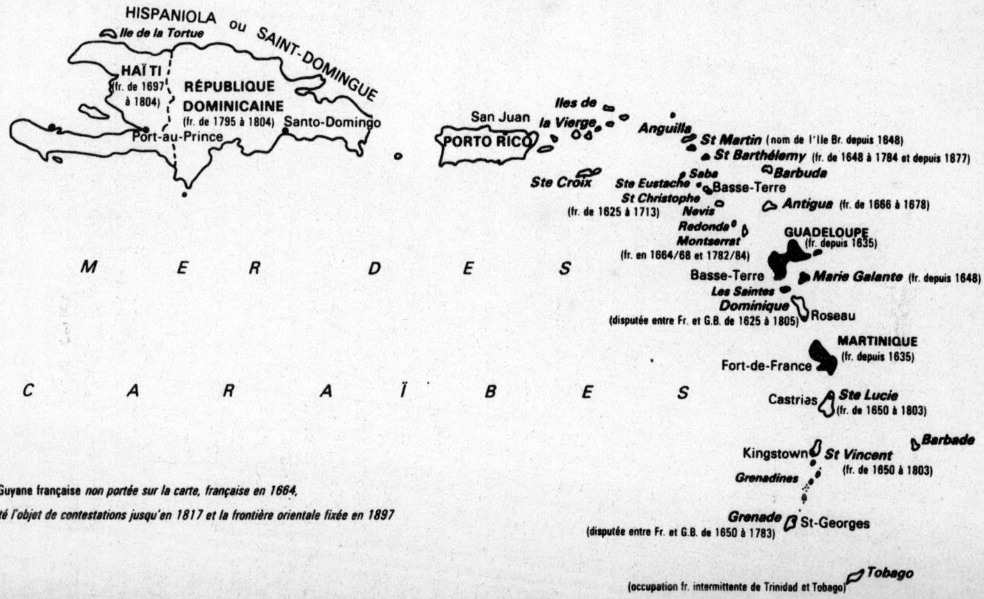

La Guyane française *non portée sur la carte, française en 1664,*
a été l'objet de contestations jusqu'en 1817 et la frontière orientale fixée en 1897

Noirs : 9 000 Blancs et 33 000 esclaves noirs à la Guadeloupe, respectivement 17 000 et 57 000 à la Martinique, 20 000 et 160 000 dans la partie française de Saint-Domingue. La guerre de Sept Ans (1756-1763) met en évidence l'insuffisance des garnisons françaises : 600 à 800 hommes mal équipés pour tout Saint-Domingue ! Bénéficiant de la maîtrise de la mer, les Anglais attaquent où et quand ils veulent : la Guadeloupe est prise en 1759, la Martinique en 1762, puis tombent la Grenade, Saint-Vincent, Sainte-Lucie. Cependant, moyennant l'abandon du Canada et de l'Inde, le roi de France récupère les îles perdues au traité de Paris en 1763.

La Révolution française, l'abolition de l'esclavage sonnent le glas des Antilles françaises. Partout éclatent des troubles graves, révolte des colons blancs contre la métropole, insurrection des esclaves noirs. La cession par l'Espagne, en 1795, du reste de Saint-Domingue ne saurait masquer l'effondrement de la France aux Antilles. Le traité de Paris de 1815 confirme la plupart des conquêtes de l'Angleterre qui restitue seulement la Martinique et la Guadeloupe avec ses dépendances, les Saintes, Marie-Galante, Saint-Martin et Saint-Barthélemy.

Un peu plus au sud, la Guyane proche fait l'objet de tentatives répétées et infructueuses de colonisation. 1 300 Français y périssent entre 1605 et 1645 sans autre résultat que la fondation de Cayenne en 1635. Cette colonie d'une insigne faiblesse est occupée par les Hollandais voisins de Surinam de 1654 à 1664. En 1667, des corsaires anglais l'incendient, en 1676, les Hollandais l'occupent à nouveau pour quelques mois. Afin de développer la colonie, Choiseul encourage en 1763 un projet de colonisation à Kourou, mais sur les 12 000 émigrants 10 000 périssent en moins de six mois. Encore affaiblie par l'abolition de l'esclavage, la Guyane devient en 1797 et 1798 un lieu de relégation pour les prisonniers politiques. De 1809 à 1817, elle est occupée par les Portugais du Brésil. Devenue colonie pénitentiaire en 1854, la Guyane abrite le bagne jusqu'en 1945. Ces échecs successifs et l'implantation du bagne ont donné à cette région une sinistre réputation qui fait qu'aujourd'hui encore elle reste pratiquement inexploitée et très peu peuplée.

De même qu'aux Indes occidentales, les Français ont essayé de s'établir aux Indes orientales. Les Portugais, premiers venus, ont été suivis par les Hollandais et les Anglais. Colbert tente, par la création de la Compagnie des Indes orientales, d'imposer la présence française. Un premier comptoir est établi à Surate en 1667, puis une factorerie à Masulipatam. Suivent Pondichéry en 1674, Chandernagor en 1688, Calicut en 1701. Pondichéry devient le siège de l'administration de la Compagnie. La présence française en Inde est essentiellement commer-

LA FRANCE AUX INDES CARTE 50

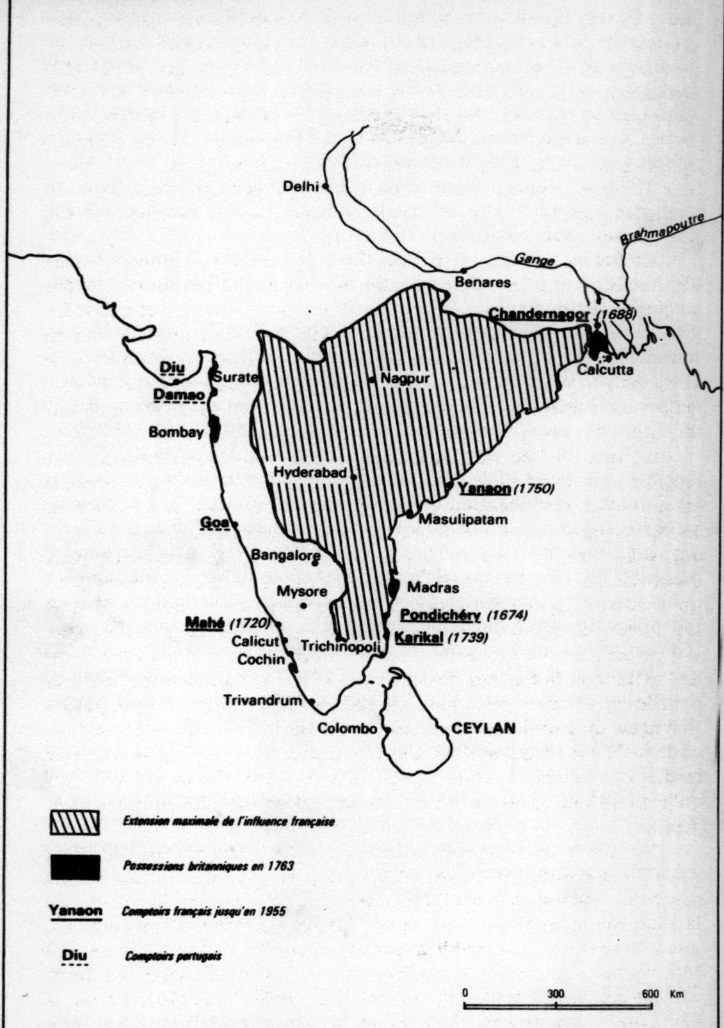

ciale, les forces militaires se limitant en 1725 à quatre compagnies, trois stationnées à Pondichéry, une à Chandernagor, comptant chacune 80 Blancs et 40 topas, soldats métis. Mais la position des autres pays européens n'est guère plus forte : les Portugais n'ont plus que Goa, Diu, Daman et Sao Tomé, les Hollandais sont maîtres de Ceylan et présents à Cochin et Surate, les Danois sont à Calicut, les Anglais à Surate, Madras, Bombay, Calicut, Masulipatam.

La concurrence commerciale entre la France et l'Angleterre ne prend un aspect militaire qu'à partir de la guerre de Succession d'Autriche. La Bourdonnais sur mer, Dupleix sur le continent affrontent victorieusement les Anglais. A la paix d'Aix-la-Chapelle (1748), la France restitue Madras prise par Dupleix en échange de Louisbourg au Canada occupée par les Anglais.

De 1748 à 1754, profitant de la décomposition de l'empire Moghol et des rivalités entre princes, Dupleix étend l'influence française sur la majeure partie du Deccan, l'Inde au sud du bassin du Gange [19]. Mais la Compagnie des Indes, plus soucieuse de dividendes que de conquêtes, le rappelle. Lorsque débute la guerre de Sept Ans (1756-1763), la défense des intérêts français est assurée par Lally-Tollendal, mais les Anglais, conduits par Lord Clive, déploient des moyens très supérieurs sur terre et sur mer. La capitulation de Pondichéry en 1761 met fin à la présence militaire française en Inde. Si le traité de Paris de 1763 laisse à la France les cinq comptoirs de Pondichéry, Mahé, Yanaon, Karikal et Chandernagor [20], il lui fait défense de les fortifier et réduit la présence française à des positions commerciales médiocres alors que la compagnie anglaise des Indes dispose d'une véritable armée et que, débarrassée désormais de tout adversaire européen, elle commence la soumission progressive des royaumes indigènes, transformant peu à peu toute la péninsule en possession britannique plus ou moins directement administrée par Londres.

Le traité de Paris est un tournant de l'histoire mondiale. Il place la Grande-Bretagne dans une situation exceptionnelle. Maîtresse de l'Amérique du Nord et des Indes, ayant supplanté sur les océans les flottes espagnole, portugaise, hollandaise et française, elle devient une puissance mondiale, les autres grandes nations européennes étant confinées sur leur continent.

---

19. Voir la carte 50.
20. Chandernagor a été annexé à l'Inde en 1952, les autres comptoirs en 1954.

Le deuxième empire colonial

Pourtant, seule des puissances coloniales du passé, la France va repartir à la conquête d'un deuxième empire, suivie de loin par de nouvelles venues, l'Allemagne et l'Italie, nations forgées tardivement en Etats dans la seconde moitié du XIXe siècle. Si aucune ambition n'est plus permise en Amérique, les débris de la Compagnie des Indes orientales jalonnant la route des Indes vont servir de bases de départ à de nouvelles conquêtes.

Dans l'océan Indien, l'île Bourbon, aujourd'hui La Réunion, peuplée par la France à partir de 1665, lui a été restituée en 1815, mais l'île de France colonisée en 1715 [21] est restée anglaise et a repris son premier nom de Maurice, de même que les Seychelles peuplées par des colons venus de Bourbon en 1770.

De Bourbon-La Réunion, les Français pénètrent aux Comores. Mayotte est annexée en 1843, Mohéli, la Grande-Comore et Anjouan sont placées sous protectorat, les deux premières en 1886, la dernière en 1896. Quant à Madagascar, objet depuis longtemps des convoitises françaises [22], la « Grande Ile » est évangélisée par des missionnaires anglicans venus de Maurice, mais ils ne parviennent pas à imposer le protectorat britannique. C'est la France qui finit par s'imposer au prix d'une expédition militaire en 1895.

Les autres relais de la route française des Indes sont Saint-Louis du Sénégal fondée en 1659, mais dont le site fut reconnu dès 1638 par des marchands de Rouen et de Dieppe, et Gorée, îlot face à la presqu'île du Cap-Vert. Perdus à la paix de Paris de 1763, ces comptoirs ne redeviennent définitivement français qu'en 1817. L'expansion vers l'intérieur ne commence vraiment qu'avec Faidherbe, à partir de 1854. Dakar est fondé en 1857, le Haut-Sénégal devient français la même année. Le Niger est atteint en 1880, Tombouctou occupé en 1894.

Sur le golfe de Guinée, les commerçants bordelais et marseillais ont obtenu la signature d'une série de traités avec les chefs côtiers. L'appui du gouvernement français, des interventions militaires hardies permettent de créer les colonies de Guinée (1889), de Côte-d'Ivoire

21. L'île fut découverte par les Hollandais et baptisée Maurice en l'honneur du prince Maurice de Nassau. Mais ils l'évacuèrent en 1710.

22. Dès le règne de François Ier, des marins français fréquentent les parages de l'île Saint-Laurent, nom donné alors à Madagascar. En 1642, une expédition française dirigée par Pronis marque les prétentions françaises. Fort-Dauphin est fondé en 1643 mais abandonné en 1674 devant l'hostilité des populations environnantes. En 1750, l'île Sainte-Marie, sur la côte orientale, devient française. Le rétablissement de Fort-Dauphin en 1768 échoue ainsi que la tentative de Benyowsky dans la baie d'Antongil en 1786.

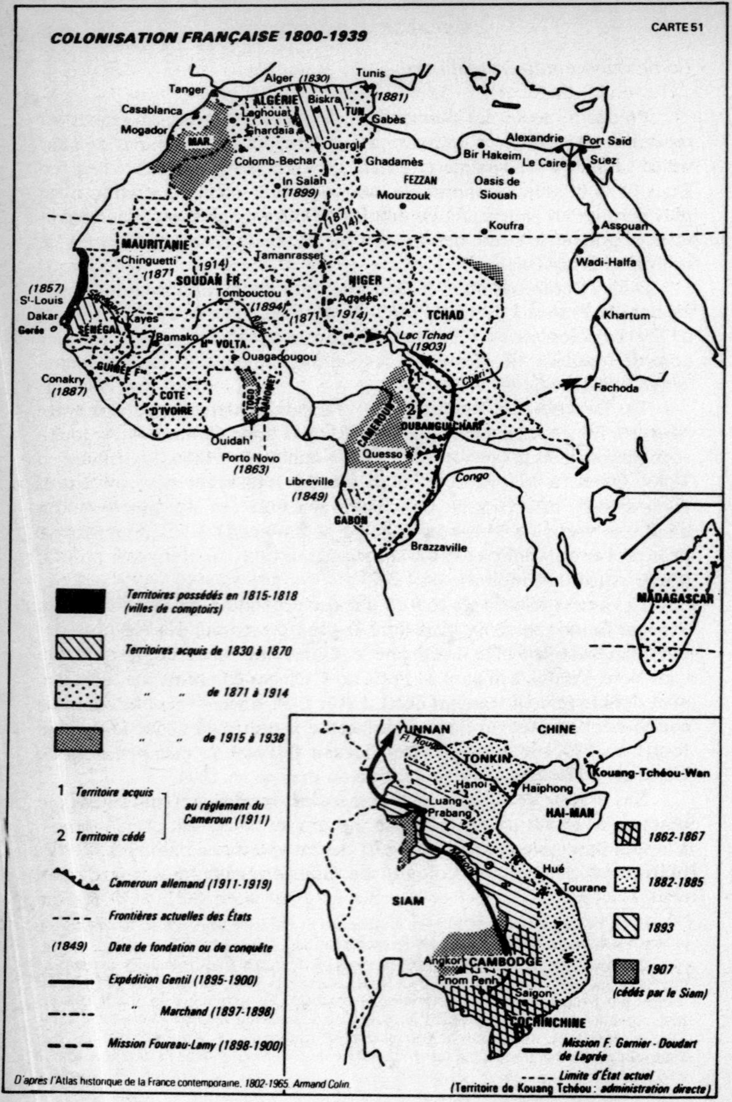

D'apres l'Atlas historique de la France contemporaine, 1802-1965, Armand Colin.

(1891), du Bénin (1893), qui devient le Dahomey en 1911. Les colonies britanniques de Gambie, Sierra Leone, Côte-de-l'Or, Nigeria sont débordées et privées d'accès aux régions soudano-sahéliennes conquises par la France qui, grâce à la possession de ces régions immenses mais peu fertiles, relie entre elles ses différentes colonies.

Une autre voie de pénétration a été ouverte sous l'Equateur par la marine française. Bouët-Willaumez fonde une série de postes sur la côte du Gabon entre 1839 et 1845. Libreville est créée en 1849. C'est de là que partent à partir de 1875 les entreprises d'exploration puis de conquête de Savorgnan de Brazza et de ses émules. Brazzaville naît en 1880, Bangui en 1889. La rive droite du fleuve Congo est française, la rive gauche échoit au roi des Belges pour qui travaille Stanley.

Deux grandes expéditions sont montées pour faire de l'Afrique française un ensemble d'un seul tenant [23]. La première échoue. C'est la mission Marchand qui remonte le Congo, l'Oubangui, le Mbamou, passe dans le bassin du Nil et atteint ce fleuve à Fachoda en juillet 1898. Le but est de parvenir à Djibouti [24] et d'étendre la domination française de l'Atlantique à la mer Rouge. Mais ce projet d'axe est-ouest est incompatible avec le plan britannique d'axe nord-sud, du Caire au Cap par le Nil, les Grands Lacs et l'Afrique orientale, qu'il coupe au niveau du Soudan méridional. Lord Kitchener arrive avec 25 000 soldats face aux 200 hommes de la mission Marchand. Les gouvernements négocient et la France renonce finalement à ses prétentions.

La seconde expédition, entre 1898 et 1900, vise à relier les possessions d'Afrique du Nord, de l'Ouest et de l'Equateur. Trois colonnes doivent se rejoindre dans la région du lac Tchad : Voulet et Chanoine partent du Niger, Gentil de Bangui, Foureau et Lamy d'Algérie. Ils font leur jonction entre avril et juin 1900. Au début du XXe siècle, la France se trouve ainsi à la tête d'un bloc continental allant de Dakar à Fort-Lamy, de Brazzaville à Alger.

En effet, le souci de redorer le prestige du régime par une expédition assurée du succès a poussé le gouvernement de Charles X à organiser l'attaque d'Alger en juillet 1830. C'est le début de la conquête de l'Afrique du Nord. Toute l'Algérie au nord du Sahara est progressivement occupée. La Tunisie devient un protectorat en 1881, le Maroc en 1912.

En 1914, les possessions françaises en Afrique couvrent près de 11 000 000 km², dont 10 000 000 d'un seul tenant : 3 000 000 km² en

---

23. La France a acheté en 1862 Obock, puis étendu son protectorat sur le désert, constituant peu à peu la côte française des Somalis, fondé Djibouti en 1888, site stratégique sur la nouvelle route des Indes, depuis l'ouverture du canal de Suez, équivalent d'Aden pour les Britanniques.

24. Voir la carte 51.

Afrique du Nord, 4 500 000 en Afrique occidentale, 2 500 000 en Afrique équatoriale.

Les autres colonies représentent peu de chose au point de vue de la superficie, moins de 1 000 000 km², mais l'importance économique de l'Indochine est grande. Evincée de l'Inde par les Anglais, tenue par les Hollandais à l'écart des îles des épices, les Indes néerlandaises, l'actuelle Indonésie, la France se rabat sur les régions continentales de l'Asie du Sud-Est. Les contacts pris au temps de Louis XIV avec le Siam n'ont pas eu de suite. Mais en Cochinchine, Pigneau de Béhaine, évêque d'Adran entre 1770 et 1799, a œuvré en faveur de la France auprès du roi local. Sous prétexte de défendre les missionnaires catholiques et les nouveaux convertis, la France intervient. Saïgon est occupée en 1859, toute la Cochinchine de 1862 à 1867. La conquête se poursuit le long de la côte vers le nord et en remontant le Mékong [25]. Le Cambodge (1863), l'Annam (1874), le Tonkin (1883), le Laos (1893) deviennent protectorats ou colonies [26].

Même l'Océanie, pourtant dominée par la Grande-Bretagne qui y a créé deux colonies de peuplement blanc, l'Australie et la Nouvelle-Zélande, voit la souveraineté française s'imposer en Polynésie [27] : Tahiti et les Marquises en 1842, l'archipel de la Société en 1880, les Tuamotou et Toubouaï en 1881. Wallis et Futuna deviennent protectorats français en 1844. La Nouvelle-Calédonie est annexée en 1853, les îles Loyauté en 1864, Chesterfield en 1878. Pour les Nouvelles-Hébrides est adoptée la solution originale d'un condominium franco-britannique en 1907.

Quelques territoires inhabités complètent le domaine français : l'îlot de Clipperton en 1858 au large de la côte Pacifique du Mexique, dans la zone antarctique les îles Saint-Paul et la Nouvelle-Amsterdam, l'archipel des Crozet et l'île Marion, les îles Kerguelen.

Les traités suivant la victoire de 1918 attribuent à la France le mandat sur la majeure partie du Togo et du Cameroun allemands, plus de 500 000 km² se rattachant au bloc africain, la Syrie et le Liban détachés de la Turquie. A son apogée, en 1939, l'Empire colonial français couvre à peu près 12 000 000 km².

L'effondrement de l'Europe au lendemain de la Seconde Guerre mondiale, la montée des mouvements d'indépendance commencée en Asie avec l'Inde, le Pakistan, l'Indonésie aboutissent à l'émancipation de la plupart des possessions françaises outre-mer : Liban et Syrie en

---

25. Voir la carte 51.
26. Kouang-Tcheou-Wan, concédé à bail à la France en 1898, comme Hong Kong aux Anglais, est rétrocédé à la Chine en 1941.
27. Voir la carte 52.

CARTE 52

LA FORMATION DE L'EMPIRE COLONIAL (XIXe - XXe siècles)

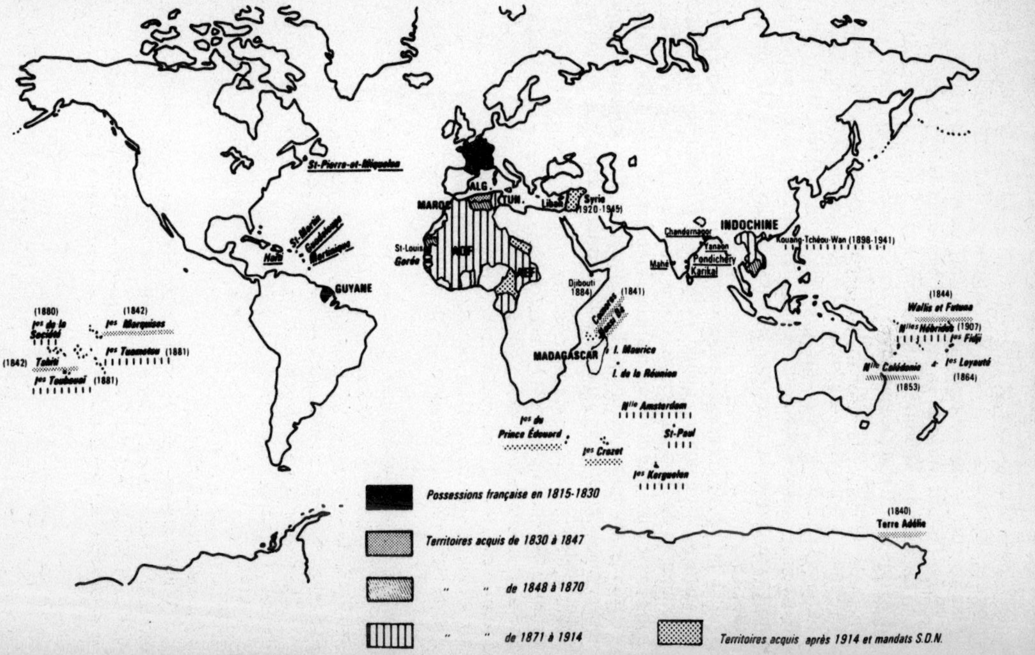

D'après l'Atlas historique de la France contemporaine, 1800-1985. Armand Colin

1946, pays d'Indochine en 1954, Maroc et Tunisie en 1956, Afrique noire et Madagascar en 1958/1960, Algérie en 1962, Djibouti — ex-côte française des Somalis et territoire français des Afars et des Issas — et les Comores moins Mayotte en 1975, les Nouvelles-Hébrides en 1980.

De l'empire colonial français sont issus 5 Etats d'Asie, 20 Etats d'Afrique, 1 Etat d'Océanie. La France ne conserve que des « confettis » : Saint-Pierre-et-Miquelon, la Guadeloupe, la Martinique, la Guyane en Amérique, Mayotte et La Réunion en Afrique, Wallis et Futuna, la Nouvelle-Calédonie, la Polynésie en Océanie, des îles inhabitées déjà énumérées plus haut, et un secteur de 280 000 km² sur le continent antarctique, la Terre-Adélie, borné par les 136° et 142° de longitude Est.

L'intérêt de ces possessions est surtout d'ordre stratégique et éventuellement économique quand débutera l'exploitation des nodules métalliques du fond des océans. Grâce à ses îles d'outre-mer, la France possède le troisième domaine maritime mondial, environ 3 000 000 km² de zone économique exclusive. Est-ce l'amorce d'un troisième empire, économique et presque sans habitants, empire aquatique et non plus continental ?

CONCLUSION

Un sentiment d'infériorité injustifié et inavoué pousse la plupart des « littéraires » à se parer de plumes des « scientifiques » et à prétendre faire œuvre scientifique. On ne peut accepter le comportement de ceux qui se disent « scientifiques » lorsqu'ils traitent d'histoire, de géographie humaine, de philosophie, de littérature, théoriciens du « sens de l'histoire », procureurs du « tribunal de l'histoire » ou entomologistes énonçant les prétendues lois immuables du comportement humain et des rapports socio-économiques, si l'on veut échapper à la barbarie d'une pensée réductrice, à l'idéologie officielle des totalitarismes.

Car l'histoire et la géographie humaine ne traitent pas de phénomènes scientifiques, c'est-à-dire liés entre eux par des relations objectives vérifiables. Elles sont la recherche de « processus intelligibles », une tentative de compréhension par l'homme de son passé et de son environnement. Elles ne sont pas des activités scientiques mais des activités intellectuelles visant à satisfaire des fins de simple curiosité. De même qu'un tableau, une pièce de théâtre, un film ou un roman, un livre d'histoire est l'œuvre d'un individu, le reflet de l'actualité, des modes, des idées, des lectures de l'auteur qui ne doit nullement prétendre détenir la vérité mais s'efforcer d'interpréter scrupuleusement les faits et les documents.

Cet essai de géographie historique de la France, à la différence des œuvres de Jarry ou de Mirot, ne se veut nullement un livre d'érudition ou un manuel scolaire mais un survol rapide destiné à un large public et un éventail des diverses approches qui peuvent être tentées, grâce à l'association de l'histoire et de la géographie, pour comprendre la France et les Français.

Il ne fait apparaître aucun « sens » de l'histoire, aucune « loi », mais, me semble-t-il, une diversité remarquable des situations humaines et géographiques, de nombreuses virtualités. Dans quelle mesure y a-t-il eu une volonté de la dynastie capétienne de créer la France telle qu'elle est ? L'emplacement de la capitale, la disposition des cours d'eau et du relief ont contribué à la poussée vers le nord et l'est, mais la conquête du Sud-Ouest l'a cependant précédée à cause de l'hérésie albigeoise, et que dire de l'attrait de l'Italie ? Sans l'exceptionnelle rapidité de l'extension du domaine royal, sans la continuité tout aussi exceptionnelle de la succession dynastique, n'aurait-on pas pu voir s'élaborer plusieurs royaumes : une Aquitaine, une Armorique, une Belgique étendue jusqu'à la Somme, un axe oriental Rhône-Saône-Meuse-Rhin ? Ni la géographie, ni la race, ni la langue, ni la religion, ni l'économie n'ont fait la France. Englobant des éléments allogènes et laissant en dehors de ses limites d'autres éléments qui lui sont apparentés, elle est l'aboutissement d'un long processus d'expansions et de régressions, avec des occasions saisies ou manquées, des volontés politiques plus ou moins conscientes et cohérentes, des phénomènes d'assimilation et de différenciation incessants.

Michelet a décrit la France comme une personne. Son corps est le territoire national, son âme une sensibilité commune de ses habitants et leur volonté de vivre ensemble. Mais lorsqu'on porte le regard sur l'espace, lorsque simultanément on le plonge dans la profondeur du temps — ce qui fait l'originalité et la richesse de la géographie historique —, on voit bien des éléments hostiles à la constitution de cette personnalité collective surmontés par le hasard ou la volonté et, à l'occasion, le succès d'un ou de plusieurs personnages.

La France est aujourd'hui un Etat, une nation porteuse d'une langue et d'une culture au passé prestigieux. Sa survie n'est cependant pas inéluctable. Elle dépend de sa capacité de défense et simultanément d'assimilation, de la volonté de vie commune de ses habitants, et même de la personnalité de ceux qui la dirigent.

TABLEAUX

Tableau 1

LES PEUPLES DE LA GAULE À L'ARRIVÉE DE CÉSAR

L'échelle des cartes de ce livre ne permet pas une cartographie lisible des peuples de la Gaule, d'où le recours à ce tableau.

La localisation approximative des peuples de la Gaule est donnée d'après la carte établie par Longnon, en suivant la nomenclature actuelle des départements français, des provinces belges et néerlandaises, des Länder allemands et des cantons suisses.

BELGIQUE

1. Menapii : Flandres occidentale et orientale, Brabant du nord, dép. du Nord
2. Nervii : Anvers, Brabant, Hainaut, dép. du Nord
3. Germani : Rhénanie du Nord-Westphalie, Limbourg néerlandais et belge, Liège, Luxembourg et Luxembourg belge, Namur, Hainaut
4. Treveri : Rhénanie-Palatinat, Sarre, Luxembourg et Luxembourg belge
5. Mediomatrici : Rhénanie-Palatinat, Bas-Rhin, Moselle, Meurthe-et-Moselle nord, Meuse nord
6. Leuci : Meurthe-et-Moselle sud, Meuse sud, Vosges
7. Morini : Pas-de-Calais
8. Atrebates : Pas-de-Calais (Artois)
9. Ambiani : Somme (Amiénois)
10. Veromandui : Somme est, Aisne nord-ouest, Oise nord-est (Vermandois)
11. Remi : Aisne nord-est, Ardennes, Marne Nord (Rémois)
12. Caletes : Seine-Maritime nord (pays de Caux)
13. Veliocasses : Seine-Maritime sud, Eure, Oise et Val-d'Oise (vallées de la Seine et de l'Epte jusqu'à l'Oise) (Vexin)
14. Bellovaci : Oise ouest (Beauvaisis)
15. Suessiones : Oise est, Seine-et-Marne nord, Aisne sud (Soissonnais)

Notes :

3. Les *Germani* sont des Celtes selon F. Lot. Ils se divisent en Eburones, Aduatici, Caeroesi, Condrusi, Faemani.
15. Les *Suessiones* incluent les Meldi (Mulcien, Meaux) et les Silvanectes (Sellentois, Senlis).

CELTIQUE

A. Entre Seine et Loire

1. Unelli : Manche
2. Baiocasses et Viducasses : Calvados ouest (Bessin et plaine de Caen)
3. Lexovii : Calvados est, Eure ouest (Lieuvin)
4. Osismii : Finistère nord, Côtes-du-Nord ouest
5. Curiosolites : Côtes-du-Nord, Ille-et-Vilaine ouest
6. Redones : Ille-et-Vilaine
7. Venetes : Finistère sud, Morbihan
8. Namnetes : Loire-Atlantique (Nantais)
9. Aulerci Diablintes : Mayenne nord (Jublains)
10. Aulerci Eburovices : Orne, Eure (Evrecin)
11. Aulerci Cenomani : Mayenne sud, Sarthe
12. Andes : Maine-et-Loire (Anjou)
13. Turones : Indre-et-Loire (Touraine)
14. Carnutes : Yvelines, Eure-et-Loir, Loir-et-Cher, Loiret ouest
15. Parisii : Paris et les trois départements qui l'entourent, Seine-et-Marne ouest
16. Senones : Essonne, Seine-et-Marne sud, Loiret est, Yonne nord (Sens et Sénonais)

Note :

1. Le sud de la Manche, l'Avranchin est occupé par les Abrincatui, qui semblent un rameau des *Unelli*.

CELTIQUE

B. Entre Marne, Loire, Rhône et Rhin

1. Lingones : Marne sud, Aube, Haute-Marne, Côte-d'Or nord (Langres)
2. Aedui : Yonne sud, Nièvre, Côte-d'Or sud, Saône-et-Loire, Ain, Loire, Rhône
3. Sequani : Haut-Rhin, Belfort, Haute-Saône, Doubs, Jura, Saône-et-Loire outre-Saône, Ain est, cantons de Bâle, Soleure, Jura, Argovie à l'ouest de l'Aar
4. Helvetii : le reste de la Suisse à l'exception de Thurgovie, Saint-Gall, Appenzell, Grisons, Tessin et Valais

Notes :

1. Les *Lingones* englobent selon certains auteurs Catuellauni (Châlons) et Tricasses (Troyes).
2. Les *Aedui* englobent Aulerci Brannovices, Mandubii, Segusiavi et Ambarri.
3. Sont clients des *Sequani* les Rauraci du coude du Rhin.

CELTIQUE

C. Entre Loire et Garonne

1. Pictones : Vendée, Deux-Sèvres, Vienne (Poitou)
2. Bituriges Cubi : Indre, Cher, Allier ouest (Berri)
3. Santones : Charente-Maritime, Charente (Saintonge)
4. Lemovices : Haute-Vienne, Creuse, Corrèze (Limousin)
5. Arverni : Allier est, Puy-de-Dôme, Cantal, Haute-Loire, Lozère (Auvergne)
6. Bituriges Vivisci : Gironde (Bordelais)
7. Petrocorii : Dordogne (Périgord)
8. Nitiobriges : Lot-et-Garonne (Agenais)
9. Cadurci : Lot, Tarn-et-Garonne nord (Cahors, Quercy)
10. Ruteni : Aveyron (Rodez, Rouergue)

Notes :

1. Aux *Pictones* sont rattachés Lemovices maritimi et Agesinates de Vendée.
5. On compte parmi les *Arverni* les Vellavi (Velay) et Gabales (Gévaudan), parfois aussi Cadurci et Ruteni.
6. Les *Bituriges Vivisci* incluent les Meduli (Médoc).
10. Une partie des *Ruteni* se trouve aussi dans la Province romaine (Tarn).

AQUITAINE

1. Tarbelli : Landes, Basses-Pyrénées
2. Vasates : Gironde est (Bazadais)
3. Sotiates : confins du Gers, des Landes et du Lot-et-Garonne
4. Auscii : Gers (Auch)
5. Convenae : Hautes-Pyrénées, Haute-Garonne sud, Ariège ouest (Comminges).

Notes :

1. Les *Tarbelli* comprennent les Cocosates du pays de Buch.
4. Les *Auscii* comprendraient les Datii de la région de Lectoure.
5. Les *Convenae* incluent Bigerriones (Bigorre) et Consorani (Couserans).
Il y aurait encore toute une série de peuples plus petits, tels les Sebusiates (Saubusse, Landes), les Tarusates (Tartas)...

PROVINCE ROMAINE

1. Allobroges : Isère, Savoie, Haute-Savoie, moins les hautes vallées
2. Segovellauni : Drôme, région de Valence
3. Helvii : Ardèche
4. Tricastini : Drôme, région de Saint-Paul-Trois-Châteaux
5. Vocontii : Drôme est, Hautes-Alpes, moins les hautes vallées
6. Cavari : Vaucluse
7. Vulgienses : Vaucluse, région d'Apt
8. Salluvii : Bouches-du-Rhône, Var ouest
9. Albici : Basses-Alpes, moins les hautes vallées
10. Commoni : Var et la région de Marseille
11. Volcae Arecomici : Gard, Hérault nord
12. Volcae Tectosages : Hérault sud, Aude, Pyrénées-Orientales, Ariège est, Haute-Garonne Nord, Tarn-et-Garonne Sud.

Notes :

6. Des *Cavari* dépendent les Memini de la région de Carpentras et peut-être les Tricastini déjà cités en 4.
8. Des *Salluvii* dépendent les Avatici du delta du Rhône
12. On distingue parmi eux les Atacini (Aude) et Sardones (Pyrénées-Orientales)

    Le Tarn est peuplé de Ruteni annexés à la Province romaine entre 80 et 75 avant J.-C.

PEUPLES ALPINS NON INCLUS DANS LA GAULE

1. Viberi : haut Valais
2. Seduni : moyen Valais (Sion)
3. Nantuates : coude du Rhône et du Léman (Valais, Vaud)
4. Ceutrones : Savoie, Tarentaise
5. Medulli : Savoie, Maurienne
6. Caturiges : Hautes-Alpes (haute Durance)
7. Bodiontici : Basses-Alpes, région de Digne
8. Suetri : Basses-Alpes, région de Castellane
9. Oxybii : Basses-Alpes et Alpes-Maritimes (haut Var)
10. Vediatii : Alpes-Maritimes
11. Nerusi : Alpes-Maritimes (vallée du Loup)
12. Deciates : Alpes-Maritimes (entre Grasse, Cannes et Antibes)

Note :

6. Les *Caturiges* comptent parmi eux les Quariates (Queyras).

Tableau 2

LA GAULE À LA FIN DU IVe SIÈCLE D'APRÈS LA NOTITIA PROVINCIARUM ET CIVITATUM GALLIAE

L'échelle des cartes de ce livre ne permet pas une cartographie lisible des divisions de la Gaule à la fin du IVe siècle, d'où le recours à ce tableau.

Le nom de chaque division est suivi entre parenthèses de celui de la ville principale.

A. DIOCÈSE DES GAULES OU DES DIX PROVINCES

1. Première Lyonnaise

Civitas Lugdunensium (Lyon) ; Aeduorum (Autun) ; Lingonum (Langres).

Castrum Cabilonense (Chalon-sur-Saône) ; Matisconense (Mâcon).

2. Deuxième Lyonnaise

Civitas Rotomagensium (Rouen) ; Bajocassium (Bayeux) ; Abrincatum (Avranches) ; Ebroicorum (Evreux) ; Sagiorum (Sées) ; Lexoviorum (Lisieux) ; Constantia (Coutances).

3. Troisième Lyonnaise

Civitas Turonum (Tours) ; Cenomanorum (Le Mans) ; Redonum (Rennes) ; Andecavorum (Angers) ; Namnetum (Nantes) ; Coriosolitum (Quimper) ; Venetum (Vannes) ; Osismorum (Coz Castell'Ach, commune de Plouguerneau) ; Diablintum (Jublains).

4. Quatrième Lyonnaise

Civitas Senonum (Sens) ; Autissiodorum (Auxerre) ; Carnotum (Chartres) ; Tricassium (Troyes) ; Aurelianorum (Orléans) ; Parisiorum (Paris) ; Meldorum (Meaux).

5. Première Belgique

Civitas Treverorum (Trèves) ; Mediomatricorum (Metz) ; Leucorum (Toul) ; Verodunensium (Verdun).

6. Seconde Belgique

Civitas Remorum (Reims) ; Suessionum (Soissons) ; Catuellaunorum (Châlons-sur-Marne) ; Veromanduorum (Saint-Quentin) ; Atrebatum (Arras) ; Camaracensium (Cambrai) ; Turnacensium (Tournai) ; Silvanectum (Senlis) ; Bellovacorum (Beauvais) ; Ambianensium (Amiens) ; Morinorum (Térouanne) ; Bononiensium (Boulogne-sur-Mer).

7. Première Germanie

Civitas Mogontiacensium (Mayence) ; Argentoratensium (Strasbourg) ; Nemetum (Spire) ; Vangionum (Worms).

8. Seconde Germanie

Civitas Agrippinensium (Cologne) ; Tungrorum (Tongres).

9. Grande Séquanie

Civitas Vesontiensium (Besançon) ; Equestrium (Nyon) ; Helvetiorum (Ehl) ; Basiliensium (Bâle);

Castrum Vindonissence (Windisch) ; Ebredunense (Yverdon) ; Rauracense (Augst) ; Portus Albucini (Port-sur-Saône).

10. Alpes graies et pennines

Civitas Ceutronum (Moutiers-en-Tarentaise) ; Vallensium (Martigny).

B. DIOCÈSE DE VIENNOISE OU DES SEPT PROVINCES

1. Viennoise

Civitas Viennensium (Vienne) ; Genavensium (Genève) ; Gratianopolitana (Grenoble) ; Albensium (Aps, Vivarais) ; Deensium (Die) ; Valentinorum (Valence) ; Tricastinorum (Saint-Paul-Trois-Châteaux) ; Vasiensium (Vaison) ; Arausicorum (Orange) ; Cabellicorum (Cavaillon) ; Avennicorum (Avignon) ; Arelatensium (Arles) ; Massiliensium (Marseille).

2. Première Aquitaine

Civitas Biturigum (Bourges) ; Arvernorum (Clermont-Ferrand) ; Rutenorum (Rodez) ; Albigensium (Albi) ; Cadurcorum (Cahors) ; Lemovicum (Limoges) ; Gabalum (Javols) ; Vellavorum (Saint-Paulien).

3. Seconde Aquitaine

Civitas Burdigalensium (Bordeaux) ; Agennensium (Agen) ; Ecolismensium (Angoulême) ; Santonum (Saintes) ; Pictavorum (Poitiers) ; Petrocoriorum (Périgueux).

4. Novempopulanie

Civitas Elusatium (Eauze) ; Aquensium (Dax) ; Lactoratium (Lectoure) ; Convenarum (Saint-Bertrand-de-Comminges) ; Consoranorum (Saint-Lizier) ; Boiatium (Argenteyres, commune de Biganos) ; Benarnensium (Lescar) ; Aturensium (Aire-sur-Adour) ; Vasatica (Bazas) ; Turba (Tarbes) ; Iloronensium (Oloron) ; Ausciorum (Auch).

5. Première Narbonnaise

Civitas Narbonensium (Narbonne) ; Tolosatium (Toulouse) ; Biterrensium (Béziers) ; Nemausensium (Nîmes) ; Lutevensium (Lodève).

Castrum Uticense (Uzès).

6. Seconde Narbonnaise

Civitas Aquensium (Aix) ; Aptensium (Apt) ; Reiensium (Riez) ; Forojuliensium (Fréjus) ; Vapicensium (Gap) ; Segesteriorum (Sisteron) ; Antipolitana (Antibes).

7. Alpes-Maritimes

Civitas Ebrodunensium (Embrun) ; Diniensium (Digne) ; Rigomagensium (région de Barcelonnette) ; Salinensium (Castellane) ; Sanitiensium (Senez) ; Glannativa (Glandève) ; Cemenelensium (Cimiez) ; Vintiensium (Vence).

Tableau 3

LES « PAGI » CAROLINGIENS

Liste dressée d'après E. Jarry, *Provinces et pays de France,* 2ᵉ édition, tome 1, p. 131-145. On trouve une carte de ces *pagi* dans l'*Atlas* de Longnon.

PREMIÈRE LYONNAISE

Diocèses de Lyon : Lyonnais, deux autres *pagi* apparaissent au Xᵉ siècle : Roannais et Forez ; d'Autun : Autunois, Beaunois, Auxois, Duesmois, Avallonnais ou Avalois ; de Chalon : Chalonnais et Oscheret ; de Mâcon : Mâconnais et Tourvéon ; de Langres : Langres, Colmerois, Atuyer, Dijonnais, Oscheret partagé avec Chalon, Mémontois, Tonnerrois, Lassois, Bassigny.

DEUXIÈME LYONNAISE

Diocèses de Rouen : Roumois, Vexin, Caux, Talou ; d'Avranches : Avranchin ; de Bayeux : Bessin, *Otlinga Saxonia* ; d'Evreux : Evrecin, Madrie ; de Sées : Hiémois démembré au IXᵉ siècle en Hiémois réduit, pays de Sées et Corbonnais ; de Lisieux : Lieuvin ; de Coutances : *Coriovallensis* (de *Coriovallum*, Cherbourg) et Cotentin, qui absorbe le premier au XIᵉ siècle.

TROISIÈME LYONNAISE

Diocèses de Tours : Touraine ; du Mans : Maine ; de Rennes : *paqus Redonensis* ; d'Angers : Anjou et, ajouté au Xᵉ siècle par conquête, Mauges ; de Nantes : Nantais et marches séparantes du côté de l'Anjou et du Poitou, l'une d'elles nommée Mée (*Media*) ; de Quimper : Cornouaille et Poher (Carhaix) ; de Vannes : pour la partie de langue bretonne, *Warrochia* (Broerec), pour la partie romane, Poubels et Ruis ; de Léon : *Achimense* (Coz Castell Ach'), Doudur (Léon) ; de Tréguier : *Castelli* (Plougastel), *Civitatis* (Coz-Guéodet), *Treher* (Tréguier) ; de Saint-Brieuc : *Velaviensis* (Goëllo), *Pentevr*

(Penthièvre) ; d'Alet puis de Saint-Malo : Pou-let puis Poulet (Alet), Poudouvre (Dinan), Porhoët ; de Dol : pas de division assurée.

QUATRIÈME LYONNAISE

Diocèses de Sens : Sénonais, Gâtinais, Melunois, Provinois, Etampois ; de Chartres : Chartrain, Drouais, Pincerais, Dunois, Vendômois, Blaisois et partie de Madrie (dioc. d'Evreux) et d'Etampois (dioc. de Sens) ; d'Auxerre : Auxerrois et Nivernais ; de Troyes : Troiesin, Brenois, Arcesais, Queudois, Morvois ; d'Orléans : Orléanais ; de Paris : Parisis et Châtrais ; de Meaux : Multien qui englobe au xe siècle le Queudois (dioc. de Troyes).

PREMIÈRE BELGIQUE

Diocèses de Trèves, partie cisrhénane : huit *pagi* dont trois partiellement dans la France actuelle, Ivoy, Arlon, *Methingowe* (Esch) ; de Metz : Messin, *Nitensis* (la Nied), *Belsensis* (la Bliess), *Rosalensis* (la Rossell), *Albensis*, Saunois ; de Toul : Toulois, *Scarponensis* (Scarpona à Dieulouard), Blois, Barrois, Ornois, Soulosse, Xaintois, Chaumontois ; de Verdun : Verdunois et *Odornensis* (de l'Ornain) partagé avec le dioc. de Toul.

SECONDE BELGIQUE

Diocèses de Reims : Rémois ou Raincien, Porcien, *Castrensis* (région de Mézières), Mouzon, Voncq, Dormois ; de Laon : Laonnois ; de Soissons : Soissonnais, Tardenois, Ormois (peut-être le pays de Binson), Orxois, Valois ; de Châlons : Châlonnais, Perthois, Changy qui absorbe le Perthois au xe siècle, Atenois, Vertus ; de Vermand-Saint-Quentin : Vermandois et Noyonnais ; d'Arras : Artois, Ostrevant, Escrebieu et *Leticus* ; de Cambrai : Cambrésis, Hainaut, Brabant ; de Tournai : Flandre, Waes, pays de Gand, Courtraisis, Tournaisis, Pévèle, Caribant, Mélentois ; de Senlis : Sellentois dont l'est est annexé au Valois ; de Beauvais : Beauvaisis, pays de Vendeuil, de Chambly, de Ressons ; d'Amiens : Amiénois, Ponthieu, Vimeu ; de Térouanne : Ternois, Boulonnais, *Mempiscus*, *Iserius* (l'Yser).

PREMIÈRE GERMANIE

Diocèses de Mayence, partie cisrhénane : rien en France ; de Strasbourg, partie cisrhénane : Sundgau et Nordgau ; de Spire : rien en France ; de Worms : rien en France.

SECONDE GERMANIE

En dehors de Givet, dans le Condroz, toute la province est en dehors des limites de la France actuelle.

SÉQUANAISE

Diocèses de Besançon : Varais, Escuens, Amous, Portois, Ajoie ou Elsgau ; de Nyon : disparu très tôt, ce diocèse a été réparti entre Belley, Genève et Lyon ; de Lausanne : Vaud, Yverdon, Vully, *Ausicensis* (Ogo) ; de Constance : Argovie et Thurgovie ; de Bâle : Sundgau partagé avec Strasbourg, Ajoye ou Elsgau partagé avec Besançon, Sorngau, Argovie partagé avec Constance.

ALPES GRAIES ET PENNINES

Diocèses de Moutiers : Tarentaise ; de Martigny puis de Sion : Valais, dont la partie touchant le Léman prend le nom de *caput laci*, tête du lac, Chablais.

VIENNOISE

Diocèses de Vienne : Viennois ; de Genève : Genevois dont le sud est nommé Albanais au début du XIe siècle ; de Grenoble : Oisans, Matésine, Sermorens, Savoie, le nom de Grésivaudan s'appliquant alors à tout le diocèse ; de Viviers : Vivarais ; de Die : Diois ; de Valence : Valentinois ; de Saint-Paul-Trois-Châteaux : Tricastin uni dès l'époque de Charlemagne au pays d'Orange ; de Vaison : pays de Vaison ; d'Orange : pays d'Orange ; de Cavaillon : pays de Cavaillon ; d'Avignon : pays d'Avignon ; d'Arles : pays d'Arles ; de Marseille : pays de Marseille et de Toulon ou Teunès ; de Maurienne : Maurienne, Briançonnais, Val de Suse.

PREMIÈRE AQUITAINE

Diocèses de Bourges : Berri ; de Clermont-Ferrand : Auvergne et quatre pays de durée éphémère, Auvergne au sens restreint, Tallendais, pays de Turluron, pays de Brioude ; de Rodez : Rouergue ; de Cahors : Quercy ; de Limoges : Limousin, divisé un certain temps en quatre pays, Limousin au sens restreint, pays de Nigremont, pays d'Uzerche, Tournès (Turenne) ; de Javols puis de Mende : Gévaudan ; du Puy : Velay;

SECONDE AQUITAINE

Diocèses de Bordeaux : Bordelais (Médoc, pays de Buch, Entre-Deux-Mers sont des régions qui n'ont pas constitué de pays = *pagi*) ; d'Agen : Agenais, Bezaume ; d'Angoulême : Angoumois ; de Saintes : Saintonge et Aunis ; de Poitiers : Poitou au sens restreint, Briaçais, Herbauge (dont une partie constitua le pays de Rais), pays de Tiffauges, Thouarçais, Mauges (disputé entre Poitou, Anjou et Bretagne) ; de Périgueux : Périgord.

NOVEMPOPULANIE

Diocèses d'Eauze puis d'Auch : un *paqus* pour chaque diocèse, mais s'imposent aux IXe-Xe siècles les divisions féodales en comtés de Fezensac, d'Armagnac, d'Astarac ; de Dax : Dax, Soule ; de Bayonne : Labourd ; de Lectoure : Lomagne ; de Comminges : Comminges ; de Couserans : Couserans ; de Lescar : Béarn ; d'Aire : pays d'Aire, divisé en Gabardan, Marsan, Tursan ; de Bazas : Bazadais, avec un pays secondaire d'Aillas ; de Tarbes : Bigorre ; d'Oloron : pays d'Oloron.

PREMIÈRE NARBONNAISE

Diocèses de Narbonne : Narbonnais et Razès ; de Carcassonne : Carcassès ; d'Elne : Roussillon, Conflent, au Xe siècle apparaît le comté de Vallespir ; de Toulouse : Toulousain ; de Béziers : Bederrès : d'Agde : Agadès ; de Nîmes : Nîmois, Hierle (Alès) ; d'Uzès : Uzège ; de Maguelone, transféré ensuite à Sustantion, d'où : Sustantonez ; de Lodève : pays de Lodève.

SECONDE NARBONNAISE

Diocèses d'Aix : pays d'Aix ou Aiguès ; d'Apt : pays d'Apt ; de Riez : pays de Riez ; de Fréjus : pays de Fréjus ; de Gap : Gapençais ; de Sisteron : pays de Sisteron ; d'Antibes : pays d'Antibes.

ALPES-MARITIMES

Diocèses d'Embrun : Embrunais, Briançonnais, vallée de Barcelonnette (ancienne *civitas Rigomagensium* ?) ; de Digne : pays de Digne ; de Senez : pays de Senez : de Glandève : pays de Glandève ; de Cimiez : pays de Cimiez ; de Vence : pays de Vence.

Tableau 4

LES PROVINCES FRANCAISES

(1)	(2)	(3)	(4)
Agenais	*Agenais*	*Agenais*	*Agenais*
ALSACE	ALSACE	ALSACE	ALSACE
		Amiénois	
Angoumois	*Angoumois*	*Angoumois*	*Angoumois*
Anjou	*Anjou*	*Anjou*	*Anjou*
		Ardrésis	
	Armagnac	*Armagnac*	*Armagnac*
Artois		*Artois*	*Artois*
Aunis	*Aunis*	*Aunis*	*Aunis*
AUVERGNE	AUVERGNE	AUVERGNE	AUVERGNE
		Auxerrois	
		Barrois	Barrois
	Basque (pays)	Basque (pays)	Basque (pays)
Bazadais	*Bazadais*	*Bazadais*	*Bazadais*
Béarn	*Béarn*	*Béarn*	*Béarn*
	Beauce		
Beaujolais	*Beaujolais*	*Beaujolais*	*Beaujolais*
		Beauvaisis	*Beauvaisis*
BERRI	BERRI	BERRI	BERRI
Bigorre	*Bigorre*	*Bigorre*	*Bigorre*
Blaisois	*Blaisois*	*Blaisois*	*Blaisois*
		Bordelais	*Bordelais*
		Boulonnais	Boulonnais
Bourbonnais	*Bourbonnais*	*Bourbonnais*	*Bourbonnais*
BOURGOGNE	BOURGOGNE	BOURGOGNE	BOURGOGNE
Bresse	*Bresse*	*Bresse*	*Bresse*
BRETAGNE	BRETAGNE	BRETAGNE	BRETAGNE
Brie	Brie		
Bugey	*Bugey*	*Bugey*	*Bugey*
		Calaisis	Calaisis

(1)	(2)	(3)	(4)
Cambrésis		Cambrésis	Cambrésis
		Carignan	
	Cévennes		
		Chalosse	
CHAMPAGNE	CHAMPAGNE	CHAMPAGNE	CHAMPAGNE
		Charlemont	
		Chartrain	Chartrain
	Comminges	*Comminges*	*Comminges*
Condomois	*Condomois*	*Condomois*	*Condomois*
		CORSE	CORSE
		Couserans	*Couserans*
DAUPHINÉ	DAUPHINÉ	DAUPHINÉ	DAUPHINÉ
		Dombes	
		Dorat	
FLANDRE	FLANDRE	FLANDRE	FLANDRE
	Foix	*Foix*	*Foix*
Forez	*Forez*	*Forez*	*Forez*
FRANCHE-COMTÉ	FRANCHE-COMTÉ	FRANCHE-COMTÉ	FRANCHE-COMTE
GASCOGNE	GASCOGNE	GASCOGNE	GASCOGNE
Gâtinais	*Gâtinais*	*Gâtinais*	*Gâtinais*
Gévaudan			*Gévaudan*
		Gex	
		Givet	
GUYENNE	GUYENNE		
Hainaut		*Hainaut*	*Hainaut*
ILE-DE-FRANCE	ILE-DE-FRANCE	ILE-DE-FRANCE	ILE-DE-FRANCE
Landes		Landes	
LANGUEDOC	LANGUEDOC	LANGUEDOC	LANGUEDOC
			Laonnais
Limousin	*Limousin*	*Limousin*	*Limousin*
	LORRAINE	LORRAINE	LORRAINE
Lyonnais	*Lyonnais*	*Lyonnais*	*Lyonnais*
Maine	*Maine*	*Maine*	*Maine*
Marche	*Marche*	*Marche*	*Marche*
		Marienbourg	
		Marsan	
Messin			
		Mouzon	
Navarre			
		Nébouzan	
Nivernais	*Nivernais*	*Nivernais*	*Nivernais*
NORMANDIE	NORMANDIE	NORMANDIE	NORMANDIE
Orléanais	*Orléanais*	*Orléanais*	*Orléanais*
		Paris	
Perche	*Perche*	*Perche*	*Perche*

(1)	(2)	(3)	(4)
Périgord	*Périgord*	*Périgord*	*Périgord*
		Philippeville	
Picardie	*Picardie*		*Picardie*
POITOU	POITOU	POITOU	POITOU
PROVENCE	PROVENCE	PROVENCE	PROVENCE
		Quatre-Vallées	
Quercy	*Quercy*	*Quercy*	*Quercy*
		Rivière-Verdun	
Rouergue	*Rouergue*	*Rouergue*	*Rouergue*
Roussillon		*Roussillon*	*Roussillon*
Saintonge	*Saintonge*	*Saintonge*	*Saintonge*
Saumurois		Saumurois	
		Sedan	
		Sénonais	Sénonais
		Soissonnais	Soissonnais
Toulois			
Touraine	*Touraine*	*Touraine*	*Touraine*
		Trois-Evêchés	Trois-Evêchés
		Valromey	
Velay		*Velay*	*Velay*
			Vendômois
Verdunois			
			Vermandois
		Vexin français	
Vivarais			*Vivarais*

(1) Liste des 58 provinces selon Doisy, *Le royaume de France et les états de Lorraine disposés en forme de dictionnaire contenant les noms de toutes les provinces*, paru en 1753.

(2) Liste des 52 provinces selon le « Tableau des provinces invitées à nommer des commissaires » en vue de la constitution du Comité de division de l'Assemblée constituante, d'après J. Bancal, *Les circonscriptions administratives de la France*, p. 132-133.

(3) Liste des 87 provinces selon les « Lettres patentes du Roi sur décrets de l'Assemblée nationale, des 15 janvier, 16 et 26 février 1790, qui ordonnent la division de la France en quatre-vingt-trois départements, données à Paris, le 4 mars 1790 », d'après J. Bancal, *Les circonscriptions administratives de la France*, p. 134.

(4) Liste des 70 provinces selon le vicomte de Romanet, *Les provinces de France*. Il n'y a que 69 noms car Romanet distingue Flandre maritime et Flandre wallonne, ici fusionnées.

Notes

Les noms des « grandes provinces » ont été inscrits en majuscules et ceux des « petites provinces » en italique (voir la fin de la 4e partie du livre 2). Il y a au total 18 grandes provinces sur les quatre listes. Si on y ajoute la Savoie, on arrive à 19, trois de plus que dans l'analyse de la p. 101, car la Guyenne-Gascogne a été divisée en Gascogne et Guyenne, l'Ile-de-France a été mentionnée quoique ses limites soient difficiles à établir, et la Flandre française a été considérée comme une partie de la grande province de Flandre, située surtout en Belgique. Le nombre des « petites provinces » varie de 31 à 40 selon les listes. Il faudrait y ajouter Comtat Venaissin et comté de Nice.

Amiénois : correspond à la Picardie omise sur la liste 3.

Ardrésis : pays d'Ardres, petite région entre Calais et Saint-Omer.

Auxerrois : moitié méridionale du département de l'Yonne, partie de la Bourgogne.

Barrois : partie du département de la Meuse, en Lorraine.

Basque (pays) : l'essentiel de cette province est espagnol.

Beauce : région naturelle et non historique qui n'a jamais eu d'existence administrative autonome.

Beauvaisis : pays ou « petite province » (?) d'Ile-de-France, d'une taille très inférieure au département de l'Oise.

Bordelais : majeure partie du département de la Gironde, le reste relevant du Bazadais.

Boulonnais : région côtière du Pas-de-Calais, partie de la généralité d'Amiens.

Brie : région naturelle partagée entre Ile-de-France et Champagne.

Bugey : pays très petit mais bien individualisé dans son cadre montagneux au sud de l'Ain.

Calaisis : Calais et ses environs, pays longtemps marqué par la présence anglaise.

Cambrésis : pays faisant partie du Hainaut.

Carignan : partie française minime du Luxembourg.

Cévennes : région géographique sans réalité administrative ou historique en dehors de son particularisme protestant.

Chalosse : région géographique du département des Landes.

Charlemont : citadelle à la frontière des Pays-Bas autrichiens.

Chartrain : région de Chartres, petite partie du département d'Eure-et-Loir.

Corse : n'était pas française lors de l'établissement des listes 1 et 2.

Dombes : principauté généralement associée à la Bresse.

Dorat : petite région de la Haute-Vienne.

Gévaudan : couvre la majeure partie de la Lozère.

Gex : petit pays à la frontière du canton de Genève.

Givet : extrême nord du département des Ardennes.

Landes : région naturelle, formant avec Chalosse et Marsan le département des Landes.

Laonnais : partie du département de l'Aisne, dépendant du gouvernement de Picardie et de la généralité de Soissons.

Lyonnais : forme avec le Beaujolais le département du Rhône.

Marienbourg : forteresse à la frontière des Pays-Bas autrichiens.

Marsan : forme le département des Landes avec la Chalosse et la région dite des Landes.

Messin : région de Metz.

Mouzon : petite région des Ardennes, sur la Meuse.

Navarre : province essentiellement espagnole.

Nébouzan : petit pays des Pyrénées.

Philippeville : forteresse à la frontière des Pays-Bas autrichiens.

Picardie : Amiénois sur la liste 3.

Quatre-Vallées : petit pays des Pyrénées.

Rivière-Verdun : petit pays du Gers.

Roussillon : « petite province » détachée de la « grande province » de Catalogne.

Saumurois : partie de l'Anjou aux confins de la Touraine.

Sedan : petite principauté sur la Meuse.

Sénonais : nord du département de l'Yonne, tantôt compté dans la Champagne, tantôt dans l'Ile-de-France.

Soissonnais : pays d'Ile-de-France, le sud de l'Aisne.

Toulois : Toul et ses abords.

Trois-Evêchés : Metz, Toul et Verdun, Messin, Toulois et Verdunois de la liste 1.

Valromey : petit pays de l'Ain.

Velay : partie de la Haute-Loire, petite province de l'Auvergne.

Vendômois : constitue avec le Blaisois le Loir-et-Cher.

Verdunois : Verdun et ses environs.

Vermandois : pays du nord de l'Aisne, dans le gouvernement de Picardie et la généralité de Soissons, comme le Laonnais.

Vexin français : pays d'Ile-de-France aux confins de la Normandie.

Vivarais : petite province du Languedoc, la majeure partie de l'Ardèche.

BIBLIOGRAPHIE SÉLECTIVE

AGACHE (R.), *La Somme pré-romaine et romaine*, Amiens, 1978, (*Mémoires de la Société des Antiquaires de Picardie*, 24).

ANCEL (J.), *Géographie des frontières*, Paris, Gallimard, 1938.

ANCEL (J.), *Géopolitique*, Paris, Delagrave, 1936.

ANGEVILLE (A. d'), *Essai sur la statistique de la population française*... Bourg, 1836, (réédition avec introduction par E. Le Roy Ladurie, Paris, La Haye, Mouton, 1969).

Archéologie du paysage urbain, *Caesarodunum*, 13 (1978), 2 vol.

Archéologie du paysage urbain, *Caesarodunum*, 1980.

Aspects administratifs de la régionalisation, rapport préparé pour le XVIe Congrès international des sciences administratives... Paris, Editions Cujas, s.d. (Institut français des sciences administratives, Cahier n° 10).

Atlas historique de la France contemporaine, 1800-1965, Paris, A. Colin, 1966.

Atlas historique des villes de France publié sous la direction de Ch. Higounet, J.B. Marquette et Ph. Wolff, Paris, C.N.R.S., en cours de publication depuis 1982.

BAKER (A.R.H.), *Rethinking historical geography*, p. 11-28 de *Progress in Historical geography*, Newton Abbot, David and Charles, 1972.

BANCAL (J.), *Les circonscriptions administratives de la France*, Paris, Sirey, 1945.

BARRUOL (G.), *Les peuples préromains du Sud-Est de la Gaule, étude de géographie historique*, Paris, E. de Boccard, 1976.

Le Bâtiment, enquête d'histoire économique, XVIe-XIXe siècle, tome 1, *Maisons rurales et urbaines dans la France traditionnelle*, Paris, La Haye, Mouton, 1971.

BAUER (G.), ROUX (J.M.), *La rurbanisation ou la ville éparpillée*, Paris, Seuil, 1976.

BERNARD (J.), RUFFIE (J.), *Hématologie et culture : le peuplement de l'Europe de l'Ouest*, dans *Annales. E.S.C.*, 1976, p. 661-676.

BLOCH (M.), *Les caractères originaux de l'histoire rurale française*, Paris, A. Colin, 1931, 2e édition, 1952 et supplément 1956.

Les bocages, Histoire, économie, écologie, Rennes, I.N.R.A., E.N.S.A., C.N.R.S., Université de Rennes, 1976.

BOIS (P.), *Paysans de l'Ouest*, Paris, Flammarion, 1968.

BONNAUD (P.), *Terres et langages, peuples et régions*, Clermont-Ferrand, Auvernha Tara d'Oc, 1981. 2 vol.

BONNET (S.), *Sociologie politique et religieuse de la Lorraine*, Paris, A. Colin, 1972.

BOULARD (F.), *Essor ou déclin du clergé français ?* Paris, Editions du Cerf, 1950.

BOYER (J.C.), *Formes traditionnelles et formes nouvelles de la géographie historique*, p. 55-63 des *Etudes de géographie historique*, réunies par les soins de Xavier de Planhol. Paris, Bibliothèque nationale, 1978.

BRUN (M.), *Départements et régions*, Paris, Editions des presses modernes, 1939.
CARRIERE (F.), PINCHEMEL (P.), *Le fait urbain en France*, Paris, A. Colin, 1963.
Carte des mutations de l'espace rural français, 1950-1980, préparée sous la direction de P. Brunet, Caen, Centre de recherches sur la vie rurale de l'Université de Caen, 1984.
CAVAILLES (H.), *La route française. Son histoire. Sa fonction*, Paris, A. Colin, 1946.
CHAMLA (M.C.), *L'accroissement de la stature en France de 1880 à 1960*, dans le *Bulletin de la Société d'anthropologie de Paris*, 1964, p. 201-278.
CHAPELOT (J.), FOSSIER (R.), *Le village et la maison au Moyen Age*, Paris, Hachette, 1980.
CHAUNU (P.), *La France. Histoire de la sensibilité des Français à la France*, Paris, R. Laffont, 1982.
CHEVALIER (L.), *La formation de la population parisienne au XIXe siècle*, Paris, Presses universitaires de France, 1950.
CHEVALLIER (R.), *Les voies romaines*, Paris, A. Colin, 1972.
CLOUT (H.D.), *The Land of France, 1815-1914*, Londres, G. Allen and Unwin, 1983.
COMITI (V.P.), *La géographie médicale de la Corse à la fin du XVIIIe siècle*, Genève, Droz, 1980.
COUDOUX (J.), *La géographie monastique, une contribution à la géographie historique rurale : premières observations en France septentrionale*, p. 65-78 des *Etudes de géographie historique*, réunies par les soins de Xavier de Planhol, Paris, Bibliothèque nationale, 1978.
COUTROT (A.), DREYFUS (F.), *Les forces religieuses dans la société française*, Paris, A. Colin, 1965.
CROZE (M.), *Tableaux démographiques et sociaux, reliefs géographiques et historiques*, Paris, I.N.S.E.E. et I.N.E.D., 1976.
DEMANGEON (A.), *Problèmes de géographie humaine*, Paris, A. Colin, 1942.
DION (R.), *Essai sur la formation du paysage rural français*, Tours, Arrault, 1934.
DION (R.), *Les frontières de la France*, Paris, Hachette, 1947.
DION (R.), *La géographie historique*, p. 183-186 de *La géographie française au milieu du XXe siècle*, Paris, J.B. Baillière, 1957.
DION (R.), *Histoire de la vigne et du vin en France des origines au XIXe siècle*, Paris, l'auteur, 1959.
DION (R.), *La part de la géographie et celle de l'histoire dans l'explication de l'habitat rural du Bassin parisien*, Lille, Société de géographie de Lille, 1946.
DION (R.), *Le Val de Loire*, Tours, Arrault, 1934.
Les disparités démographiques régionales, Ve Colloque national de démographie du C.N.R.S., Nice, 14-16 avril 1976, Paris, C.N.R.S., 1978.
DOYON (G.), HUBRECHT (R.), *L'architecture rurale et bourgeoise en France*, Paris, Vincent, Fréal, 3e éd., 1969.
DUBY (G.), *L'économie rurale et la vie des campagnes dans l'Occident médiéval*, Paris, Aubier, 1962.
DUBY (G.), WALLON (A.) et collab., *Histoire de la France rurale*, Paris, Seuil, 1975-1976, 4 vol.
DUBY (G.), WALLON (A.) et collab., *Histoire de la France urbaine*, Paris, Seuil, 1980-1983, 4 vol. parus sur 5.
DUPEUX (G.), LAURENT (J.), *Atlas historique de l'urbanisation de la France (1811-1975)*, Paris, C.N.R.S., 1981.
DUPLEX (J.) et collab., *Atlas de la France rurale*, Paris, A. Colin, 1968.
DUPOUY (A.), *Géographie des lettres françaises*, Paris, A. Colin, 1942.
FLANDRIN (J.L.), *Familles*, Paris, Hachette, 1976.

« *Francencartes* », dossier préparé par M. Barrot et R. Giraud, Poitiers, Centre régional de documentation pédagogique, 1983.

FREAL (J.), *L'architecture paysanne en France : la maison*, Paris, SERG, Berger-Levrault, 1979.

FUSTIER (P.), *La route. Voies antiques, chemins anciens, chaussées modernes*, Paris, A. et J. Picard, 1968.

Géographie historique des villes d'Europe occidentale, tome 1, n° 4, avril 1984 des *Cahiers du Centre de recherches et d'études sur Paris et l'Ile-de-France* (CREPIF).

Géographie historique du village et de la maison rurale, Actes du colloque tenu à Bourges les 19-21 octobre 1978, Bordeaux, C.N.R.S., 1979.

GIRARD D'ALBISSIN (N.), *Genèse de la frontière franco-belge. Les variations des limites septentrionales de la France de 1659 à 1789*, Paris, 1970.

GOGUEL (F.), *Géographie des élections françaises de 1870 à 1951*, Paris, A. Colin, 1951.

GUICHONNET (P.), RAFFESTIN (C.), *Géographie des frontières*, Paris, Presses universitaires de France, 1974.

HERVE (G.), *Le renouvellement de la population alsacienne au XVIIIe siècle*, p. 283-299 de la *Revue de l'Ecole d'anthropologie de Paris*, 1902.

HOUDAILLE (J.), *Evolution de la pigmentation de l'iris en France (de 1810 à 1940)*, p. 642-644 de *Population*, 1970.

ISAMBERT (F.A.), TERRENOIRE (J.P.), *Atlas de la pratique des catholiques de France*, Paris, Presses de la Fondation nationale des sciences politiques, 1980.

JARRY (E.), *Provinces et pays de France, Essai de géographie historique*, Paris, C. Poisson, 1942-1950, 3 vol., 2 éd. du 1er vol., la seconde étant plus développée.

JUILLIARD (Etienne), *Géographie rurale française : travaux récents (1957-1963) et tendances nouvelles*, p. 46-63 de *Etudes rurales*, 13-14 (1964).

KRUTA (V.), *Les Celtes*, 2e éd. Paris, Presses universitaires de France, 1976.

LAFONT (R.), *La révolution régionaliste*, Paris, Gallimard, 1967.

LANCELOT (A.), *L'abstentionnisme électoral en France*, Paris, Presses de la Fondation nationale des sciences politiques, 1968.

LARTILLEUX (H.), *Géographie des chemins de fer français*, Paris, Chaix, 1948, 2 vol.

LE BRAS (G.), *Etudes de sociologie religieuse*, Paris, Presses universitaires de France, 1955-1956, 2 vol.

LE BRAS (G.), *Introduction à l'histoire de la pratique religieuse en France*, Paris, Presses universitaires de France, 1942-1945, 2 vol.

LE BRAS (H.), TODD (E.), *L'invention de la France*, Paris, Librairie générale française, 1981.

LEBRUN (F.) et collab., *Histoire des catholiques en France*, Toulouse, Privat, 1980.

LEGOYT (A.), *La France statitistique...* Paris, 1843.

LEVASSEUR (E.), *La population française...* Paris, Rousseau, 1889-1892, 3 vol.

LONGNON (J.), *Les Français d'outre-mer au Moyen Age, Essai sur l'expansion française dans le bassin de la Méditerranée*, Paris, Perrin, 1929.

MAGE (G.), *La division de la France en départements*, Toulouse, Imp. Saint-Michel, 1924.

MENDRAS (H.), *Sociétés paysannes, Eléments pour une théorie de la paysannerie*, Paris, A. Colin, 1976.

MENDRAS (H.), *Sociologie de la campagne française*, Paris, Presses universitaires de France, 1965.

MENY (Y.), *Centralisation et décentralisation dans le débat politique français (1945-1969)*, Paris, Librairie générale de droit et de jurisprudence, 1974.

MEYNIER (A.), *Les paysages agraires*, Paris, A. Colin, 1958, 2e éd., 1967.

MIROT (L.), *Manuel de géographie historique de la France*, 2ᵉ éd., publiée par A. Mirot, Paris, A et J. Picard, 1948-1950, 2 vol.

NIZARD (A.), PRIOUX (F.), *La mortalité départementale en France*, p. 781-824 de *Population*, 1975.

NOUGIER (L.R.), *Le peuplement préhistorique, Ses étapes entre Seine et Loire*, Toulouse, 1950.

Le paysage urbain au Moyen Age, Actes du XIᵉ Congrès des historiens médiévistes, Lyon, Presses universitaires de Lyon, 1981.

Paysages agraires et sociétés, Paris, SEDES, 1984, (dossiers 6 et 7 des *Images économiques du monde*).

Paysages et villages neufs du Moyen Age, Bordeaux, Fédération historique du Sud-Ouest, 1975.

PELTRE (J.), *Du XVIᵉ au XVIIIᵉ siècle : une génération de nouveaux villages en Lorraine*, p. 3-27 de la *Revue géographique de l'Est*, 6 (1966).

PITTE (J.R.), *Histoire du paysage français*, Paris, Tallandier, 1983, 2. vol.

PLANHOL (X. de), *Historical Geography in France*, dans *Progress in Historical Geography*, Newton Abbot, David and Charles, 1972.

PLANHOL (X. de), *Structures universitaires et problématique scientifique : la géographie historique française*, p. 155-165 de *La pensée géographique française contemporaine. Mélanges offerts à André Meynier*, Saint-Brieuc, Presses universitaires de Bretagne, 1972.

POTEL (J.), *Les prêtres séculiers en France, Evolution de 1965 à 1975*, Paris, Le Centurion, 1977.

POUSSOU (J.P.), *Les mouvements migratoires en France et à partir de la France de la fin du XVᵉ siècle au début du XIXᵉ siècle, approche pour une synthèse*, dans les *Annales de démographie historique*, 1970, p. 11-78.

La Prospective de la langue française, Actes du Colloque de Sassenage, 21-25 septembre 1981..., Paris, Conseil international de la langue française, 1982.

ROUCHE (M.), *L'Aquitaine, des Wisigoths aux Arabes, 418-781, naissance d'une région*, Paris, Editions de l'Ecole des hautes études en sciences sociales, 1978.

ROUPNEL (G.), *Histoire de la campagne française*, Paris, B. Grasset, 1932, réédition, Paris, Plon, 1974.

Les routes de France depuis les origines jusqu'à nos jours, Paris, Association pour la diffusion de la pensée française, 1959.

SCHNAPPER (B.), *Pour une géographie des mentalités judiciaires : la litigiosité en France au XIXᵉ siècle*, p. 399-412 des *Annales. E.S.C.*, 1979.

SIEGFRIED (A.), *Tableau politique de la France de l'Ouest*, Paris et Genève, Slatkine, 1980 (1ᵉʳ édition en 1913).

SPECKLIN (R.), *Contrastes Nord-Sud en France*, p. 16-63 de *Regio Basiliensis*, 1979.

SPECKLIN (R.), *Notes sur la genèse des paysages agraires en France*, p. 45-60 des *Recherches géographiques*, Strasbourg, 11 (1979).

Structures agraires et paysages ruraux. Un quart de siècle de recherches françaises, mémoire n° 17 des *Annales de l'Est*, 1957.

Themes in the Historical Geography of France, Londres, Academic Press, 1977.

TOUTAIN (J.C.), *La population de la France de 1700 à 1959*, Paris, Institut de science économique appliquée, 1963.

TREMOLIERES (J.), BOULANGER (J.J.), *Contribution à l'étude du phénomène de croissance et de stature en France de 1940 à 1948*, p. 117-212 du *Recueil des travaux de l'Institut national d'hygiène*, 1950.

VALLAUX (C.), *Géographie sociale. Le sol et l'Etat*, Paris, O. Doin, 1911.

VALLOIS (H.V.), *Anthropologie de la population française*, Toulouse, Didier, 1948.

TABLE DES CARTES

TABLE DES MATIÈRES

LIVRE 2

LES DIVISIONS TERRITORIALES

LIVRE 3

LES FRANÇAIS

LIVRE 4

LA FRANCE RURALE

LIVRE 5
LA FRANCE URBAINE ET INDUSTRIELLE

LIVRE 6
LA FRANCE DANS LE MONDE

Marcel Brion
L'Allemagne romantique (I et II)

Déjà auteur de grandes biographies de Goethe et de Robert Schumann, Marcel Brion nous restitue ici le monde magique du romantisme allemand à travers ses écrivains et ses poètes. 8473-8483

Françoise Cachin
Gauguin

Françoise Cachin, directeur du musée d'Orsay, fait revivre ici l'itinéraire singulier de Gauguin exilé social, peintre maudit, héros exotique, le premier des peintres modernes dont s'est emparé la légende. 8528

Gilles Cantagrel
Bach en son temps *Inédit*

De l'ensemble exceptionnel de documents rassemblés ici se dégage un portrait vivant du musicien qui trop souvent n'est perçu qu'à travers le prisme des idées reçues. Bach tel que l'ont connu ses contemporains. 8380

Kenneth Clark
Le Nu (I et II)

Voici la réédition illustrée d'un grand classique de l'histoire de l'art publié une première fois (en 1969) dans la série "Arts" du Livre de Poche. 8498-8501

J.M. Corredor
Conversations avec Pablo Casals

L'un des plus grands interprètes de ce siècle évoque ici, librement, sa vie, ses maîtres, son art. Au fil d'un itinéraire étonnant, présenté par Jean-François Labie, toute une époque revit, qui est encore la nôtre.
Discographie complète 8389

Wilhelm Furtwängler
Musique et Verbe *Inédit*

Ce recueil permet de découvrir le parcours intellectuel et artistique d'un interprète dont la puissance d'évocation ne paraît pas avoir été dépassée. Un répertoire discographique le complète utilement. 8479

Robert Graves
Les Mythes grecs (I et II)

L'essentiel de la littérature et de l'art occidentaux n'est intelligible qu'à la lumière de la mythologie grecque. D'où l'importance de ce livre où Robert Graves nous présente près de 200 mythes éclairés par les connaissances archéologiques et anthropologiques actuelles. 8399-8400

Daniel Halévy
Péguy

Alors que les études et les recherches consacrées à Péguy se renouvellent et se multiplient, voici réédité un témoignage irremplaçable sur ce contempteur du "monde moderne" en qui W. Benjamin voyait "une immense mélancolie maîtrisée".
Nouvelle édition présentée et annotée par Eric Cahm; préface de Robert Debré. 8337

Pierre-Antoine Huré
Claude Knepper

Liszt en son temps *Inédit*

Des documents de l'époque pour la première fois traduits en français dévoilent le "vrai roman" de Franz Liszt.
8469

Dominique Jameux

Richard Strauss

Le compositeur le plus célèbre et le plus prolifique de notre siècle (avec Stravinski) demeure fort mal connu en France alors même que ses œuvres sont de plus en plus jouées et enregistrées. On se réjouira donc de cette réédition revue et augmentée de la synthèse brillante de Dominique Jameux. 8450

Otto Klemperer

Ecrits et Entretiens *Inédit*

Disciple de Gustav Mahler, chef reconnu de l'avant-garde puis grand interprète du répertoire classique et admirateur de Pierre Boulez, Otto Klemperer fut l'une des personnalités les plus marquantes de la vie musicale européenne de ce siècle. 8391

Georges Liébert

L'Art du chef d'orchestre *Inédit*

Berlioz, Wagner, Félix Weingartner, Bruno Walter et Charles Munch: les plus grands chefs d'orchestre ont écrit des textes fondateurs sur la direction et l'interprétation musicales, réunis ici pour la première fois. Soigneusement présentés et annotés, ils sont précédés d'une longue préface de Georges Liébert. 8383

Thomas Mann

Wagner et notre temps *Inédit*

Tout au long de sa vie, Thomas Mann a consacré à Wagner des textes - réunis dans ce recueil - où il observe avec une passion lucide et critique la vie, les œuvres et les idées de l'artiste, sans chercher jamais à en éluder les contradictions. 8315

John Rewald

Le Post-impressionnisme

Enfin remise à jour, cette remarquable somme de l'histoire de l'art qui épouse tous les courants d'une période foisonnante et décisive: Van Gogh, Gauguin, Seurat, Fénéon, Pissarro, Bernard, Signac, Redon, les symbolistes.
8505-8506

Victor L. Tapié

Baroque et Classicisme

Considérablement enrichie depuis sa première édition, cette brillante synthèse présentée ici par Marc Fumaroli est d'une lecture indispensable à qui veut comprendre l'avènement de l'Europe moderne. 8355

Dora Vallier

L'Art abstrait

Parmi tous les textes consacrés au même sujet, celui-ci est demeuré sans équivalent. Il permet de cerner ce phénomène du XXe siècle tout en montrant que la préhistoire connaissait déjà l'abstraction en matière d'art. 8425

Bruno Walter

Gustav Mahler *Inédit*

Préface de Pierre Boulez.
Bruno Walter, après avoir été l'assistant et le disciple de Mahler demeura jusqu'à sa mort le défenseur le plus actif et l'un des plus grands interprètes du compositeur convaincu que "son temps viendrait". 8343

Philosophie

Raymond Aron

Essai sur les libertés

Edition revue et augmentée d'un ouvrage essentiel de la réflexion socio-politique contemporaine sur un thème inépuisable et d'une actualité permanente. 8467

Philippe Bénéton

Introduction à la politique moderne *Inédit*

Une analyse de la politique moderne: alternance entre démocratie libérale et régime totalitaire. 8414

Jean-Paul Clément

Chateaubriand politique *Inédit*

Comment un poète pourrait-il être un homme d'Etat ? C'est pourtant l'unité et la cohérence d'une pensée et d'une action politique que ce livre nous invite à découvrir à travers un choix de textes célèbres, oubliés ou méconnus. 8496

Benjamin Constant

De la liberté chez les Modernes

Réunissant un ensemble de textes devenus pour la plupart introuvables, c'est l'original et conséquent théoricien du libéralisme que veut avant tout présenter ce volume. Edition établie, présentée et annotée par Marcel Gauchet. 8532

René Girard

Mensonge romantique et vérité romanesque

Nous nous croyons libres, autonomes dans nos choix. Illusion romantique ! En réalité, comme le montre René Girard à partir d'une analyse renouvelée des plus grands chefs-d'œuvre de la littérature romanesque, nous ne choisissons que des objets désirés par les autres. 8472

La Violence et le Sacré

S'appuyant sur une relecture très personnelle des tragiques grecs et sur une discussion serrée des principaux systèmes d'explication, René Girard remonte aux origines culturelles et sociales de notre civilisation, pour y découvrir le rôle de la "violence fondatrice" et de la "victime émissaire". 8461

Daniel Halévy
Nietzsche

S'il appartient au biographe d'éclairer, voire d'"expliquer" l'œuvre par l'homme, peu d'écrivains ou de philosophes justifient autant que Nietzsche cette ambition.
Nouvelle édition présentée et annotée par Georges-Arthur Goldschmidt et Georges Liébert. 8466

André Jardin
Alexis de Tocqueville

En cette fin du XXᵉ siècle, l'œuvre d'Alexis de Tocqueville connaît un exceptionnel regain de faveur. Cette biographie sera désormais indispensable à la connaissance, et même à la lecture, d'un des plus grands penseurs politiques modernes. 8474

Bertrand de Jouvenel
Du pouvoir

Fasciné par la croissance ininterrompue du pouvoir qui rendit possible la guerre totale déclenchée par Hitler, Bertrand de Jouvenel s'est donné pour tâche d'étudier cette croissance. Un classique de la philosophie politique et de la pensée libérale. 8302

Alain Laurent
L'Individu et ses ennemis

Inédit

Une confrontation de textes célèbres, des partisans ou des adversaires de l'individualisme. 8490

Pierre Manent
Les Libéraux (I et II)

Inédit

En interrogeant l'histoire du libéralisme et les textes qui ont ponctué son développement, Pierre Manent éclaire une des doctrines politiques les plus fondamentales de notre temps.
8447-8495

Histoire intellectuelle du libéralisme

Cet ouvrage de philosophie politique replace les débats des grands théoriciens du libéralisme dans leur contexte historique : une nécessaire archéologie de la pensée libérale contemporaine.
8513

Friedrich Nietzsche
Par-delà le bien et le mal

"Ce livre est, pour l'essentiel, une *critique de la modernité* - sans en exclure les sciences modernes, les arts modernes, ni même la politique moderne, écrivait Nietzsche. On ne trouvera pas dans ce livre une seule parole indulgente..."
Edition présentée par Daniel Halévy.
8448

Aurore

"On quitte ce livre avec une prudente méfiance pour tout ce qu'on avait tenu jusqu'ici en honneur et même en adoration sous le nom de morale." F. Nietzsche voulait ce livre "ensoleillé, lisse et heureux". 8509

Le Gai Savoir

Préface de Julien Cheverny.
Le livre le plus heureux de Nietzsche, où est exaltée et célébrée la "grande santé de l'intellect": un classique inépuisable. 8497

Humain, trop humain

Préface de Vincent Descombes
"Humain, trop humain est le monument commémoratif d'une crise. Il se proclame un livre pour les esprits libres [...]." C'est ainsi que Nietzsche présentait en 1888 son recueil d'aphorismes. 8516

Sous la direction de *Pascal Ory*.

Nouvelle histoire des idées politiques

Un grand ouvrage de référence, qui renouvelle la perspective obsolète des manuels existants.

Jean-Jacques Rousseau

Du contrat social

L'œuvre la plus célèbre et la plus obscure, de l'auteur le plus vanté, le plus maudit et qui a exercé la plus grande influence sur le développement des croyances et institutions politiques de l'Europe.
Nouvelle édition, précédée d'un important *Essai sur la politique de Rousseau* par Bertrand de Jouvenel, accompagné de notes de contemporains de l'auteur, et suivie de deux autres essais sur la pensée de Rousseau. 8326

Raymond Ruyer

La Gnose de Princeton

La crise religieuse de notre époque est d'abord une crise de tous les mythes qui contredisent la connaissance scientifique. Ce livre déconcertant offre le seul récit non réfutable par la science parce qu'il n'est que la science, mais retournée. 8303

Claude Allègre
L'Ecume de la Terre

Pourquoi les éruptions volcaniques, les tremblements de terre, la diversité du relief? La *tectonique des plaques* permet aujourd'hui d'expliquer l'ensemble de ces phénomènes. Une nouvelle géologie est en train de naître. *L'Ecume de la Terre* nous en fait découvrir les péripéties. 8443

Jean-Pierre Changeux
L'Homme neuronal

"Quelle chimère est-ce donc que l'homme?" demandait Pascal. Les sciences du système nerveux nous permettent aujourd'hui de mieux le comprendre.
L'ambition de cette somme magistrale est de faire partager à de nombreux lecteurs l'enthousiasme qui anime les chercheurs. 8410

Yves Coppens
Le Singe, l'Afrique et l'Homme

L'homme ne descend pas du singe, mais d'*un* singe : son origine est unique ; son berceau est-africain. Yves Coppens a le mérite de proposer une solution à la succession des événements et des êtres qui tienne compte de tout ce que l'on sait aujourd'hui. 8446

Boris Cyrulnik
Mémoire de singe et Paroles d'homme

L'observation du comportement des animaux et l'étude de leur "psychologie" permettent de mieux appréhender l'animalité qui est en nous, mais aussi, du même coup, de souligner l'importance de la dimension humaine. 8434

Antoine Danchin
L'Œuf et la Poule

A travers l'histoire du Code génétique, c'est l'histoire de la vie dont ce livre rend compte. 8444

Jean Dieudonné
Pour l'honneur de l'esprit humain

L'aventure des mathématiques modernes par l'un des plus grands mathématiciens français. 8515

James Watson
La Double Hélice

En 1953, la structure de l'ADN qui contient tout le code de l'hérédité était découverte. Ce fut le signal qui déclencha le formidable développement de la biologie moléculaire.
Avec *la Double Hélice,* pour la première fois, le processus de la création scientifique est raconté tel qu'il a été vécu par un chercheur. 8420

Daniel Wildlöcher
Les Logiques de la dépression

La dépression sous ses différentes formes affecte une part croissante des populations des sociétés industrialisées. L'ouvrage de Daniel Wildlöcher est sans doute la première synthèse sérieuse sur cette affection des temps modernes. 8438

Bertrand Badie et Pierre Birnbaum

Sociologie de l'Etat

L'Etat est-il la seule forme possible de centre politique dans les sociétés modernes ? Peut-il être adapté à toutes les sociétés ? La crise du modèle étatique dans nos pays, tout comme les difficultés que ce modèle trouve à s'imposer dans le tiers monde, donnent à ces questions une brûlante actualité.
8402

Bruno Bettelheim

Le Cœur conscient

Témoin direct et survivant "conscient" de Dachau et de Buchenwald, le célèbre éducateur et psychologue américain a inventé spontanément, pour échapper à la folie et à la mort, une "méthode de survie". 8478

Un lieu où renaître

L'histoire de l'Ecole orthogénique de Chicago, à laquelle Bruno Bettelheim a consacré sa vie. Le livre le plus important peut-être du psychologue parce qu'il y a mis toute sa foi et toute son expérience. 8354

Psychanalyse des contes de fées

Les contes de fées ne "traumatisent" pas leurs jeunes lecteurs : ils répondent de façon précise à leurs angoisses. C'est la richesse inépuisable de ce patrimoine que Bruno Bettelheim nous fait ici redécouvrir. 8459

Survivre

A la fois somme et testament, ce livre fait le point de trente ans de réflexion sur l'homme d'aujourd'hui. 8424

Pour être des parents acceptables

Pour réussir l'éducation de leurs enfants, les parents doivent les accepter tels qu'ils sont, faire confiance à leur propre intuition et être sûrs d'eux. Un livre rassurant et qui fera autorité.
8530

Frédéric Bon, Jean-Paul Chaylan, André Brunet

La France qui vote *Inédit*

Ce premier atlas électoral en collection de poche présente les résultats des scrutins nationaux de la Ve République et leur analyse, depuis les législatives de 1956 jusqu'à celles de 1988.
Cartographie en couleurs 8522

Pierre Birnbaum

Le Peuple et les Gros

Une poignée de "gros" détentrice du pouvoir économique et politique, écrasant le bon peuple, tel est, depuis la fin du XIXe siècle, un des mythes les plus tenaces de l'idéologie française. Pierre Birnbaum a opéré une salutaire démythification. 8411

Raymond Boudon

La Logique du social

En se rattachant aux grands sociologues du passé (Tocqueville, Marx, Durkheim, Max Weber...) Raymond Boudon bat en brèche le sociologisme et ses diverses variantes. 8417

L'Inégalité des chances

L'inégalité des chances a-t-elle tendance à diminuer dans les sociétés industrielles ? Y a-t-il des différences entre les nations industrielles de ce point de vue ?

Raymond Boudon s'efforce de répondre dans cet ouvrage rigoureux devenu un "classique" de la sociologie. 8440

Peter Drucker

Les entrepreneurs

Préface de Jean-Louis Servan-Schreiber.

De tous bords, on répète que le salut viendra de l'entreprise et des entrepreneurs. Mais comment fait-on concrètement? Ce livre apporte de vraies réponses. 8502

Jean Fourastié

La Réalité économique

Ecrit avec clarté et rigueur, ce traité de science économique élémentaire s'adresse à la fois aux spécialistes et au grand public. 8488

Jean Fourastié et Béatrice Bazil

Pourquoi les prix baissent

Inédit

Bourré de faits d'observations concrètes, d'histoires ordinaires et extraordinaires, ce livre entraînera le lecteur à découvrir, au jour le jour, les secret des prix. 8390

Ronald D. Laing

Le Moi divisé

Comment devient-on "fou" ? C'est ce que montre le psychiatre anglais Ronald D. Laing. Cet ouvrage n'est pas destiné aux seuls "spécialistes". Chacun y trouvera des vues originales sur la vie psychologique, familiale et sociale d'aujourd'hui. 8405

Henri Lepage

Demain le capitalisme

Inédit

La crise que nous vivons n'est pas celle du capitalisme, mais celle de l'étato-capitalisme. Tel est le message de ce livre pionnier, qui est à l'origine du renouveau de la pensée économique libérale française. 8322

Demain le libéralisme

Inédit

Après le succès de *Demain le capitalisme*, Henri Lepage poursuit son analyse des impasses auxquelles nous ont conduits une vision trop angélique de l'Etat et trop quantitative de la science économique. 8358

Pourquoi la propriété ?

Inédit

Les sondages le confirment : nos compatriotes ont une solide mentalité de petits propriétaires. Mais lorsqu'il s'agit d'entreprises, les choses sont fort différentes.
L'attachement des Français à la notion de propriété paraît donc devenu très sélectif. Or, à travers elle, c'est l'ordre du marché et la liberté elle-même qui se trouvent menacés. 8407

Pierre Pestieau

L'Économie souterraine

Inédit

Les travailleurs sans papiers, le bénévole de la Croix Rouge, la ménagère, le petit escroc et le jardinier du dimanche : que peuvent avoir en commun ces personnages tirés d'un roman d'Agatha Christie ? Tout simplement que leurs activités échappent aux statistiques officielles et à toutes les formes d'imposition. 8524

Population *Inédit*

Présenté par Hervé Le Bras

Les articles rassemblés dans ce recueil montrent les temps forts de la découverte de la démographie. Ils constituent aussi une initiation aux sciences sociales dont la démographie est un carrefour. 8449

Alfred Sauvy

La Machine et le Chômage

Quelle est l'influence du progrès technique sur l'emploi ? Cette question n'avait jamais été clairement exposée. Alfred Sauvy pallie cette lacune grave. 8384

Florin Aftalion
L'Économie de la Révolution française
Inédit

De la crise fiscale de l'Ancien Régime à la terreur économique, en passant par la nationalisation des biens du clergé et l'inflation des assignats : une analyse inédite des facteurs économiques dans la dynamique révolutionnaire. 8429

Henri Amouroux
Quarante millions de Pétainistes

Un titre provocateur pour une période sombre de notre histoire. Un grand classique pour la première fois en poche. 8526

Claude Arnaud
Chamfort

Bâtard d'une aristocrate et d'un chanoine, tour à tour libertin, poète et jacobin, Chamfort accumule les contradictions. Sauvage et mondain, misanthrope et idéaliste, écrivain et refusant jusqu'à l'idée d'écrire, il est un des témoins les plus brillants de la première société du spectacle. Le volume s'achève sur 70 maximes, anecdotes, mots et dialogues inédits ou jamais réédités. 8525

Jean-Pierre Azéma et Michel Winock
La Troisième République

La République qui s'installe en France à la faveur de la défaite de 1870 durera jusqu'à celle de 1940. Jean-Pierre Azéma et Michel Winock la présente avec honnêteté, concision, brio. 8426

Joseph Bergin
Pouvoir et Fortune de Richelieu

A partir de documents concernant les "affaires" de Richelieu, Joseph Bergin a reconstitué la formation d'une fortune en même temps que l'ascension d'une carrière. 8523

Alain Besançon
Présent soviétique et Passé russe
Inédit

Comment l'U.R.S.S. se relie-t-elle à son passé russe? Cette question domine toute interprétation du phénomène soviétique. 8487

Olivier Blanc
La Dernière Lettre

Préface de Michel Vovelle

1793 : la Terreur s'installe en France. Ceux qui sont conduits à l'échafaud n'ont souvent été jugés que quelques heures plus tôt. La dernière lettre est celle qu'ils trouvaient la force d'écrire alors à leurs proches. Voici un témoignage exceptionnel auquel il sera difficile de rester insensible. 8465

François Bluche
Le Despotisme éclairé

Le despotisme éclairé fut une réalité bigarrée, dominée par les figures de Frédéric II de Prusse et de l'empereur Joseph II. François Bluche nous le présente dans une synthèse brillante devenue un "classique". 8442

Louis XIV

Un volume exceptionnellement imprimé sur un papier souple et fin pour être plus maniable. Un grand livre désormais accessible à tous dans sa version intégrale. 8510

Jean-Claude Bologne

Histoire de la pudeur

Une étude de la pudeur dans une perspective jusqu'ici fort peu exploitée : sa dimension historique. 8500

Edmund Burke

Réflexions sur la Révolution en France

Préface de Philippe Raynaud
La première critique fondamentale de la Révolution française par un grand philosophe et homme politique britannique. Un classique à redécouvrir dans la lumineuse présentation de Philippe Raynaud. Édition augmentée de plusieurs autres textes sur la Révolution. 8475

Pierre Chaunu

La France

De quoi est donc faite la sensibilité des Français à la France ? Et en vérité : qu'est-ce que la France ? Pierre Chaunu répond et ce grand livre d'histoire est aussi une méditation passionnée sur notre destin. 8398

Guy Chaussinand-Nogaret

Mirabeau, entre le Roi et la Révolution *Inédit*

Notes à la cour et Discours.
La confrontation des discours, et des notes secrètes de Mirabeau fait naître un doute : sont-ils complémentaires ou contradictoires ? La présente publication met à la disposition du public les deux pièces du dossier. 8428

Jean-Claude Chesnais

Histoire de la violence

Contrairement à ce que prétend la rumeur ambiante, amplifiée par les médias et la classe politique, nos sociétés ne sont pas menacées par une irrésistible ascension de la violence. Mais plus un mal diminue, plus insupportable paraît ce qu'il en reste... 8386

Louis Chevalier

Classes laborieuses et Classes dangereuses

Le Paris du XIXe siècle est un Paris pathologique où le crime pousse en terrain privilégié comme la fleur empoisonnée d'une civilisation. Un "classique" capital de l'histoire des mœurs et des mentalités. 8445

Les Parisiens

Postface de Jean-Pierre Garnier
Après les bouleversements, qu'a connus "la ville des villes" depuis une vingtaine d'années, peut-on encore parler de Parisiens ? A peine d'habitants de Paris, répond J.P. Garnier : et ce livre que son auteur croyait promis à une perpétuelle actualité est devenu un irremplaçable document d'histoire. 8463

Robert Darnton

Le Grand Massacre des chats

Robert Darnton explore les attitudes et des croyances de la France du XVIIIe siècle. Avec passion, il fait revivre la façon dont les Français de l'Age des Lumières concevaient le monde, nous libérant d'un faux sentiment de familiarité avec le passé. 8468

Jean Delumeau

La Peur en Occident

Les individus, mais aussi les collectivités et même les civilisations, sont engagés dans un dialogue permanent avec la peur. Pourtant les historiens n'ont guère jusqu'à présent étudié le passé sous cet angle. Un vide restait à combler que ce livre s'efforce de remplir. 8457

Georges Duby

Le Chevalier, la Femme et le Prêtre

C'est entre l'an mil et le début du XIIIe siècle que l'institution du mariage s'est mise en place, imposée par l'Eglise pour enfermer les laïques dans la cellule conjugale, contrôlée par le clergé. Une synthèse magistrale qui a d'ores et déjà pris rang de "classique". 8376

Deux siècles de révolution industrielle

Une enquête de L'*Expansion*

Il y a deux siècles, la révolution industrielle déclenchait la croissance économique et sociale d'où est né le monde moderne. Ces deux siècles, le magazine *L'Expansion* les a retracés dans un numéro spécial qui a connu un très grand retentissement. 8413

Jean Fourastié

Les Trente Glorieuses

C'est l'histoire économique, sociale et culturelle de la France de 1945 à 1975 que retrace ici Jean Fourastié qui a vécu en témoin attentif cette période clé. 8458

François Furet et Denis Richet

La Révolution française

Peut-on comprendre la Révolution française sans faire la critique des tabous et des mythes qu'elle a engendrés ? Tel est le défi lancé par ce livre qui, devenu rapidement un classique, n'en continue pas moins de susciter débats et polémiques. 8485

Raoul Girardet

Histoire de l'idée coloniale en France

L'idée coloniale a tenu trop de place et pendant trop longtemps dans l'esprit des Français pour que son histoire les laisse aujourd'hui indifférents. Raoul Girardet répond dans ce livre d'histoire qui est aussi le roman d'une idée a des questions presque jamais abordées. 8482

Jean-Pierre Goubert

La Conquête de l'eau

Préface de Emmanuel Le Roy Ladurie

Du XIXe siècle au début du XXe, les fondements de notre civilisation de l'eau et de son code de l'hygiène sont ici visités de manière tout à fait originale. 8504

Pierre Goubert

Louix XIV et vingt millions de Français

Confrontant Louis XIV à son royaume et à son temps. Pierre Goubert présente une autopsie de la France du "grand et tragique XVIIe siècle". *Nouvelle édition* augmentée d'une préface qui fait le point des recherches en cours et d'une revue de presse qui recense les réactions passionnées que ce livre a suscitées. 8460

Initiation à l'histoire de France

Nourri des plus récents apports de la recherche historique, ce livre renouvelle en profondeur notre perception de l'histoire nationale. 8464

Jean Guilaine

La France d'avant la France

Jean Guilaine, l'un des meilleurs spécialistes de notre préhistoire, nous fait revivre la mutation décisive - la plus importante que l'humanité ait connue avant la Révolution industrielle - qui s'opère entre le temps des derniers chasseurs et les premières civilisations de l'écriture. 8451

François Guizot

Histoire de la civilisation en Europe

Guizot reste le vague symbole de l'affairisme triomphant, de la médiocrité des ambitions et de l'aveuglement politique qui caractérisent à gros traits la monarchie de Juillet. On a fini par oublier qu'il fut l'un des historiens et des théoriciens les plus prolifiques et les plus importants du XIXe siècle. 8427

Joëlle Hureau

La Mémoire des pieds-noirs

Interroger l'histoire tourmentée de l'Algérie à travers la mémoire des pieds-noirs, de 1830 à nos jours, c'est restituer un maillon indispensable de notre histoire. 8514

Yvonne Knibiehler et Catherine Fouquet

Histoire des mères

De nos jours, la vie privée tombe par grands pans dans le domaine de l'historien, la condition maternelle également qui sort enfin de l'ombre. D'où l'importance et l'intérêt de ce livre, au moment où l'institution familiale connaît une crise décisive d'adaptation. 8388

Annie Kriegel

Réflexions sur les questions juives *Inédit*

A la fois témoin, historienne et journaliste, Annie Kriegel nous livre ici le fruit d'une réflexion dont l'actualité baigne dans l'eau vive d'une histoire immémoriale. 8423

Jacques Lacarrière

En cheminant avec Hérodote

Voyageur infatigable, Jacques Lacarrière a choisi cette fois de mettre ses pas dans ceux d'un voyageur célèbre du Ve siècle avant J.-C., l'historien et géographe Hérodote, dont il présente ici les fameuses "enquêtes" en Perse et dans les pays du Proche-Orient. 8379

En suivant les dieux

Avec les récits des peuples d'autrefois, Jacques Lacarrière a composé le légendaire des premiers moments de l'humanité. De Sumer à la Scandinavie et de l'Inde à l'Irlande, voici l'histoire de notre naissance et de notre aventure, en réponse aux interrogations essentielles.
8484

Hervé Le Bras et Emmanuel Todd

L'Invention de la France

Inédit

La France n'est pas une nation comme les autres ; elle n'est pas un peuple mais cent, qui ont décidé de vivre ensemble. *L'Invention de la France* est un atlas qui cartographie cette diversité en révélant le sens caché de l'histoire nationale.
8365

François Lebrun

Histoire des catholiques en France

Phénomène culturel et politique autant que religieux, la présence des catholiques français dans l'Histoire constitue une réalité qui n'avait jamais été analysée pour elle-même dans l'ensemble de ses diverses composantes, comme le fait ce livre. 8408

Maurice Lever

Le Sceptre et la Marotte

D'abord authentique débile mental, le fou de cour devient, au fil des siècles, la figure de l'irrévérence et du désordre. Maurice Lever fait revivre ici une galerie de personnages pittoresques qui prouvent, s'il en était besoin, qu'aucune société n'a jamais pu se passer de perturbateurs. 8453

Pierre Morel et Claude Quetel

Médecines de la folie

Contrairement à une idée solidement ancrée, on a toujours soigné les fous - ce qui ne veut pas dire, bien sûr, qu'on les a guéris... Vingt ans après le célèbre livre de Michel Foucault, cette étude sur l'histoire des thérapeutiques des maladies mentales jette sur la folie un regard nouveau. 8455

Régine Pernoud et Marie-Véronique Clin

Jeanne d'Arc

Une nouvelle synthèse sur la "pucelle d'Orléans" enrichie des découvertes historiques des dernières décennies sur les mentalités du XVe siècle. 8499

Jean-François Revel

Un festin en paroles

Autant que la sexualité, la nourriture est inséparable de l'imagination. Pour chaque société, la poésie, le roman ou le théâtre nous livrent un reflet de la sensibilité gastronomique courante, d'autant plus crédible qu'il est le plus souvent involontaire et marginal. 8378

Stéphane Rials

La Déclaration des droits de l'homme et du citoyen

Inédit

Le texte fondateur de la société démocratique moderne est ici présenté dans son contexte historique, avec les extraits les plus marquants des débats qui ont précédé son adoption. 8527

Yves Sassier
Hugues Capet
Réédition de l'ouvrage paru en 1987, année de la célébration du millénaire capétien. Une réhabilitation d'Hugues Capet, longtemps méconnu et maltraité par les historiens. 8521

Jean Tulard
Napoléon
Augmentée de nouvelles annexes, d'une chronologie et d'une filmographie, cette édition du grand classique de Jean Tulard est, en outre, enrichie des recherches les plus récentes sur la geste napoléonienne. 8516

Michel Winock
1789, l'année sans pareille
Un livre d'histoire écrit comme un roman vrai. Telle est la gageure tenue par Michel Winock qui, dans cette fresque d'une année exceptionnelle, mêle les souvenirs des acteurs et les réflexions des historiens. 8531

Après la détente *Inédit*

Un dossier de la revue *Politique internationale* présenté par Hélène Carrère d'Encausse et François de Rose.
La "détente" a-t-elle jamais existé? Dans l'affirmative qu'en reste-t-il? Et s'il n'en reste rien, par quoi la remplacer? C'est à ces trois interrogations essentielles que tente de répondre ce dossier présenté par la revue *Politique internationale.* 8382

La Nouvelle Asie *Inédit*

Un dossier de la revue *Politique internationale* présenté par Patrick Wajsman et François Joyaux.
La "Nouvelle Asie". Comment cet ensemble mouvementé n'aurait-il pas une influence déterminante sur la vie internationale. Jacques Guillermaz, Henri Kissinger, Norodom Sihanouk et Alexandre Soljenitsyne exposent ici leurs analyses. 8416

Pour une nouvelle politique étrangère *Inédit*

Un dossier de la revue *Politique internationale* présenté par Patrick Wajsman et François Joyaux.
Vingt-quatre experts, parmi les meilleurs de notre pays, expliquent concrètement, ce que pourrait ou devrait être une nouvelle politique étrangère française, du Golfe persique à l'Amérique latine, de l'Indochine à l'Afghanistan. 8456

Henri Amouroux

Monsieur Barre

Un homme mal connu qui avait, jusqu'à cette rencontre avec Henri Amouroux, toujours refusé de se livrer. 8518

André Babeau

La Fin des retraites? *Inédit*

Alors que, d'après les sondages, 70% des Français ignorent comment sont financées leurs retraites, le livre d'André Babeau a été salué, par l'ensemble de la presse, comme "une somme à lire d'urgence". 8439

Raymond Barre

Réflexions pour demain *Inédit*

La politique mise en œuvre depuis 1981 a profondément modifié le paysage économique, social, mais également intellectuel, de la France. Raymond Barre analyse la signification et la portée de ces changements, les contradictions qu'ils révèlent, leurs incidences enfin. 8432

Pierre Beckouche et Michel Savy

Atlas des Français *Inédit*

Ce livre est un atlas qui présente et ordonne notre mosaïque nationale de traditions, de savoir-faire, de crises aussi. D'une lecture facile, on y trouvera tous les éléments essentiels d'information et de réflexion sur les vingt-deux régions françaises. 8462

Vladimir Boukovsky

Cette lancinante douleur de la liberté

Vladimir Boukovsky qui a passé douze ans dans les prisons et les hôpitaux psychiatriques soviétiques vit depuis 1976 en Occident. Il juge le "monde libre" dans ce livre témoignage, incisif et sans indulgence. C'est une leçon de rigueur qu'il nous donne ici. 8377

Yves Cannac

Le Juste Pouvoir

Une réponse neuve, décapante, parfois cruelle mais toujours constructive à cette question fondamentale : que doivent être dans une démocratie le rôle, les moyens et les responsabilités du Pouvoir ?
Edition revue et augmentée 8412

Caton

De la reconquête

L'arrivée de la gauche au pouvoir le 10 mai 1981 a donné à la droite, pour la première fois, depuis vingt-cinq ans, la chance de se transformer. Seule une opposition nouvelle, armée d'idées et de stratégies neuves, pourra mener victorieusement la "reconquête'. 8409

Michel Crozier

Le Mal américain

Depuis l'assassinat de John F. Kennedy, les États-Unis sont en crise. Il y avait une faille dans le modèle américain : le pays de la liberté et de la poursuite du bonheur ne voulait pas reconnaître l'existence du mal. Avec Ronald Reagan, elle a su retrouvé le calme et repris confiance. Mais le mal américain ne sera pas facilement guéri. 8406

Jean Denizet

Le Dollar

Pour discerner les évolutions possibles du dollar, de la dette du Tiers Monde, du système bancaire mondial, il faut connaître l'histoire mouvementée des systèmes de paiements internationaux. Jean Denizet la raconte en témoin informé des grands événements qui éclairent la situation actuelle. 8486

Gérard-François Dumont

La France ridée *Inédit*

Avec la collaboration de P. Chaunu, Y. Legrand, A. Sauvy.
Le constat de vieillissement de la population française et les conditions de son renouveau. Une encyclopédie de la démographie et un état de notre population par régions et par départements. 8489

Michel Drancourt

La Fin du travail *Inédit*

Parti de l'analyse des révolutions et des défis du travail, cet essai incisif invite à une nouvelle organisation du temps et à de nouvelles formes de participation politique. 8403

Les Sept Crises : 1973-1983

Une enquête de *L'Expansion* *Inédit*

1973-1983, dix ans de crises. *L'Expansion* en a isolé sept qui s'enchevêtrent en un formidable processus de réajustement sur lequel pèse la double menace d'un krach financier ou d'une guerre. Voici une enquête impressionnante devenue un ouvrage de référence. 8430

Le Nouveau Nouveau Monde *Inédit*

Une reprise économique dont l'ampleur et la durée ont déjoué les prévisions, un vigoureux rétablissement psychologique : *America is back*. Elle a pansé ses plaies, liquidé sa mauvaise conscience, renoué avec l'esprit d'aventure, devenu pari sur la technologie. 8452

Demain la France *Inédit*

Une enquête de *L'Expansion*

Que sera notre pays en l'an 2000 ? Demain, la France va-t-elle rebondir, ou retomber dans l'ornière de la décadence ? Les rédacteurs de *L'Expansion* ont relu un demi-siècle d'histoire. Au bout d'une très vaste enquête, ils livrent leur pronostic : c'est gagnable. 8476

Faire gagner la France *Inédit*

Sous la direction de Henri Guillaume
Préface de Pierre Massé
Renouant avec une grande tradition prospective, le Commissariat général du Plan explore les années qui nous séparent de l'horizon 2000. *Faire gagner la France* donne surtout des raisons d'espérer, en dévoilant le potentiel de progrès que recèlent les innovations techniques. Ce texte administratif s'exprime sur des questions décisives dans un langage direct inhabituel. 8477

Alfred Grosser
L'Allemagne en Occident

Médiateur incontesté entre Français et Allemands, Alfred Grosser dresse ici le premier bilan de la République Fédérale d'Allemagne, quarante ans après l'effondrement du Reich hitlérien. 8492

Serge-Christophe Kolm
Sortir de la crise *Inédit*

La crise que nous traversons est, en France, le fait des politiques économiques absurdes menées par les gouvernements successifs. Pour en sortir, il suffit de comprendre... 8419

Hubert Landier
Demain quels syndicats? *Inédit*

Toutes tendances confondues, les organisations syndicales ne rassemblent, en France, guère plus de 20 pour 100 de salariés. Encore cette proportion était-elle en diminution ces dernières années. Pour pallier cette "crise", il faudrait que les syndicats remettent fortement en question leurs objectifs et leurs méthodes. 8368

Jacques Lesourne
Les Mille Sentiers de l'avenir

Fruit d'années de recherches, ce livre tente de décrire les différentes images de ruptures et de continuités dans les pays occidentaux. Il ne se contente pas d'analyser, mais propose une synthèse et suggère des politiques.
Nouvelle édition mise à jour. 8397

Maurice T. Maschino
Voulez-vous vraiment des enfants idiots? *Précédé de* Vos enfants de m'intéressent plus

Diagnostic accablant: l'éducation est en faillite, l'école ne fabrique plus que des cancres. Une critique féroce et lucide qui n'épargne pas plus les élèves "joyeusement incultes", les représentants de l'administration, complices, que les professeurs, passifs ou délirants. 8437

La France socialiste *Inédit*

Préface de Michel Massenet
Les analyses et les réflexions des auteurs réunis dans ce livre, dont Béatrice Bazil, José Frèches, Bertrand Jacquillat, Annie Kriegel et Jean Fourastié, forment un premier bilan de l'expérience socialiste, nécessairement incomplet, mais qui permet d'en comprendre l'évolution. 8392

Jean Mizrahi
L'Échiquier de l'électronique *Inédit*

Voici, pour la première fois, une vision géopolitique de l'électronique mondiale, dénouant l'écheveau des alliances et des conflits dans un domaine en perpétuelle évolution. 8480

Alain Peyrefitte

Encore un effort, Monsieur le Président

Cette lettre a été écrite aux beaux jours de la "cohabitation" pour aider le chef de l'Etat à renoncer au socialisme sans se trahir, dans l'intérêt de la France... 8494

La Liberté à refaire *Inédit*

Présenté par Michel Pringent

Vingt auteurs de disciplines différentes présentent pour la première fois une somme de réflexions et de propositions définissant ce que devrait être le programme d'un gouvernement libéral bien décidé à ne pas se contenter de gérer l'après-socialisme. 8401

Jean-François Revel

Comment les démocraties finissent

Et si les démocraties, ces régimes bénis, n'apparaissent bientôt que comme de minces et précaires parenthèses à la surface de notre Histoire?

Edition revue et augmentée de cet essai politique capital qui est aussi une profonde méditation sur notre destin. 8422

Le Terrorisme contre la démocratie *Inédit*

Revel juge de Jean-François : au florilège de ses articles ici rassemblés, l'auteur adjoint une longue préface inédite, situant l'histoire et la problématique du terrorisme contemporain. 8508

Pierre Rosanvallon

La Question syndicale

Au-delà de la seule question syndicale - pourquoi le déclin qu'enregistre aujourd'hui le syndicalisme? -, ce livre incite à une ample réflexion sur les nouvelles conditions de la gestion du social dans la France des années 1980. 8529

Philippe Sassier, François de Witt

Les Français à la corbeille

Une nouvelle édition, entièrement revue, qui tient compte de l'explosion qu'a connue depuis trois ans notre marché financier. 8507

Guy Sorman

La Solution libérale

Cette évaluation réaliste du libéralisme part d'un récit de voyage à travers douze pays. De New York à Tokyo, Guy Sorman esquisse un projet de société fondé sur le libre choix des individus et sur une autonomie méfiante de chacun à l'égard du pouvoir politique quel qu'il soit. 8454

Alain Touraine

L'Après-socialisme

Le socialisme appartient au passé. La gauche ne se maintiendra au pouvoir, que si elle sait entrer dans l'après-socialisme. *Edition revue,* mise à jour et augmentée d'une revue de presse détaillée recensant les réactions souvent surprenantes que ce livre a provoquées. 8395

"Pluriel" s'honore d'avoir également publié: *L'Union Soviétique survivra-t-elle en 1984 ?* d'Andreï Amalrik ; *Plaidoyer pour l'Europe décadente,* de Raymond Aron ; *Qui travaille pour qui ?* de Christian Baudelot, Roger Establet, Jacques Toiser, P.-O. Flavigny ; *La Trahison des clercs,* de Julien Benda ; *Un autre regard sur la folie,* de Bruno Bettelheim et Daniel Karlin ; *Histoire d'un "Ring",* de Pierre Boulez, Patrice Chéreau, Richard Peduzzi, Jacques Schmidt ; *Qu'est-ce qu'un chômeur ?,* de Bernard Brizay ; *Péguy,* présenté par Eric Cahm ; *Réflexions sur la peine capitale,* d'Albert Camus et Arthur Koestler ; *La Mémoire et le Sacré,* de Pierre Chaunu ; *Une économie mondiale,* de Michel Cicurel, J. Klein, C.A. Michalet, F. Rachline, C. Stoffaës ; *Portraits-Souvenir,* de Jean Cocteau ; *Du pouvoir spirituel,* d'Auguste Comte ; *On ne change pas la société par décret,* de Michel Crozier ; *Le Christianisme va-t-il mourir ?* de Jean Delumeau ; *La Civilisation des mœurs,* de Norbert Elias ; *L'Illusion politique,* de Jacques Ellul ; *L'Héritage de Lénine,* de François Fetjö, *La Vie d'Antonio Gramsci,* de Giuseppe Fiori ; *Le Jardin du voisin,* de Jean Fourastié et Béatrice Bazil ; *Cynisme et Passion,* d'André Glucksmann ; *Pensées intempestives,* de Maxime Gorki ; *L'Allemagne de notre temps,* d'Alfred Grosser, *Visites aux paysans du Centre,* de Daniel Halévy ; *De l'Allemagne,* de Henri Heine ; *Au-delà du cerveau,* de Robert Jastrow ; *La Quatrième République,* de Jacques Julliard ; *Chasses subtiles,* de Ernst Jünger ; *La Corde raide* et *Hiéroglyphes,* d'Arthur Koestler ; *Weimar,* de Walter Laqueur ; *La Triche,* d'Yves Laulan ; *Le Défi informatique,* de Bruno Lussato ; *Vivre avec le nucléaire,* présenté par Louis Neel ; *Lumière du Moyen Âge,* de Régine Pernoud ; *Être juif dans la société française,* de Béatrice Philippe ; *Histoire de l'antisémitisme,* de Léon Poliakov ; *Mémoires et livrets*, de Lorenzo da Ponte ; *Hitler m'a dit,* de Hermann Rauschning ; *Pourquoi des philosophes* et *La Cabale des dévots,* de Jean-François Revel ; *D'Œdipe à Moïse,* de Marthe Robert ; *L'Economie du diable,* d'Alfred Sauvy ; *Le Fou et le Prolétaire,* d'Emmanuel Todd.

IMPRIMÉ EN FRANCE PAR BRODARD ET TAUPIN
Usine de La Flèche (Sarthe).
HACHETTE/PLURIEL - 79, bd Saint-Germain - Paris.
27-24-8535-01
ISBN : 2-01-015381-2
ISSN : 0296-2063